KB093794

근대계몽기 학술 잡지의 학문 분야별 자료

권5 수학·식물·심리·언어·역사·윤리·이과

이 자료집은 한국학중앙연구원 '한국학 총서' 개발 사업 '근현대 학문 형성과 계몽운동의 가치'(AKS-2014-KSS-1230003)의 지원으로 이루어졌음.

〈근현대 학문 형성과 계몽운동의 가치〉 연구진

허재영(연구 책임자, 단국대)
김경남(공동 연구원, 단국대)
김슬옹(공동 연구원, 인하대)
강미정(공동 연구원, 서울여대)
김정애(공동 연구원, 건국대)
서민정(공동 연구원, 부산대)
고경민(공동 연구원, 건국대)
김혜련(공동 연구원, 성신여대)
정대현(공동 연구원, 협성대)

근대계몽기 학술 잡지의 학문 분야별 자료
권5 수학·식물·심리·언어·역사·윤리·이과

© 허재영, 2017

1판 1쇄 인쇄__2017년 06월 20일
1판 1쇄 발행__2017년 06월 30일

엮은이__허재영
펴낸이__양정섭

펴낸곳__도서출판 경진
　　　　등록__제2010-000004호
　　　　블로그__http://kyungjinmunhwa.tistory.com
　　　　이메일__mykorea01@naver.com

공급처__(주)글로벌콘텐츠출판그룹
　　　　대표__홍정표　편집디자인__김미미 노경민
　　　　주소__서울특별시 강동구 천중로 196 정일빌딩 401호
　　　　전화__02) 488-3280　팩스__02) 488-3281
　　　　홈페이지__http://www.gcbook.co.kr

값 23,000원
ISBN 978-89-5996-544-1 94000
ISBN 978-89-5996-539-7 94000(세트)

근대계몽기 학술 잡지의 학문 분야별 자료

권5 수학·식물·심리·언어·역사·윤리·이과

허재영 엮음

경진출판

근대 학술 잡지의 학문 분야별 자료

1880년대 이후 한국의 학문은 급속도의 변화를 보인다. 황준헌의 『조선책략』, 정관응의 『이언』을 비롯하여 서양 학문과 접촉한 중국인들의 저서가 국내에 유입되고, 『한성순보』, 『한성주보』와 같은 신문 매체가 등장했으며, 각종 근대식 학교가 설립되기 시작했다.

이러한 흐름에서 1894년 갑오개혁과 1895년 근대식 학제의 도입, 재일 유학생의 출현, 독립협회 조직, 『독립신문』 발행 등 일련의 근대화 과정은 사상뿐만 아니라 각 분야별 학문 진보에도 큰 영향을 미친다. 특히 1896년 재일 관비 유학생 파견과 독립협회 조직에 따라 『대조선 재일유학생 친목회회보』와 『독립협회회보』가 발행된 것은 비록 잡지 형태이기는 하지만, 학술 담론에도 큰 변화를 가져왔다.

이로부터 일제에 의해 국권이 상실되기까지 이른바 '애국계몽시대'에 발행된 학술 잡지가 대략 40여 종에 이른다. 이는 이 시기 조직된 학술 단체의 활동과 밀접한 관련이 있는데, 『만세보』 1907년 3월 30일 자 '논설'을 참고하면 이 시기 활동한 각종 학회와 단체가 대략 40개 이상에 이르는 것으로 보인다. 이들 단체의 명칭을 살펴보면 다음과 같다.

1907년 당시의 각종 단체

(…전략…) 近日 我國 民族의 智識이 漸次 開進ㅎ는 現狀이 有ㅎ야 各般 社會를 組織홈이 雨中竹筍과 如ㅎ니 其名目을 略擧ㅎ건디

自彊會, 一進會, 國民敎育會, 東亞開進敎育會, 萬國基督靑年會, 憲法會,

西友學會, 漢北學會, 同志親睦會, 法案研究會, 普仁學會, 大東學會, 天道教會, 天主教會, 基督教會, 淨土教會, 佛宗會, 神籬教會, 眞理教會, 神宮敬奉會, 婦人學會, 女子教育會, 國債報償會(各種), 養正義塾討論會, 普專親睦會, 實業研究會, 殖産奬勵會, 商業會議所, 手形組合, 農工銀行, 漢城銀行, 天一銀行, 韓一銀行, 合名彰信會社, 湖南鐵道會社, 東洋用達會社, 紳商會社, 少年韓半島社, 夜雷雜誌社, 朝陽雜誌社, 大東俱樂部, 官人俱樂部 (…하략…)

—『만세보』, 1907.3.30

　한국 근현대 학문 형성과 계몽운동의 가치를 연구하는 과정에서 학술 잡지는 매우 귀중한 자료가 된다. 〈부록 1-1〉에 제시한 바와 같이, 이 시기 학술 잡지(또는 격주 신문 형태 포함)는 대략 55종 정도로 파악된다. 이 가운데 일부 자료는 원자료를 보기 어려운 경우도 있고, 일부 자료는 발굴되지 않은 경우도 있다. 근현대 학술 담론을 좀 더 철저히 규명하기 위해서는 이와 같은 자료를 좀 더 체계적으로 수집하고 분류할 필요가 있다. 구장률(2012)의 『근대 초기 잡지와 분과 학문의 형성』 (케이포북스)과 같은 분류 시도가 없었던 것은 아니나, 분과 설정이나 자료에 대한 전수 조사가 이루어진 것은 아니기 때문에, 이 시기 학술 담론의 전모를 파악하는 데는 어려움이 따른다.

　이 자료집은 2014년 한국학중앙연구원 '근대 총서 개발' 사업 가운데 '근현대 학문 형성과 계몽운동의 가치'(AKS-2014-KSS-1230003)를 연구하는 과정에서 수집·분류한 자료를 모은 것이다.

　작업을 처음 시작할 때에는 온라인상 자료 공개가 활발하지 않았던 데 비해, 현재 일부 자료는 '한국사데이터베이스'(db.history.go.kr) 근현대 잡지 자료나 빅카인즈(www.bigkinds.or.kr), 네이버 뉴스라이브러리 등에서 자료를 확인할 수도 있다. 일부 자료는 국립중앙도서관의 디지털 라이브러리에서도 전자문서 형태로 열람할 수 있다. 그렇지만 각각의 자료를 수집하고 분류하는 작업은 쉬운 일이 아니다.

처음에는 각 자료를 수집·분류하고 가급적 현대어로 번역하고자 하였으나, 분량이 방대하여 짧은 연구 기관에 번역 작업을 수행하기 어렵다는 판단 아래, 분류 작업만 진행하기로 의견을 모았다. 특히 총서 7권을 개발하는 과정에서 다수의 통계 자료가 산출되었는데, 이를 총서에 싣기 어려워 자료집의 부록 형태로 수록한다.

이 자료집이 나올 수 있도록 연구를 지원해 주신 한국학중앙연구원의 한국학진흥사업 관계자 여러분과 묵묵히 작업을 수행해 준 연구원, 그리고 수익 사업과는 전혀 무관한 자료집 출간을 결심해 주신 도서출판 경진 양정섭 대표님께 감사의 말씀을 드린다.

2017년 2월 13일
'근현대 학문 형성과 계몽운동의 가치' 연구책임자 허재영

이 자료집은 '근현대 학문 형성과 계몽운동의 가치'를 연구하는 과정에서 근대 학술지에 수록된 글을 학문 분야별로 분류하여 편집한 것이다. 1896년 『대조선독립협회회보』와 재일유학생 친목회의 『친목회회보』 이후 1910년까지 발행된 근대 학술지(잡지 형태 포함)는 55종이 발견된다. 이 자료집에서는 현재까지 발굴된 학술지를 전수 조사하고, 그 가운데 필요한 자료를 모아 분야별로 분류하고자 하였다. 자료집의 편집 원칙은 다음과 같다.

1. 학문 분야별 분류 기준은 『표준국어대사전』의 전문 용어 분류 원칙을 따르고자 하였으며, '격치(格致)', '이과(理科)', '지문(地文)', '학문 일반(學問一般)', '해외 번역 자료(海外飜譯資料)'는 근대계몽기의 학술상의 특징을 고려하여 별도로 분류하였다.
2. 분류 항목은 '가정, 격치, 경제, 광물, 교육, 농업, 동물, 문학, 물리, 법, 사회, 생물, 수산, 수학, 식물, 심리, 언어, 역사, 윤리, 이과, 정치, 종교, 지리, 지문, 천문, 철학, 학문 일반, 화학, 해외 번역 자료' 등 29개로 하였다.
3. 분류 항목의 배열은 가나다순으로 하였으며, 부록의 분류표를 포함하여 총 9권으로 발행한다.
4. 각 항목마다 수록한 글의 분류표(순번, 연도, 학회보명, 필자, 제목, 수록권호, 분야, 세분야)를 실었다.
5. 한 편의 논문이 여러 차례 연재될 경우, 한 곳에 모아 편집하였다.

일부 논문은 학술지 발행이 중단되거나 필자의 사정으로 완결되지 못한 것들도 많다.

6. 현토체의 논문과 한문체의 논문 가운데 일부는 연구 차원에서 번역을 하였으나, 완결하지 못한 상태로 첨부한 것들도 있다.

7. 권9의 부록은 근대 학회보 목록(총 55종), 학문 담론 관련 분야별 기사 목록, 일제강점기 발행된 잡지 목록, 근대 교과서 목록, 일제강점기 교과용 도서 목록, 일제강점기 신문의 서적 광고 목록 등 연구 과정에서 산출한 목록을 별도로 구성하였다.

이와 함께 근현대 학문 형성과 계몽운동의 가치를 연구하는 과정에서 살펴본 지석영의 상소문, 논학정(論學政), 박영효의 '건백서', '동문학', '원산학사', '육영공원' 관련 한문 자료와 조사시찰단 보고서인 조준영의 『문부성소할목록』을 번역하여 별도의 책으로 구성하였다.

총 7권의 학술 교양서를 집필하고 10여 권의 자료집을 발행하기까지 어려움이 많았다. 특히 방대한 자료를 체계적으로 다루는 일은 결코 쉽지 않았는데, 자료 편집상의 오류, 번역상의 오류가 적지 않을 것으로 판단된다. 이러한 잘못은 모두 편자의 책임이다.

목차

10

14.
수학

순번	연대	학회보명	필자	제목	수록 권호	분야	세분야
1	1906	서우	이유정	논산학	제1, 2, 3, 4, 5, 6호(6회)	수학	산학
2	1907	태극학보	김낙영	동서양인의 수학사상	제10, 11호(2회)	수학	수학사상
3	1907	태극학보	박유병	수학의 유희	제16호	수학	
4	1906	소년한반도	유석태	數學	제1~6호	수학	

14.1. 산학

◎ 論筭學, 李裕楨, 〈서우〉 제1호, 1906.12.01.
  (산학 = 수학, 한문)

▲ 제1호

世人之中에 雖有不能言語者라도 未有不能記數者ㅎ니 但 上古未敎化
之人은 其識數也較遲ㅎ니 因無數碼以誌之也라 究其實則數學之始가 起
於手指ᄂᆞ 固無人不知者也라 於何證之오. 昔在紀元後十八周時에 有聾而
暗之童子名瑪西歐가 能以手代言ㅎ고 又能書ㅎ야 無一字誤ㅎ니 皆其師
之敎也라. 嘗自述其幼年에 尙未受業於阿倍西喀之門이나 己能識數라ㅎ
니 盖自視其手指而知之也니라. 吾人도 亦然ㅎ니 童年習筭之始에 往往
以指記數호디 自一數以至十數로 積而至於百千萬億히 皆由此始라가 至
長大成人之時ㅎ야도 亦或因習慣而仍用ㅎᄂᆞ니 所以로 荒村絶域之野人
도 皆用指算이 此理不難明之라. 野人은 有語言而無文字ㅎ야 其計數之
字가 除一二三之外에 卽無字以明之矣라.然當爭戰之時ㅎ야 有一次被殺
者十五人일시 或問其殺傷之人數면 但見其屈一指ㅎ야 以計一人타가 後
乃三擧其手ㅎ야 以示十五之數ㅎ면 莫不喩之矣러라 (未完)

▲ 제2호

然則後世所用之許多數目字ㅣ 皆自手指足指記數是也라. 南洲人이 自
一至五를 必先以左手起ㅎ야 左手之吾指己盡이면 特擧右手之拇指ㅎ야
以明六數ㅎ니 此實無敎化人記數之通例가 幾於各處相同故로 稱五曰左
一手六曰右手拇一指稱十曰二手或曰半人稱十一曰左足一指十五則擧二
手又左一足十六則擧右足之一指稱二十曰二手二足或曰一人稱二十一曰
第二人手之一以至稱四十曰二人이라 ㅎ니 此 可見世人之敎化ㅣ 本皆有

長進之機오. 無野人君子之分矣러라. (未完)

▲ 제3호

或謂野人이 不能自得長進者는 此 說이 不合於眞理也라. 試觀野人之
祖先컨딘 不但 不能言十五與十六이라. 甚至五與六之單數도 亦無他法以
表明之ᄒ니 可知其當時에 以手足人等記號로 用代數名이 亦出於不得己
耳라. 豈眞甘用如是愚拙之法乎아.

大抵 上古 無敎化人이 於 指手畫脚之外에 別無記數之 方法이오 其始
也엔 以無語言而用手足之 擧動이라가 其 繼也엔 用手足之 擧動而代語
言ᄒ니 於是에 兩手爲十ᄒ고 一人爲二十等語가 遂變成爲數名矣라.

至論數之 進位ᄒ야는 有以五進者를 黑人 中에 恒用之ᄒᄂ니 如云 一
二三四五六 則 曰 五 又 一이오 七則 曰 五 又 二니 以此遞推컨딘 若吾
人則無此種語言ᄒ니 不過用羅馬守目號碼以寫之而己니라.

又 有以十進者를 爲通用之法ᄒ야 吾人이 亦用之ᄒᄂ니 如云 八十三
則 爲八個十位ᄒ고 又 三個一位矣라. 至論以二十進者 則 歐洲文明之國
에 凡用十進法者를 皆兼用之ᄒᄂ니 如云 八十三을 英文間에 亦云 四個
二十與三이라 ᄒ고 法文 則 常云 四個二十與三矣니라.

此 可知世人之手足이 實爲天生自然之算器니 古人이 創之에 今人이
仍襲之ᄒ고 野人은 專用之어늘 文人도 亦偶用之가 毫無疑義矣요. 又 可
知 今人 以十進位之法이 亦實本於古人之成法矣라. 因十之爲數가 苟以
三與除之ᄒ면 其 不便也ㅣ 殊甚이라. 若 非由上古傳流면 孰肯用此哉아.
(未完)

▲ 제4호

自 今 以後로 如有人起而重定進位之法則最便於用者는 當以十二로 爲
進位ᄒ고 合十二單數爲一打以代十數ᄒ며 再合一百四十四單數ᄒ야 爲

十二打代百數則數學之能事畢矣니라. 然則 世人所用之號碼가 誠爲算學家之利器矣라. 今 試問 此等 號碼初造之時에 果自何時乎아 荅者ㅣ 日此實起於上古野人所用之象形字也라 ᄒ리라. 有如北美洲土人이 爭戰之時에 殺敵者가 恒剝取其帶髮之頂皮以歸ᄒ야 每剝一頂皮則取洪泥在身上塗一畫ᄒ야 以記其數호ᄃ 四人則塗四畫이 如多然ᄒ야 恰與今之號碼相似ᄒ니 此 固出於自然이오. 不待學而能者也니라.

但 此 法은 用以記小數則甚便이나 用以記大數則固拙矣라. 所以로 古人이 於始制文字之時에 知一畫之不足於用ᄒ고 特造五數十數百數千數各等記號ᄒ야 以供大數之用ᄒ고 惟留一二三四諸單數則仍用一畫以記之ᄒ니 數學이 於焉改觀矣러라.

▲ 제5호

今欲溯數學之所自始컨ᄃ 當先論至粗至淺之法이니 上古之人은 以厚計數ᄒ며 或 以結繩記數ᄒ니 此法이 雖古나 但 今之人도 亦 有時無心偶合之ᄒᄂ니 卽 如吾人中에 或 要有事欲其不忘이면 特於手巾卜에 作一結以記之ᄒ니 豈非猶上古結繩之遺意乎아

至論拾石計數之法則今之斐洲黑人이 入市貿易에 以貸易銀호ᄃ 皆 拾小石以計數라가 至五數則倂五小石團作一小堆置於傍ᄒ야 以免紊亂ᄒ며 又 如太平洋群島土人이 視黑人爲 小異ᄒ니 每計至十數則 不以十物作堆ᄒ고 惟取一樹枝置於旁以記之라가 計至百數則取樹枝之大者以分別之ᄒ니 此 可見記數之物이 或 爲厚 或 爲豆粒 或 爲樹枝호ᄃ 俯拾卽是오 不拘一格을 因其數ㅣ 本不相涉이오 不過用之以分別其若者爲一若者爲十若者爲百而已矣러라.

此 種記數之物이 如厚等을 今英國鄕村中之愚夫가 猶有用之者ᄒ니

然이나 在古之時則不足爲異矣라 希臘文中之算字가 卽 從厚字得來리 拉
丁言語의 稱厚曰 喀耳克路라ᄒ고 稱算亦曰 喀耳克來라ᄒ니 不但可知
拉丁文이 與希臘同源이라. 竝可知今之英文의 稱算亦曰喀耳克來가 實猶
上古算學之遺跡矣러라.

就厚之用而進之ᄒ야 使之有條不紊則英如用有格之板ᄒ야 稱爲算盤
이나 自古以來算盤之製不一이라 羅馬國은 其 算盤이 鑿空成行ᄒ야 以
木塞塞之ᄒ고 東方之國은 其 算盤이 用珠貫於鐵線上ᄒ야 運動이 甚靈
ᄒ니 東人之精於珠算者는 速而且准이 勝於歐人之筆算이 遠甚矣러라.
(未完)

▲ 제6호

以本塞塞之ᄒ고 東方之國은 其 算盤이 用珠貫於鐵線上ᄒ야 運動이
甚靈ᄒ니 東人之精於珠算者는 速而且准이 勝於歐人之筆算이 遠甚矣
러라.

攷珠算之法컨딕 歐人도 亦有用之者ᄒ니 其始從中國傳入俄國ᄒ야 俄
國商人이 取其便利而樂用之相傳이러니 法皇拿破侖 伐俄之時에 法人이
見而異之ᄒ야 以爲此種算法若用以敎導幼孩면 實爲無上之利器라 ᄒ얏
스니 是爲法人이 知有珠算之始오. 迨後에 又從法國傳入英國 故로 英國
蒙學堂中에 亦或用之니라.

至論算盤之制ᄒ야는 雖其式이 各珠나 其法則一이라. 皆於木盤之中
木板之上에 兮爲數格ᄒ야 以定一十百千之位호딕 其位數或多或少는 均
隨人意ᄒ야 每日 格卽一位에 用珠若于ᄒ야 皆爲單數ᄒ고 其珠를 或用
石子或用木塞或用豆子或用各種圓形之珠가 不一而足이나 總而論之컨
딕 一位之珠는 皆爲一數ᄒ고 十位之珠는 皆爲十數ᄒ니 推而至於百千

萬億에도 亦皆爲一百一仟一萬一億等 數也니라.

古人은 必用算板算盤以定位數어늘 今人則能變通其滯板之舊法ㅎ야
幷板而去之ㅎ고 但畫格於紙ㅎ야 以定一十百千等位數로딕 亦能幷然有
序也라. 自此法興으로 更有一端進境이 照古人定例컨딕 第一格이 爲一
位 則第二格은 必十倍之니 今雖仍沿一十百千之位數而其中所容之倍數
則不必拘定十倍라. 雖爲十二倍或二十倍或更多之倍數라도 皆可以此法
記之矣라. 今日 商家通行之賬簿에 所記英金若干磅, 若干先令, 若干本斯,
或記貸物若干磅, 若干兩等에 皆各佔一格不相混襟이 亦爲古人之遺法의
不能不用格以表明之也니라.

論數學之進步者ㅣ 皆以九數號碼로 爲最便矣로딕 然而猶未臻於盡善
也라. 自一數以至九數히 皆用數碼字以代之가 其法이 至簡ㅎ고 其法이
不窮이나 但數碼之倍數를 每隨其位數而定이라가 若一遇其中에 或有空
位則必全數俱亂矣리니 此亦恒有之事也라. 此空位之圓圈의 所由始也라.
凡遇空位면 無論其爲一十百千位數ㅎ고 皆作一圈以誌之ㅎᄂ니 自造空
圈之後不但上古之算板을 可以除라. 卽後世畫格之法도 亦可廢矣라. 此
等製造空圈之新法을 吾人이 或視爲平淡無奇로딕 其實則爲格致學中絶
大之關鍵이니 古今算學之難易優劣을 惟於此空圈에 表明之也니라. 完

14.2. 수학사상

◎ 東西洋人의 數學 思想, (椒海, 초해) 金洛泳 譯述, 〈태극학보〉
제10호, 1907.5. (수학)

▲ 제10호

　　*학문 방법론＝수학을 근거로 / 자연 발달의 수 관념 생성 / 통일 방법과 분파
　　방법

　(一) 自然的 及 人爲的의 發達

　大抵 數學의 發端은 二種 原因이 有ᄒ니 第一은 人類 社會生活上에
必要요 第二ᄂ 人心 社會 公益上에 必要가 是라. 有史 以來 世界 人類의
發達 起源을 講究ᄒ건ᄃᆡ 如何ᄒ 國土에 如何ᄒ 人民을 勿論ᄒ고 均一히
此 第一 原因으로 數學의 思想을 發起치 아니ᄒ 者 無ᄒ니 此 所謂 數學
의 發端이요 物의 多寡를 計ᄒ며 物의 大小를 度ᄒ다 흠은 言文學의
發端이니 所謂 人類가 相集ᄒ면 言語를 通ᄒ고 相離ᄒ면 文字를 用ᄒ여
其意思를 互相 交換ᄒ야 言文學과 數學이 同時 發達ᄒ 所以로써 現世와
如ᄒ 文化를 致ᄒ 거슨 東西洋 史乘에 證明이 昭著ᄒ니 곳 人類가 社會
를 組織ᄒ 以後에 物을 計算ᄒᄂ 方法은 結繩의 政과 象形의 文字ㄳᄒ
거시 同時代에 肝要를 惹起ᄒ 거신ᄃᆡ 第一 原因은 다만 人類의 智識을
發達ᄒᄂᄃᆡ 用ᄒᄂ 要素인 고로 此 原因으로써 起ᄒ 文과 數의 知識은
智力 競爭에 不過ᄒ더니 其知識이 進就ᄒᄂ ᄃᆡ로 純朴ᄒ던 風習은 狡黠
을 作ᄒ고 親睦의 習慣은 爭奪노 變ᄒ여 畢竟은 社會로써 慘逆ᄒ 悲境
에 陷沫케 ᄒ엿ᄉ며 古代 聖賢들과 其他 指導者들은 人類 生存上 必要
로 起ᄒ 第一 原因되ᄂ 文과 數를 矯正ᄒ여 第二 原因에 誘導식힘으로
社會의 幸福을 增進케 ᄒ엿도다. (…중략…)

(二) 統一 方法과 分派 方法

各國 人智의 自然的 發達 形蹟은 前陳과 如히 大同小異ᄒ여 第二原因 人智의 發達을 矯正홈으로 甲乙의 差異가 生ᄒ엿스니 甲은 第二原因을 從ᄒ여 第一의 原因이 殆히 消滅홈에 歸ᄒ고, 乙은 第一 原因과 第二 原因을 兩段 相竣(상준)ᄒ여 進步 發展ᄒ 거신디 甲便을 稱ᄒ여 統一方 法이라 ᄒ고 乙을 稱ᄒ여 分派方法이라 ᄒ니라.

東洋의 人文發達이 上古에ᄂ 西洋보다 몬져 되어 西洋에 漸次 傳達 ᄒ엿것만은 恒常 統一方法을 由ᄒ여 人智의 發達을 圖ᄒ 所以로 爾後
———

▲ 제11호

(三) 自然的 原因으로 發達된 것

今에 四乘을 因ᄒ여 東西洋人의 數學이 如何히 進步된 거슬 考察코 져 홈에ᄂ 몬져 그 順序로 修學의 發端되ᄂ 第一 原因 卽 人類生活上 必要로 起ᄒ 自然的 發達브터 陳述홈이 可ᄒ지라. 前陳과 如히 第一 原 因은 最古 有史 以前 口碑時代브터 起因ᄒ엿슨즉 不可不 最古ᄒ 史料를 依ᄒ야 考察홈이 必要ᄒ리로다.

三千年 乃至 五千年 以上 古代를 溯究(소구)컨디 數學의 發端이 最古 ᄒ 國으로 其 事蹟을 史乘에 傳ᄒ 者ᄂ 巴化倫[1], 支那, 埃及, 印度 四國 이요, 其後를 繼續ᄒ 者ᄂ 希臘인디 距今 四千年 以前브터 巴, 支, 埃, 印 四國은 이믜 國家를 建ᄒ고 人民을 支管ᄒ엿슴으로 其國人의 智識 이 일즉히 自然發達을 致ᄒ엿스며, 此를 因ᄒ여 數學思想은 一般 生活

---

1) 파화륜(巴化倫): 바빌론. 파비륜(巴比倫)의 오식으로 보임.

上 必要로 由起홈인 줄을 準信흘 것이요, 또 그 發達흔 順序는 第一次에 人民의 日常 生業上 計算으로 數學 思想을 生호고, 第二次는 天象 觀測으로 由호여 其生業上 計算에 時間이 符伴홈인 줄을 知호여 更一層 進展된 거슨 以上 各國이 다 同軌로다.

希臘人의 數學 思想 發達은 紀元前 六百年 乃至 七百年 時代브터 起호엿는딕 뎌희는 일즉히 印度와 埃及에 交通이 有호여 多大흔 數學思想을 模得흔 고로 自然的 發達의 數學思想이 少호거니와 巴比倫, 支那, 印度, 埃及, 此 四國은 希臘보다 千有餘年 以前 一交通이 無흘 時代에 數學思想을 發흔 고로, 各其 自發의 知識이며, 順序 方法이 互相 比同흔 거슨 吾人의 異常타 稱호는 所以로다. 今左에 此 事蹟을 陳述호노니, ──

14.3. 미분류

◎ **數學의 遊戱, 朴有秉, 〈태극학보〉 제16호, 1907.12. (수학)**

*각 학문(과학)의 가치는 동등함＝수학 / 〈수학유희〉라는 책을 참고하여 설명

今日에 恒稱호는 바 學問이라 호는 것은 範圍 甚大호야 茫茫空空흔 宇宙間에 下手處를 不知홈과 如호나 此를 硏究上 便利케 홈을 爲호야 區別호면 卽 物理, 化學, 數學, 政治, 法律, 心理, 醫學, 農學, 工學, 商學, 兵學, 文學 等 科學이니, 此 科學을 修得호기는 大槪 人의 才局 高下를 勿論호고 平等의 趣向으로 彼와 如흔 最大의 進步域에 達호엿스나 然호나 無上精微흔 程度쏘지 硏究호랴면 平等의 能力을 稟受흔 吾人이 平等의 價値를 自有흔 科學을 各一 專門으로 專修치 아니면 不能호도다.

此에 科學應用의 道는 姑捨호고 科學 中 數學 原理에 就호야 余 平日

覽讀흔 者를 述코저 ᄒ노라. 此는 〈數學遊戲〉라 ᄒ는 冊中에 數學 虛相이란 題目을 書ᄒ고 奇妙흔 問題를 載홈이니 單純흔 知識으로 理解키 不能ᄒ나 數學上 方法을 因ᄒ야 證明흔 者로다. 그 問題는 五條이니 左에 擧흔 바 算式 給 答案을 參考ᄒ시오.

(一) 一은 二와 同
(二) 不相同흔 二數가 相同홈
--

◎ 數學: 柳錫泰

▲ 제1호 籌術問答 第一課 第一編 定議 第一章 序言 / 第二章 命數法
▲ 제2호 籌術問答 第三章 記數法 ▲ 제3호 第一章 加法 (…중략…)
問答 及 運算式 (…중략…) ▲ 제4호 문답식 ▲ 제5호 문답식 ▲ 제6
호 第二章 減法

*근대계몽기 산술(수학) 교과서는 근대식 학제 도입 직후부터 다수의 교과서
가 편찬되었다. 현재 알려진 것으로는 학부 편찬(1895)의 〈근이산술〉, 〈간이
사칙연산〉을 비롯하여, 이상설 역(1900)의 〈산술교과서〉, 남순희 역(1900)
의 〈정선산학〉(학부), 현공렴(1907)의 〈간이사칙〉, 필하와 저/신해영 술
(1908)의 〈고등산학신편〉(대한야소교), 이상익(1909)의 〈근세대수〉(휘문관),
김준봉(1908)의 〈대수학교과서〉(정상환), 홍수선(1909)의 〈보통교과 산술
서〉(박문서관), 학부편집국(1908)의 〈보통학교 교원용 산술서〉(학부), 이교승
(1908)의 〈산술교과서〉(박승?), 이상설 역(1908)의 〈산술신서〉(현공렴), 유
석태(1909)의 〈산술지남〉(유정렬, 안태형), 필하와(1908)의 〈산한신편〉(대한
예수교회), 이상익(1908)의 〈신힉산술교과서〉(일한인쇄주식회사), 이명칠

21

(1908)의 〈신정교과산학통편〉(현공렴), 이교승(1907)의 〈신정산술 – 심상학 년용〉(광학서포), 양재건(1908)의 〈신정산술 – 심상 2~3학년용〉(회동서관), 이교승(1910)의 〈시찬 대수학교과서〉(해동서림), 남순희(1907)의 〈정선산학 해식〉(탑인사), 현공렴(1907)의 〈중등산술교과서〉(현공렴), 이원조(1907)의 〈중등산학〉(대동보사), 유일선(1910)의 〈중정 대수학 교과서〉(지송욱), 이명 칠(1908)의 〈중정 산학통편〉(현공렴), 이상설(1908)의 〈중학 교과서 산술신 서〉(현공렴), 이상익(1908)의 〈초등 근세산술〉(휘문관), 유일선(1908)의 〈초 등산술교과서(상)〉(정리사), 김하정(1908)의 〈최산산술 상하〉(일신사), 이명 구(1908)의 〈평면기하학〉(이종정) 등이 있다.

*이밖에도 일본어판 산술서가 유통되었으며, 토지 측량과 관련된 교과서도 다 수 발행되었다.

▲ 제1호 籌術問答 第一課

第一編 定議

第一章 序言

(一) 數: 數는 數爻를 存在ᄒ야 計算코저 ᄒ 바를 云흠이라. 卽 一에 一을 加ᄒ야 二, 二에 一을 加ᄒ야 三, 又 一에 半을 去ᄒ야 半, 半에 半을 去ᄒ야 半의 半됨과 갓튼 增損變化의 理義를 含存ᄒ고 可計可算흘 目的이 具備ᄒ 바 一, 二, 三, 又 半等을 數라 稱ᄒ나니라.

數에 主義를 言흘진ᄃᆡ 上項과 如ᄒ나 然이나 數는 物을 目的ᄒ고 物 은 數를 必有흔 故로 其成立에 關ᄒ야는 物에 格ᄒ고 理를 付흔 後에 一이나 二 或 三과 如흔 數를 發表ᄒ나니 此를 明言ᄒ면 人二名 或 冊三 卷과 等ᄒ야 其人 或 冊이 有흔 後에야 二名 又 三卷의 數를 作成ᄒ고 計算흘 理義와 目的이 俱有ᄒ니라.

▲ 제2호

籌術問答

　一에 一이 多ᄒ야 二, 又 一이 多ᄒ야 三 如斯히 漸多ᄒ야 九에 至ᄒ고, 又 一이 多ᄒ면 十이라 稱ᄒ며, 十에 一이 多ᄒ 時는 十一이라 稱ᄒ고 又 一이 多ᄒ면 十二, 又 一이 多ᄒ면 十三 如斯 漸多ᄒ야 十九ᄭ지 至ᄒ고, 又 一이 多ᄒ 時는 二十이라 ᄒᄂ니 三十 四十으로 九十에 至ᄒ고, 此에 十이 又多ᄒ면 卽 十이 十인 故로 百이라 稱ᄒ야 一位를 又進ᄒᄂ니라. 百式 十을 千이라 ᄒ고, 千式 十을 萬이라 ᄒ며, 此로붓허 以上에도 其十進 一位ᄒᄂ 法은 相同ᄒ야 二萬, 三萬으로 九萬에 止ᄒ고, 此에 ᄯ 萬이 多ᄒ 時는 十萬이 되야 又 一位를 進点ᄒ며, 十萬이 十이면 百萬이 되고, 百萬이 十이면 千萬이오, 千萬이 十이면 億을 成ᄒᄂ니 此로붓허 以上은 皆 一定ᄒ 原則이 되ᄂ니라.

京 以下는 此例를 從ᄒᄂ 世所罕用ᄒᄂ 故로 此에 不擧홀 事

十位 以上에 數를 命홀 時는 基數를 先ᄒ고 位次를 後ᄒ야 呼ᄒᄂ니 玆에 스물되는 數가 有ᄒ야 此를 命ᄒ랴면 二十이라 稱ᄒ며, 又百式 셋이 有ᄒᆫ 時는 三百이라 ᄒᄂ니 餘皆倣此ᄒ니라.

二位 以上에 同數를 命홀 時는 其中에 數量에 多ᄒᆫ 數를 先ᄒ고 順次 呼下ᄒᄂ니 假令 同一ᄒᆫ 玄墨 十介와 又 三介가 此에 有ᄒ야 命코자 홀 時는 十三介라 ᄒᄂ니라.

上에 名稱 位次는 整數에만 用홀 事요, 小數에 關ᄒᆫ 命數法 後篇에 讓與ᄒ노라.

第三章 記數法

(八) 記數法: 文字로써 數를 筆記ᄒᄂ 法인ᄃᆡ 簡便홈을 爲ᄒ야 記号로써 代用ᄒᄂ니라.

數字에 記號난 多端ᄒ야 支那式, 羅馬式, 亞剌比亞式, 大寫式, 古式, 商用式 等이 有ᄒ나 今日 世界 列邦에 普通 取用ᄒᄂ 바는 亞剌比亞式이니라.

亞剌比亞式으로 數를 代用ᄒᄂ 記號는 (123456789)니 此를 一에셔 九신지 順次 適用ᄒ며 又 ( )이라 ᄒᄂ 記号가 有ᄒ니 零 或 空字를 代用ᄒᄂ 者라. 何位를 勿論ᄒ고 可記홀 數가 無홈을 表示홈이니라.

　(未完)

24

▲ 제3호

記홀 數가 六千四百三十五이면 먼져 其位數의 幾何됨을 計호 後에 單十百千 等을 右로붓허 左便에 自下達上케 橫記호고, 各其 位次에 當호 數를 記号로 本位下에 記호ᄂ니

千　　百　　十　　單 如斯호고
6　　4　　3　　5

若其記홀 數가 六千四百單五이면 十에 數ᄂ 無호 故로 其位下에ᄂ (0)을 記호ᄂ니

千　　百　　十　　單 如斯호니라.
6　　4　　0　　5

此에-- (…중략…)

第一章 加法 (…중략…)

問答 及 運算式 (…중략…)

▲ 제4호

問: 種類 不同하면 和를 成하야도 加라 不稱하랴.
答: 諾다. 玆에 金 若干과 銀 若干을 溶和하면 一塊의 物을 可得홀지니 此ᄂ 和ᄂ 可成이나 加라 示호기ᄂ 不可호니 其內에 金과 銀은 各其 相異호 種類와 一定호 重量으로 互相 存在하야 區別이 昭詳하니라.

問:

(十一) 加標

(十二) 相等表

(十三) 運算

▲ 제5호

其法은 最末位에셔 經始ᄒ야 一位式 加上ᄒᄂ니 其加ᄒᆯ 數가 上과 如ᄒ면 末位의 數ᄂ 327인즉 此ᄅᆯ 心中으로 計ᄒ되 몬져---

▲ 제6호

第二章 減法

15.
식물

순번	연대	학회보명	필자	제목	수록 권호	분야	세분야
1	1906	소년한반도	최재익	植物學問答	1~6호	식물	
2	1906	서우	정태윤	엽과 일광의 관계	제7호	식물	
3	1906	태극학보	홍정구	송화와 풍	제5, 6호(2회)	식물	
4	1906	태극학보	박상락	수목 이야기	제11호	식물	
5	1907	야뢰	윤태영	육식식물	제1호	식물	
6	1907	공수학보	김성목	식물략기	제1호	식물	
7	1907	공수학보	김진용	식물지대자연계 관계	제1, 2호(2회)	식물	
8	1907	공수학보	윤풍현	식물	제4호	식물	
9	1907	동인학보	윤풍현	식물의 분포	제1호	식물	
10	1908	소년	편집실	[花學敎室] 高等科, 보습과, 보통과, 전문과	제2권 제5호	식물	식물학
11	1908	소년	집필인	肉食草	제1권 제2호	식물	식물학
12	1908	대동학회월보	백운초자	식물학	제5호	식물	
13	1908	대동학회월보	백양거사	식물학	제11, 16, 18, 19호(4회)	식물	
14	1908	기호흥학회월보	원영의	식물학	제2~12호 (11회)	식물	

◎ 植物學問答, 崔在翊(최재익)

*이 시기 식물학 교과서는 윤태영(1908)의 〈식물학〉(보성관), 현채(1908)의 〈식물학〉(현공렴), 정인호(1908)의 〈초등 식물학〉이 발행되었다.

▲ 제1호

(問) 植物學은 何者를 謂흠이뇨.

(答) 植物의 外形과 內部의 構造와 밋 生活 模樣으로 始ᄒ야 其形體를 隨ᄒ야 此를 分類ᄒ며 其古代今世에 就ᄒ야 地球上에 番殖ᄒᄂ 狀態를 研究ᄒ야 農業, 山林, 藥材 等에 應用ᄒᄂ 學을 植物學이라 稱ᄒᄂ니 **本學은 卽 博物學의 一科ㅣ니라.**

(問) 植物學의 意義를 解示흠이 何如오.

(答) 大抵 地球上에 在ᄒ 植物의 種類ㅣ 頗多ᄒ야 學者의 研究를 已經ᄒ 者ㅣ 十七萬에 過ᄒ며 其形態도 亦極多ᄒ니 大者ᄂ 吾人 眼目에 觸ᄒᄂ 바 草木으로 始ᄒ야 小者ᄂ 顯微鏡의 力을 藉ᄒ야 僅히 見흠을 得ᄒᄂ 者에 至ᄒ기ᄭ지 其種別을 辨키 難ᄒ고 其性質도 亦頗多殊異ᄒ야 或은 動物을 捕食ᄒ며 或은 遊泳ᄒ며 或은 感覺이 銳敏ᄒ며 或은 昆蟲에게 花粉과 蜜을 與ᄒ야 花粉의 媒介를 行ᄒ며, 或은 果實과 種子를 散布흠에 寄巧 方法을 用ᄒᄂ 者ㅣ 有ᄒ니 人이 此等事에 留意 觀察ᄒ면 雖一枝 一片葉이라도 生存上 必要ᄒ 理由ㅣ 有ᄒ야 具有흠을 知흘 것이오, 又吾人 衣食住의 大部分이 植物性됨과 人命을 奪ᄒᄂ 諸種 疾病도 植物이 根源된 等事를 思考ᄒ면 愈愈 研究흠이 必要흘지니, 如此히 植物 全體에 關ᄒ 事項을 植物界라 總稱ᄒᄂ니라.

▲ 제2호

(問) 植物을 幾界에 大別ᄒᄂ뇨.
(答) 顯花植物(현화식물), 隱花植物(은화식물)의 二種으로 大別ᄒᄂ니 顯花植物者ᄂ 梨, 梅, 挑, 杏 等과 如히 花를 有ᄒ 者ㅣ 是오, 隱花植物者ᄂ 蕨, 海草 等과 如히 花를 不有ᄒ 者ㅣ 是ㅣ니라.

(問) 顯花植物에 幾種 區別이 有ᄒ뇨.
(答) 被子植物(피자식물)과 裸子植物(나자식물)에 別ᄒᄂ니 花의 中央에 子房(자방)이라 稱ᄒᄂ 部分을 有ᄒ 者를 被子植物이라 稱ᄒ고, 子房을 不有ᄒ 者를 裸子植物이라 稱ᄒᄂ니라.

(問) 雙子植物(쌍자식물)과 單子葉 植物(단자엽 식물)의 區別이 何如오.
(答) 被子植物의 種子ㅣ 萌芽홀 時에 子葉 二枚를 生ᄒᄂ 者ㅣ 雙子植物이니라.

(問) 喬木者ᄂ 何오.
(答) 多年 生存ᄒ며 丈이 高ᄒ고 幹의 下部에 枝를 生ᄒᄂ 事ㅣ 稀少ᄒ 樹木을 喬木이라 稱ᄒᄂ니라.

(問) 灌木者ᄂ 何오.
(答) 喬木에 反ᄒ야 樹의 丈이 低ᄒ고 幹의 下部에 枝를 生ᄒᄂ 橫木을 灌木이라 稱ᄒᄂ니라.

(問) 植物의 根은 永久히 枯死치 아니ᄒᄂ뇨.
(答) 根은 一年에 枯死ᄒᄂ 者와 二年에 枯死ᄒᄂ 者와 多年 枯死치 아니ᄒᄂ 者ㅣ 有ᄒ니라. 故로 植物을 一年生, 二年生, 多年生 植物의 三種에 別ᄒᄂ니라.

(問) 草類와 禾類의 區別이 何如오.
(答) 草類는 軟弱흔 莖(경)을 有흔 植物이니 菜類, 雜草類를 稱ㅎ고, 禾類는 中空有節흔 植物이니 稻, 麥 等의 類를 稱ㅎᄂ니라.

(問) 內長類와 外長類의 區別을 問ㅎ노라.
(答) 每年 幹의 外部에 新質을 生ㅎ는 者를 外長類ㅣ라 稱ㅎ니 松, 梅, 桃 等이 是ㅣ오, 幹의 內部에 新質을 生ㅎ는 者를 內長類라 稱ㅎᄂ니 稻, 麥, 玉蜀黍, 竹 等이 是ㅣ니라.

▲ 제3호

(問) 十字科 植物者는 何오.
(答) 白宗 蘿蔔類(나복류)의 花는 擧皆 十字形을 成흔 故로 此를 十字科 植物이라 稱ㅎ나니라.

(問) 薔薇科 植物者는 何오.
(答) 李, 梅, 桃, 梨, 林檎, 海棠 等은 薔薇와 恰似흔 故로 此等을 薔薇科 植物이라 稱ㅎ나니라.

(問) 松柏科 植物者는 何오.
(答) 多喬木 中에 松 檜 杉木(삼목) 等은 互相 恰似흔 處ㅣ 多흔 故로 此等을 松柏科 植物이라 稱ㅎ나니라.

(問) 茄子科 植物者는 何오.
(答) 茄子, 煙草의 類를 茄子科 植物이라 稱ㅎ나니라.

(問) 大麻科 植物者는 何오.
(答) 大麻, 苧麻(저마)의 類를 大麻科 植物이라 稱ㅎᄂ니라.

(問) 禾木科 植物者는 何오.

(答) 稻 麥 蜀黍(촉서)의 類를 禾木科 植物이라 稱ㅎㄴ니라.

(問) 菊科 植物者는 何오.

(答) 蒲公英(포공영), 劍(결?), 草, 牛蒡(우방), 向日花의 類를 菊科 植物이라 稱ㅎ나니라.

(問) 荳科 植物者는 何오.

(答) 大豆, 赤豆, 萩(추), 藤의 類를 荳科植物이라 稱ㅎ나니라.

(問) 羊齒類는 何오.

(答) 蕨(궐, 고사리)의 類는 擧皆 無花ㅎ고 葉과 鬚根(수근)과 地下의 莖을 具有ㅎ고 葉의 裏面에 芽胞(아포)라 稱ㅎ는 것을 生ㅎ나니 此等의 類를 羊齒類라 稱ㅎㄴ니라.

(問) 木賊科는 何오.

(答) 木賊의 類는 無花ㅎ고 莖에 節이 有ㅎ며 每節에 鞘狀(초상, 칼집 모양)의 葉을 具ㅎ고 又 芽胞를 生ㅎ는 者ㅣ 有ㅎ니 此等을 木賊科라 稱ㅎ나니라.

(問) 蘚苔類(선태류)者는 何오.

(答) 蘚苔의 類를 蘚苔類라 稱ㅎㄴ니라.

(問) 藻類者는 何오.

(答) 昆布(곤포), 甘藿(감곽), 海苔(해태) 等의 類를 藻類라 稱ㅎ나니라.

(問) 菌類者는 何오.

(答) 松茸[1]의 類를 菌類라 稱ㅎ나니라.

(問) 雄木 及 雌木의 區別이 如何오.

(答) 樹木의 種類를 隨ᄒ야 雌雄花ㅣ 各株에 生ᄒᄂᆫ 事ㅣ 有ᄒ니 雌花만 有ᄒᆫ 樹木을 雌木이라 稱ᄒ고 雄花만 有ᄒᆫ 樹木을 雄木이라 稱ᄒᄂᆞ니라.

(問) 落葉木者ᄂᆫ 何오.

(答) 大抵 樹葉은 每秋 凋落(조락)ᄒ얏다가 春季에 再生ᄒᄂᆞ니 如此ᄒᆫ 樹木을 落葉木이라 稱ᄒᄂᆞ니라.

(問) 常綠木者ᄂᆫ 何오.

(答) 松樹와 如히 葉이 四時長靑ᄒ며 數年生存ᄒᄂᆫ 樹木을 常綠木이라 稱ᄒᄂᆞ니라.

(問) 植物의 受精作用者ᄂᆫ 何오.

(答) 昆虫은 花의 密을 吸코져 ᄒ야 花間을 飛廻ᄒᆯ 時에 一花의 花粉을 他花柱頭에 着케 ᄒ야 子房으로 ᄒ야금 結實케 ᄒᄂᆞ니 此를 受精作用 이라 稱ᄒᄂᆞ니라.

(問) 樹木의 年輪者ᄂᆫ 何오.

(答) 幹을 橫斷ᄒ면 大小의 輪이 疊生ᄒᆷ을 見ᄒᆯ지니 此를 年輪이라 稱 ᄒ고 年輪을 生ᄒᆷ은 外長類 樹木에 限ᄒᄂᆞ니라.

(問) 髓者ᄂᆫ 何를 云ᄒᆷ이뇨.

(答) 樹木의 幹을 橫斷ᄒ면 其正中에 柔軟ᄒᆫ 部分이 有ᄒ니 此를 髓라 稱ᄒ며 此亦外長類 樹木에 限ᄒ야 生ᄒᄂᆞ니라.

(問) 樹木의 已經 年數를 知得ᄒᄂᆫ 法이 有ᄒ뇨.

---

1) 송이(松茸): 송이(松栮). 茸의 원음은 '용'이나 '이'로 잘못 읽은 듯함.

(答) 年輪은 每年 一次式 其外方에 一輪을 增生ᄒᆞᄂᆞ 故로 此年輪數를 計ᄒᆞ면 其已經 年數를 知得ᄒᆞᆯ 수 잇ᄂᆞ니라.

▲ 제4호

(問) 葉者ᄂᆞ 何오.
(答) 葉은 莖에 側生ᄒᆞᄂᆞ 者ㅣ니 其種이 有二ᄒᆞ니 一瀾葉이요, 一曰 針葉이라. 又其色도 多種ᄒᆞ나 綠色 翠色이 居多ᄒᆞ니라. 常例니라.

(問) 葉의 各部 名稱이 如何오.
(答) 葉은 葉片, 葉柄, 托葉, 葉脈, 葉端 等 各部로 成ᄒᆞ니라.

(問) 葉片者ᄂᆞ 何部分이뇨.
(答) 開張ᄒᆞᆫ 葉面의 部分을 葉片이라 稱ᄒᆞ나니라.

(問) 葉柄者ᄂᆞ 何오.
(答) 葉片을 支ᄒᆞᄂᆞ 細線을 葉柄이라 稱ᄒᆞ나니라.

(問) 托葉者ᄂᆞ 葉의 何部에 在ᄒᆞ뇨.
(答) 葉柄 下端에 在ᄒᆞᆫ 小葉을 托葉이라 稱ᄒᆞ고, 葉은 其種類를 隨ᄒᆞ야 托葉이 有ᄒᆞᆫ 者와 無ᄒᆞᆫ 者ㅣ 有ᄒᆞ니라.

(問) 葉脉者ᄂᆞ 何오.
(答) 葉의 正中에 一大脉이 有ᄒᆞ고, 自此로 細脉이 分出ᄒᆞ얏나니 此를 葉脉이라 稱ᄒᆞ나니라.

(問) 葉端者ᄂᆞ 何오.
(答) 葉의 最極端에 鋸齒狀을 成ᄒᆞᆫ 處를 葉端이라 稱ᄒᆞᄂᆞ니라.

(問) 葉의 形象은 各其 同一ᄒ뇨.
(答) 否라. 葉의 形狀은 各其 不同ᄒ야 針形, 線形, 披針形, 圓形, 橢圓形
(타원형), 卵形, 倒卵形, 等 數種에 區別ᄒ나니 此는 其形狀이 其物과
相似ᄒ 處ㅣ 有ᄒ 故로 如斯ᄒ 名稱을 附與홈이니라.

(問) 葉의 種類가 如何오.
(答) 單葉 及 複葉의 二種 區別이 有ᄒ니라.

(問) 單葉者는 何오.
(答) 桃, 梅 等의 葉과 如히 一個 葉身이 有ᄒ 者를 單葉이라 ᄒ나니라.

(問) 複葉者는 何오.
(答) 二個 以上의 葉身이 有홈을 複葉이라 稱ᄒ나니 藤, 漆樹 等이 是ㅣ
니라.

(問) 葉은 莖에 同一 定規로 着生ᄒᄂ뇨.
(答) 否ㅣ라. 其着生ᄒ는 形이 相異홈으로 互生葉(호생엽), 對生葉, 輪生
葉 等 三種으로 別ᄒ나니라.

(問) 互生葉者는 何오.
(答) 李, 梅 等과 如히 莖間 每一節에 葉이 着生홈을 互生葉이라 稱ᄒ나
니라.

(問) 對生葉者는 何오.
(答) 桐과 如히 每一節에 二葉이 相對ᄒ야 生홈을 對生葉이라 稱ᄒ나니라.

(問) 輪生葉者는 何오.
(答) 每 一節에 三葉 以上이 生홈을 輪生葉이라 稱ᄒ나니라.

(問) 葉의 生理作用이 如何오.

(答) 葉은 同化作用, 炭酸 吸收作用, 呼吸作用, 蒸發作用, 貯藏作用 等各項 生理作用을 營ᄒ나니라.

(問) 同化作用者ᄂᆫ 如何 作用을 稱ᄒᆷ이뇨.

(答) 根이 吸收ᄒᆫ 液体ᄂᆫ 莖으로부터 葉의 綠色部에 至ᄒ야 日光을 受ᄒ야 同時에 變化되나니 此作用을 同化作用이라 謂ᄒ나니라.

▲ 제5호

(問) 炭酸 吸收作用은 何以作用ᄒᆷ을 云ᄒᆷ이뇨.

(答) 葉은 空氣中에 混在ᄒᆫ 炭酸瓦斯란 것을 吸收ᄒ야 右에 說明ᄒᆫ 同化作用을 營ᄒ야 酸素를 排出ᄒ나니 排出量은 不多ᄒ니라.

(問) 呼吸作用을 如何히 營ᄒᄂ뇨.

(答) 葉은 動物과 如히 空器 中 酸素를 吸收ᄒ야 炭酸瓦斯도 亦呼出ᄒ나니 其呼出量이 少ᄒ며 是以로 呼吸作用을 營ᄒ다 云ᄒᆷ이니라.

(問) 葉이 蒸發作用을 營ᄒ다 ᄒᆷ은 何謂오.

(答) 根이 吸收ᄒᆫ 水氣의 大部分은 自莖上昇ᄒ야 葉面으로브터 連續 蒸發ᄒᆷ으로 因ᄒ야 蒸發作用을 營ᄒ다 稱ᄒᆷ이니라.

(問) 葉이 貯藏作用을 營ᄒ다 ᄒᆷ은 何謂오.

(答) 葉의 種類를 隨ᄒ야 百合, 葱 等의 地下葉과 挑 梅 等의 子葉은 肥厚ᄒ야 多量 養液을 貯藏ᄒ나니라.

(問) 炭酸瓦斯者ᄂᆫ 何오.

(答) 炭酸瓦斯란 것은 人類 及 動物이 呼息ᄒᆯ 時와 物이 燒火ᄒᆯ 時에

生ᄒᄂᆫ 것이니 人類 及 獸에게 頗히 有害ᄒᄂ니라.

(問) 葉이 吸收 及 呼吸作用을 營ᄒᆫ다 ᄒᄂ니 葉은 口가 無ᄒᆫ거늘 何로 由하야 吸收 及 呼吸을 營ᄒ나뇨.
(答) 可笑로다. 君의 質問이여. 葉이 吾人과 如ᄒᆫ 口ᄂᆫ 不有ᄒᆫ되 植物도 君의 所謂 口ᄅᆞᆯ 持핫ᄂᆫ니 此 口ᄅᆞᆯ 氣孔이라 稱ᄒᄂ니라.

(問) 氣孔은 葉의 何部에 在ᄒ나뇨.
(答) 葉面 裏部에 數多 氣孔이 有ᄒᄂ니라.

(問) 葉의 全面을 終日토록 窺視하야도 一孔도 無ᄒᆫ더라.
(答者反問) 葉을 何以 窺視핫ᄂ뇨. 肉眼으로 見핫ᄂ뇨.
(問者所答) 然也ㅣ라. 老人이 아니어든 웃지 眼鏡을 用ᄒᆫ리오.
(答者解說) 비록 少年하야 眼力이 銳ᄒᆫ드라도 眼鏡을 用하야 見키 不能 ᄒᆫ거든 況且 肉眼으로 能視ᄒᆷ이오. 其氣孔은 極히 細微ᄒᆫ 故로 顯微鏡 을 使用혀야야 可히 見ᄒᆯ 수 잇ᄂ니라.

(問) 顯微鏡者ᄂᆫ 何오.
(答) 細微ᄒᆫ 物이라도 其形을 擴大케 ᄒᄂᆫ 器械가 有ᄒ니 此ᄅᆞᆯ 顯微鏡이 라 稱ᄒᄂ니라.

(問) 酸素者ᄂᆫ 何오.
(答) 植物이 呼出ᄒᄂᆫ 者ㅣ니 無色無臭 無味ᄒ고 物의 燒火ᄅᆞᆯ 支保ᄒ나 니라.

(問) 子葉者ᄂᆫ 何오.
(答) 豆類의 種子ᄅᆞᆯ 割半하야 視ᄒᆯ 時ᄂᆫ 其形이 葉과 如ᄒ고 肉이 肥厚 ᄒᆫ니 是ㅣ 卽 最初에 生ᄒᄂᆫ 子葉이니라.

(問) 葉의 效用이 如何.

(答) 葉으로 食用이 되는 者ㅣ 多ㅎ고 茶 等과 如히 飲料도 되며 藍 等과 如히 染色所用도 되며 桑葉과 如히 養蚕(양잠)所用도 되며 비록 無花草木이라도 其葉이 奇形됨으로 因ㅎ야 花草로 所用되야 人心을 娛悅케 ㅎ는 等 多大 效用이 有ㅎ야 枚擧키 不遑ㅎ니라. (未完)

▲ 제6호

(問) 植物体 各部의 名稱을 示ㅎ라
(答) 植物体는 根, 莖, 幹, 枝 葉 等의 三大部分으로 區別ㅎ나니라.

(問) 植物의 根者는 何部分이뇨.
(答) 根은 植物의 下行軸이니 決코 葉을 不生ㅎ는 部分을 稱ㅎ나니라.

(問) 根의 形態는 何如오.
(答) 根은 其形이 各其 不一ㅎ나 然이나 直根과 鬚根(수근)의 二種으로 大別ㅎ나니라.

(問) 直根者는 何오.
(答) 松樹, 蘿蔔 等과 如히 地中에 直入ㅎ 大根은 直根이라 稱ㅎ나니라.

(問) 鬚根者는 何오.
(答) 稻, 麥 等과 如히 一處에셔 群生ㅎ는 細根을 鬚根이라 稱ㅎ나니 松樹, 蘿蔔 等의 根에 附生ㅎ는 極細根도 亦鬚根이니라.

(問) 根의 種類가 如何.
(答) 根의 種類를 隨ㅎ야 一年生根, 二年生根, 多年生根의 區別이 有ㅎ니라.

(問) 一年生根者는 何오.
(答) 根이 生호 後 一年 內에 枯死하는 者를 一年生根이라 稱하나니라.

(問) 二年生根者는 何오.
(答) 根이 年을 超하야 生存하는 者를 二年生根이라 稱하나니라.

(問) 多年生根者는 何오.
(答) 桃, 松樹 等의 根과 如히 數年間 生存하는 者를 多年生根이라 稱하나니라.

(問) 根은 如何 作用을 營하나뇨.
(答) 根은 地中에 深入하야 植物体를 固定하며 自地中으로 養分을 吸收하며 養液을 貯藏하나니라.

(問) 根의 各部는 擧皆 同一호 作用을 營하나뇨.
(答) 否ㅣ라. 年久 部分은 固定케 하는 力이 大호되 殆리 吸收力을 失하고, 新部分이 吸收力이 强하야 貯藏力이 大하니 吸收力이 最强호 者는 根毛ㅣ니라.

(問) 毛根者는 何오.
(答) 新根 周圍에 生하는 毛狀細根을 毛根라 稱하나니라.

(問) 植物의 莖者는 何오.
(答) 莖은 植物의 上行軸이니 반다시 葉을 有하며 養液의 通路되는 者ㅣ니라.

(問) 莖이 養液의 通路됨은 何以知得하나뇨.
(答) 草類의 莖을 橫斷하면 汁이 流出홈을 見홀이니 是以로 其通路됨을

知得ᄒᆞ나니라.

(問) 莖에 何許 種類가 有ᄒᆞᆨ뇨.
(答) 地上莖과 地下莖의 二種이 有ᄒᆞ니라.

(問) 地上莖者ᄂᆞᆫ 何오.
(答) 莖이 地上에 顯出ᄒᆞᄂᆞᆫ 者를 地上莖이라 稱ᄒᆞ나니라.

(問) 地下莖者ᄂᆞᆫ 何오.
(答) 莖이 地下에 在ᄒᆞᆫ 者를 地下莖이라 稱ᄒᆞ나니라.

(問) 地下에 在ᄒᆞᆫ 者를 莖이라 稱ᄒᆞᆷ은 何故오.
(答) 根은 決코 葉을 不生ᄒᆞᄂᆞᆫ 者ㅣ나 然이나 地下莖은 地下에 在ᄒᆞᆯ지라도 葉을 生ᄒᆞᆷ으로 因ᄒᆞ야 莖이라 稱ᄒᆞᆷ이니라.

(問) 地下莖에ᄂᆞᆫ 如何 區別이 有ᄒᆞᆨ뇨.
(答) 葡萄莖(포도경), 纏繞莖(전요경), 攀橡莖(반연경) 等의 三種 別이 有ᄒᆞ니라.

(問) 葡萄莖者ᄂᆞᆫ 何오.
(答) 莖이 地上에 伏臥하ᄂᆞᆫ 者를 葡萄莖이라 稱하ᄂᆞ니라.

(問) 纏繞莖者ᄂᆞᆫ 何오.
(答) 莖으로 他物에 纏繞하ᄂᆞᆫ 것을 纏繞莖이라 稱ᄒᆞ나니라.

(問) 攀橡莖者ᄂᆞᆫ 何오.
(答) 莖이 他物에 攀登(반등)하ᄂᆞᆫ 것을 攀橡莖이라 稱하나니라.

(問) 地下莖에는 何許 種類가 有하뇨.

(答) 鱗莖, 球莖, 塊莖, 根莖 等의 種類가 有하니라.

(問) 鱗莖者는 何오.

(答) 百合, 葱白(총백) 等과 如히 肥厚흔 葉을 有흔 者를 鱗莖이라 稱하나니라.

(問) 球莖者는 何오.

(答) 球形의 莖에 少數 薄葉을 有흔 者를 球莖이라 稱하나니라.

(問) 塊莖者는 何오.

(答) 塊狀의 莖에 葉의 跟跡(근적, 흔적의 오기)이 有흔 者를 塊莖이라 稱하나니라.

　　　　(이하 소년한반도가 발행되지 않았음)

◎ 葉과 日光의 關係, 鄭泰胤, 〈서우〉 제7호, 1907.6. (식물학)

大抵 植物이 綠色을 現出흔 理由를 知코져 흘진딕 먼져 一枚의 綠葉을 取하야 剃刀로써 此를 限定ᄒ야 小口形으로 切斷ᄒ고 其中 最薄흔 一片을 擇選ᄒ야 現微鏡으로써 檢查ᄒ면 上下 兩部에는 一層 細胞가 並烈ᄒ고 表皮가 有ᄒ니라. 上下 表皮에 中間에는 葉肉이 有ᄒ야 多數의 綠色을 帶흔 細胞로 成立이 되엿스며 葉肉의 細胞가

綠色을 含有흔 理由은 其中에 葉綠體라 稱ᄒ는 綠色에 小球體가 有ᄒ야 細胞內에 多數含有ᄒᆷ으로 成立된 者이며 또 葉綠體에는 葉綠素 稱ᄒ는 綠色의 物質을 含有ᄒ엿스며 獨히 葉綠素를 含有ᄒ엿고 葉肉에는

小判形이 羅列된 部오 大小 不均흔 不定形으로 된 細胞ㄱ 疎集된 區別이 有ᄒ며 前者는 葉의 上面에 在ᄒ고 後者는 葉의 下方에 有ᄒ니라. 쏘 葉肉에는 往往 無色의 細胞部를 見하깃도다. 此는 葉脈에 斷面이니라 表皮에는 處處 小孔이 有하니 此를 氣孔이라 云하며 氣孔은 葉의 下面에 多有하고 上面에는 稀小하되 蓴菜茨等에 葉은 水面에 浮有흔 者인고로 葉의 上面에 氣孔이 多有ᄒ니라.

葉은 恒常 綠色을 帶有ᄒ지만은 만일 此를 暗處에 移置ᄒ면 次第로 黃白色으로 變化홈을 見홀지며 만일 此를 再次 日光에 曝射케 ᄒ면 前과 如히 綠色을 回復ᄒᄂ니 卽 日長을 亨受흔 葉은 綠色을 保持ᄒ되 不然흔 者은 綠色을 保持치 못ᄒ며 黃白色으로 變홈을 知ᄒ깃스며 此를 葉에 黃化라 ᄒ며 黃化된 葉中에는 葉綠體가 不在홈이 아니요 葉綠素가 黃色으로 變홈을 因ᄒ야 黃白色으로 되ᄂ니 大抵 葉은 日光을 藉托지 못ᄒ면 綠色을 全치 못ᄒᄂ니라.

大凡 葉은 氣孔으로브터 大氣中에 炭酸瓦斯를 吹收ᄒ고 葉綠體에 作用으로브터 日光에 力을 依ᄒ야 炭素와 酸素를 分解ᄒ고 炭素를 取ᄒ고 酸素는 氣孔으로 吐ᄒ야 大氣中에 飛散케 ᄒ며 旣爲吸取흔 炭素는 葉脈을 通過ᄒ야 液汁과 合ᄒ야 澱粉을 製造ᄒᄂ니라.

炭酸瓦斯를 分解ᄒ며 其中 炭素를 取ᄒ야 澱粉을 造ᄒ며 酸素를 大氣中에 吐出ᄒᄂ 作用을 同化作用이라 稱ᄒ며 同化作用은 植物生活上에 最重흔 者이믹 葉은 日光을 受치 못ᄒ면 此 作用을 能行치 못ᄒᄂ니 葉에 綠色으로 된 거슨 其 細胞內에 葉綠素를 含ᄒ야 同化作用으로써 其體의 實質을 補充ᄒ기 爲홈이니라.

澱粉은 葉의 細胞內로브터 始ᄒ야 製造되는 固形體인 故로 細胞가 出홀 時에는 溶解ᄒ야 砂糖이 되며 水와 共히 莖葉根等 諸部에 送ᄒ야

發育生長의 原料가 되며 更히 其 餘分은 再次 澱粉이되고 或은 糊粉脂肪 等으로 變化ㅎ야 根地下莖種子等의 貯蓄이 되야 他日 必要ㅎ 際에 此를 用ㅎ는 故로 葉은 植物生育上에 必要되는 澱粉을 製造ㅎ는 者니라.

妙哉라. 創造主의 能力이며 動物이 吐ㅎ는 炭素은 植物이 吸入ㅎ야 成長ㅎ고 植物이 吐ㅎ는 酸素은 動物이 吸取ㅎ엿스니 必有曲節이로다. 吾人은 萬物中 最高ㅎ 動物의 地位에 處ㅎ얏스니 地位를 保全치 못ㅎ면 天主의 責罰을 免치 못ㅎ깃도다. 噫라 大韓 臣民된 吾의 同胞여 如何ㅎ 면 地位를 完全無缺케 ㅎ리요 許多方法이 有ㅎ나 獻身的精神 第一노 思ㅎ로라.

◎ 松花와 風, 洪正求(譯), 〈태극학보〉 제5호, 1906.12; 제6호.

▲ 제5호

▲ 제6호 食蟲植物

◎ 樹木의 니야기, 朴相洛, 〈태극학보〉 제11호, 1907.6.
　(생물학, 식물학)

　　*수목의 가치와 식목을 주장하는 논설

樹木이 우리 人生과 如何히 重ㅎ고 또 大ㅎ 關係가 直接 間接으로 多ㅎ 것은 누구시던지 싱각ㅎ여 보면 다— 아실 것이오. 第一 直接ㅎ 關係로 言ㅎ면 우리 人生이 日常의 安樂ㅎ게 居處ㅎ는 家屋도 萬一 材 木이 無ㅎ야스면 到底 今日과 갓치 如許히 完全ㅎ게 美麗ㅎ게 建造키

不能ㅎ고, 或은 太古의 黑暗ㅎ 穴居時代를 至今ㅅ지 脚免치 못ㅎ여슬는 지도 測知키 難ㅎ오. 設令 人智가 漸次 發達되야 石材와 土材로만 家屋을 建造ㅎ다 홀지라도 木材로 建造ㅎ는딕 比較ㅎ면, 其 便利ㅎ 點과 其 完美ㅎ 點이 前者가 엇지 後者에 比홀 슈 잇스리오. 今日과 갓치 發達된 西洋 各國에서 家屋을 만히 煉瓦石(벽돌)으로 建築홀지라도 其 內面에는 반드시 木材를 用ㅎ야 完美를 加ㅎ느니 樹木이 如此히 吾人 生活上에 一日도 無치 못홀 家屋 建築에 如何히 大ㅎ 關係가 有ㅎ 것을 可히 알 거시오. 또 說明 米肉 蔬菜가 如何히 多積ㅎ여슬지라도 萬一 其 燃料되는 樹木이 無ㅎ면 엇지 飮食을 料理ㅎ야 吾人에게 美味를 供홀 슈 잇스며 또 吾人이 樹木의 恩澤을 不賴ㅎ면 溫暖ㅎ 室內에셔 家族을 團樂ㅎ며 嚴冬雪寒을 經過홀 수 잇스며, 其他 吾人의 日用 器具와 凡百物品이 樹木으로 製造ㅎ는 者ㅣ 其數를 算出키 不能ㅎ야 此世界에셔 萬一 樹木을 除去ㅎ면 吾人類는 一日이라도 生活을 完保키 難ㅎ리니 世人은 往往 金銀珠玉으로써만 唯一의 貴寶를 삼으나, 萬一 樹木이 無ㅎ야 吾人이 完全ㅎ 生活을 未保ㅎ는 境에 至ㅎ면 金銀珠玉이 엇지 貴홀 바 잇스리오.

故로 樹木의 貴重ㅎ 것이 決코 他重寶에 不下홀 것이느 幸我 地球上에는 樹木이 多量히 散布ㅎ야 人類의 生活ㅎ는 資力을 無時로 供給홈으로 吾人은 其 感謝ㅎ 情과 貴重ㅎ 價値를 太半이느 忘置不念홈이라. 如此히 樹木이 直接으로만 吾人 生活에 關係홀 쑨 아니라, 間接의 關係가 쏘ㅎ 少타 謂치 못ㅎ리로다.

第一은 衛生上 關係라. 人類느 一體 動物이 呼吸할 時에는 所謂 炭氣를 吐出ㅎ고 또 空氣中에 在ㅎ 酸素를 吸入ㅎ야 血液을 淸潔케 ㅎ고, 血脈의 循環을 圓滑케 ㅎ야 生命을 維持케 홈은 諸君의 이믜 知悉ㅎ는 바이니 吾人은 決코 飮食으로만 生命을 保全ㅎ는 者이 아니오, 空氣를 呼吸ㅎ 然後에야 生命을 保存ㅎ는 것이라. 然則 此 地球上에 居生ㅎ는 十六萬萬 人類와 其他 動物이 片時를 不息ㅎ고, 空氣 中에셔 酸素를 取

吸ᄒ고 炭氣를 吐出ᄒ며 動物뿐 아니라 各色 物體가 燃燒ᄒᄂ 時에도 酸素를 取ᄒ야ᄂ 炭氣로 變作ᄒᄂ니 此 地球上에 定限이 有ᄒ 空氣 中 酸素를 如此히 吸盡ᄒ야 幾百年 後에 空中에 酸素ᄂ 盡ᄒ고 炭氣만 積 餘ᄒ면 一般 動物은 生命을 保存치 못ᄒ 것이라. 然이ᄂ 天然의 作用은 一妙案을 付與ᄒ야 一般 動物로 ᄒ여금 如此ᄒ 慘境에 陷ᄒ 것을 免ᄒ 게 ᄒ엿스니 卽 樹木의 作用이 是라. 樹木의 生活ᄒᄂ 法則은 根의 作用 으로 土壤 中에 滋養分과 水分을 吸收ᄒ고, 葉의 作用으로 空氣 中에 在ᄒ 炭氣를 吸取ᄒ야 營養을 供ᄒ 後에ᄂ 다시 酸素를 吐出ᄒ야 空氣 를 新鮮케 ᄒ면 動物은 또 此 酸素를 吸取ᄒ고, 炭氣를 吐出ᄒ면 樹木의 葉은 此 炭氣를 吸取ᄒ고 酸素를 吐出ᄒᆷ으로, 地球上에 空氣ᄂ 大略 一 定ᄒ 酸素의 量을 包含ᄒ야 動物의 生活을 經營케 ᄒ도다.

故로 吾人이 衛生法을 適當히 行ᄒ야 身體를 健康케 ᄒ고져 ᄒ면 第 一 滋養分의 植物과 適當ᄒ 運動과 衣服을 淸潔히 ᄒᄂ 等事ᄂ 言을 待ᄒ 바 無ᄒ거니와, 第二ᄂ 晝宵(주소, 밤낮)로 間斷업시 呼吸ᄒᄂ 空 氣를 아모록 新鮮케 ᄒᄂ 것이 唯一의 方策이니 此ᄂ 家屋 附近에 樹木 을 多數이 培植ᄒ면 此 樹木이 空氣 中으로 酸素만 製送할 뿐 아니라, 元來 空氣 中에ᄂ 細小ᄒ 塵埃가 非常히 混雜 浮遊ᄒ야 此世界를 所謂 紅塵世界ᄅᄂ 古來의 俗談이 有ᄒ 데 如此 不潔ᄒ 空氣가 風이 되야 流動ᄒ 時에라도 萬一 一家屋 附近 周圍에 樹木이 繁茂環匝(번무환잡) ᄒ야 이스면 空氣ᄂ 此 樹木의 密葉을 濾過(여과) 入來ᄒᆫ즉 多量의 塵埃 ᄂ 樹葉에다— 附着 停滯ᄒ고, 比較的 淸潔ᄒ 空氣를 吸收ᄒ리니, 是故 로 外國에서 人口 稠密ᄒ 都會處 等地에 樹木을 特別히 獎勵 培植케 ᄒᆷ은 衛生上에 如此 至大ᄒ 關係가 有ᄒᆷ으로 因ᄒᆷ이라. 此뿐 아니라 吾 人이 日常 經驗ᄒᄂ 바에 裸裸ᄒ 僧山赤土地에 往ᄒ면 身體에 爽快(상 쾌)ᄒ 氣象이 無ᄒ며 精神에 淸新ᄒ 感想이 無ᄒ고, 樹木이 盛茂ᄒ 地方 에 往ᄒ야 山川은 다— 錦繡와 如ᄒ고, 綠陰影裏에 囀囀(전전)ᄒᄂ 鳥歌 를 見聞ᄒ 時에ᄂ 自然 心身이 爽快ᄒ고 感想이 淸新ᄒ야 塵世界에 是

是非非ᄒᆞᆫ 罪惡生活을 頓忘ᄒᆞ고, 一種 自然의 美想을 感發ᄒᆞᄂᆞ니 然則 樹木은 美學上으로도 吾人의 精神 修養에 可無치 못ᄒᆞᆯ 者이니, 我國 人士가 日本 地方에 踏入ᄒᆞᆯ 時에 最初에 感得ᄒᆞᄂᆞᆫ 者ᄂᆞᆫ 此 樹木의 美想일 듯, 樹木의 效用은 此에 안할 ᄲᅮᆫ 아니라. 樹木이 繁茂ᄒᆞ야 大森林을 成ᄒᆞ면 能히 其地方의 氣候를 多少 變ᄒᆞ며 水旱의 災를 防備ᄒᆞᄂᆞᆫ 效力이 有ᄒᆞ오.

大抵 太陽의 光線이 地面을 直射ᄒᆞᆯ 時에ᄂᆞᆫ 此 地面의 熱이 다시 空中으로 反射ᄒᆞ면 地球面에 包在ᄒᆞᆫ 空氣ᄂᆞᆫ--

◎ 肉食植物, 尹泰榮, 〈야뢰〉 제1호, 1907.1. (식물학)

*육식식물에 대한 다른 글과 내용이 동일함＝조사 비교 필요함 / 4쪽 분량의 글임

現今 地球上 各處에 分布 散在ᄒᆞᆫ 植物 種類가 三十萬에 殆至(태지)ᄒᆞ야 其 形態 構造와 營養 生殖이 各自 不同ᄒᆞ야 ——히 枚擧키 不遑ᄒᆞ나 就中 肉食植物이라 稱ᄒᆞᄂᆞᆫ 奇異ᄒᆞᆫ 種類에 至ᄒᆞ야ᄂᆞᆫ 興味가 頗有ᄒᆞ기 大略 論述ᄒᆞ노라.

肉食植物은 捕蟲植物이라 或 稱ᄒᆞ나니 其 葉이 各種 變態를 成ᄒᆞ야 小動物 捕獲ᄒᆞᄂᆞᆫ 具가 될 ᄲᅮᆫ 아니라, 動物體를 溶解ᄒᆞ야 其 液汁을 吸收ᄒᆞ야 自己 營養을 爲ᄒᆞᄂᆞᆫ 機能이 有ᄒᆞ니--

◎ 植物略記, 金聖睦, 〈공수학보〉 제1호, 1907.01.31. (식물학)

　植物이 本初는 一粒의 種子로 生호는딕 種子 中 胚에셔 發芽 成長호야 莖幹枝葉(경간지엽) 及 根을 生흔 後 完全흔 植物이 되느니 그 生育上에 營호는 바는 먼져 莖幹의 地上에 生立호야 枝葉을 支호고, 葉으로 日光의 作用을 受케 호며, 또 養液을 植物體 中 各各 有用部에 運호고, 或 養料을 貯蓄호며, 葉은 日光의 作用을 因호야 空氣 中으로 養料을 取호는 고로 能히 日光을 受호는 樣子로 莖上 一定에 次第 附生호고 그 形態도 扁平호야 此 目的에--

◎ 植物之對自然界 關係,
　金晉庸, 〈공수학보〉 제1호, 1907.01.31. (식물학)

　　(한문)

▲ 제1호

▲ 제2호

◎ 植物(寄書), 尹豊鉉, 〈공수학보〉 제4호, 1907.9. (식물학)

　花

　花의 種類는 極히 多호느 學術上 調査에 便利호고 또 我國 到處에 在흔 桃花에 對호야 花의 說明을 호노라.

盖 如彼히 奇麗흔 거는 그 花瓣(화판)이 有흔 所以라. 白色에 淡紅色을 帶흐니 卽 所謂 桃花色也라. 花瓣은 五枚가 有흐야 此를 花冠(화관)이라 總稱흐고, 花冠 外部에는 綠色을 帶흔 萼(악, 꽃받침)이 有흐니 上部는 五枚 萼片(악편)에 分裂흐고 下部는 筒狀(통상)이니라. 花冠 內部에는 數多의 雄蕊(웅예)가 有흐니 其 細絲와 如흔 部를 花絲(화사)라 云흐고, 頂其上에 有흔 小囊을 葯(약, 꽃밥)이라 云흐나니 葯은 黃色의 包흐야 成熟흐면 此를 吐出흐느니라. 又 花의 中心에는 一個의 雌蕊(자예)가 有흐니 其頂을--

花와 昆蟲

花와 風(松)

(未完)

(=더 이상 게재하지 않음)

◎ 植物의 分布, 尹豊鉉, 〈동인학보〉 제1호, 1907.11. (식물학)

1908	소년	편집실	[花學敎室] 高等科, 보습과, 보통과, 전문과	제2권 제5호	식물	식물학
1908	소년	집필인	肉食草	제1권 제2호	식물	식물학

◎ 植物學, 白雲樵子, 〈대동학회월보〉 제5호, 1908.6. (식물학)

同化作用

種子ᄅᆞᆯ 濕地에 播ᄒᆞ고 適度ᄒᆞᆫ 溫量에 在ᄒᆞᆫ즉 種子가 多量의 水分을 吸収ᄒᆞ야 甚히 膨脹ᄒᆞ야 破壞ᄒᆞ고 萌芽가 發生ᄒᆞ야 幼植物을 成ᄒᆞ야 地上에 露出ᄒᆞ야 一定ᄒᆞᆫ 長大에 達ᄒᆞ면 自己 營養 組織内의 貯在ᄒᆞᆫ 養分을 吸盡ᄒᆞᆫ지라. 故로 外圍로부터 養料ᄅᆞᆯ 新取ᄒᆞᄂᆞ니 如此 時期에 達ᄒᆞ면 幼植物의 莖幹은 伸長ᄒᆞ야 無數綠葉이 着生ᄒᆞ고 幼根도 亦生長ᄒᆞ야 支根이 分出ᄒᆞ고 多數 根毛가 生ᄒᆞ야 地中土砂에 密着ᄒᆞ야 其土壤砂粒間에 植物의 養料될만ᄒᆞᆫ 各種物質이 溶解ᄒᆞᆫ 者ᄅᆞᆯ 容易히 吸収ᄒᆞ고 又此等 養料中에 固体로 存在ᄒᆞᆫ 者ᄂᆞᆫ 根冠으로 酸液을 分泌ᄒᆞ야 固体ᄅᆞᆯ 溶解ᄒᆞᆫ 後에 攝取ᄒᆞ야 根毛로부터 順次로 莖과 枝에 達ᄒᆞ야 마ᄎᆞᆷᄂᆡ 葉片에 至ᄒᆞᄂᆞ니라. 又 植物이 養料ᄅᆞᆯ 地中에셔 取ᄒᆞᆯ ᄲᅮᆫ 아니라 且 空氣中에 在ᄒᆞ야 葉의 作用을 因ᄒᆞ야 吸収ᄒᆞᄂᆞ니 蓋空氣中 養分은 卽炭酸ᄭᆡ쓰라 人類와 動物呼吸을 因ᄒᆞ야 生ᄒᆞ며 或 燃燒와 各般 化學的變化를 因ᄒᆞ야 發出ᄒᆞᄂᆞ니 此氣体ᄂᆞᆫ 少히 有毒ᄒᆞ나 空氣中에ᄂᆞᆫ 其量이 甚少ᄒᆞ야 凡 空氣萬分中에 三四分이 存在ᄒᆞᆷ에 不過ᄒᆞᆫ지라. 故로 人畜을 害치 못 ᄒᆞᄂᆞ니라. 炭酸ᄭᆡ쓰가 植物体로 入ᄒᆞᆷ을 得ᄒᆞᄂᆞ니 植物葉面에 氣孔이 有ᄒᆞ야 適度ᄒᆞᆫ 日光을 受ᄒᆞᄂᆞᆫ 時와 空氣가 甚히 乾燥치 아니ᄒᆞᆫ 時와 風力이 强치아니ᄒᆞᆫ 時ᄂᆞᆫ 孔邊細胞가 緊張ᄒᆞ야 氣孔의 開發ᄒᆞᆷ이 十分完全ᄒᆞᆷ으로써 空氣ᄅᆞᆯ 容易히 内部로 導入ᄒᆞ야 氣孔内 氣腔에 至ᄒᆞ야 細胞間 空隙을 經ᄒᆞ야 綠色細胞内로 遍達ᄒᆞ고 此空氣中에 含有ᄒᆞᆫ 炭酸은 日光의 勢力을 藉ᄒᆞ야 分解ᄒᆞ야 酸素ᄂᆞᆫ 游離ᄒᆞ야 空氣中으로 放出ᄒᆞ고 純粹ᄒᆞᆫ 炭素ᄂᆞᆫ 葉綠体内部에셔 化學的變化ᄅᆞᆯ 受ᄒᆞ야 맛ᄎᆞᆷᄂᆡ 化ᄒᆞ야 澱粉粒이되야 葉綠體内에 顯出ᄒᆞᄂᆞ니 蓋如斯히 簡單ᄒᆞᆫ 炭酸ᄭᆡ쓰ᄅᆞᆯ 變ᄒᆞ야 마ᄎᆞᆷᄂᆡ 複雜ᄒᆞᆫ 澱粉을 作ᄒᆞᆷ은 全혀 綠色細胞의 生活作用에 屬ᄒᆞ고 又其日光의 力을 假ᄒᆞ야 비로소 得爲ᄒᆞᄂᆞᆫ 故로 細胞中에 葉綠体가 無ᄒᆞᆫ

部分에는 該現象을 不見홀지오. 且 綠色細胞에도 日光이 不照흔 暗處에 셔는 全히 該作用을 營爲치못ㅎㄴ니라. 如右히 日光中 葉綠体內에셔 生흔 澱粉은 水에 溶解키 不能흔 故로 漸漸堆積ㅎ야 顯微鏡으로 見ㅎ면 明白흔지라. 然ㅎ나 日沒後에 至흔즉 砂糖으로 化ㅎ야 水中에 容易히 溶解ㅎ야 自由로 細胞을 通過ㅎ야 發生이 最盛흔 部分으로 至ㅎ야 新部分을 造成ㅎ는 資料가 되고 其剩餘흔 部分은 根莖枝 或 果實種子內에 入ㅎ야 或 다시 澱粉도 成ㅎ고 或 脂肪으로 化ㅎ고 又 其外에 此와 類似흔 物質로 變ㅎ야 到處에 貯蓄ㅎㄴ니라. 又今에 炭酸分解를 因ㅎ야 酸素가 游離ㅎ는 現象을 實驗홀지니 蓋琉璃筒內에 井水를 入ㅎ고 其內에 金魚藻와 如흔 水草一枝를 投ㅎ고 琉璃棒으로써 壓抑ㅎ고 鋏으로써 水中에 在흔 莖을 切斷홀지니 其後에 日光이 萬一直射ㅎ면 須臾에 莖의 切斷흔 處에셔 氣泡가 生ㅎ야 間斷업시 水面에 浮上흠을 見홀지니 此 卽水中에 溶解흔 炭酸이 水草와 攝取흠이되야 綠色細胞內에셔 分解ㅎ야 酸素를 游離케흠을 因ㅎ니 其氣泡가 果然 酸素됨을 確知ㅎ랴면 水를 入흔 試驗管을 倒置ㅎ야 氣泡를 聚集흔 後에 點火흔 石硫黃을 消火ㅎ고 餘燼이 有흔 者를 此管內에 入ㅎ면 火가 반다시 復爲 發火 燃燒ㅎㄴ니 此는 酸素가 他物의 燃燒를 助ㅎ는 性이 有흔 所以니라. 又 炭酸 分解作用이 日光勢力에 一依ㅎ는 理를 確證홀진딕 如右 實驗에 酸素가 盛히 發生홀 時에 暗黑흔 厚紙로 實驗器를 覆ㅎ야 日光의 來射를 遮斷ㅎ면 卽時 氣泡의 發生이 中止홀지오 該紙를 剝去ㅎ야 如前히 復舊ㅎ면 氣泡가 다시 莖口에셔 生ㅎㄴ니라.

　以上 論述흠과 如히 植物은 葉으로 炭酸을 吸收ㅎ야 各種 有機炭素化合物(澱粉, 砂糖, 脂肪, 有機酸類等)을 作ㅎ야써 細胞膜을 成ㅎ여 又 諸般 生理作用을 營爲ㅎ고 又此等 有機炭素化合物은 根으로 攝取흔 窒素와 硫黃을 化合ㅎ야 마츰뇌 蛋白質을 作ㅎ야 原形質을 組成ㅎ는 材料를 成ㅎㄴ니 如斯히 當初에 簡單흔 無氣物質이 植物体內에 入ㅎ야 有機物体로 化成ㅎ야 植物体와 同흔 物質로 變ㅎㄴ니 該作用을 同化作用이라 稱ㅎㄴ니라.

大凡植物은 其營養上의 必要物質이 十元素에 不過ᄒᆞᄂᆞ니 即炭素, 酸素, 水素, 窒素, 硫黃, 燐素, 加里, 「믹네슘」, 칼슘, 鐵이 是라. 然而 炭素ᄂᆞᆫ 葉面으로 攝取ᄒᆞ고 其他ᄂᆞᆫ 皆根으로 入ᄒᆞᄂᆞ니 即酸素ᄂᆞᆫ 水素와 化合ᄒᆞ야 水ᄅᆞᆯ 成ᄒᆞ야 入ᄒᆞ고 窒素ᄂᆞᆫ 硝酸鹽類와 或「암모니아」ᄂᆞᆫ 鹽類가되야 吸收ᄒᆞ고 硫黃은 硫酸鹽類가 되며 燐素ᄂᆞᆫ 燐酸鹽類가 되며 又加里와 「믹네슘」과 鐵 等은 亦 各種無機化合物이 되야 吸入ᄒᆞᄂᆞ니 故로 此等 元素ᄅᆞᆯ 含ᄒᆞᆫ 適當ᄒᆞᆫ 化合物을 取ᄒᆞ야 適度ᄒᆞᆫ 分量으로 水中에 溶解ᄒᆞ고 其中에 植物根을 浸ᄒᆞ야 培養ᄒᆞ면 地中 自然狀態에 在ᄒᆞᆷ과 如히 生長ᄒᆞᄂᆞ니 此ᄅᆞᆯ 水中培養法이라 稱ᄒᆞᄂᆞ니라.

故로 以上 十元素가 營養上에 無치 못ᄒᆞᆷ을 再次 證據ᄒᆞᆯ진ᄃᆡ 前者 水中培養ᄒᆞᆷ에 其中 一元素ᄂᆞᆫ 惑 元素ᄅᆞᆯ 試驗次로 除去ᄒᆞ면 반다시 植物体에 變狀이 起ᄒᆞᆯ지니 例如鐵을 除ᄒᆞ면 其同時에 葉은 黃白色이 되고 又 加里ᄅᆞᆯ 除ᄒᆞ면 又其同時에 發生이 極히 微弱케 되ᄂᆞᆫ 現象을 露見ᄒᆞᄂᆞ니 由此推之ᄒᆞ건ᄃᆡ 鐵은 葉錄質을 成ᄒᆞᆷ에 缺치 못ᄒᆞᆯ 것이오 又 加里ᄂᆞᆫ 莖幹伸長에 必要됨을 明知ᄒᆞᆯ지로다.

右述ᄒᆞᆷ과 如히 宇宙間에 森羅ᄒᆞᆫ 萬有植物이 皆 同化作用을 營爲호ᄃᆡ 但 菌類와 黴菌과 如ᄒᆞᆫ 下等植物은 其自体에 葉綠体가 無ᄒᆞᆫ 故로 同化作用을 營爲치 못ᄒᆞ고 外圍로부터 有機營養物質을 吸收ᄒᆞ야 自己養料ᄅᆞᆯ 作ᄒᆞᄂᆞ니 故로 該類ᄂᆞᆫ 恒常 腐朽ᄒᆞᆫ 樹木 或 動物의 屍体 或 食物에 寄生ᄒᆞ여 又 高等植物의 槲寄生과 兎絲子와 如ᄒᆞᆫ 類ᄂᆞᆫ 或他植物의 莖 或根에 寄生ᄒᆞ야 其植物에서곳 有機物質을 吸收ᄒᆞ야 生長ᄒᆞᆷ을 得ᄒᆞ여 此外에 又 毛腺苔 貉藻蠅地獄과 如ᄒᆞᆫ 植物은 能히 小動物을 捕獲ᄒᆞ야 食料ᄅᆞᆯ 作ᄒᆞ다니 如斯ᄒᆞᆫ 植物을 肉食植物이라 稱ᄒᆞᄂᆞ니라.

◎ 植物學, 白陽居士, 〈대동학회월보〉 제11호, 1908.12.
  (식물학)

▲ 제11호＝백양거사

▲ 제16호＝植物學 白岳居士

▲ 제18호＝식물학＝植物學 李裕應

▲ 제19호＝植物學 李裕應

▲ 제20호 植物學 李裕應

◎ 植物學, 白陽居士, 〈대동학회월보〉 제11호, 1908.12.
  (식물학)

▲ 제11호＝백양거사

生殖

　植物이 繁殖홈에 無性生殖과 有性生殖이 有ㅎ니 根莖枝葉 等으로 分裂接木ㅎ야 繁殖ㅎ는 者를 無性生殖이라 云ㅎ고 種子를 依ㅎ야 繁殖ㅎ는 者를 有性生殖이라 云ㅎㄴ니 蓋石榴ㄴ 山茶一枝를 折ㅎ야 地中에 揷植ㅎ면 後에 枝條下部에서는 根이 發生ㅎ야 地中에 固着ㅎ고 上部에서는 幼芽가 生ㅎ고 枝葉이 出ㅎ야 全혀 新植物이 成ㅎ야 生長ㅎ며 其外에 天笠牧丹의 叢塊根과 馬鈴薯의 塊莖과 土蓮과 百合의 鱗片葉等도 皆地中에 植ㅎ면 蕃殖ㅎ는 機能이 有ㅎㄴ니 此等莖枝의 一部ㄴ 或芽는

但地中에만 着生ᄒᆞ야 根을 發生홀 ᄲᅮᆫ 아니라 亦他植物體에 接植ᄒᆞ야 生長ᄒᆞᄂᆞ니 卽 接木法이라 其方法은 不一ᄒᆞ야 芽接과 枝接 削接과 割接과 切接 等이 有ᄒᆞ니 如何ᄒᆞᆫ 植物이든지 選擇ᄒᆞ야 其一部를 切開ᄒᆞ고 該處에 他植物의 枝ᄂᆞ 芽를 揷着ᄒᆞ고 絲繩으로써 緊結ᄒᆞᄂᆞ니 然則接枝와 接芽ᄂᆞᆫ 兩植物이 全혀 癒合ᄒᆞ야 一體와 恰如ᄒᆞ니라. 然이나 接木은 同種類植物이ᄂᆞ 或此와 接近ᄒᆞᆫ 種類가 아니면 能爲치 못ᄒᆞᄂᆞ지라 大凡 該法을 依ᄒᆞ야 善良ᄒᆞᆫ 植物種類를 能히 繁殖홈을 得ᄒᆞᄂᆞ니 故로 植物이 壽別ᄒᆞᆫ 性質을 保有ᄒᆞ야 能히 美麗ᄒᆞᆫ 花를 開ᄒᆞ며 良好ᄒᆞᆫ 果實을 結ᄒᆞᄂᆞ니라. 且花ᄂᆞ 有性生殖機官이라 其 子房內에ᄂᆞ 胚珠를 包藏ᄒᆞ얏ᄂᆞ니 胚珠가 化ᄒᆞ야 種子가 되랴면 花粉實質을 受홀지라 花粉이 成熟ᄒᆞᆫ 後에 飛散ᄒᆞ야 雌蕊柱頭에 着케 ᄒᆞᄂᆞ 것을 花의 受粉이라 云ᄒᆞ고 花粉粒은 柱頭에서 發芽ᄒᆞ야 花粉管이라 稱ᄒᆞᄂᆞ 細管을 出ᄒᆞ야 花柱內組織을 透過ᄒᆞ야 ᄆᆞᆾᄎᆞ니 子房에 達ᄒᆞ야 胚珠를 受胎케 ᄒᆞ면 受胎ᄒᆞᆫ 胚珠ᄂᆞ 後에 生長ᄒᆞ야 種子를 成ᄒᆞ고 其內에 胚를 生ᄒᆞᄂᆞ니 如斯히 受粉期에셔 受胎期에 至ᄒᆞᄂᆞ 作用을 總稱受精이라 云ᄒᆞᄂᆞ니 受精ᄒᆞᄂᆞ 方法은 有二ᄒᆞ니 其一은 一花의 花粉이 其花의 柱頭에 着ᄒᆞ야써 其胚珠를 受胎케 ᄒᆞᄂᆞ 것이니 此를 自花受精이라 云ᄒᆞ고 其二ᄂᆞ 一花의 花粉이 他花柱頭에 達ᄒᆞ야써 其胚珠를 受胎케 ᄒᆞᄂᆞ 것이니 此를 他花受精이라 稱ᄒᆞᄂᆞ니 自花受精은 元來植物生殖物上에 不利ᄒᆞ야 種子를 少生ᄒᆞ고 又種子의 性質도 不良ᄒᆞᆫ 것이 多ᄒᆞ고 他花受精으로 生ᄒᆞᆫ 種子ᄂᆞ 其數가 多ᄒᆞ고 且恒常善良홈으로써 一般植物界에ᄂᆞ 他花受精法이 盛行ᄒᆞᄂᆞ 然이ᄂᆞ 他花受精을 爲ᄒᆞ랴면 花粉을 傳播ᄒᆞ기 爲ᄒᆞ야 媒介物을 不可不 借홀지라 媒介物은 卽昆蟲과 他動物과 及風과 水等이니 蓋花의 形色이 美麗ᄒᆞ고 香氣가 多ᄒᆞ며 蜜槽를 貯蓄ᄒᆞ야 昆蟲誘引ᄒᆞᄂᆞ 方法을 具ᄒᆞ야 昆蟲(蜂蝶)이 來ᄒᆞ야 一花를 訪ᄒᆞ고 又他花로 轉訪ᄒᆞ면 甲花의 花粉이 蟲體에 粘着ᄒᆞ야 乙花雌蕊에 達ᄒᆞ고 乙花의 花粉이 ᄯᅩ 丙花에 達홈을 得ᄒᆞᄂᆞ니 此를 蟲媒花라 稱ᄒᆞ고 花의 形色이 不美ᄒᆞ며 香氣도 無ᄒᆞᄂᆞ 然이나 花粉의 量은 甚多ᄒᆞ야 一陣風颷에 四方으로 飛散ᄒᆞᄂᆞ니 松과 大麻와

稻麥等이 是니 此를 風媒花라 稱ᄒ고 水生植物卽苦草와 如ᄒᆫ 者ᄂᆫ 花時에 至ᄒ면 水面에셔 開花ᄒ야 雄花ᄂᆫ 各自脫落ᄒ야 水中에 游泳ᄒ야能히 雌花에 達ᄒ야 受粉케 ᄒ며 其他蝸牛, 鳥, 蝙蝠의 類도 亦受粉ᄒᆫ媒介가 되ᄂ니 卽亞米利加에 産ᄒᆫ (함밍) 鳥ᄂᆫ 最小ᄒᆫ 鳥類니 花에來ᄒ야 花中小蟲을 捕食ᄒ고 不知不覺中에 自然히 花粉을 移ᄒ며 又瓜哇와 蘇馬荅獵等熱帶地方에 産ᄒᆫ 蝙蝠種類에ᄂᆫ 薄暮에 樹頭에셔 飛翔ᄒ야 花中小動物을 捕食ᄒ야써 前과 如히 受粉媒介가 되ᄂ니 如右ᄒᆫ者를 鳥媒蝸花 牛媒花 獸媒花라 稱ᄒᄂ니라.

▲ 제16호 = 백악거사 植物學 白岳居士

花序 及 種類

花ᄂᆫ 植物의 生殖을 掌ᄒ 機關이니 蓋 花蕾ᄂᆫ 莖 或 枝의 頂端 又節에셔 生ᄒ고 外部에ᄂᆫ 成變形ᄒ 葉으로 被包ᄒᄂ니 此를 苞라 稱ᄒᄂ니 苞ᄂᆫ 花蕾를 保護ᄒ다가 花가 開綻ᄒ 後에ᄂᆫ 自然 脫落ᄒ며 又花가 着生ᄒᆫ 莖 及 枝의 一部를 花軸이라 云ᄒ며 花軸에 枝가 生ᄒ야各히 花를 着ᄒ 者를 花梗이라 稱ᄒ며 又 花軸ᄒ나 花梗의 頂端이 肥厚ᄒ야 花가 着ᄒ얏스면 花托이라 稱ᄒᄂ니 花軸과 花梗의 位置 及 形態은 植物 種類를 因ᄒ야 一定치 아니ᄒ고 花의 配置도 各種 分別이 有ᄒ니 花가 配置ᄒᆫ 狀態를 花序라 云ᄒᄂ니라. 然而 且 花序를 二種에分ᄒ니 無限花序 及 有限花序가 是라. 蓋 無限花序라 ᄒᆷ은 金魚藻와 如히 花軸周圍에셔 多數小花軸이 出ᄒ야 各各 一花가 着ᄒ고 下에 在ᄒ花가 先開ᄒ야 順次로 上部로 向ᄒ야 花가 開ᄒ야 花軸이 無限히 上部로 伸長ᄒ야 花가 生ᄒᆷ을 云ᄒᆷ이오 有限花序라 ᄒᆷ은 無限花序와 反對로 莖頂의 花가 머저 開發ᄒ야 順次로 其 下都 諸花에 及ᄒᄂ 故로 其發生이 有限ᄒ야 伸長치 못ᄒᆷ을 指ᄒᆷ이니 瞿麥의 花序와 如ᄒ 者가 是니라. 又 無限 及 有限花序에도 亦 多數種類가 有ᄒᄂ 今 其 普通花序를

54

略擧ᄒ면 如左홈.

一. <u>穗狀花序</u> 此ᄂᆫ 車前(길경이)과 如히 長ᄒᆫ 花軸周圍에 無花梗가 密生
ᄒ야 穗狀이 된것을 云함이라.

二. <u>總狀花序</u> 此ᄂᆫ 前者와 類似ᄒ나 但 各花가 有梗홈으로 相異ᄒ니 金
魚藻와 獼猴桃(다릭)의 花序가 是 l 라.

三. <u>頭狀花序</u> 此ᄂᆫ 花軸이 甚히 短縮ᄒ야 肥大케 되고 其 上에 無梗小花
가 密生ᄒ야 外觀으로ᄂᆫ 頭狀과 洽如ᄒ 것을 云홈이니 金盞花 獼公英
의 花序가 是 l 라.

四. <u>繖形花序</u> 此ᄂᆫ 短縮ᄒ 花序에셔 多數 有梗花가 散出ᄒ야 其 長이
相均ᄒ야 外觀으로 傘骨(우산살)의 形狀과 如ᄒ 者니 例 如柰花 及 五加
皮花가 卽是 l 라.

以上 四種花序ᄂᆫ 無限花序에 屬홈.

一. <u>單頂花序</u> 此ᄂᆫ 有限花序 中에 最簡單ᄒ 者 l 니 花軸項端에 一花가
着ᄒᆯ 쑨이니 一輪草가 卽是 l 니라.

二. <u>聚繖花序</u> 此ᄂᆫ 外觀으로ᄂᆫ 無限花序 中 總狀花序와 稍似ᄒ나 然이
나 各 花梗이 皆먼져 頂花가 生ᄒ야 漸漸下部에 在ᄒ 花芽에 及ᄒᄂᆫ
것을 云홈이오 又 草頂花下底에셔 一雙花梗이 生ᄒ야 亦 各各 頂花가
生ᄒ고 其 下底에셔 又 一雙花梗이 生ᄒ야 如斯히 幾回를 左右로 分岐
ᄒ면 此를 <u>岐撒花序라</u> 云ᄒᄂᆫ니 蒼耳(도ᄭ마리) 等이 是니라.

以上 二種花序ᄂᆫ 有限花序에 屬홈.

花의 部分

大抵 花는 四部로 成ᄒ야 各各 同一 中心에 環列ᄒ야 輪形이 되니 其中 外面 二輪은 萼과 花冠이라. 總稱ᄒ야 花被라 云ᄒᄂ니 萼은 最外部에 在ᄒ야 綠色이오 其 內面에 花冠이 有ᄒ니 花冠이 萬一 數片에 分裂ᄒ얏스면 其 一片을 瓣이라 稱ᄒ니 此는 美麗ᄒ 形色을 具ᄒ야 花 中에 ᄀ장 顯著ᄒ 部分이오 次에 內面 二輪은 雄蕊와 雌蕊라. 雄蕊는 花冠 內面에 直立ᄒ고 雌蕊는 花心에 在ᄒ니 雌雄兩蕊는 皆花 中에 가장 緊要ᄒ 機官이라. 各各 如左部分으로 區別ᄒᄂ니 卽 雄藥는 花絲와 葯 二部로 成ᄒ지라. 葯中에는 花粉을 藏ᄒ고 又 雌藥는 其 尖端을 柱頭라 稱ᄒ고 柄과 如ᄒ 部分을 花柱라 稱ᄒ고 下底에는 子房이 有ᄒ니라.

花는 通常四部가 具備ᄒᄂ 或 其 一部 或 數部가 無ᄒ 것이 有ᄒ니 兩 花被 中에 萬一 其一이 無ᄒ면 單被花라 稱ᄒ고(例如一輪草) 萬一 花被가 全無ᄒ면 裸花라 稱ᄒ며(例如三白艸) 雌雄兩藥中에 其 一을 缺ᄒ 것이 有ᄒ면 單性花라 稱ᄒ고 更히 區別ᄒ야 雄花雌花라 稱ᄒ니 植物種類를 隨ᄒ야 雌雄花가 皆一樹에 着ᄒ 것도 有ᄒ고(例如槲) 或 異樹에 各着ᄒ기도 ᄒ니(例大麻) 前者는 雌雄同株라 稱ᄒ고 後者를 雌雄異株라 稱ᄒ고 又 或 雌雄全花와 雌花雄花가 一樹에 幷着ᄒ 것도 有ᄒ니 此를 雜性花라 稱ᄒᄂ니라.

花部의 配列 狀態를 觀ᄒ즉 花의 各部 形狀과 互相配置와 及瓣數는 大槪 整齊ᄒ니 亞麻花와 如ᄒ 者ㅣ 最其著例라 萼과 瓣과 雌雄藥가 皆五오. 各部 位置도 其 相隣ᄒ 部分 中間에 在ᄒ니 卽 瓣은 二個萼片 中間에 在ᄒ고 又 雄藥는 兩瓣 中間에 在ᄒ며 又 景天花도 各部 形狀과 大小가 整齊ᄒᄂ 但 雄藥는 五의 倍數니라. 今에 花의 部分을 分析ᄒ야 左에

圖示ᄒᆞ고 其下에 逐條說明ᄒᆞ노라.

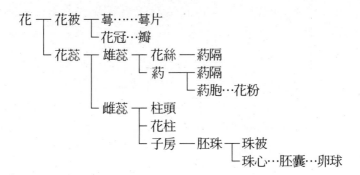

萼은 大槪 綠色이라 或 毛茸을 被ᄒᆞ고 其 形質이 葉과 最似ᄒᆞ니 其 萼片이 全혀 分離ᄒᆞᆷ과 連合ᄒᆞᆷ을 因ᄒᆞ야 二者를 區別ᄒᆞᄂᆞ니 甲은 <u>離萼</u>이라 稱ᄒᆞ고(例如梅) 乙은 <u>合萼</u>이라 稱ᄒᆞ니(例如瞿麥) 然而 其 形狀이 各種을 因ᄒᆞ야 不同ᄒᆞ니 管狀과 漏斗形萼鍾形과 壺形 等 及 唇形과 距形과 帽形 等이 有ᄒᆞ니라.

과은 顯著히 形質을 變ᄒᆞ야 毛茸形이 되기도 ᄒᆞ니 卽 蒲公英과 蘇芳 等은 萎凋ᄒᆞᆫ 後에 小種子ᄭᆞᆺᄒᆞᆫ 것니 毛茸을 戴ᄒᆞ고 飛散ᄒᆞᄂᆞ니 此 卽 萼이 變化ᄒᆞᆫ 것이라. 其 位置가 上部에 在ᄒᆞᆫ 故로 <u>冠毛</u>라 稱ᄒᆞ고 又 種子ᄭᆞᆺᄒᆞᆫ 것은 其 實은 乾燥ᄒᆞᆫ 果實이 冠毛를 因ᄒᆞ야 飛揚ᄒᆞ야 能히 遠方에 達ᄒᆞ야 到處에 落ᄒᆞ야 發生ᄒᆞᄂᆞ니라. (未完)

▲ 제19호=植物學 李裕應

花의 部分

花冠은 萼內部에 在ᄒᆞ야 其 色質이 萼과 顯著히 相異ᄒᆞ니 卽 柔軟ᄒᆞ

고 薄滑ᄒᆞ며 且 各 色이 有ᄒᆞ야 甚히 美麗ᄒᆞᆫ 것이 有ᄒᆞ며 花冠이 全히 分裂ᄒᆞ야 瓣이 된 것과 不然ᄒᆞᆫ 者 有ᄒᆞ야 合瓣(柰花)과 離瓣(桔梗花)의 區別이 有ᄒᆞ며 其 形狀도 各 種이 有ᄒᆞ야 整齊ᄒᆞᆫ 者와 不整齊ᄒᆞᆫ 者가 有ᄒᆞᄂᆞ니 今에 其 中 顯著ᄒᆞᆫ 者를 擧ᄒᆞ면 蕓薹와 萊菔花와 如히 四瓣ㅣ 相對ᄒᆞ야 十字形을 成ᄒᆞᆫ 것을 十字形花冠이라 云ᄒᆞ고 豌豆花와 如ᄒᆞᆫ 者ᄂᆞᆫ 外觀에 蝴蝶이 羽을 開ᄒᆞᆫ 것과 恰似ᄒᆞᆫ 故로 蝶形花冠이라 云ᄒᆞ나 니 蝶形花冠은 五瓣이니 其 中 一瓣이 大ᄒᆞ야 他瓣을 被包ᄒᆞᆫ 것을 旗瓣 이라 稱ᄒᆞ고 其 前 兩邊에 在ᄒᆞᆫ 一雙을 翼瓣이라 稱ᄒᆞ고 又 其 內面에 一雙이 相合ᄒᆞ야 雄蕊를 圍繞ᄒᆞᆫ 것을 龍骨瓣이라 云ᄒᆞ며 又 續斷과 紫 蘇 等花ᄀᆞ치 花冠이 上下로 二裂ᄒᆞ야 其 形狀이 宛然히 雨唇과 如ᄒᆞᆫ 것을 唇形花冠이라 稱ᄒᆞ고 又 菊과 如ᄒᆞᆫ 頭狀花序에 周圍로 射出ᄒᆞᆫ 各 小花冠은 下部에ᄂᆞᆫ 管形을 成ᄒᆞᄂᆞ 上部에ᄂᆞᆫ 缺裂ᄒᆞ야 舌形을 成ᄒᆞᄂᆞ 故로 舌形花冠이라 稱ᄒᆞ고 其他 管形, 壺形, 漏斗形, 高盆形, 輻形, 麒麟 楦(탈) 形 等이 有ᄒᆞ니라.

花冠의 着生도 亦萼과 ᄀᆞ치 其 位置를 因ᄒᆞ야 上位 下位 周位의 區別 이 有ᄒᆞ니 此ᄂᆞᆫ 皆 子房에 對ᄒᆞ야 言흠이라. 萬一 花冠이 花托에 着生ᄒᆞ 면 其 位置가 子房 直下에 在흠으로써 花冠下位라 稱ᄒᆞ고 又 子房 頂邊 에셔 出ᄒᆞ얏스면 花冠上位라 稱ᄒᆞ고 又 萼內에 着生ᄒᆞ야 子房 周邊에 在ᄒᆞ면 花冠周位라 稱ᄒᆞᄂᆞ니라. 又 花冠內底에ᄂᆞᆫ 或 蜜汁을 分泌ᄒᆞ기도 ᄒᆞ나 此를 蜜槽라 云ᄒᆞᄂᆞ니 毛茛花瓣의 凹處에 在ᄒᆞᆫ 小片이 卽是오. 又 花의 種類를 因ᄒᆞ야 花冠 一部가 萼과 흠의 伸長ᄒᆞ야 距形이 되고 其 中에 蜜을 貯ᄒᆞᆫ 것도 有ᄒᆞ며 又 蜜槽ᄂᆞᆫ 瓣에만 在홀쑨 아니라 雄藥 中間 에 在ᄒᆞᆫ 것도 有ᄒᆞ니 葡萄等이 卽是니라. 又 植物 中에 萼과 花冠이 其 色質이 同ᄒᆞ야 區別키 難ᄒᆞᆫ 것이 有ᄒᆞ니 此를 花蓋라 稱ᄒᆞᄂᆞ니 百合 及 燕午花ᄀᆞᆫ 單子葉植物에 有ᄒᆞ니라.

雄蕊ᄂᆞᆫ 花被內部에 在ᄒᆞ야 雄蕊로 더부러 花中에 最緊要ᄒᆞᆫ 機關이라.

花絲와 葯一部로 成ᄒ고 葯內에ᄂ 花粉을 生ᄒ니 花絲ᄂ 或 甚短ᄒ야 葯片으로만 成ᄒ 것 ᄀᄐᄒ것이 有ᄒ니 例如 馬鞭草오. 又 花絲中 若 干個가 他 若 干個와 長短이 不一ᄒ 것이 有ᄒ니 例如萊菔와 蔓菁ㅣ오. 或 多數 雄蕊가 葯이니 或 花絲로써 互相連合ᄒ야 單體ᄅᆯ 成ᄒ 것이 有ᄒ니 例如 菊科植物 及 荳科植物이니라. 然而 此等 形態ᄂ 植物 種類ᄅᆯ 因ᄒ야 各各 固有ᄒ 것이니라.

葯이 花絲에 着生ᄒ 狀態도 亦 各種이라. 或 末端에 着ᄒ야 丁字形을 成ᄒ야 容易히 動搖ᄒᄂ 것도 有ᄒ니 例如 稻와 麥이오. 或 不然ᄒ야 花絲 側面에 着生ᄒ기도 ᄒ니 例如 木蘭이오. 葯이 成熟ᄒ면 裂開ᄒ야 花粉을 飛散ᄒᄂ니 其 開裂ᄒᄂ 方法도 縱裂(例 薑蔘 及 松) 橫裂(例 葵) 孔裂(例 躑躅) 等 區別이 有ᄒ니라.

花粉은 其 色이 紅色, 柑色, 藍色, 褐色, 灰色, 白色 等 各種이 有ᄒ니 肉眼으로 見ᄒ면 但 粉塵과 如ᄒᄂ 若 顯微鏡으로 試見ᄒ면 球形과 橢圓形과 多角이오. 表面에ᄂ 或 各種 斑紋과 突起가 有ᄒ야 頗美麗ᄒ고 但 蘭類ᄂ 花粉이 粉塵形이 아니오 固塊ᄅᆯ 成ᄒ 故로 花粉塊라 稱ᄒᄂ니라.

雌蕊ᄂ 花의 中心에 在ᄒ니 上端은 柱頭라 稱ᄒ고 下底의 肥大ᄒ 部分을 大房이라稱ᄒ고 中間 柄條ᄅᆯ 花柱라 稱ᄒᄂ니 花柱ᄂ 或 無ᄒ 것도 有ᄒ니 罌粟과 如ᄒ 者ㅣ 卽是니라.

且雌蘂ᄂ 單雌蘂 及 聚雌蘂가 有ᄒ니 單雌蘂ᄂ 例如 豌豆와 百이오. 或 二蘂 以上이 一輪 或 數輪으로 騈列ᄒ고 或 互相 連合ᄒ야 聚合雌蘂ᄅᆯ 成ᄒᄂ니 其 連合 其 狀態도 各種이 有ᄒ지라. 卽 雌蘂가 但 柱頭ᄂ 花柱나 或 子房만 相合ᄒ 것도 有ᄒ고 或 右 三部가 全히 密着ᄒ 것도 有ᄒ니 後者ᄂ 外觀으로ᄂ 單雌蘂와 恰如ᄒᄂ 萬一 子房을 橫斷ᄒ야

房內 區劃을 見ᄒᆞ면 其 聚合 雌蘂됨을 卽知ᄒᆞᆯ지라. 例如 小連翹 雌蘂오. 但 子房으로만 連合ᄒᆞ고 花柱나 柱頭는 全히 分離ᄒᆞ얏고 且 蓮馨花 雌蘂는 三部가 全히 相合ᄒᆞ야 單雌蘂와 恰似ᄒᆞ니라.

柱頭는 花粉을 受ᄒᆞ는 部分이라 其 形狀은 植物種類를 因ᄒᆞ야 各異ᄒᆞ니 或 廣大ᄒᆞ야 頭形과 如ᄒᆞ니 例如 百合이오 或 羽毛形과 如ᄒᆞ니 例如 麥과 稻오 或 無柄ᄒᆞ고 甲冑形과 如ᄒᆞ니 例如 罌粟이오 或 其 表面에서 粘液을 分泌ᄒᆞ야써 花粉이 粘着케 ᄒᆞ는 것이 有ᄒᆞ니 百合等이 是니라.

子房은 成熟ᄒᆞᆫ 後에 果實이 되야 種子를 生ᄒᆞ는 處니 雌蘂中에 最必要ᄒᆞᆫ 部分이라. 恒常 花托에 着生ᄒᆞ니 其 位置가 萼에 對ᄒᆞ야 上位느 或 下位가 되느니 萬一 上位면 萼은 子房下底에셔 出ᄒᆞ야 全히 子房과 分離ᄒᆞᆫ 子房이 萬一 下位면 萼은 子房에 附着ᄒᆞ야 連合ᄒᆞ느니라.

大抵 子房은 通常 胞室이 一이나 聚合 雌蘂는 胞室이 多ᄒᆞ느니 如斯ᄒᆞᆫ 것을 複子房이라 云ᄒᆞ느니 此 胞數는 元來 聚合ᄒᆞᆫ 雌蘂數와 相同ᄒᆞᆫ지라. 故로 三雌蘂가 並立ᄒᆞᆫ 것이 子房으로 全히 連合ᄒᆞ면 三胞가 되고 又 五雌蘂가 相合ᄒᆞ면 五胞가 되느니 此는 其 橫斷面을 見ᄒᆞ면 容易히 知ᄒᆞᆯ지니라.

蓋 子房胞數는 雌蘂數와 相同ᄒᆞᆫ 然이나 或 各種 狀態를 因ᄒᆞ야 不一ᄒᆞ니 萊菔과 蘘薑와 芥菜等의 子房은 元來 單雌蘂로 成ᄒᆞ야 單胞가 되느 後에 中央에 假膜이 生ᄒᆞ야 二胞로 區分ᄒᆞᆷ에 至ᄒᆞ느니 故로 該 植物 果實을 見ᄒᆞ면 中央에 隔膜이 有ᄒᆞ고 其 兩側에 種子가 有ᄒᆞ며 或 複子房을 成ᄒᆞᆫ 各 胞間 隔壁이 完全치 못ᄒᆞ야 互相 開通ᄒᆞ야 單胞와 恰如ᄒᆞᆫ 것도 有ᄒᆞ니라. 故로 單子房이라도 반다시 單胞가 아니오. 複子方도 亦 或時 單胞되는 理를 知ᄒᆞᆯ지니라.

子房에ᄂᆞᆫ 二條 縱線이 有ᄒᆞ야 頂端에셔 起ᄒᆞ야 下底에 達ᄒᆞᄂᆞ니 此를 縫線이라 云ᄒᆞ야 其 一은 花心을 向ᄒᆞ니 此를 內縫線이라 云ᄒᆞ고 其他ᄂᆞᆫ 花被에 面ᄒᆞ니 此를 外縫線이라 云ᄒᆞ니 此 等 縫線은 子房이 成熟ᄒᆞ야 果實이 된 後에야 비로소 分明히 되ᄂᆞᆫ 것이 多ᄒᆞ니 豌豆의 莢이 卽是ㅣ오. 又 複子房은 聚合ᄒᆞᆫ 子房數에 應ᄒᆞ야 多數縫線이 有ᄒᆞ니라.

子房內에ᄂᆞᆫ 胚珠라 稱ᄒᆞᄂᆞᆫ 小球가 有ᄒᆞ니 此ᄂᆞᆫ 成熟ᄒᆞᆫ 後에 種子가 되ᄂᆞᆫ 것이라. 其 子房內에 在ᄒᆞᆫ 位置ᄂᆞᆫ 決斷코 亂雜치 아니ᄒᆞ야 반다시 一定ᄒᆞᆫ 部位에만 着生ᄒᆞᄂᆞ니 其 部位를 胎座라 稱ᄒᆞᄂᆞ니 豌豆類ᄂᆞᆫ 胚珠가 子房內 縫線에 沿着ᄒᆞᆫ 故로 邊緣胎座라 云ᄒᆞ고 百合 及 桔梗과 如히 胞가 多有ᄒᆞᆫ 複子房에 胚珠가 各 胞內隅 卽 中軸周邊에 着生ᄒᆞᆫ 것은 中軸胎座라 云ᄒᆞ고 又 罌粟 及 菫菜와 如히 單胞로 成ᄒᆞᆫ 複子房에ᄂᆞᆫ 胚珠가 側膜에 着ᄒᆞ기도 ᄒᆞᄂᆞ니 故로 側膜胎座라 稱ᄒᆞ고 又 罌麥類ᄂᆞᆫ 子房內에 中軸이 特立ᄒᆞ야 房內側膜에 毫末도 連接치 아니ᄒᆞ고 其 周邊에 胚珠가 着生ᄒᆞᆫ 故로 此를 特立中央胎座라 稱ᄒᆞᄂᆞ니 如斯ᄒᆞᆫ 子房에ᄂᆞᆫ 果實이 成熟ᄒᆞᆫ 後에 房膜이 盡脫ᄒᆞ야 中軸은 胚珠를 着ᄒᆞᆫ딩로 依然히 中心에 立ᄒᆞᄂᆞ니라.

胚珠ᄂᆞᆫ 柔軟ᄒᆞᆫ 小體라 其 部分을 認知키 難ᄒᆞᄂᆞ 廓大ᄒᆞ면 周圍에ᄂᆞᆫ 內外 二個 被膜이 有ᄒᆞ니 此를 外珠被內 珠被라 云ᄒᆞ고 此 兩被를 透ᄒᆞ야 內部에 通ᄒᆞᆫ 小孔이 有ᄒᆞ니 此를 珠孔이라 云ᄒᆞ고 又 珠內 實質을 珠心이라 ᄒᆞ고 其 內에ᄂᆞᆫ 胚囊이라 稱ᄒᆞᄂᆞᆫ 部分이 有ᄒᆞ야 其 內에 更히 卵珠라 稱ᄒᆞᄂᆞᆫ 小體가 有ᄒᆞ니 此 卵珠ᄂᆞᆫ 後에 受精 作用을 因ᄒᆞ야 胚가 되ᄂᆞ니라. 然而 胚珠ᄂᆞᆫ 胎座에 곳 着生ᄒᆞ기도 ᄒᆞᄂᆞ 或 珠柄으로 着生ᄒᆞ기도 ᄒᆞ니 其 處를 臍라 云ᄒᆞᄂᆞ니 此 等 部分 位置를 因ᄒᆞ야 胚珠의 直生, 倒生, 彎生의 區別이 有ᄒᆞ니라. 又 普通 顯花植物에ᄂᆞᆫ 胚珠가 皆 子房內에 包藏ᄒᆞ야스나 松과 樅과 鳳尾蕉類ᄂᆞᆫ 不然ᄒᆞ야 胚珠가 全히

露出ᄒᆞ얏ᄂᆞ니 如斯히 胚珠가 被覆홈과 露出홈을 因ᄒᆞ야 顯花植物을 二大部에 分ᄒᆞ니 一은 被子類오 一은 裸子類라. 然而 裸子類ᄂᆞᆫ 甚少ᄒᆞ야 松栢二三科에 不過ᄒᆞ고 其 餘ᄂᆞᆫ 總히 被子類에 屬ᄒᆞ니라.

花의 部分은 大略 右述홈과 如ᄒᆞ거니와 今에 更히 花의 形態를 言홀진ᄃᆡ 大槪 花의 部分은 特異ᄒᆞᆫ 形狀과 性質이 有ᄒᆞᄂᆞ 其中 萼은 葉과 最似ᄒᆞ고 且苞와 區別이 無ᄒᆞᆫ 것이 多ᄒᆞ며 又 萼과 花冠은 恒常 其 色質이 異ᄒᆞᄂᆞ 或 全히 類似ᄒᆞ야 區別키 難ᄒᆞᆫ 것이 有ᄒᆞ니 卽 蓮과 木蘭 等이오. 又 一輪草花ᄂᆞᆫ 單花被라 通常 白色이오 其 性質이 柔軟ᄒᆞ야 一見에 瓣와 如ᄒᆞᄂᆞ 或 綠色이오 表面에 毛茸이 生ᄒᆞ야 萼의 性質을 帶ᄒᆞ기도 ᄒᆞ며 又 雄蘂도 或 瓣로 變化ᄒᆞᄂᆞ니 卽 千葉 萱草 睡蓮草 等은 雄蘂의 數가 減少ᄒᆞ고 瓣數가 增加ᄒᆞ여 又 瓣의 末端에 往往히 葯이 着ᄒᆞ야 半瓣 半雄蘂가 된 것도 有ᄒᆞ고 又 千葉柰ᄂᆞᆫ 雄蘂가 곳 葉으로 變化ᄒᆞ니 梧桐 果實은 裂開ᄒᆞᆫ 後에 其 內 縫線 卽 葉緣에 該當ᄒᆞᆫ 部分에 種子가 着生ᄒᆞ야 形質과 色澤이 一見에 葉의 變體임을 知홀지니 此로써 見ᄒᆞ면 花의 諸部ᄂᆞᆫ 特異ᄒᆞᆫ 形態가 有ᄒᆞ나 其實은 葉과 同等이라. 往往히 葉으로 變化홈이 無疑ᄒᆞ니라.

▲ 제20호 植物學 李裕應

葉의 搆造

大抵 葉의 搆造를 知코자 홀진ᄃᆡ 반다시 葉面을 橫切ᄒᆞ야 薄片을 作ᄒᆞ고 顯微鏡으로 見ᄒᆞ면 上面에ᄂᆞᆫ 無色 表皮細胞가 一列로 在ᄒᆞ야 諸處에서 毛茸이 生ᄒᆞ고 又 內部로 小孔이 開ᄒᆞ얏ᄂᆞ니 此를 氣孔이라 稱ᄒᆞ고 氣孔 內部ᄂᆞᆫ 곳 廣濶ᄒᆞᆫ 空室을 通ᄒᆞ니 此 卽 氣腔이라. 大凡 表皮細胞膜 外面은 堅硬ᄒᆞ야 水分 滲透를 防ᄒᆞᄂᆞ니 如斯히 變質ᄒᆞᆫ 部分을 稱

ᄒ야 角皮라 稱ᄒᄂ니라.

表皮直下에ᄂ 一列 或 數列을 成ᄒ 綠色細胞가 有ᄒ야 互相 密着ᄒ야 間隙이 殆無ᄒ 故로 騈列組織이라 稱ᄒ고 此와 反ᄒ야 中央部에서 裏面 에 近흠을 從ᄒ야 綠色細胞位置ᄂ 上部와 如히 密列치 아니ᄒ고 分子間 에 廣大ᄒ 間隙이 有ᄒᄂ니 故로 海綿組織(海綿은 海産物이니 海岸이 ᄂ 水底의 石 或 貝에 着ᄒ 것이니 質이 綿과 如ᄒ고 色이 黑褐色이니 水를 多히 吸入ᄒ고 壓ᄒ면 即時 水를 吐흠이라)라이 稱ᄒᄂ니 該 組織 을 成ᄒ 細胞內의 葉綠體 量은 騈列組織에 比ᄒ면 稀少ᄒᄂ니 此ᄂ 葉 의 裏面이 恒常 表面보다 淡綠色이 되ᄂ 緣由오 又 葉의 中央部에ᄂ 處處에 無色小細胞가 有ᄒ야 一處에 羣束을 成ᄒ얏ᄂ니 此即 葉脉이 橫斷ᄒ 것이라 即 維管束이오. 又 下面에ᄂ 一列 表皮가 有ᄒ니 處處에 氣孔이 開ᄒ고 又 毛茸을 生ᄒᄂ니라.

如斯히 通常 葉에ᄂ 表裏 兩面에 細胞配列 狀態가 異同이 頗有ᄒᄂ 然 이ᄂ 燕子花와 水仙花ᄀ치 直立ᄒ 葉에ᄂ 表裏 兩面에 構造가 差別이 無ᄒ니라.

氣孔은 通常 葉의 裏面에 多ᄒ고 表面에ᄂ 少ᄒ며 或 全無ᄒ기도 ᄒ나 然이ᄂ 前例와 ᄀ치 直立ᄒ 葉에ᄂ 兩面에 皆數가 相等ᄒ며 又 水上에 浮泳ᄒᄂ 葉(例睡蓮과 蓴菜)에ᄂ 但 其 表面에만 在ᄒ고 水中에 沈生ᄒ ᄂ 一葉(例 眼子菜와 水車前)에ᄂ 全혀 無ᄒ고 又 仙人掌과 如히 葉이 無ᄒ고 莖幹이 葉의 代用이 되ᄂ 것에ᄂ 莖의 表面에도 氣孔이 有ᄒ며 其他 幼稚ᄒ 枝와 根과 及苞와 花被 等에도 在ᄒ니라. 氣孔을 表面으로 見ᄒ면 中央에 孔口가 有ᄒ고 兩側에ᄂ 孔邊 細胞가 有ᄒ야 各各 半月 形을 成ᄒ고 且 恒常 葉綠體가 有ᄒ야 一般 表皮細胞와ᄂ 其 狀態가 大異ᄒ고 氣孔은 日光의 有無의 濕氣의 多少와 植物體內 水分의 多寡를 因ᄒ야 開閉ᄒᄂ 機能이 有ᄒ니 葉의 內外에 瓦斯(氣體) 交換을 行ᄒᄂ

것이라. 此 氣孔이 開閉홈은 孔邊細胞의 緊張과 弛緩홈을 因홈이니라.

表皮에는 各種 毛茸이 有ᄒ기도 ᄒ니 其 中에 液體를 分泌ᄒᄂ 것을 腺毛라 稱ᄒᄂ니 豨薟(진득찰) 花部에 在흔 것 ᄀ흔 것은 粘液을 出홈으로써 顯著ᄒ고 又 蕁麻의 葉과 葉의 表面에는 時異흔 毛茸이 有ᄒ야 延長흔 一細胞를 成ᄒ고 其 中에 有毒흔 液을 貯ᄒ며 毛脚部는 肥大ᄒ고 外圍는 彈力이 有흔 細胞群으로써 包圍ᄒ얏고 毛末은 銳尖ᄒ고 脆ᄒ야 破折키 易흔 故로 萬一 手로써 誤觸ᄒ면 毛末이 卽時 皮膚를 刺ᄒ고 同時에 尖端이 破開ᄒ야 毛中液體가 皮膚로 注入ᄒ야 皮膚를 燒爛ᄒᄂ 것 ᄀ치 痛楚를 感홀지니 如斯히 皮膚를 刺傷ᄒᄂ 故로 特別히 刺毛라 稱ᄒᄂ니라.

◎ 植物學, 元泳義, 〈기호흥학회월보〉 제2호, 1908.9.
　(식물학, 11회 연재)

　　*이 시기 다른 학회보와 교과서류를 견주어 볼 때 식물학의 수준이나 역술
　　텍스트가 유사했을 가능성이 높음

▲ 제2호

　植物界의 略說

　植物은 重力이 在下ᄒ야 地球의 吸力을 離開運動키 不能ᄒᄂ 有生機物類에 屬ᄒ니 其 根莖과 枝葉과 花實의 全體가 具備호ᄃ 其根은 主根副根의 區別이 有ᄒ니 其例를 擧ᄒ건ᄃ 萵苣(와거, 상추)를 挑出(도출)흔즉 當中흔 大體는 主根이오, *出흔 細岐는 副根이라. 然ᄒ나 禾黍(화서)는 副根이 多호ᄃ 主根이 無ᄒ고 蘿葍(나복)은 主根이 有호ᄃ 副根

이 無ᄒᆞ니 此는 植物의 根이 同一키 不能ᄒᆞ도다.

根은 其--

▲ 제3호

盖根은 地中의 炭酸을 引ᄒᆞ야 仰注ᄒᆞ고 葉은 空中의 炭酸을 受ᄒᆞ야 旁注(방주, 두루 주사함)ᄒᆞᄂᆞ니 炭酸의 在下ᄒᆞᆫ 者는 輕ᄒᆞ고 在上ᄒᆞᆫ 者는 重ᄒᆞᆫ 故로 一木을 拔出ᄒᆞ야 其根을 燃燒ᄒᆞ면 烟 與 灰가 皆未多ᄒᆞ고 其枝葉을 燃燒ᄒᆞ면 烟 與 灰가 皆多ᄒᆞ니 葉의 養分이 空氣를 多吸홈을 可想이니 木의 自養홈에 葉의 功이 豈淺鮮ᄒᆞ뇨.

炭酸은 炭素와 酸素가 空氣에 混流ᄒᆞᄂᆞᆫ 者ㅣ라. 人身에 取譬ᄒᆞ면 呼息은 炭素되고 吸息은 酸素되ᄂᆞ니 酸素를 吸收ᄒᆞ야 腹中에 一入ᄒᆞ면 炭素와 混和ᄒᆞᄂᆞ니 此는 炭酸瓦斯라. 植物은 炭素를 吸收ᄒᆞ고 酸素를 吐出ᄒᆞᄂᆞᆫ 故로 山野樹林에ᄂᆞᆫ 新鮮ᄒᆞᆫ 空氣가 多ᄒᆞ고 大都城市에ᄂᆞᆫ 濁穢(탁예)ᄒᆞᆫ 空氣가 多ᄒᆞᄂᆞ니 人家 近地에 樹林을 多種홈은 衛生에 有ᄒᆞ니라.
植物의 開花 結實은 次序가 有ᄒᆞ니 其類를 槪擧ᄒᆞ건ᄃᆡ 萵苣(와거)가 生長홈이 下莖의 化ᄂᆞᆫ 先開ᄒᆞ고 上莖의 花ᄂᆞᆫ 後開ᄒᆞᄃᆡ 上花가 開ᄒᆞᆯ 時에 下花ᄂᆞᆫ 結實ᄒᆞᄂᆞ니 此ᄂᆞᆫ 花實의 始終이 條理의 次序를 不失홈이라.
花跗(화부)의 包括홈이 葉類와 如ᄒᆞᆫ 者ᄂᆞᆫ 曰 萼(악, 꽃받침)이오, 太陽을 仰照ᄒᆞ야--

▲ 제4호

植物界의 略說

植物의 花가 有ᄒᆞᆫ 者를 顯花植物(현화식물)이라 ᄒᆞ고 花가 無ᄒᆞᆫ 者를

隱花植物(은화식물)이라 ᄒ나니 顯花植物은 李 梅 挑 杏 等이 皆是라. 此를 被子植物(피자식물), 裸子植物(나자식물)의 二種으로 區別ᄒ니 花의 子房이 有ᄒ 者ᄂ 被子植物이오 子房이 無ᄒ 者ᄂ 裸子植物이라 稱ᄒᄂ니라.

花의 結實이 虫力을 借ᄒᆷ이 有ᄒ니 豌豆와 蕓薹(운대, 유채) 等의 花ᄂ 美色과 芳香과 甘蜜은 具有ᄒᆷ으로 虫을 誘致ᄒ야 虫으로 ᄒ야금 雄蕊(웅예)의 花粉을 雌蕊(자예)에 搬運 傳染(반운 전염)ᄒ야 實을 結케 ᄒ니 此를 虫媒花(충매화)라 稱ᄒᄂ니라.

桑의 花와 如ᄒ 類ᄂ 其花가 不美ᄒᆯ 쑨더러 雌雄 兩蘂 一花 中에 不在ᄒ며 又ᄂ 一株에 同在치 아님으로 風力을 借ᄒ야 雄蕊의 花粉을 雌蕊에 送與ᄒ야 實을 結케 ᄒᄂ니 此를 風媒花라 稱ᄒᄂ니라.

實中에 子葉이 有ᄒ니 豆類의 種子를 圻視(기시)ᄒ면 其形이 葉과 如ᄒ고 肉이 肥厚ᄒ니 是 卽 最初에 生ᄒᄂ 子葉이라. 其 種類ᄂ 雙子葉 植物, 單子葉 植物의 區別이 有ᄒ니 被子植物의 種子가 萌芽ᄒᆯ 時에 二個 子葉이 生ᄒᄂ 者ᄂ 雙子葉 植物이오, 一個 子葉이 生ᄒᄂ 者ᄂ 單子葉 植物이라 稱ᄒᄂ니라. (未完)

▲ 제5호=식물계의 약설(속)

子葉의 萌芽를 因ᄒ야 莖 及 幹枝를 成ᄒᆯ 時ᄂ 莖 及 幹枝의 側生ᄒᄂ 葉의 名稱이 濶葉 針葉 單葉 複葉 幷 行葉 網脉葉(망맥엽), 互生葉(호생엽), 對生葉(대생엽), 輪生葉(윤생엽) 等의 區別이 有ᄒᄂ니라.

--

▲ 제6호 = 식물계의 약설

呼吸作用은 葉의 動物과 如히 氣孔으로 呼吸호딕 空氣 中 酸素를 吸收홀 時는 炭酸瓦斯를 呼出호고 炭酸瓦斯를 吸收홀 時는 酸素를 呼出홈이오, 蒸發作用은 根의 吸引호는 水氣가 地中熱을 被호야 莖身으로브터 葉面ᄭ지 連續 蒸發호야 上昇홈이오, 貯藏 作用은 蒸發을 因호야 白合과 蔥白(총백) 等의 地下葉이며 挑梅 等의 子葉과 如히 肥厚호 者는 多量의 養液을 貯藏홈이니라.

右如히 許多호 作用은 皆天然的 生理어니와 人力의 栽培로 肥料를 添홈은 炭酸瓦斯를 補助홈이니라.

葉類가 人間의 效用됨이 甚多호니 其大槪를 論호건딕 茶葉(다엽)의 飲料와 藿葉(곽엽, 콩잎)의 食料와 藍葉(남엽)의 染料와 桑葉의 飼蠶과 芭蕉葉(파초엽) 棕櫚葉(종려엽)의 悅人心目호는 類가 皆是니라.

植物體의 各部 名稱은 根莖葉 三大部分으로 區別호니 葉은 以上의 論호 바와 如호거니와 根의 部分을 觀호건딕 其形態가 不一호니 前論의 主根 副根은 一物體의 區別이어니와 此에 衆植體의 大別을 槪擧컨딕 松樹 蘿蔔과 如히 地中에 直入호 大根은 直根植物(직근식물)이오, 禾麥(화맥)과 如히 斜入호 細根은 鬚根植物(수근식물)이니라.

此等 各部의 作用이 亦自不同호니 年久호 部分은 固定力이 大호딕 吸收力을 失호고 新部分은 吸收力이 强홈으로 貯藏力이 大호니 吸收力의 最强호 者가 根毛라. 根毛는 新根 周圍의 毛狀과 如호 細根이니라. (未完)

▲ 제7호 = 식물계의 약설

根은 決코 葉을 不生호거니와 其狀이 根과 如호며 葉을 有호 者를

植物의 莖이라 ᄒᄂ니 草類의 莖을 橫斷ᄒ면 汁이 流出ᄒᄂ 故로 莖은 養液의 通路됨을 可知로다.

莖類ᄂ 地上莖과 地下莖(지하경)의 二種이 有ᄒ니 地上莖은 地上에 顯出ᄒ 者오, 地下莖은 地下에 隱在ᄒ 者라.

地上莖은 葡萄莖(포도경), 纏繞莖(전요경), 攀綠莖(반록경) 等의 三種 區別이 有ᄒ니 葡萄莖은 地上에 伏臥ᄒ 者오, 纏繞莖은 他物에 纏繞ᄒ ᄂ 者오, 攀綠莖은 他物에 攀登(반등)ᄒᄂ 者라.

地下莖은 鱗莖(인경)과 球莖(구경)과 塊莖(괴경)과 根莖(근경) 等의 種類가 有ᄒ니 鱗莖은 百合과 葱白(총백) 等과 如히 肥厚ᄒ 燁을 有ᄒ 者오, 球莖은 球形의 莖에 少數 薄葉을 有ᄒ 者오, 塊莖은 塊狀의 莖에 葉의 痕跡이 有ᄒ 者ㅣ니 馬鈴薯(마령서)의 類ᄂ 地上莖과 地下莖을 具 有ᄒ되 其部分이 塊狀됨으로 塊莖이라 稱ᄒ이오, 根莖은 地中에 橫臥ᄒ 야 節節生芽의 繁殖이 有ᄒ니 竹蘆(죽로) 等類가 是라. 胡荵(호고)와 茄 子(가자)와 松竹 等類ᄂ 地上莖이니 荵茄(고가)ᄂ 一年生이어니와 松竹 은 多年生이라. 然ᄒ나 松竹의 莖이 大相不同ᄒ니 松莖의 切口를 取觀 ᄒ면 外面에 皮膚가 有ᄒ고 正中에 髓가 有ᄒ고, 其間에 數個 輪形이 有ᄒ니 此輪이 每一年에 向外ᄒ야 一輪式 增大ᄒ으로 此를 外長경이라 ᄒ고, 竹의 切口를 取觀ᄒ면 年輪과 髓가 幷無ᄒ고 堅固ᄒ 筋이 有ᄒ니 外部ᄂ 元有의 筋이 되고, 其 內部ᄂ 次第로 新筋을 生ᄒᄂ 故로 內長莖 (내장경)이라 稱ᄒᄂ니라.

凡此植物은 有生機物이라. 生生不已ᄒᄂ 種子가 有ᄒ니 種子ᄂ 果物 內部에 常在ᄒ야 薄皮를 具有ᄒ니 此ᄂ 種皮라. 其皮를 水浸 數日에 剝 去(박거)ᄒ면 兩片 相連處에 芽形이 現出ᄒ니 此를 幼芽라 稱ᄒ나니라. (未完)

▲ 제8호

幼芽ᄂ 果實 中 種子를 種皮로 包圍ᄒ고 皮中에 幼芽를 含有ᄒᄂ니

豆類의 種子를 數日 水浸ᄒ얏다가 剝皮 審視ᄒ면 白色 半球狀의 兩片 相連ᄒ 處에 如芽ᄒ 物이 有ᄒ니라.

其 末端이 後日에 生長ᄒ면 幼根(유근)이 되고 幼根과 幼芽의 中間에 子葉 著點ᄒ 幼莖(유경)이 有ᄒ니 此를 土中에 置ᄒ야 相當ᄒ 濕氣와 日溫을 與ᄒ면 下方은 根을 生ᄒ고 上方은 芽를 出ᄒ야 完全ᄒ 植物을 成ᄒᄂ니라.

故로 芽者ᄂ 植物의 暢發部라 稱ᄒᄂ니 莖의 最上部에 常有ᄒ 쑨 不 是라. 葉腋(엽액)이[도 有ᄒ니 其中에 鱗狀葉이 有ᄒ야 寒風霜虫의 海를 能防ᄒᄂ 者를 鱗芽(인아)라 稱ᄒ고 鱗狀葉이 無ᄒ 者를 裸芽(나아)라 稱ᄒᄂ니 喬木과 灌木의 類ᄂ 鱗芽가 多ᄒ니라.

其所生의 場所를 依ᄒ야 頂芽(정아) 腋芽(액아) 不定芽(부정아)의 區 別이 有ᄒ니 芽의 出點이 莖頂된 者를 頂芽라 ᄒ고, 葉腋된 者를 腋芽라 ᄒ고, 莖根葉으로붓허 生出ᄒ 用를 不定芽라 ᄒᄂ니 不定芽ᄂ 桑柳桐 等에 多ᄒ니라.

且 幼芽 幼莖의 不區別ᄒ 者를 胚軸(배축)이라 稱ᄒᄂ니 此類의 胚ᄂ 胚軸과 子葉의 二部로 成ᄒ 者니라.

豆類의 胚乳(배유)ᄂ 子葉 中 養分을 畜ᄒ 바오, 米麥類의 胚乳ᄂ 子 葉 周圍에 多量으로 有ᄒᄂ니 此類의 種子ᄂ 種皮와 胚乳와 胚의 三部 로 成ᄒ 者니라.

蓋 種子ᄂ 第二代의 植物이라. 其 初生時에 種子 中 胚乳ᄂ 動物의 卵中에 養分을 畜ᄒᆷ과 乳房에 乳汁을 生ᄒᄂ 者로 相似ᄒ지라. 人이 此 等 養分을 取ᄒ야 自己의 養料를 供ᄒᄂ니 米麥 豆粟이 皆然ᄒ니라.

(未完)

▲ 제9호

如斯히 植物의 構造ᄒᆞᆫ 形狀을 依ᄒᆞ야 繁殖法을 論ᄒᆞ건ᄃᆡ 其 種類의 千差萬別이 有ᄒᆞ나 其 繁殖ᄒᆞᄂᆞᆫ 方法에 各適케 흠은 最히 植物學家에 着眼点이라.

其化의 有無를 依ᄒᆞ야 區別을 觀ᄒᆞ건ᄃᆡ 種子를 生ᄒᆞᄂᆞᆫ 者와 種子를 不生ᄒᆞᄂᆞᆫ 中에 芽胞(아포)를 生ᄒᆞᄂᆞᆫ 者와 芽胞를 不生ᄒᆞᄂᆞᆫ 者가 有ᄒᆞ니라.

種子를 不生ᄒᆞᄂᆞᆫ 者ᄂᆞᆫ 動物力을 借ᄒᆞ거나 不然則 風力과 水力을 藉ᄒᆞ야 各地에 散布ᄒᆞ나니 有毛ᄒᆞᆫ 草棉子(초면자)와 有翅(유시, 날개가 있ᄂᆞᆫ)ᄒᆞᆫ 槭樹實(축수실, 단풍나무 열매) (楓也) 及 松子의 類ᄂᆞᆫ 風力으로 由ᄒᆞ야 飛散ᄒᆞ고 昆布(海帶)의 類난 其芽胞가 海水로 由ᄒᆞ야 遠方에 運至ᄒᆞ나니라.

動物로 由ᄒᆞ야 散布ᄒᆞᄂᆞᆫ 者ᄂᆞᆫ 其 果實 內에 動物所好의 肉이 有ᄒᆞ니 柿 及 葡萄의 類ᄂᆞᆫ 人이 所嗜오 寄生木의 果實類ᄂᆞᆫ 鳥類의 所嗜기 此皆 種子를 散布ᄒᆞ기 甚便ᄒᆞ니라.

動物所好의 肉이 不有ᄒᆞᆫ 果實은 許多ᄒᆞᆫ 毛 或 刺나 或 分泌 粘液이 有ᄒᆞ나니 牛蒡子(우방자) (形如紅蘿葍 以色黑者)의 類ᄂᆞᆫ 動物體에 附着함이 有ᄒᆞ고 此外에 他方을 不借ᄒᆞᄂᆞᆫ 者가 或 有ᄒᆞ니 鳳仙花의 類ᄂᆞᆫ 其 種子가 殼의 彈力으로 自能飛散ᄒᆞ고 馬鈴薯(洋芋)의 類ᄂᆞᆫ 地下莖으로 繁殖ᄒᆞ고 百合의 類ᄂᆞᆫ 葉腋의 球芽로 由ᄒᆞ야 繁殖ᄒᆞ나니 此 皆 天地間 化工의 妙로다.

化工의 妙가 旣知是ᄒᆞ니 天工을 仰軆ᄒᆞᄂᆞᆫ 人工의 繁殖이 豈無ᄒᆞ리오.

其工夫로 繁殖ᄒᄂᆫ 通行 方法은 五種이 有ᄒ니 一曰 播種이오, 二曰 椄木이오, 三曰 壓條(압조)오, 四曰 揷木이오, 五曰 根分이니라. (未完)

▲ 제10호

播種은 農業上에 最廣 採用의 方法이니 穀物 野菜가 皆然ᄒ거니와 芋頭(우두) 馬鈴署(마령서) 甘藷(감저) 等은 皆 地下莖 或 根으로 繁殖ᄒ니라.

椄木은 良種果木에 適宜ᄒ니 非常ᄒ 良果의 同樣을 欲得ᄒ랴면 其果로서 種흠도 亦是 一法이어니와 此外에 原種보다 良種됨을 得흘 者도 有ᄒ며 惡種을 良種으로 變흘 者도 有ᄒ니 此ᄂᆫ 全히 椄木흠에 在혼지라. 接木의 種類가 許多ᄒ나 梨柿橘 等이 最宜ᄒ니 其法은 合接 割接 切接 芽椄 等의 數種이 有ᄒ니라.

壓條ᄂᆫ 桑木에 最宜ᄒ니 四方의 枝를 土中에 曲入ᄒ얏다가 根이 發生ᄒ거든 母株를 切斷ᄒ야 苗木을 作흠은 傘取法(산취법)이오, 其枝를 土中에 全埋ᄒ얏다가 新芽가 俱發ᄒ거든 舊莖에 新莖을 丁字狀으로 取흠은 撞木法(당목법)이니라.

揷木은 葡萄와 桑 等의 木苗에 最宜호ᄃ 其生根이 最易ᄒ 者ᄂᆫ 柳類오, 其他 灌木의 類가 皆可ᄒ니 其揷木ᄒᄂᆫ 期節은 一定흠이 無ᄒ나 落葉樹ᄂᆫ 季冬이 早春보다 宜ᄒ고 常綠樹(檜椹 等, 회심, 노송나무)ᄂᆫ 季夏가 初秋보다 宜ᄒ니라.

根分은 莖과 根의 新芽를 多生ᄒᄂᆫ 者에 最宜ᄒ니 竹의 地下莖과 菊의 新舊株를 分흠과 灌木 等類가 皆可ᄒ니라.

大抵 植物 繁殖法은 研究의 價値가 有ᄒ니 一은 良植物을 增長ᄒᄂ
價値오, 一은 惡草를 絶去ᄒᄂ 價値라. 其物을 依ᄒ며 其時를 應ᄒ야
其適宜홈을 取홈이 可ᄒ니라. (未完)

▲ 제11호

試ᄒ야 卷丹(百合類)으로 論ᄒ건ᄃᆡ 其 鱗莖의 一鱗片을 栽ᄒ야도--

▲ 제12호

竹은 常綠點이 松과 相似ᄒ나 他點은 大異ᄒ니 松은--

*미완이나 〈기호흥학회월보〉는 제12호까지만 발행되었음

72

16.
심리

순번	연대	학회보명	필자	제목	수록 권호	분야	세분야
1	1906	소년한반도	원영의	心理問答	제1~6호	심리	
2	1906	태극학보	연구생	청년의 심리학 응용	제19호	심리	
3	1908	대한학회월보	한흥교	심리학의 정요	제4호	심리	

◎ 心理問答: 심리학에 대한 문답, 元泳義

▲ 제1호=심리의 개념
▲ 제2호=심리학 연구 방법/내성법과 관찰법
▲ 제3호=심리학 연구 방법
▲ 제4호=정신과 신체의 관계
▲ 제5호=신체 활동의 특징과 의식
▲ 제6호=유심론과 지식의 성격

*이 시기 심리학 교과서는 김정하(1907)의 〈심리학교과서〉(보성관)가 있었던 것으로 알려져 있다.

▲ 제1호

心理눈 何謂오. 人間의 精神現象을 硏究ᄒᄂ 科學이니 心은 卽 精神이오, 理눈 卽 理論이라. 哲學的 問題로 形이 上ᄒᆷ이 精神이오, 物質內에 形而下ᄒᆷ이 科學이니라.

精神現象은 何如오. 物質的 現象을 對ᄒ야 云ᄒᆷ이며, 吾-直觀과 內省으로 由ᄒ야 覺知ᄒᄂ 바의 變化와 進程이니 外界의 萬物 狀態를 由ᄒ야 吾의 覺知를 萌起ᄒ야 我의 神經內 精神狀態를 顯ᄒᆷ이니라.

物質的 顯象은 何如오. 天地萬物이 吾身內 神經을 感觸ᄒ야 其外界의 萬物狀態를 顯ᄒᆷ이니라.

直觀은 何如오. 直接 觀察이라. 譬컨듸 動風을 觀ᄒ면 樹撓(수요)ᄒᆯ 줄 知ᄒ고, 發電을 觀ᄒ면 車走ᄒᆯ 줄 知ᄒᆷ이니 若樹撓ᄒᆷ을 觀ᄒᆫ 後에

動風을 知ᄒ고 車走흠을 觀흔 後에 發電을 知ᄒ면 <u>乃間接觀察</u>이니라.

變化ᄂ 何如오. 譬컨듸 電氣가 初生에 其振動을 成ᄒ다ᄀ 變ᄒ야 火花를 發ᄒ며 風氣ᄀ 初生에 其淸凉을 成ᄒ다ᄀ 變ᄒ야 草木을 折ᄒᄂ니 覺知의 變化ᄀ 無窮히 層生흠이 如此흠이니라.

進程은 何如오. 譬컨듸 電氣ᄀ 一線을 從ᄒ야 百千里에 傳達ᄒ고 風氣ᄀ 一杯를 從ᄒ야 千萬樹에 普及ᄒᄂ니 人의 精神도 亦然ᄒ야 雲起흠을 觀ᄒ면 强雨흘 줄 知ᄒ고, 雨降흠을 觀ᄒ면 將晴흘 줄 知ᄒ고, 將晴흠을 觀ᄒ면 太陽의 露出흘 줄 知흘지니 此ᄂ 覺知의 漸進이 極点에 到達ᄒᄂ 前途에 若其精神과 變化와 進程이 無ᄒ면 便是死物이니라.

▲ 제2호=심리학 연구 방법/내성법과 관찰법

活動ᄒᄂ 方法은 何如오. 心理學은 物質界에셔 物理學을 相對ᄒ야 人間 自個 內에 關흔 一切 學問을 爲ᄒ야 原則을 提供흠이니 其科學의 硏究法은 內省法과 觀察法의 三種으로 貫徹흠이니라.

內城법은 何如오. 吾의 精神을 自觀흠이니 若無端히 笑ᄒ며 無端히 嚬(빈)흠은 自己의 精神을 自觀흠이라.

觀察法은 何如오. 兒童 心理라, 他人의 精神作用을 觀察흠이니, 耒耜(뇌사)를 觀ᄒ면 神農의 精神作用을 知ᄒ고, 歷史를 觀ᄒ면 拿破崙의 精神作用을 知ᄒᄂ 類니라.

實驗法은 何如오. 物理學의 精神으로 機械的 實驗에 對ᄒ야 特異흔 境遇를 明認호듸 時計와 如히 一點에 一打흠으로붓터 十二點의 十二打에 至ᄒ기까지 歷歷히 知覺不忘ᄒᄂ 類니라.

心理學의 原則이 如何오. 物質界에셔 物理學을 相對ㅎ야 人間 自個內에 關흔 一切 學問을 爲ㅎ야 原則을 提供ㅎㄴ니 大凡 人生이 不爲키 不可흔 事이 必有ㅎ므로 人格의 當爲흘 事는 學問을 必須흘 것이오, 學問은 物質界의 物理學을 必究흘지니 萬有의 物理가 精神 惟一에 統歸ㅎㄴ니라.

精神은 何謂오. 精神은 無形無迹ㅎ야 明言키 難ㅎ니 舊學問은 心에 宅ㅎ다 云ㅎ고, 新學問은 腦에 宅ㅎ다 云ㅎ나 其論이 不一ㅎ나 精神의 所宅은 便是心이라. 然ㅎ나 但舊學問은 心이 卽 腦髓로 認ㅎㄴ니 盖其 頭腦를 障碍物에 撞觸(당촉)흠이 精神이 潰亂(궤란)흔즉 宅神의 心이 卽 腦髓의 證이 明確ㅎ니, 其本原의 理想으로 窮究ㅎ면 精神의 所宅이 旣是不二라. 精神現象의 惟一門이 되고 又 意識의 主體가 되나라.

意識의 主體는 何謂오. 意는 思想의 方向이오, 識은 區別의 黙契나 精神은 意識의 舍요, 意識은 精神의 作用이니라.

▲ 제3호

惟一門은 何謂오. 精神現象의 出흠이 歸一흠과 物質現象의 入흠이 統一흠은 精神이 惟一됨이니라.

歸一과 統一이 如何오. 惟一精神에 歸ㅎ며 惟一精神에 統흠을 謂흠이니, 若 精神이 有二라 謂ㅎ면 一個 神은 此物에만 明達ㅎ고 彼物에 暗昧ㅎ며 一個 神은 彼物에만 明達ㅎ고 此物에 暗昧ㅎ리니, 如是則 耳聽目視의 相通키 不能흠과 如히 精神現象이 隔斷(격단)ㅎ야 融會貫通(융회관통)키 不得흘지라. 是以로 歸一 統一의 證이 有三ㅎ니, 一은 同時思想이 惟一이오, 一은 總決心이 惟一이오, 一은 一이 熄滅(식멸)ㅎ면 現象이 皆熄滅ㅎㄴ니라.

同時思想의 惟一은 何如오. 精神現象이 雖複雜ᄒ나 其本原은 惟一精神으로 思想을 運ᄒᄂ니 假令 棗樹(조수)를 思想ᄒᆯ 時ᄂ 棗樹의 思想만 有ᄒ고, 柳樹를 思想ᄒᆯ 時ᄂ 柳樹의 思想만 有ᄒᄂ니 是時에 他物을 兼想키 未能ᄒ니라.

決心 惟一은 如何오. 許多 物象의 來ᄒᆷ에 對ᄒ야 各般 思想이 隨起ᄒ되 其結果ᄂ 畢竟 惟一 精神에 決定ᄒᄂ니라.

一이 熄滅ᄒ면 現象이 皆 熄滅ᄒᆷ은 何謂오. 一은 卽 我라. 大凡 千萬人이 自己를 指示ᄒᆯ 時ᄂ 皆曰 我라 云ᄒ고 萬物도 皆然ᄒ니 此ᄂ 其數가 千萬이라도 各其 我라 ᄒᆷ은 惟一而已라. 此로 由ᄒ야 觀ᄒ건디 我가 無ᄒ면 物이 無ᄒ리니 現象이 豈有ᄒ리오.

然則 惟一 精神이 肉體의 許多 作用에 提供ᄒ되 困難이 無ᄒᆷ은 何오. 精神作用은 物質作用에 超越ᄒᆷ이니라.

超越은 何謂오. 肉體ᄂ 時期와 處地를 必定ᄒ 然後에 作用이 始有ᄒᄂ니 物質이 亦然ᄒ지라. 電氣를 論ᄒ면 其氣가 依的兒라 ᄒᄂ 空氣를 依憑ᄒ 然後에 其傳達을 能成ᄒ고 現象이 時計를 準據ᄒ 然後에 其速度를 能顯ᄒ거니와 精神은 憑地(빙지)도 無ᄒ고 準時도 無히 瞬息間에 千萬里 外와 千萬年上과 千萬世下에 連想無碍ᄒᄂ니 此ᄂ 物質作用에 超越ᄒᆷ인 故로 肉體作用에 提供키 不難ᄒ니라.

然則 精神은 古者 一個人과 如히 物質界를 超越ᄒ야 精神界로 從來ᄒᆷ이 一樣되깃거늘 古今 賢愚의 不同ᄒᆷ은 何故오. 精神이 肉體에 入來ᄒ면 變化ᄒᆷ이니 譬컨디 井泉과 江河를 惟一 水라 通稱ᄒ나 汚溝에 入ᄒ면 濁ᄒ고 潔渠(결거)에 入ᄒ면 淸ᄒ니라. (未完)

78

精神과 身體의 關係가 如何오. 精神作用은 直接 觀察이오, 肉體 作用은 間接 觀察이니 二者의 作用이 相等치 아이흔 者ㅣ 有ᄒᆞ나 然이나 精神은 身體를 待ᄒᆞ야 其妙用을 始現ᄒᆞ고 肉體ᄂᆞᆫ 精神을 待ᄒᆞ야 其作用을 始營ᄒᆞᄂᆞᆫ 故로 神身이 相合흔 後에 心理學이 由出흔 빈니 其相合흠은 神經作用에셔 始ᄒᆞ니라.

神經作用은 如何오. 腦髓에 核仁과 如흔 細胞가 有ᄒᆞ야 神의 單體를 成ᄒᆞ니 卽 是人身의 構成흔 分子오, 又 且 絲縷와 如흔 纖維(섬유)가 包絡ᄒᆞ야 四肢 百骸에 傳達흠이 電線과 如ᄒᆞ니라.

腦髓의 形式이 如何오. 頭顱(두로) 內容에 左右 對合흔 二大 腦가 有ᄒᆞ니 心意를 主管ᄒᆞ고 其次에 二小腦가 有ᄒᆞ야 運動을 主管ᄒᆞ니 十二箇 末梢(말초)가 全體 表面에 達ᄒᆞ야 無處不絡ᄒᆞ고 其次에 延髓(연수)가 有ᄒᆞ야 自働 中樞을 成ᄒᆞ니 眼睫(안첩)의 自瞬과 肝葉(간엽)의 自動과 肺部의 呼吸이 皆自然을 由ᄒᆞ고 大腦의 命令을 非受흠이오, 其次에 交感神經이 有ᄒᆞ야 營養을 主管ᄒᆞ야 脾胃를 調和ᄒᆞ고, 其次에 脊髓가 有ᄒᆞ야 反射 中樞를 成ᄒᆞ니 三十一 箇 末梢가 强勁(강경)ᄒᆞ야 捍衛(한위를 主管흠으로 衝目ᄒᆞ면 目을 逃ᄒᆞ고 刺膚(자부)ᄒᆞ면 膚를 撓ᄒᆞ며 手拒足踢(수거족척)의 能力을 使用ᄒᆞᄂᆞ니 以上 五者의 構造를 由ᄒᆞ야 精神作用이 有ᄒᆞ니라.

然則 動物은 精神作用이 有ᄒᆞ거니와 植物도 精神作用이 或 有ᄒᆞᆯ가. 下等動物의 單純 細胞가 有흔 아미바 虫類가 有ᄒᆞ니 生殺과 飢飽를 冥然히 無覺ᄒᆞ다가 有虫이 來拂ᄒᆞ면 始食ᄒᆞ야 細胞가 漸長ᄒᆞ다가 及長에 復食키 不能ᄒᆞ야 還縮如斷ᄒᆞᄂᆞ니 此ᄂᆞᆫ 精神作用이 似無흔 者요, 植物의 蠅取草(승취초)가 有ᄒᆞ니 有蠅이 來附ᄒᆞ면 其葉이 隨卽卷取ᄒᆞᄂᆞ니 此

는 精神作用이 似有흔 者ㅣ니라.

精神 發現의 端緒가 如何오. 被觸의 感動과 與觸의 衝動과 取舍의 選擇을 因ᄒ야 精神이 有흠을 知ᄒ고 活動 곳(自動)을 因ᄒ야 精神 作用이 有흠을 知ᄒᄂ니라.

아비바와 蠅取草의 類는 感動과 衝動의 分辨이 如何오. 아비바의 食虫은 衝動이오 蠅取草의 卷蠅은 感動이니 二者의 衝感은 其分間이 至微ᄒ야 遽然히 判斷키 難ᄒ나 其動植의 區別을 因ᄒ야 其衝感의 分別을 知得ᄒᄂ니라.

神身의 發展이 如何오. 神身ᄋ니 活動을 因ᄒ야 發展ᄒᄂ니 第一은 攝取活動이니 卽 飮食作用이오, 第二는 族類連續活動이니 卽 生殖作用이오, 第三은 自衛活動이니 卽 衛生作用이라. 此等 活動을 因ᄒ야 其生命을 保ᄒᄂ니 生命의 本은 細胞의 在흔지라. 幼時에는 細胞 神經이 軟弱ᄒ야 自衛活動이 不足ᄒ다가 及長에 自衛活動이 甚大ᄒᄂ니 其自衛의 如何를 因ᄒ야 其神身作用의 發展 與否를 知得ᄒᄂ니라.

自衛活動이 如何오. 微虫을 衝動ᄒ면 縮身不動ᄒ야 死樣을 作ᄒ며 禽鳥가 人의 殊常흔 顔色을 見ᄒ면 翩然斯擧(편연사거)흠이 皆 自衛活動이니라. (未完)

▲ 제5호

神身 活動이 如何오. 其論이 有三ᄒ니 曰 統一的 一元論은 神身이 俱活動이라 ᄒ고, 二元論은 神身이 各活動이라 ᄒ고, 二元的 一元論은 神이 身을 因ᄒ야 活動ᄒ며, 身이 神을 因ᄒ야 活動흔다 ᄒᄂ니 三論을 幷觀ᄒ면 神身 作用을 因ᄒ야 心理學을 論흠이니 <u>心理學은 卽 意識을</u>

<u>研究ᄒᆞᄂᆞᆫ 學</u>이니라.

　意識은 何謂오. 意識은 理學에 硏究ᄒᆞᄂᆞᆫ 精神作用의 單位요, 自覺의 位地에 達ᄒᆞᆫ 意識 卽 人間의 精神現象에 基本이니 他動物도 意識作用이 皆有ᄒᆞ니라.

　他動物의 意識作用은 如何오. 皆 意識作用이ᄂᆞ 但其意識이 偏窄不周 (편착불주)ᄒᆞ야 右一物이 來照ᄒᆞᆯ 時ᄂᆞᆫ 右物을 知ᄒᆞ다가 其物이 一去 則 己忘이오, 左一物이 來照ᄒᆞᆯ 時ᄂᆞᆫ 左物을 知ᄒᆞ다가 其物이 一去則亦忘ᄒᆞ ᄂᆞ니 此ᄂᆞᆫ 知覺 區別만 有ᄒᆞ고 人類의 心理學이 無ᄒᆞᆷ이라. 心理學의 硏 究ᄂᆞᆫ 乃 自覺意識이니 惟人이 有之ᄒᆞ니라.

　自覺作用은 如何오. 自覺은 主点되ᄂᆞᆫ 我가 中心의 集注點을 作ᄒᆞ야 眞理를 通明ᄒᆞᄂᆞ니 幼時에ᄂᆞᆫ 自覺作用이 不足ᄒᆞ다가 及長에 自覺作用 이 漸大ᄒᆞ야 多般作用이 皆我点에 集注ᄒᆞᄂᆞᆫ 故로 自覺作用이 皆集注点 을 從ᄒᆞ야 生出ᄒᆞᄂᆞ니라.

　意識作用의 狀態ᄂᆞᆫ 如何오. 意識이 寢睡ᄒᆞᆯ 時에 不在ᄒᆞ고 覺醒ᄒᆞᆯ 時 에 在ᄒᆞᄂᆞ니 此ᄂᆞᆫ 覺醒狀態오, 覺醒時에 外界物이 來照ᄒᆞ면 能히 區別 ᄒᆞᄂᆞ니 此ᄂᆞᆫ 區別狀態라. 若 覺醒時에 區別이 無ᄒᆞ면 便是 死物이니 二 者의 原本的 作用을 惟究ᄒᆞ면 寫象이니라.

　寫象은 何謂오. 主觀界에 對象을 寫出ᄒᆞᆷ이 鏡裏의 寫眞ᄒᆞᆷ과 如ᄒᆞᆷ이니 覺醒時에 客觀的 現象이 外界에 森羅ᄒᆞ야 同異와 近似ᄒᆞᆷ이 有ᄒᆞ니 其象 이 意識을 通過ᄒᆞ야 主觀界에 入照ᄒᆞ야ᄂᆞᆫ 寫象을 作ᄒᆞᄂᆞ니 此ᄂᆞᆫ 意識 이 客觀象으로 ᄒᆞ야곰 主觀에 通過ᄒᆞᆷ이니 若 意識의 媒介가 無ᄒᆞ면 其 象의 眞假를 豈知ᄒᆞ리오. 假令 扇을 見ᄒᆞ기 前에ᄂᆞᆫ 其形의 如何를 不知 ᄒᆞᆯ지니 客觀이 意識에 來照ᄒᆞ기 以前에ᄂᆞᆫ 純全ᄒᆞᆫ 客觀象이니라.

主觀과 客觀의 區別이 如何오. 主觀은 我의 主点에셔 觀을 與홈이오, 客觀은 他의 客象이 觀을 被홈이니 其寫象에 對ㅎ야 唯心과 唯物의 二論이 有ㅎ니라.

▲ 제6호

二論이 如何오. 唯心論은 曰 雖客觀이 有홀지라도 非意識이면 通照를 不得ㅎ다 ㅎ고, 唯物論은 曰 雖意識이 有홀지라도 非客觀이면 觀知홀 바이 無ㅎ다 ㅎ느니, 此二論의 相爭이 未決이느 心理學上에 在ㅎ야 擧皆 一而觀의 過失에 歸홀지라. 惟心論은 世界의 物象을 撲滅(박멸)ㅎ야 眞假를 不辨홀지니 山岳이 不有ㅎ면 其象의 高低를 豈知ㅎ리오. 惟物論은 心界의 意識을 撲滅ㅎ야 是非를 不辨홈이니 山岳이 雖有ㅎ나 我의 觀察이 無ㅎ면 其象의 高低를 豈知ㅎ리오. 吾人의 實際 生活은 心과 物을 寫象界에 合置ㅎ야 善爲調和ㅎ 然後에 心意界의 順序가 漸次 客觀的 意識에셔 主觀的 意識으로 向하야 知識을 産出ㅎ느니라.

知識은 何謂오. 知覺物이 我에 入ㅎ야 我가 其物의 物됨을 判斷ㅎ야 自然히 固有ㅎ 我物이 되느니 此는 寫象界에 超越ㅎ 者니라.

三者의 觀念은 如何오. 樹撓홈을 見ㅎ고 風吹홈을 知홈은 感覺이오, 風吹의 方向을 察知 혹은 知覺이오, 寒空氣가 煖空氣 稀薄處의 注入 補充홈이 風됨을 思得홈은 思考니 此 三者의 結果는 客觀象이 主觀界에 入ㅎ야 其眞理를 儲畜ㅎ야 觀念界를 作ㅎ느니 此界에 意識의 分類가 有ㅎ니라.

意識의 分類는 如何오. 意識의 知情意 三分類가 有ㅎ니 此를 分析ㅎ면 水의 水素와 酸素의 二物質이 有홈과 如ㅎ지라. 水를 熱케 ㅎ면 氣體를 成ㅎ고 溫度가 低ㅎ면 氷을 成ㅎ되 寒熱의 平均ㅎ 狀態는 乃水라.

쏘 七面鳥가 一年에 七彩로 變흠과 如ᄒᄂ니 盖 一般意識으로붓터 三分홈이 如此ᄒ니라.

三分類의 發展ᄒᄂ 順序ᄂ 如何오. 有物이 來照ᄒ면 何物과 何由를 知ᄒᄋᄂ 物을 見ᄒ고 我心의 悲喜와 好惡를 發홈은 <u>情이</u>오, 其情을 因ᄒ야 心行志決홈은 <u>意</u>니라.

<u>知識의 原形이 如何오.</u> 物質界 內에 形式 곳 知識界가 有ᄒ고 形式界 內에 力的点이 有하고 此点에 情이 隱하얏다가 物質를 應ᄒ야 形式界에서 其妍媸(연지, 곱고 추함)를 辨ᄒᄂ 知識을 通ᄒ 後에 愛惡의 情이 力的을 從ᄒ야 形式界로 突進하야 我의 物로 作ᄒ 思想 結果가 眞知識이 될 故로 意識의 形式的 作用은 知識이오, 力的 作用은 情意니라.

(이하 〈소년한반도〉가 발행되지 않았음)

◎ 靑年의 心理學 應用, 연구생, 〈태극학보〉 제19호, 1908.3.
  (심리학)

   *로마시대 클라디우스 갈렌의 기질론을 요약하여 소개한 글임
   *기질과 천부를 바탕으로 우리의 앞길과 직업 선택을 해야 한다는 주장을 펼침

自古로 氣質이라 云홈은 元來 吾人 精神活動上에 强弱 遲速의 差가 有ᄒ야 此 動作上에 名稱을 劃下ᄒ 者니 西曆 紀元後 二世紀 頃에 羅馬人 싸렌트[1]라 稱ᄒᄂ 醫學者가 有ᄒ야 一學說을 新唱ᄒ니 其說의 概要를 據ᄒ건딕 大凡 吾人 身体에ᄂ 四個 主要ᄒ 液体가 有ᄒ야 其加減으

---

1) 싸렌트: 로마의 의사이자 철학자 갈렌(Cladius Galen, 130~200). 4체액설을 주장함.

로 構成된 者 | 가 卽 吾人의 氣質이라 ᄒ니, 果然 其說과 如히 吾人의게 四個 氣質 卽 多血質, 神經質, 膽汁質, 粘液質이 皆有ᄒ야 此가 相違ᄒ 結果 吾人이 種種 分異의 性質을 成ᄒ얏도다. 左에 各質을 槪論컨되

第一 多血質: 多血質은 精神의 動作이 迅速ᄒ고도 其度가 弱ᄒ 者 | 니 此質의 爲人은 外物의 感觸을 當ᄒ면 其心이 容易히 動搖ᄒ야 思量을 速定ᄒ고 凡事를 急行ᄒᄂ 고로 此種人은 成善ᄒ면 快闊 敏捷ᄒ나 不然이면 輕率躁妄ᄒ야 忍耐力이 乏少ᄒ고 薄志弱行의 爲人을 未免ᄒᄂ 니라.

第二 神經質: 神經質은 精神의 動作이 遲鈍(지둔)ᄒ고도 其度가 强ᄒ니 此 質의 爲人은 凡事를 深思熟考ᄒ야 容易 未斷ᄒ다가 一度 決斷을 得 ᄒ면 動搖極難ᄒ며 又其擧動이 落着每多ᄒᄂ니 故로 此種 人은 成善ᄒ 면 着實 綿密ᄒ나 不然이면 陰鬱 沉存ᄒ야 優柔不斷ᄒᄂ니라.

第三 膽汁質: 膽汁質은 精神의 動作이 迅速ᄒ고도 其度가 强ᄒ니 此質 의 爲人은 事物에 感動이 容易ᄒ고 意志가 鞏固ᄒᄂ니 故로 此種人은 成善이면 剛毅勇敢ᄒ야 堅實의 人物이 되나 不然이면 高慢無謀ᄒ야 强 情의 人物을 未免ᄒᄂ니라.

第四 粘液質: 粘液質은 精神의 動作이 遲緩ᄒ고도 又 弱ᄒ니 此質의 爲 人은 思想과 擧動이 無非緩慢ᄒ며 又ᄂ 事物에 動搖키 極難ᄒᄂ니 故로 成善이면 誠實公平하야 沈着ᄒ 人物을 成ᄒ나 不然이면 冷淡無氣ᄒ야 活潑ᄒ 人物을 未作ᄒᄂ니라.

以上은 氣質 分流의 主要ᄒ 者니 今日 心理學者가 多數 採用ᄒᄂ 바 | 라. 如此히 通常 吾人의게ᄂ 四個 氣質이 各樣 交合ᄒ야 或者ᄂ 多血 質이 大部分을 占有ᄒ야 神經質과 膽汁質의 幾分이 混和ᄒ던지, 或者ᄂ

粘液質이 大部分을 占ᄒᆞ고 膽汁質과 神經質의 幾分이 添加ᄒᆞ던지 必也 別別色色으로 氣質을 成立ᄒᆞ엿ᄉᆞ미 感情이 膽多ᄒᆞᆫ 者ᄂᆞᆫ 文學 方面에 步武를 進出ᄒᆞ고 冷情ᄒᆞᆫ 人은 科學 硏究에 甘味를 調適ᄒᆞ며 敏捷ᄒᆞᆫ 人은 事務에 長技를 作ᄒᆞ도록 各其 <u>氣質을 從ᄒᆞ야 專門을 定劃ᄒᆞ여야 個人性과 職業間에 重大ᄒᆞᆫ 關係가 適中을 始得</u>ᄒᆞᆯ지로다.

此外에 天賦라 云ᄒᆞᄂᆞᆫ 거시 有ᄒᆞ니 此亦是 其人의 方針을 確定ᄒᆞᆫ 以上에 可히 缺無치 못ᄒᆞᆯ 쟈요, 吾人 精神上 働作 一部에 特色을 持有ᄒᆞᆫ 者니 假令 生世 以後브터 數學의 妙才가 有ᄒᆞ던지 文學의 長技가 有ᄒᆞᆫ 者 類인ᄃᆡ 此 天賦를 三種類로 分析ᄒᆞ면

第一은 平凡ᄒᆞᆫ 天賦니 何事何業을 勿論ᄒᆞ고 努力ᄒᆞᆫ 結果과 平凡 以上에 不出ᄒᆞᄂᆞᆫ 者요, 第二ᄂᆞᆫ 特殊의 天才를 持有ᄒᆞᆫ 者니 此ᄂᆞᆫ 各樣 階級이 雖有ᄒᆞ나 或 一科目에 特殊ᄒᆞᆫ 才華를 持有ᄒᆞᆫ 者요, 第三은 所謂 天才라 云ᄒᆞᄂᆞᆫ 者니 第二에 超絶ᄒᆞᆫ 才華를 持有ᄒᆞᆫ 者니라.

然則 氣質은 精神 活動 全体의 作用이요, 天賦ᄂᆞᆫ 精神活動 一部의 作用이니 此 二者ᄂᆞᆫ 吾人이 生時브터 一是히 具有ᄒᆞᆫ 者요. 厚薄强弱의 分別이 有ᄒᆞᆯ 而已니, <u>吾人이 前途의 方向과 職業을 確定ᄒᆞᆷ에 當ᄒᆞ야ᄂᆞᆫ 此 兩者를 參酌치 아니면 不可ᄒᆞᆯ 거시오, 此外에 靑春이 志望을 定ᄒᆞᆷ에 當ᄒᆞ여ᄂᆞᆫ 其家의 職業도 亦是 參考ᄒᆞᆯ 重大의 要件이니</u>--

◎ 心理學의 精要, 韓興敎, 〈대한학회월보〉 제4호, 1908.5. (심리학)

*일본의 岡野 심리학 역술작임
*심리학 연구 방법이 포함됨: 객관적 방법, 주관적 방법
*심리학: 마음에서 생겨나는 의식의 상태를 '기술', '설명'하는 학문

大凡 人生이 世間에 棲息홀시 動物의 靈長이 됨은 흔갓 心性의 高尙홈을 謂홈이니 人이오 엇지 心理의 如何홈을 不究ᄒ리오. 心이란 個個人의 常에 働作ᄒ난 바로되 往往히 그 眞理에 全昧ᄒ니 此는 엇 食ᄒ여도 眞味를 不知홈과 無異홈으로 玆에 余의 休暇를 利用ᄒ야 學校 授業 中 岡野 文學士 講義 煩劇홈을 祛ᄒ고 簡單홈을 取ᄒ야 間도 已意도 添附ᄒ야 讀者 僉彦의게 供覽ᄒ노라.

第一章 心理學의 對象 及 範圍

心理學이란 心을 研究ᄒᄂ 學問인딕 心에 各種의 區別이 有홈에 或 宗教上으로 論홈도 得ᄒ나 今에 心理學上으로 論ᄒ건딕 吾人이 梅花를 對ᄒ야 其色을 見홈과 其臭를 嗅(후)홈과 其 物體를 觸홈이 모다 心理의 作用으로 出홈인즉 곳 五官의 感應에 不外ᄒ니라. 또ᄒ 某處의 梅花를 想像 中으로 思見홈과 其美를 感ᄒᄂ 것을 意識이라 云ᄒ니라. 그러면 心理學이른 다믓 心上으로 生ᄒᄂ 意識의 狀態를 記述ᄒ야 說明ᄒᄂ 學問이라 云홀지라. 故로 (心体ᄂ 未詳) 心相과 心用의 如何홈을 研究ᄒᄂ 것이니 然則 宇宙間 如何ᄒ 事에 對ᄒ야 吾人이 如何히 研究홀 것은 모다 意識에 出現홈에 不外ᄒ니라. 假令 "花를 見혼다." ᄒ면 花ᄂ 外在性에 屬ᄒ고 見홈은 負擔者가 되ᄂ 고로 吾人의 經驗上으로쎠 兩方向의 區別이 有ᄒ니
(一) 客觀的 方向: 此ᄂ 衆人의 精神作用이니 物의 外在性에 屬ᄒ니라.
(二) 主觀的 方向: 此ᄂ 自己 一人의 精神作用이니 主의 負擔者에 屬ᄒ니라.

第二章 心理學의 研究法

믄첨 意識狀態를 研究ᄒᄂ딕 及ᄒ야 二大區分이 有ᄒ니
(一) 內省的 方法 吾人이 心의 存홈은 自己만 知ᄒ고 意識狀態의 根本이

自已意識上에 果然 有無ㅎ지는 不知ㅎ나 다못 其人의 實驗을 經ㅎ 後 비로소 知得ㅎ니라. 또흔 意識現象을 見ㅎ기는 外界(身體以外) 現象과 異ㅎ야 經驗키 不能ㅎ고 그 眞象은 見ㅎ기도 困難ㅎ니라. 其他는 吾人 의 心에 具備ㅎ 牲質인딕 種種의 變化(境遇, 事情)로써 見ㅎ고 知키 得 ㅎ니라. 大抵 複雜ㅎ 事情은 本來 內省으로 從ㅎ야 確然 思得ㅎ는 고로 內省法을 研究ㅎ는 手段으로써 次에 實驗法을 設ㅎ니라.

(二) 實驗的 方法 此法은 十九世紀에 수키립-틔-푸氏의 쳐을 硏究홈이 라 從來人의 精神現象을 測定키 不得ㅎ엿스나 今日 研究上으로 吾人이 意識現象을 測定ㅎ는딕 從ㅎ야 精神現象도 測定키 能ㅎ나 直接으로는 不得ㅎ고 다맛 間接으로만 得ㅎ니라. 此法을 다시 二種에 分ㅎ면 左와 如홈.

　(A) 如斯흔 實驗範圍가 極히 廣홈으로 五官의 關係를 有흔 것은 硏究 키 易ㅎ나 其外 複雜홈은 實驗키 難ㅎ니라.

　(B) 各種 實驗場에 臨ㅎ야 精神狀態를 硏究키 能ㅎ니라.

　이런고로 實驗이른 內省에 不備흔 것은 不得홈이라. 以上 述흔바는 吾人 自己의 意識을 收集ㅎ야 二方法에 分홈이오 其他 人의 事情 업는 딕 觀察ㅎ기는 特別흔 硏究를 要ㅎ나니라. 心理學에는 各種의 分派가 有ㅎ니 곳 左와 如홈.

　　(甲) 異態變化를 精神上으로 從ㅎ야 心理學上에 硏究홈인고로 此 를 變態의 硏究라 稱ㅎ니라.

　　(乙) 精神發達의 次序 곳 兒童心理學 比較心理學

　　(丙) 文學, 美術, 歷史, 宗敎, 儀式 等을 謂홈이니 此로 由ㅎ야 古今 의 사실을 募集한 學을 民族心理學 或 社會心理學이라 名ㅎ니 라. (此는 極히 複雜ㅎ고로 省略홈)

第三章 意識

意識의 如何흔 關係는 上頂에 已述흠과 如흐나 그 在所를 詳察흐견 딕 各種의 狀態를 呈흐니 此를 感覺이라 云흐고 此 感覺을 因흐야 事物 의 異同흔 關係를 詳細히 識別흐는 作用을 認識이라 云흐고 또흔 同一 흔 事物에 對흐야 그 深淺을 知別흐는 作用을 感情이라 云흐고 某處에 往코져 흐는 것과 某物을 見코져 흐는 것을 意思라 云흐니라. 以上三者 (感覺과 認識은 大同小異흠으로 一노 示흠)는 心의 特異흔 動作으로뼈 不可不離흠이니라.

大槪 意識의 狀態 무릇 意識의 意識됨이 刺戟(衝激의 意)을 因흐야 感흐나니 곳 人의 五官의 觸흔 바를 謂흠과 如하니 이러므로 意識의 內容이 漸漸 變化흐야 生흠인즉 假令, 淵에 臨흐야 魚를 羨하는 狀態를 意識의 流라 稱하고 그 各部分을 連絡흠은 換言흐면 意識의 傳達(通報 의 意)을 營흠을 精神作用의 連絡이라 稱하고 또흔 一邊으로 思하면 或 一定흔 精神의 現象은 各 部分으로 生하는 關係를 意識의 繼續이라 稱하고 其他며 又 或 一定흔 部分으로 意識現象을 總括흐야 意識의 面 이라 稱하니라. 斯와 如히 意識의 內容은 橫으로든지 縱으로든지 非常 히 變化흐는 것인고로 同一흔 意識의 內容이 某 時間內의 連續흘쌔는 遙遙히 意識을 追究하나니 이는 곳 睡眠의 狀態라 然흔 故로 意識의 出現흘 째는 恒常 身體의 腦髓와 神經의 變化로 伴行흐니라. 今에 外界 의 知覺을 論흐면 物理的 或 化學的 變化가 末梢神經의 作用을 要흠에 此 神經의 變化가 그 作用을 大腦皮質에 傳흐면 此와 同時에 意識의 變化가 出現하나니 斯와 如히 末梢神經으로 起흐는 變化를 形成케 하 는 것을 刺戟이라 흐나니 此 刺戟의 起흠으로 由흐야 意識의 內容變化 가 生흐나 然이나 此等神經의 變動은 곳 죠精神現象이라 謂키 不能흐 니 如何오 흐면 神經의 變動은 空間的으로 生흔 것인즉 곳 意識의 變化 가 되니라. 或, 時를 從흐야 腦髓에셔는 多大흔 影響과 刺戟을 起흐되

吾人의 精神現象에는 出現치 아니ᄒᆞᄂᆞᆫ고로 外界의 刺戟이 意識面에 變化를 生홀재 반다시 或은 强度를 有ᄒᆞ니 그 强度以下의 刺戟 假令 大腦에는 變化잇서도 意識에는 變化업는 것을 云홈이라. 此와 如히 最初에 意識變化를 生ᄒᆞᄂᆞᆫ 境界를 意識閾이라 稱ᄒᆞ나니 如何ᄒᆞᆫ 强度가 처음으로 刺戟에 出現ᄒᆞᄂᆞᆫ 것은 個人의 身體組織과 精神狀態로 隨ᄒᆞ야 異홈이오. 決코 同一치 아니ᄒᆞ니라. 이제 極히 靜寂홀 째 手端의 重이 一千分의 二 或 至一千分의 五瓦 (거람)되는 것을 感知키 難ᄒᆞ거니와 그 以上은 特異히 感ᄒᆞ니라. (此는 實驗法) 斯와 如ᄒᆞᆫ 結果는 吾人의 意識의 輕重程度란 表홈이오. 常에 新陳代謝를 因ᄒᆞ야 暫時 前狀態와 暫時 后狀態가 大段 差異를 生ᄒᆞ나 然이나 一回라도 吾人의 意識에 觸ᄒᆞᆫ 일은 全히 消滅치 아니ᄒᆞ고 或은 機會를 得ᄒᆞ면 再次 前日狀態가 現ᄒᆞ나니 假令, 腦髓에든지 何處에든지 吾人의 精神잇는 部分에 歸홈인즉, ᄒᆞᆫ 五年 或 十年前에 一次 實見ᄒᆞᆫ 物體를 其后에 全히 見치 아니ᄒᆞ여도 或 夢中에 現ᄒᆞᄂᆞᆫ 일이 有ᄒᆞ니 此는 其時狀態가 吾人의 感覺으로 由ᄒᆞ야 某機會를 待홈이오. 意識面에 無ᄒᆞ여도 畢竟 非常ᄒᆞᆫ 影響을 及홈에 至ᄒᆞ야 精神의 何處에든지 殘留ᄒᆞᆫ 일이 意識面下에 隱홈이니 此를 意識面下活動 或 潛在活動이라 稱ᄒᆞ고 意識面에 現ᄒᆞᄂᆞᆫ 狀態를 顯在活動이라 稱ᄒᆞ니라.

第四章 注意

注意란 意識의 或은 現象에 意識의 力을 集注ᄒᆞᆫ 것으로 假想ᄒᆞ니라. 此에 三種의 區別이 有ᄒᆞ니 左와 如홈.
(一) 强迫的 注意는 自己가 主意코져 아니ᄒᆞ여도 自然注意를 惹起ᄒᆞᄂᆞᆫ 일 假令, 强度의 大ᄒᆞᆫ 刺戟에 基因된 感覺, 利害關係의 大ᄒᆞᆫ 觀念을 謂홈이라.
(二) 任意注意는 自己가 모립직이 任意로 ᄒᆞᄂᆞᆫ 일이니 곳 意識 中에 有ᄒᆞᆫ 或은 現象에 對ᄒᆞ야 或은 意識의 力을 集合ᄒᆞᄂᆞᆫ 일을 謂홈이라.

(三) 第二次 强迫注意<u>른</u> 根本은 强迫注意와 밋 任意注意가 되엿스나 或은 時間內에 注意의 中心이 되여 맞츰 不知不覺 中으로 人이 自然히 注意ᄒ게 됨을 謂ᄒ이라.

元來 或은 刺戟이 意識面에 現ᄒ 째는 이의 吾人의 意識이 그 方向에 牽引ᄒᄂ 바되ᄂ니라. 上項에 述ᄒᄂ바 意識 閾은 온갓 境遇에 同等ᄒ이 아니오. 其와 對稱된 刺戟이 有ᄒ면 或은 變化가 吾人의 意識에 出現ᄒᄂ니 換言ᄒ면 意識閾은 <u>感受性</u>에 不外ᄒ니라. 이럿타시 意識의 <u>예닐기</u>의 集合ᄒ이 곳 注意가 不良ᄒ면 意識의 感受性이 좃챠 低下ᄒᄂ 故로 吾人이 預히 如許ᄒ 事項이 起ᄒ리라 思ᄒ야 其點에만 注意ᄒ면 大段 感覺키 易ᄒ니라. 斯와 如히 某 事項에 注意ᄒ야 感受性을 銳敏케ᄒ을 豫期라 ᄒ고 또ᄂ 注意에 現ᄒᄂ 感覺이 漸次 强度의 弱ᄒ에 及ᄒ얀 極히 低下ᄒ 聲音이라도 聽키 能ᄒᄂ니 此를 豫期的 注意라 云ᄒ니라. 然ᄒ즉 吾人이 常에 某點에 就ᄒ야 注意ᄒ면 如何히 微細ᄒ 事實에 當ᄒ여도 注意를 惹起ᄒᄂ니 初에 强迫注意로 由ᄒ야 刺意의 程度가 非常히 大ᄒ거나 或 利害의 關係가 非常히 大ᄒ 째는 自己가 其點에 注意코저 아니ᄒ여도 不得巳ᄒ 境遇가 有ᄒ며 또ᄒ 或 强迫的 注意를 因ᄒ야 一事外他事에 注意키 不能ᄒᄂ 일이 有ᄒ니 假令, 人이 隣家에 失火ᄒ을 聞ᄒ고 徒跣으로 急急히 往救ᄒ을제 其足이 石에 觸傷ᄒ야도 感치 아니ᄒ과 如ᄒ니라. 이러므로 吾人이 常에 注意하면 感受性이 敏ᄒ고 不注意ᄒ면 感受性이 鈍ᄒ며 또ᄒ 注意가 或은 一方面에만 傾沒ᄒ 째는 더욱 鈍ᄒᄂ니라.

以上은 總論의 大要나 各論에 就ᄒ얀 救述키 不遑ᄒ노라.

17.
언어

순번	연대	학회보명	필자	제목	수록 권호	분야	세분야
1	1896	친목회회보	신해영	한문자와 국문자의 손익 여하	제2호	언어	국문론
2	1896	대조선독립협회 회보	지석영	국문론	제1호	언어	국문론
3	1896	대조선독립협회 회보	신해영	한문자와 국문자의 손익 여하 (친목회회보 2호와 동일)	제15호	언어	국문론
4	1906	소년한반도	지석영	國文原流	제1호	언어	국문
5	1906	소년한반도	유길준	대한문전	제2~6호	언어	국문
6	1906	대한자강회월보	이기	본국방언	제1~10호 (10회)	언어	국문론
7	1906	대한자강회월보	이종준	방언속소	제5, 6호(2회)	언어	국문론
8	1906	대한자강회월보	지석영	대한국문설	제11, 13호(2회)	언어	국문론
9	1906	서우	주시경	국어와 국문의 필요	제2호	언어	국문론
10	1906	태극학보	강전	국문편리 급 한문 폐해의 설	제6호	언어	국문론
11	1906	태극학보	장응진	심리학상 관찰한 언어	제9호	언어	언어학
12	1906	서우	편집부	한자통일회 개설에 관한 의견	제13,14호	언어	한자
13	1907	대한유학생회 학보	한흥교	국문과 한문의 관계	제1호	언어	국문론
14	1907	대한유학생회 학보	변영주	변재어	제2호	언어	국문론
15	1907	야뢰	박태서	국어유지론	제1호	언어	국어
16	1908	대동학회월보	여규형	논 한문국문	제1호	언어	국문론
17	1908	대동학회월보	정교	한문과 국문의 관계	제4호	언어	국문론

순번	연대	학회보명	필자	제목	수록 권호	분야	세분야
18	1908	대동학회월보	여규형	고등학교 한문독본 서	제16호	언어	국문론
19	1908	호남학보	황희성	여여하정 서	제2호	언어	국문론
20	1908	호남학보	매일신보	국한문 경중론	제2호	언어	국문론
21	1908	대동학회월보	우산거사	사설	제15호	언어	국문론
22	1908	대한협회회보	이종일	논 국문	제2호	언어	국문론
23	1908	대한협회회보	원석산인	어학의 성질	제11호	언어	국문론
24	1908	기호흥학회월보	신채호	문법을 의통일	제5호	언어	국문론
25	1908	대동학회월보	우산거사	물명고	제8, 9, 10, 11, 12, 13, 14, 15, 16호(10회)	언어	국어
26	1908	소년	강창희	少年通信: 方言 강원철원 강창희 (강원방언 소개)	제2권 제1호	언어	국어
27	1908	소년	강희목	少年通信: 方言 경북봉화 강희목보 (경북방언 소개)	제2권 제1호	언어	국어
28	1908	소년	편집실	少年通信: 方言 (전북익산) 等	제2권 제4호	언어	국어
29	1908	소년	편집실	少年英語教室(來月부터 揭載): 英國文字 알파베트	제1권 제2호	언어	영어
30	1908	소년	편집실	少年 論語	제2권 7, 8, 9, 10호(4회)	언어	한문
31	1908	소년	편집실	少年漢文教室: 第一課 物目, 第二課 成句	제1권 1, 2호, 2권 4호(3회)	언어	한문

◎ 申海永, 漢文字와 國文字의 損益 如何, 〈친목회 회보〉 제2호, 1896.03.15. (국한문)

(국문론 입력 자료에 소재)

◎ 국문론, 지석영, 〈대조선독립협회 회보〉 제1호, 1896.11.30. (論說)

나라에 국문이 잇서셔 힝용 ᄒᆞᄂᆞᆫ거시 사름의 입이 잇서셔 말슴 ᄒᆞᄂᆞᆫ것과 ᄀᆞᆺᄒᆞ니 말슴을 ᄒᆞ되 어음이 분명치 못 ᄒᆞ면 남이 닐으기를 반 벙어리라 ᄒᆞᆯ ᄲᆞᆫ더러 졔가 싱각ᄒᆞ야도 반 벙어리오 국문이 잇스되 힝 ᄒᆞ기를 젼일 ᄒᆞ지 못ᄒᆞ면 그나라 인민도 그나라 국문을 귀즁 ᄒᆞᆫ줄을 모르리니 엇지 나라에 관계가 젹다 ᄒᆞ리오 우리 나라 사름은 말을 ᄒᆞ되 분명이 긔록ᄒᆞᆯ슈 업고 국문이 잇스되 젼일ᄒᆞ게 힝ᄒᆞ지 못ᄒᆞ야 귀즁 ᄒᆞᆫ줄을 모르니 가히 탄식 ᄒᆞ리로다 귀즁ᄒᆞ게 넉이지 아니흠은 젼일 ᄒᆞ게 힝치 못 흠이오 젼일 ᄒᆞ게 힝치 못 흠은 어음을 분명히 긔록 ᄒᆞᆯ슈 업는 연고 ㅣ러라 어엄을 분명이 긔록ᄒᆞᆯ슈 업다 흠은 엇지 흠이요 자셰히 말슴 ᄒᆞ리니 유지 군ᄌᆞᄂᆞᆫ 자셰히 들으쇼셔 우리 나라 국문을 읽어 보면 모다 평셩ᄲᅮᆫ이오 놉게 쓰ᄂᆞᆫ거슨 업스니 놉게 쓰ᄂᆞᆫ거시 업기로 어음을 긔록 ᄒᆞ기 분명치 못ᄒᆞ야 東 동녘동ᄌᆞᄂᆞᆫ 본릭 나즌ᄌᆞ즉 동 ᄒᆞ려니와 動 움즉일동ᄌᆞᄂᆞᆫ 놉흔 ᄌᆞ연마ᄂᆞᆫ 동의에ᄂᆞᆫ 다시 표ᄒᆞᆯ거시 업고 棟 듸들샛 동ᄌᆞᄂᆞᆫ 움즉일동ᄌᆞ 보다도 더 놉것마ᄂᆞᆫ 동 외에ᄂᆞᆫ 또 다시 도리가 업스며 棄 버릴기 列 버릴열 이 두글ᄌᆞ로 말ᄒᆞᆯ진된 첫ᄌᆞ에 표가 업스니 국문으로 만보면 列 버릴열ᄌᆞ 뜻도 棄 버릴기ᄌᆞ뜻과 ᄀᆞᆺᄒᆞ며 擧 들거 野 들야 두ᄌᆞ도 국문 으로 만 보면 과연 분간 ᄒᆞ기 어려운지라 이러 흠으로 여간 한문 ᄒᆞᄂᆞᆫ 사름 다려 국문을 계집사름의 글이라 ᄒᆞ야 치지도위 ᄒᆞ기로 국문이 졈졈 어두어 국가에셔 국문 내신 본의를 거의 닛게 되야스니

가셕 ᄒ도다 우리 나라 어린 ᄋ히를 처음에 쳔ᄌ문 ᄀ르침은 젼국에
통쇽이라 가량 몽학 션ᄉᆡᆼ이 한문을 모르고 국문만 아는 사ᄅᆞᆷ이 잇셔셔
ᄋ히를 ᄀ르치랴 ᄒ면 列 버릴열 棄 버릴기 이 두ᄌ 뜻슬 엇지 분간
ᄒ야 ᄀ르치리오 내가 ᄒᆞᆼ상 여긔 답답ᄒᆫ ᄆᆞ음이 잇서셔국문에 유의 ᄒᆫ
다 ᄒ는 사ᄅᆞᆷ을 ᄃᆡ ᄒ면 미샹불 노노히 강론ᄒ더니 평양 군슈 셔샹집씨
를 만나셔 들으니 그의 ᄒᆞᄂᆞᆫ 말슴이 내가 년젼에 례문관 한림 으로 무
쥬 젹셩산셩 샤고 포쇄관을갓다가

세종죠ᄭᅴ ᅌᅥᆸ셔 어졍 ᄒ시와 두옵신 국문을 봉심 ᄒᆞ온즉 평셩에는 아모
표도 업고 샹셩에는 엽헤 졈 ᄒ나를 치고 거셩에는 엽혜 졈 둘을 쳐셔
표 ᄒᆞ얏더라 ᄒ기로 그 말슴ᄃᆡ로 샹셩 거셩ᄌ체 표를 ᄒ고 보니 어시호
東 동녁동 動 움즉일동 棟 ᄃᆡ들쇼 동 棄 버릴기 列 버릴열 擧 들거 野
들야 음과 뜻시 거울 ᄀᆞᆺᄒ니 셩인의 작ᄌ ᄒ신 본의는 이ᄀᆞᆺ치 비진 ᄒ
시건만ᄂᆞᆫ 후셰 사ᄅᆞᆷ이 강명 ᄒ들 안코 우리국문이 미진 ᄒᆫ거시 만타
ᄒ야 귀즁 ᄒᆫ줄을 모르니 엇지 답답ᄒ지 안ᄒ리오 내시험 ᄒ야 어린
ᄋ히를 몬져 국문을 ᄀ르쳐셔 샹셩 거셩 표만 분간 ᄒ야 닐으되 졈 ᄒ
나 찍은 ᄌ는 음을 죠곰만치 누르고 졈 둘찍은 ᄌ는 음을 죠곰 더 누르
라 약쇽 ᄒ고 칙에 표를 ᄒ야 주엇더니 ᄀ르칠 것 업시 뜻슬 다 아니
이법은 진긔 국문에 뎨일 요긴ᄒ 거시로다 이법이 널니 ᄒᆡᆼ ᄒ면 비단
어음을 긔록 ᄒ기 분명ᄒ야 인민이 새로히 귀즁 ᄒ게 넉일ᄲᅢᆫ 아니라
대셩인ᄭᅴ ᅌᅥᆸ셔 글ᄌ ᄆᆞᆫ드신 본의를 다시 붉히어셔 독립ᄒᄂᆞᆫ 나라에 확
실ᄒᆫ 긔초가 되리로라

◎ 漢文字와 國文字의 損益 如何, 申海永, 〈대조선독립협회회보〉 제15호, 1897.06.30. (국한문)

*〈친목회 회보〉 제2호의 내용과 동일함

　學問은 一人의 私有홀거실서 否라 萬人의 同由ᄒ야 利用홀거시니라
　學問은 一國의 私有홀거실서 否라 萬國의 同由ᄒ야 利用홀거시니라
學問은 何를 謂홈이뇨 無形上心地로 從ᄒ야 有形上文字의 顯ᄒ야 有形
上文字로 從ᄒ야 無形上心地로 還附ᄒᄂ 거시니 心關에 智識을 見홀
時에 文字ᄂ 學問의 守闇者됨이 必要ᄒ도다
　古代人이 文字를 發明홈은 一人의 學問을 爲홈인가 否라 萬人의 學問
을 爲홈이니라 一國의 學問을 爲홈인가 否라 萬國의 學問을 爲홈이니
라 萬人은 萬智萬愚의 差別이 有ᄒ고 萬國은 萬巧萬拙의 差別이 有ᄒ니
智巧의 學問을 愚拙에 假貸ᄒ야 平等均得홀 時ᄂ 言語로 面講키ᄂ 難ᄒ
故로 文字로 代ᄒ야 宇宙東西上下千古에 交易市를 開ᄒ얏스니 言語와
文字ᄂ 兩個種이 아니라 頭上에 太陽을 指ᄒ고 其理를 會得홈은 智識이
오 其理를 說明홈은 言語요 其理를 記載홈은 文字니 言語文字ᄂ 一塊物
中同分子性質이로다 元來에 文字二種區別이 有ᄒ니 一은 (象字)니 現
今西洲人의 所用漢文字가 其餘派요 一은 (發音文字)니 現今歐洲人所用
羅馬字가 此라
　古代史에 付ᄒ야 周以前二千年頃最先國은 埃及(에지부도)이니 物象
을 摹ᄒ야 文字를 發明홈애 곳 象字라 此를 稱ᄒ되 (하이롱쿠류)라 ᄒ
야 算醫及天人文理를 攷究ᄒ야 文明에 先渡ᄒ고 其後亞洲에 流入ᄒ야
支那地에 最盛用ᄒ니 漢文이 곳 此라 萬事萬物을 此로 形ᄒ야 學問을
討究ᄒ나 字의 種類ㅣ 繁ᄒ고 晝法이 苟ᄒ야 上流的人은 此를 尙ᄒ나
下流的人은 玩具로 視ᄒ야 亞洲全局에 同由利用ᄒᄂ 國이 稀ᄒ도다
　後一千百年頃은 亞洲西部에 占ᄒ 斐尼西亞(후이니사) 國으로붓터 發
音文字를 發明ᄒ니 此ᄂ 口上音訓依ᄒ야 綴홈바ㅣ라 上下社會之人이

通共便利ᄒ야 容易히 學問에 就ᄒᄂ 故로 農商礦織製造業에 富ᄒ야 列國에 互市를 開홈에 其影響이 世界에 傳播홈은 專히 發音文字로 出來홈이니 此處에 歐米今日文明胚胎를 團結ᄒ얏도다

後九百年頃은 歐洲史前이라 亞洲에 光輝漸漸歐洲에 移ᄒᄂ도다 希臘(ᄭ랴샤)가 起ᄒ야 此文字를 輸入ᄒ애 哲學 詩學 文學등을 發明ᄒ고 中世에 付ᄒ야 西紀元後四百七十六年頃에 羅馬(로마)가 起ᄒ야 此文字 受用ᄒ니 곳 羅馬字ㅣ라

此際ᄂ 歐西諸國이 鼎立ᄒ야 自國言語로 此를 依ᄒ야 哲學 代數學 理化學을 創出ᄒ고 英國(잉그리쓰) 詩聖(지요사-)와 伊太利詩仙(단데-) 又혼 人物이 輩出ᄒ이라

近世史에 付ᄒ야 西紀元後一千四百二十六年頃은 歐人의 思想이 大變ᄒ야 古代精神을 經히 너기고 中世氣像을 重히 너기여 宗敎를 脫ᄒ고 政治的性質을 具ᄒ야 新發明發見이 日鎭홈에 詩文은 天然을 貴히 너기고 格式을 賤히 너기여 感情을 自在히 述ᄒ고 史 哲 理 化 星 數 醫 汽 引力 微分 理財 元素 酸素 博物 研究 望遠鏡 等은 自智를 透見ᄒ고 兼ᄒ야 印刷 活字를 創出ᄒ야 著述版出홈애 民이 容易히 看ᄒ야 實業에 進ᄒ 故로 今日에 至ᄒ기 歐米諸國에 一大新活路를 開ᄒ야 其形勢 我東洋을 蹂躪ᄒ니 此ᄂ 文字에 便利혼 一點에 在홈이라 其功效ᄂ 임의 右에 表白ᄒ얏도다 淵源을 溯혼 則其宗敎의 開基혼 者ᄂ 다 亞洲에 産出혼 人物이요 其文化가 다 亞洲에 輸出혼 바ㅣ로다

嗚呼라 如斯혼 先進의 亞洲ᄂ 現今如何혼 狀況에 在ᄒ뇨 永히 亞洲로 英佛人의 臣妾이 되야 終身홈이 可홀신 또혼 數千年前 固有에 光輝ᄀᆺ치 歐米를 凌駕ᄒᄂ 境遇에 回復홈이 可홀 신 今에 亞洲全局을 統算홈애 渺渺漠漠혼 四千六百年間에 國國이 萎涸廢絶ᄒ야 南北西部ᄂ 임의 歐人銅鐵鎖에 入ᄒ고 다만 朝鮮日本支那(淸國) 波斯(볫루샤) 暹羅(사이암) 五國이 獨立ᄒ얏스ᄂ 홈쎄 文明妙味에 並進치 못ᄒ니 其源由ᄂ 漢文象字를 信用ᄒ고 自國國文을 賤히 너기야 尊古卑今에 獘習으로 宗敎束縛을 不脫ᄒᄂ 一點에 不外ᄒ도다 (未完)

▲〈대조선독립협회회보〉 제16호, 1897.07.15.

嗚呼 ㅣ라 我朝鮮國에 宗教는 儒道 ㅣ라 埃及後二千年頃殷周際에 此文字를 支那로붓터 輸入ᄒ야 今日에 至ᄒ기 酷히 信用ᄒ야 腦髓에 痼疾을 醫ᄒ기 難ᄒ도다 大抵漢文字도 新發明 初는 功能이 不無ᄒ나 亞洲全局今古에 此를 以ᄒ야 万事万物의 理를 實踐ᄒ 者ㅣ 幾個賢聖幾個英傑이뇨 大厦는 一人의 力을로 建築지 못홀 바요 巨艦은 一人의 力으로 運轉치 못홀 바ㅣ로다 今에 全國을 統計ᄒ애 字의 種類와 畫法을 知ᄒ는 者라도 百分의 一이 不滿ᄒ도다

目下都城鄉邑에 士者儒者ㅣ 多多히 學問에 從事ᄒ야 善히 誦讀ᄒ며 善히 講論ᄒ나 門外一小市에 今日米價高下를 不知ᄒ며 經史詩書의 奧旨는 能達ᄒ나 今日世帶체 事物變遷은 不知ᄒ며 四五十年間精力을 費耗ᄒ야 百卷文集을 善히 著述ᄒ나 一個活計産業은 營立ᄒ기를 不得ᄒ니 此等人物은 다만 書籍肆라 云홈이 可ᄒ지라 其功能은 喫飯ᄒᄂ 字典이라 謂홀 쑨이니 家國에 當ᄒ야 無用의 長物이라 經濟를 妨害ᄒᄂ 食客이라 홈이 可ᄒ도다 이러홈으로 書卷을 讀ᄒ야 古人의 言論餘滓만 惑信홈은 決코 學問이라고 稱ᄒ기는 難ᄒ도다

我國紀元前四百八十年頃에 우리 睿聖文武世宗大王게옵셔 國文을 發明ᄒ시니 此는 곳 口上音訓을 依ᄒ사 製ᄒ심이라 此를(國文讀本)이라 名ᄒ시고 一은 (諺文反切)이라 名ᄒ사 父母合音에 子音을 並ᄒ야 凡十八行에 百九十六字로 綱領을 立ᄒ얏더니 中世 言語ㅣ 訛傳ᄒ야 잉이ㅣ ○이ㅣㅣ○ 三行凡三十三字는 遺落ᄒ고 現今 十五行綴字로 換舌成音ᄒ야 千變万化에 隨方應用ᄒ니 此는 羅馬字와 意味切近ᄒ야 上下社會的人이 通共便利ᄒ야 容易히 學問에 就ᄒ야 究理홀 바ㅣ라 不幸이 漢文에 權利를 見奪ᄒ고 下等에 沉落홀쑨 아이라 此를 閨房間 女子輩通情文字라 擯斥ᄒ니 此處에 歐米人一大笑資를 買홈이 足ᄒ도다

假令漢文字를 會得하라 時는 十年精力을 費ᄒ야 僅僅히 半點意味를 領畧홀지나 國文字를 會得時는 一月精力을 勵ᄒ야 頓然히 全體意味를

了解홀거시오 假令一個利器機械를 發明홈애 其構造質理와 其稱名을
漢文字로 說明ᄒ야 大都會大道上에 特置홀 時ᄂ 有識者ᄂ 認知ᄒ고 婦
孺隷僕肉眼輩ᄂ 尋常看過홀터니아 此를 諺文으로 題表호 則其如何호
質理와 如何호 稱名은 千万人이 均知ᄒ야 營造業에 當홀 거시오 假令
政府及警廳務에 律令을 日로 提出ᄒ야 此를 漢文으로 揭示時ᄂ 有識者
ᄂ 認知홀 터이나 婦孺隷僕肉眼輩ᄂ 遵犯間에 迷惑ᄒ야 禁罰과 保護가
如何호 거신지 懵然홀거시오 假令 一小賣商店에 專業을 得ᄒ야 此를
漢文으로 標榜홀 時ᄂ 有識者ᄂ 印紙홀 터이나 婦孺隷僕肉眼輩ᄂ 何物
을 ᄒᄂ지 尋常看過홀터이니 其活計營業에 損害가 如何ᄒ고 果然 學問
은 一人의 私有홀쎠슨 아니라 万人의 同由利홀 바ㅣ 로다

嗚呼ㅣ라 万國 今日의 形勢를 見홈애 弱肉强食優勝劣敗ᄒ야 慘狀不
忍이나 東西洋이 相合ᄒ야 一大國系範圍를 成홈애 또혼 万國慈善主義
를 建ᄒ야 相憐相濟ᄒ고 諸宗敎ᄂ 各各國土人種을 不問ᄒ고 宣敎를 務
ᄒ야 一視同仁的性質을 保持ᄒ니 今日은 곳 万國同歸傾向에 時節이라
敎育實業도 學問니오 何職業이던지 道德躬行도 學問이로 何宗敎던지
商業信用도 學問이오 一小賣商人이라도 時勢善察도 學問이오 交際公
法도 學問이오 言語相講도 學問이오 情實相探도 學問이라

此에 裨益홈은 自國國文을 專修ᄒ야 全國에 盛行홈에 在ᄒ나 現今國
文의 素質을 還原ᄒ기 難ᄒ도다 字體ᄂ 依舊ᄒ나 子母合成과 音訓淸濁
이 紊錯ᄒ야 完全호 者ㅣ 十에 一이 不滿이라 早早히 古調에 明白호
敎師로 此를 校正ᄒ야 公私學校에 專務奬勵ᄒ야 權奧를 立ᄒ고 歐西文
明的輸入호 無形學問有形學問을 此로 譯ᄒ고 此로 摺ᄒ고 此로 演縮ᄒ
고 此로 參究ᄒ야 各各智識에 領分을 發見ᄒᄂ 時ᄂ 假令 一學校에 敎
育費金과 生徒의 修業金四分에ᄂ 上流下流的人物이 同由利用의 學問
을 得ᄒ야 文字로 傳播ᄒ고 言語로 交換ᄒ야 其影響이 全國에 普洽홈을
立見ᄒ리로다

今에 我朝鮮國이 獨立後에 政府도 一新ᄒ야 社會万事万物을 去舊就
新홈애 國民의 新面目을 爲ᄒ야 國文專用의 訓令을 頒布홀 際에 各各多

少의 波瀾을 激ᄒ야 一時의 動搖를 催ᄒ고 今에 至ᄒ기 家國實際에 何를 標準ᄒ야 方針을 立ᄒ지 新舊間에 迷ᄒ야 一定方向을 不整ᄒᄂ 者ᅵ多多ᄒ도다 人間世界의 大勢로브터 見ᄒ애 國을 開ᄒ고 政敎를 革ᄒ야 幾多에 事件이 出來ᄒ지라도 國民의 遺傳ᄒ 德心은 左右ᄒᆷ을 不得ᄒ지니 斯民은 數千年來 朝鮮人이라 朝鮮人은 스사로 朝鮮人의 德義가 有ᄒ니 如何ᄒ 事物變動의 際라도 其德의 量은 隨感應變ᄒ지나 其固有의 光輝를 放ᄒᆷ은 不可ᄒ지라 假令 儲水의 澄ᄒ 者를 震盪ᄒ애 此에 因ᄒ야 水量이 滅ᄒ 바ᄂ 아니오 또 其性質이 變ᄒ바ᄂ 아니나 一時震盪에 由ᄒ야 濁ᄒ 時ᄂ 此를 目ᄒ야 不濁ᄒᄃ고 云ᄒ기ᄂ 難ᄒ도다 少頃에ᄂ 此의 濁ᄒ 者를 安靜ᄒ즉 固有의 淸淨에 歸ᄒᄂ니 學問은 固有의 智識을 自明ᄒᆷ이오 境外에 捕捉ᄒᄂ 바ᄂ 決無ᄒ도다

嗚呼ᅵ라 우리 二千萬同胞ᄂ 如何ᄒ 決心에 在ᄒ고 家事에 齷齪ᄒ야 屋外에 思想이 不及ᄒ고 父母國에 一片丹誠을 盡ᄒᄂ 義俠이 頓無ᄒ則 高麗半島ᄂ 永히 陸沉ᄒᆯ ᄲᆞᆫ이라 玆에 想到ᄒᆷ애 吾人은 奮勇一番의 責任을 各擔ᄒ얏스니 卑屈保守의 頑迷習慣을 脫ᄒ고 實力競爭의 域에 就ᄒ야 羈絆에 縶ᄒ 鎖鑰을 切斷ᄒ야서 列國의 暴虐을 防衛ᄒ고 大朝鮮의 古有ᄒ 光輝를 發ᄒᆷ이 小生의 日夜企望ᄒᄂ바ᅵ라 一國一人의 私有ᄒᆯ 學問을 學ᄒᆯ까 萬國萬人의 同由利用ᄒᆯ 學問을 學ᄒᆯ까 萬智萬愚의 平等均得ᄒᆯ 者ᄂ 國文專修ᄒᄂ 一點에 不外ᄒᆯ ᄯᅳᆺ

[6] 〈國文原流〉 제1호

◎ 初聲終聲通用八字

ㄱ ㄴ ㄷ ㄹ ㅁ ㅂ ㅅ ㆁ

其役 尼隱 池(末) 梨乙 眉音 非邑 時(衣) 異凝

其尼池梨眉非時異八音은 用於初聲ᄒ고 役隱(末)乙音邑(衣)凝八音은 用於終聲ᄒ니 (末) (衣)兩字는 取本字之初音ᄒ야 爲聲흠이라 字外에 加括弧者는 倣此ᄒ니라

◎ 初聲獨用八字

ㅋ ㅌ ㅍ ㅈ ㅊ ㅿ ㆁ ㅎ
(箕)治 皮 之 齒 而 伊 屎

ㅏ ㅑ ㅓ ㅕ ㅗ ㅛ ㅜ ㅠ ㅡ ㅣ ·
阿 也 於 余 吾 要 牛 由 (應) (伊) (思)

(應)不用終聲 (伊)只用中聲 (思)不用初聲

◎ 五音初聲

角 牙音 ㄱ ㅋ ㆁ
徵 舌音 ㄷ ㅌ ㄴ　　變徵　半舌音　ㄹ　洪武正韻作 半徵半商
商 齒音 ㅈ ㅊ ㅅ
羽 脣音 ㅂ ㅍ ㅁ
宮 喉音 ㅇ ㅎ　　　　變宮　半喉音　　洪武正韻作 半商半徵

◎ 七音出聲

角爲牙音ᄒ니 聲出至牙ᄒ야 縮舌而躍ᄒ고 張齒湧吻ᄒ니 通圓實樸ᄒ야 平出於前ᄒ고
徵爲舌音ᄒ니 聲出至舌ᄒ야 齒合脣啓ᄒ고 回縵舒遲ᄒ니 迭振而起ᄒ야 自邪降出ᄒ고

101

商爲齒音ᄒᆞ니 聲出至齒ᄒᆞ야 口開齗張ᄒᆞ고 騰上歸中ᄒᆞ니 明達堅剛ᄒᆞ야 雖出若留ᄒᆞ고

羽爲脣音ᄒᆞ니 聲出至脣ᄒᆞ야 齒開吻聚ᄒᆞ고 淸微逈亮ᄒᆞ야 飄振而擧ᄒᆞ고 若留而去ᄒᆞ며

宮爲喉音ᄒᆞ니 聲出於喉ᄒᆞ고 合口而通ᄒᆞ야 麁大沉雄ᄒᆞ니 舌則居中ᄒᆞ고 自內直上ᄒᆞ며

變徵ᄂᆞᆫ 爲半舌音ᄒᆞ니 開口發氣에 半響於舌而舌帖ᄒᆞ고 逆升於喉而喉舞ᄒᆞ며

變宮은 爲半喉音ᄒᆞ니 齊齒發氣ᄒᆞ야 起響於喉而喉靜ᄒᆞ고 輕出於喉而舌搖ᄒᆞ니라

現今 全地球世界各國의 所用文字

大韓字	二十七	英吉利	二十六
日本	五十	佛蘭西	二十三
西班牙	二十七	希臘	二十四
斯格納窩尼亞	二十七	德意志	二十六
意太利	二十	俄羅斯	四十一
拉丁	二十三	希伯流	二十二
梵字	五十	派斯	三十二
土耳其	三十三	亞利伯	二十八

◎ 文字

書의 功用이 思想의 代表物로 以ᄒᆞ야 他人의 目前에 置ᄒᆞ되 一覽에 人으로 ᄒᆞ야금 其意思를 理會ᄒᆞ도록 ᄒᆞᄂᆞᆫᄃᆡ 在ᄒᆞ나 然ᄒᆞ나 人으로 理會ᄒᆞ기 最易ᄒᆞᆫ 者ᄂᆞᆫ 畵와 如ᄒᆞᆫ 者ㅣ 無ᄒᆞᆫ 故로 太古時代의 震旦(今 漢文) 埃及 古文 巴比倫尼亞 古代의 象形字를 用ᄒᆞᆷ이 以畵爲文字ᄒᆞ야 以

通思想이러니 後에 漸進ᄒ야 <u>文과 字의 二派에 分ᄒ니 文者ᄂᆞᆫ 象形을</u>
<u>謂홈이오 字者ᄂᆞᆫ 字乳而浸多也 l 라</u> 又 文字의 部分을 六書의 類에 別ᄒ
니 一은 象形이니 日月山川의 類오 二ᄂᆞᆫ 會意 l 니 武信이 是也오 三은
指事 l 니 上下가 是也오 四ᄂᆞᆫ 諧聲이니 江河가 是也오 五ᄂᆞᆫ 轉注이니
考老가 是也오 六은 假借이니 令長이 是也 l 라 更進而爲字母調音之文
字ᄒ니라

　我大韓의 國文은 卽字母調音의 文字이라 我 世宗朝에 刱造ᄒ시니 卽
訓民正音이 是也라 其字體ᄂᆞᆫ 古文篆籀(전주)를 模象ᄒ고 其字音은 梵
音을 權輿ᄒ고 其字學은 字乳而浸多ᄒ야 生生不已홈이러라

　凡文字ᄂᆞᆫ 言語로 더부러 人의 思想을 表著ᄒᄂᆞᆫ 二原素 l 니 今에 我國
文의 二十七 子母音으로 綴合ᄒ야 其言語를 著出ᄒᆯ식 世界 言語의 三大
派를 釋ᄒ노라

第一大派－梵語－大韓語－日本語
　　　　－精語(波斯之古語)
　　　　－希臘語
　　　　－拉丁語
　　　　－印度 及 歐羅巴語

第二大派－希伯流語
　　　　－亞剌比亞語
　　　　－比尼西亞語－巴比倫語
　　　　－亞西亞尼亞語－加地治語

第三大派－支那語－西藏語－後印度語－匈牙利語

◎ 〈대한문전〉, 유길준

*대한문전, 유길준의 것을 옮겨 옴: 제2호부터
*소년한반도에 수록된 대한문전은 유길준 필자가 밝혀져 있지 않으나, 유길준
의 〈조선문전〉(필사본 역대문법 1-01)과 동일한 내용이다. 제3호~6호까지의
내용은 〈대한문전〉의 〈언어론〉 가운데, 동사의 일부까지이다.

▲ 〈소년한반도〉 제3호(1907.1.1)

文典은 人의 思想을 書出ᄒᄂᆫ 法을 敎ᄒᄂᆫ 者니 言語論과 文章論의 二
篇으로 分ᄒ니라.

〈言語論〉

言語ᄂᆫ 人의 思想을 聲音으로 發ᄒᄂᆫ 者라 言語ᄂᆫ 八種으로 分ᄒ니 曰
名詞(일홈말) 代名詞(ᄃ신 일홈ᄒᄂᆫ 말) 動詞(움작이ᄂᆫ 말) 形容詞(형용
하는 말) 副詞(부치ᄂᆫ 말) 後詞(토다ᄂᆫ 말) 接續詞(연잇난 말) 感歎詞(감
탄ᄒᄂᆫ 말)

千言萬語가 以上 八種의 外에 出ᄒᄂᆫ 者 업ᄂᆫ니라

〈名詞〉

名詞ᄂᆫ 物名의 詞를 謂홈이니 二種으로 分ᄒ야 曰 普通名詞 曰 特別名
詞라 普通名詞 中에 無形名詞와 變體名詞의 二類가 有ᄒ니 普通名詞ᄂᆫ
同種類에 通用ᄒᄂᆫ 物名의 詞를 云홈이라 今에 其例를 設컨ᄃᆡ
　ᄉᆞ름, 나라, 뫼, 물 갓튼 等類니 此를 解釋ᄒᆯ진ᄃᆡ ᄉᆞ름은 엇더ᄒ ᄉᆞ름
이든지, 나라ᄂᆫ 엇더ᄒ 나라든지 彼此 皆曰 ᄉᆞ름 及 나라며, 又 뫼라

ㅎ고 물은 小則溪澗이나 大則江海라도 皆曰 물이라 ㅎ야 如此ㅎ게 同
種類의 物에 普通으로 共用ㅎ는 名詞를 云홈이라

無形名詞라 홈은 其形이 無ㅎ야 見ㅎ기 不能흔 者를 聽ㅎ거나 感ㅎ거
나 味ㅎ야 知ㅎ는 物名의 詞를 云홈이니 今에 其例를 設ㅎ건디
　소리, 추의, 미움, 갓튼 等類라
變體名詞는 動詞 或 形容詞로셔 變ㅎ야 名詞의 體를 成ㅎ는 者를 云홈
이니 今에 其例를 設ㅎ건디

　動詞로서 變ㅎ야 名詞된 者
　　原動詞 'ㅁ'으로 變體된 者, '기'로 變體된 者
　　　　깃브어, 깃븜, 깃브기　 셩니여, 셩님　셩식기
　　　　무너져, 무너짐, 무너지기
　形容詞로서 變ㅎ야 名詞된 者
　　原形容詞 [ㅁ]으로 變體된 者　 [기]로 變體된 者
　　　　풀은　　 풀음　　 풀으기
　　　　놉혼　　 놉흠　　 놉기
　　　　돗타운　 돗타움　 돗탑기

　以上갓치 變體가 [ㅁ]밧침 及 [기]의 붓침으로 其體를 成ㅎᄂ니 此外
에 [지][치] 等字의 붓침으로 變體를 成ㅎ는 者가 間有호디 皆 [기]의
餘波라

▲ 〈소년한반도〉 제4호 大韓文典(續)

特別名詞는 一物에 限ㅎ야 用ㅎ고 同種類에 通用ㅎ기 不能흔 物名의
詞를 云홈이니 今에 其例를 設ㅎ건디

한양셩[漢陽城] 리슌신[李舜臣] 금강산[金剛山] 갓튼 等類라 其故를 說明혼 則 [한양셩]은 地名이니 萬國地名中에 唯我皇韓京城을 指ᄒ고 他處에 通用홈을 得지 못ᄒ며 [리슌신]은 古今許多人中에 唯我國의 忠勇혼 故海軍大將을 稱홈이오 他人에 通用홈을 許치 아니ᄒ며 又 [금강산]은 山名이니 邦國의 關東名山을 謂홈이오 天下各國 千山萬山에 通用ᄒᄂ 名詞 아니라 故로 如此혼 者ᄂ 皆特別名詞라

代名詞

代名詞ᄂ 名詞의 代에 用ᄒᄂ 者를 謂홈이니 人과 事物과 處所의 等에 各其名을 代ᄒ야 用ᄒᆷ 五種으로 分ᄒ야 曰 普通代名詞 曰人稱代名詞 曰 問代名詞 曰指示代名詞 曰關係代名詞라

代名詞ᄂ 何故로 用ᄒᄂ가 名詞의 用이 重複홀 時ᄂ 文章이 拙劣ᄒ며 且 混雜혼 故로 簡便혼 方法을 爲ᄒ야 代名詞를 用홈이니 今에 其一例를 示ᄒ건ᄃ

具禮者曰具礼書의 財産과 具禮書의 生命은 皆具禮瑞에게 屬혼 者 아니오 其實이 皆具禮瑞의 國에 屬혼 者라 ᄒ則 其文體가 甚劣 且雜ᄒ니 故로 其重複혼 第二以下의 特別名詞를 禮書를 省略ᄒ고 其代에 [我]라 ᄒᄂ 代名詞를 用ᄒ면 文體가 簡혼 中에 劣치 아닐지라 此下갓치
구례셔가 글ᄋ되 나의 직물과 나의 목심은 다 나에게 속혼 쟈 아니오 실상은 다 나의 나라에 속혼 쟈라

普通代名詞ᄂ 事物 處所等에 通用ᄒᄂ 者를 云홈이니 近稱과 中稱과 遠稱의 別이 有ᄒ니라
近稱은 最近ᄒ게 云ᄒᄂ 者며 中稱은 稍*ᄒ게 云ᄒᄂ 者며 遠稱은

最遠ᄒ게 云ᄒᄂᆫ 者니 今에 其例를 設ᄒ건ᄃᆡ

	近稱	中稱	遠稱
事物	이거	그거	져거
處所	여긔	거긔	져긔

人稱代名詞ᄂᆫ 人名의 代에 用ᄒᄂᆫ 者를 云ᄒᆷ이니 第一人稱과 第二人稱
과 第三人稱의 別有ᄒᄂ니라
　第一人稱은 自己의 名에 代에 云ᄒᄂᆫ 者니 曰自稱이오 第二人稱은
　相對ᄒᆫ 人의 名의 代에 用ᄒᄂᆫ 者니 曰 對稱이오 第三人稱은 相對
　ᄒᆫ 人과 又 他人을 言ᄒᄂᆫ 時에 其人의 名의 代에 用ᄒᄂᆫ 者니 曰他
稱이라 今에 其例를 設ᄒ건ᄃᆡ

第一人稱	第二人稱	第三人稱
나 或 내	너 或 네	이이
		그이
		져이

問代名詞ᄂᆫ 人或事物處所時日等의 分明치 아니ᄒᆫ 時에 其代에 用ᄒ야
向ᄒᄂᆫ 者를 云ᄒᆷ이니 今에 其例를 設ᄒ건ᄃᆡ

　人에 關ᄒ야ᄂᆫ 曰 누구
　事物에 關ᄒ야ᄂᆫ 曰 므엇
　處所에 關ᄒ야ᄂᆫ 曰 어ᄃᆡ
　時日에 關ᄒ야ᄂᆫ 曰 언제

指示代名詞ᄂᆫ 事物을 指示ᄒᄂᆫ 時에 用ᄒᄂᆫ 者를 云ᄒᆷ이니 其用이 名詞
의 前에 多在ᄒᆫ지라 故로 亦曰 指示形容詞니 近稱과 中稱과 遠稱의 別

이 有ᄒᆞᆫ지라 今에 其例를 設ᄒᆞ건ᄃᆡ

近稱	中稱	遠稱
이	그	저

關係代名詞ᄂᆞᆫ 名詞 或 代名詞의 動ᄒᆞᄂᆞᆫ 意思 或 形容体上에 關係ᄒᆞᄂᆞᆫ 者를 云홈이니 意思關係와 形體關係의 別이 有ᄒᆞᆫ지라 今에 其例를 設ᄒᆞ건ᄃᆡ

意思關係	形體關係
바	거

今此 緣由를 說明ᄒᆞᆫ則 左갓치
ᄉᆞ름의 귀ᄒᆞᆫ [바]ᄂᆞᆫ
此ᄂᆞᆫ ᄉᆞ름의 귀ᄒᆞᆫ 緣由의 意思上으로 言홈이오
ᄉᆞ름의 귀ᄒᆞᆫ [거]ᄂᆞᆫ
此ᄂᆞᆫ ᄉᆞ름의 귀ᄒᆞᆫ 緣由의 形體上으로 言홈이라

▲ 〈소년한반도〉 제5호 大韓文典(續)

名詞及 代名詞ᄂᆞᆫ 其用處를 隨ᄒᆞ야 主格 及 賓格의 區別이 有ᄒᆞ니 今에 其例를 示ᄒᆞ건ᄃᆡ

나븨가 ᄭᅩᆺ을 차져 단이오
[나븨]ᄂᆞᆫ 主格이오 [ᄭᅩᆺ]은 賓格이니 盖後詞 [가] 及 [ᄂᆞᆫ]의 類ᄂᆞᆫ 主格
에 從ᄒᆞ고 [을]은 賓格에 從ᄒᆞᄂᆞᆫ지라 其類例를 此下에 例示ᄒᆞᆫ 則

구름이 비를 니루ᄂᆞ니라
[主] [賓]

然ᄒ나 語義의 活動을 由ᄒ야 [을]의 外에도 [는]이 賓格에 從ᄒ는
法도 有ᄒ니 左開ᄒ 例갓치

나븨가 곷은 죠아ᄒ지오마는 열ᄆᆡ는 죠아ᄒ지 아니ᄒ오
[主]   [賓]   [賓]

盖 [는]이 賓格에 從ᄒ는 時는 其語意가 安事ᄒ며 且必 二個 以上의
賓格이 存ᄒ 時에 限ᄒᄂ니라

名詞 及 代名詞는 其用處를 隨ᄒ야 單數 及 複數의 區別이 有ᄒ니 今에
其例를 示ᄒ건ᄃᆡ

單數	複數
나	우리
너	너들
개	개들
말	말들

名詞 及 代名詞가 複數되는 時는 單數의 下에 [들]을 添附ᄒ는 者가 多
ᄒ니 唯 [나]의 複數 [우리]가 有ᄒ나 此 亦其用 時에 [들]을 添附ᄒ야
曰 [우리들]이라도 ᄒᄂ니라

指示ᄒ는 物의 數爻를 說出ᄒ는 時는 [들]을 省略ᄒ기도 ᄒᄂ니 假令
다섯ᄉᆞᄅᆞᆷ[五人]이라 云ᄒ는 際에 [들]을 不添ᄒ는 類
又 或 目的 及 標準되는 語尾 及 動作ᄒ는 語尾와 副詞以下에 添附ᄒ기
도 ᄒᄂ니 假令 여러분이 고기[目的語]들 너머 왓다, 그 ᄉᆞᄅᆞᆷ 어ᄃᆡ[標準
語]들 갓소, 져런 ᄉᆞᄅᆞᆷ 보앗나, 비를 맛고[動作語]들 오네, 이리 어셔[副
詞]들 오시오, 그 ᄉᆞᄅᆞᆷ ᄲᆞᆯ니[副詞]들 간다, 의 類

動詞

動詞는 名詞 或 代名詞에 附從ᄒ야 其作用 或 形像을 表現ᄒᄂ 者라 今에 其例를 示ᄒ건ᄃᆡ

져 말이 달닌다[彼馬馳]
이 개가 잔다[此犬睡]

[달닌다]ᄂ 動詞니 名詞 [말]의 作用을 表現ᄒᆷ이오
[잔다]ᄂ 動詞니 名詞 [개]의 形像을 表現ᄒᆷ이라

動詞는 其作用ᄒᄂ 性質에 自動 及 他動의 二種이 有ᄒ니 其故를 說明ᄒ건ᄃᆡ
自動詞라 ᄒᆷ은 其動이 自己의 作用에 止ᄒ고 他事物에 及지 아니ᄒᆷ을 云ᄒᆷ이니 今에 其例를 示ᄒ건ᄃᆡ
꼿이 피엇다[花開]
ᄉᆡ가 우ᄂ도다[鳥鳴]
[피엇다] 及 [우ᄂ도다]ᄂ 皆 自動詞니 名詞 [꼿] 及 [ᄉᆡ] 自己의 動ᄒᄂ 作用을 表現ᄒ기에 止ᄒ고 他事物에 及ᄒᄂ 作用이 無ᄒᆷ이라

他動詞라 ᄒᆷ은 其動의 作用이 他事物에 及ᄒᆷ을 云ᄒᆷ이니 今에 其例를 示ᄒ건ᄃᆡ
지위가 집을 짓소[木手造家]
사공이 ᄇᆡ를 졋더라[梢工棹舟] - 梢(초)
[짓소] 及 [졋더라]ᄂ 皆 他動詞니 其動ᄒᄂ 作用이 名詞 [지위]로브터 [집]에 及ᄒ며 [사공]으로브터 [ᄇᆡ]에 及ᄒᆷ이라

110

動詞는 其作用ᄒᆞᄂᆞᆫ 關係에 主動과 被動의 二種이 有ᄒᆞ니 其故를 說明
ᄒᆞ건ᄃᆡ

主動詞라 홈은 其動의 작용이 他事物에 關連ᄒᆞᄂᆞᆫ 者를 云홈이니 今
에 其例를 示ᄒᆞ건ᄃᆡ

　　져 아희가 개를 싸리오[彼童打犬]

　　[싸리오]ᄂᆞᆫ 主動詞니 名詞 [아희]의 動ᄒᆞᄂᆞᆫ 作用이 [개]에게 關連홈
　　이라

▲ 〈소년한반도〉 제6호 大韓文典(續)

被動詞라 홈은 自己의 力으로 動치 아니ᄒᆞ고 他事物의 動을 被ᄒᆞ야 始
動ᄒᆞᄂᆞᆫ 者를 云홈이니 今에 其例를 示ᄒᆞ건ᄃᆡ

　개가 져 아희에게 마젓소[犬被打於彼童]

　[마젓소]ᄂᆞᆫ 被動詞니 名詞 [개]의 動이 [아희]의 動ᄒᆞᄂᆞᆫ 作用을 被홈
이라

　主動과 被動의 變行ᄒᆞᄂᆞᆫ 關係를 考ᄒᆞ건ᄃᆡ 被動詞ᄂᆞᆫ 主動詞로셔 化成
ᄒᆞᄂᆞᆫ 者니 今에 其例를 示ᄒᆞ건ᄃᆡ 假令

　사공이 비를 져어, 라 ᄒᆞᄂᆞᆫ 찌ᄂᆞᆫ [져어]가 主動이나

　비기 사공에게 져여져, 라 ᄒᆞᄂᆞᆫ 時[찌]ᄂᆞᆫ [져어져]가 被動이라

　농부가 밧을 갈어, 라 ᄒᆞᄂᆞᆫ 時[찌]ᄂᆞᆫ [갈어]가 主動이나

　밧이 농부에게 갈니여,라 ᄒᆞᄂᆞᆫ 찌ᄂᆞᆫ [갈니여]가 被動이라

　如此ᄒᆞ게 [져] 及 [여]의 語尾變化로 推移ᄒᆞ야 主動이 被動되ᄂᆞ니 自
　　他動도 此例를 由ᄒᆞ야 被動의 關係를 成ᄒᆞᄂᆞ니라

動詞ᄂᆞᆫ 其作用ᄒᆞᄂᆞᆫ 變化에 正格과 變格의 二種이 有ᄒᆞ니 其故를 說明ᄒᆞ
건ᄃᆡ

正格動詞라 홈은 其變化홈에 一定ᄒᆞᆫ 規則이 有홈을 云홈이니 今에 其例
　를 示ᄒᆞ건ᄃᆡ

가, 갓소 의 等類라 其用이 過現來 三時를 通ᄒ야 原語 [가]ᄂ 不變홈
　이라
變格動詞라 홈은 其變化홈에 一定ᄒ 規則이 無홈을 云홈이니 今에 其例
　를 示ᄒ건ᄃ
　오, 왓소, 의 等類니 其用이 時를 隨ᄒ야 原語의 變化를 起홈이라
　<u>其實은 [왓소]도 [오앗소]의 縮成ᄒ 者라</u>

動詞ᄂ 其活用을 由ᄒ야 三節時期의 現在未來過去의 三節時期로 分ᄒ
니 其故를 說明ᄒ건ᄃ 其曰 現在ᄂ 現在 作用을 指示홈이오 其曰 未來
ᄂ 未來 作用을 指示홈이오 其曰 過去라 홈은 過去 作用을 指示홈이라
今에 原語 [가]를 取ᄒ야 其例를 示ᄒ건 則
　現在 [가오] 假令, 져 이가 가[오]ᄒ면 此ᄂ 져 이의 現在 作用을 表現
　　홈이오
　未來 [가]에 [ㄹ]을 밧치어 曰 [갈] 假令, 져 이가 갈[야] ᄒ오 ᄒ면
　　此ᄂ 져 이의 未來 作用을 表現홈이오
　過去 [가]에 [ㅅ]을 밧치어 曰 [갓] 假令, 그 이가 갓[다] ᄒ면 此ᄂ
　　그 이의 過去 作用을 表現홈이오
　大過去 [갓]에 [셧]을 부치어 曰 [갓셧] 假令, 내가 갓셧다 ᄒ면 此ᄂ
　　나의 已往 過去ᄒᄂ 作用을 表現홈이라
　以上 [오] [야] [다] [셧]은 皆 助動詞니 此下에 詳論홈

此外에 各節分詞가 有ᄒ니 分詞라 홈은 動詞로셔 形容詞의 體를 有홈을
云홈이라
　現在分詞 가ᄂ
　此ᄂ 現在作用을 形容詞體로 云홈이니 例 則
　[가ᄂ] ᄉ름
　未來分詞 갈
　此ᄂ 未來作用을 形容詞體로 云홈이니 例 則

[갈] ᄉᆞ름

過去分詞ᄂᆞᆫ 過去作用을 形容詞軆로 云흠이니 例則

[간] ᄉᆞ름

過去의 現在分詞 가든

此ᄂᆞᆫ 過去作用을 現在 相關係 잇득히 云흠이니 例則 어졔 [가든] ᄉᆞ름

過去의 未來分詞 갈야든

此ᄂᆞᆫ 過去作用을 未來關係 잇득히 云흠이니 例則 그젹에 [갈야든] ᄉᆞ름

過去의 過去分詞 잣든

此ᄂᆞᆫ 過去의 過去作用을 專示흠이니 例則 거번에 [갓든] ᄉᆞ름

《소년한반도》에 연재된 부분은 여기까지임)

◎ 本國方言, 李沂, 〈대한자강회월보〉 제1호, 1906.7.
  (언어, 국어 문제: 표준어와 변음)

  *언어 순화와 관련된 의식을 엿볼 수 있음
  *제1호부터 제10호까지 10회 연재

▲ 제1호

朱子ㅣ 曰 橫渠의 文字에 用關中方言者ᄂᆞᆫ 多不可曉라 ᄒᆞ니 如糊塗之爲
髑突이 是也라. 蓋關閩之間이 相距雖遠이나 然同一言語와 同一文字而
猶有此難이어든 況 我韓之言語 文字ㅣ 判爲二途者乎아. 今略 擧其可通
者ᄒᆞ야 辨之如左ᄒᆞ노라.
夫 言語ㅣ 雖 或 出於註誤나 習之旣久면 亦難遽改ᄒᆞ니 如近日錢幣則一
分 曰 五分이라 ᄒᆞ고 十兩 曰 五十兩而財政이 亂矣오 官啣則秘書 丞曰
承旨라 ᄒᆞ고 大臣曰判書而官方이 淆矣라. 訛言不祥이 孰甚於此오 爲執

政者ㅣ 不惟不禁이라 又 從而效之는 何也오.

(번역) 주자가 말하기를 횡거의 문자에 방언과 관련된 쓰임은 밝히기 어려운 것이 많다고 하니 호도(糊塗)가 '촉돌(觸突)'이 되는 것과 같다. 대개 관민(關閩, 종족 이름)들 사이가 멀리 있으나 같은 언어와 같은 문자라도 이해하기 어렵거늘 하물며 우리 한국의 언어 문자가 또한 판연히 두 갈래가 됨이랴. 지금 가히 통할 수 있는 것을 예시하여 다음에 가리고자 한다.

　대저 언어가 비록 주석을 잘못했으나 익혀 오래되면 또한 고치기 어려우니 근일 전폐(錢幣)에 일분을 오분이라 하고 십 량을 십오 량이라 하는 것은 재정이 혼란스러운 탓이며, 관함(官啣)을 '비서(秘書)'라 하고, '승(丞)'을 '승지(承旨)'라 하고, '대신(大臣)'을 '판서(判書)'와 '관방(官方)'이 뒤섞여 있다. 와전된 말이 상서롭지 못함이 어디 이보다 심한 것이 있겠는가. 집정자가 되어 오로지 하지 못하고 금지할 수 없다. 또한 그것을 따라 하는 것은 어떠한가?

▲ 제2호, 本國方言(前號續), 李沂

○ 方言이 亦多古有而今無者ᄒ니 如古人이 讀谷 曰 실곡 湖曰 구지호 而今已變矣라 外鄉地名이 稱실 稱구지 者ㅣ 不少而猝然遇之에 不知合用 何字ᄒ니 亦可羞也로다.
○ 語音之緩急에 亦生喜怒ᄒ니 男人二字가 急轉而爲놈ᄒ고 女人二字가 急轉而爲년ᄒ니 然 曰男人 曰 女人則聞者不怍ᄒ고 曰놈 曰년 則聞者不悅ᄒ니 故로 古人의 無疾言之意ㅣ 良有以也라.
○ 余於日前에 過 曰 堂玄君所라가 見其新編教科書에 稱父以 아바지 稱母以 어마니라 ᄒ엿거늘 余曰 凡 方言之有文義可通者는 必須釐正ᄒ야 令兒讀之ᄒ야 習而成俗 則不亦可乎아 當改 아바지 爲 아부지 當改 어마니 爲 아무니라 ᄒ면 恐合事理라 ᄒ니 白堂이 亦 以爲然이러라.

114

(번역) 방언이 또한 옛날에는 있으나 지금은 없는 것이 많으니, 고인이 곡(谷)을 '실곡', 호(湖)를 '구지'라고 한 것은 호가 지금 변화했기 때문이다. 외향의 지명에서 '실'을 '구지'라 칭한 것이 적지 않아 우연히 이를 보게 될 때 어떤 자를 합쳐 써야 할지 알지 못하니, 이 또한 수치스럽다.

어음의 완급이 또한 희로(喜怒)를 만들어 내니 남인(男人) 두 글자가 급이 바뀌면 '놈'이 되고, '여인(女人)' 두 자가 급히 바뀌면 '년'이 되니 그러나 '남인(男人)', '여인(女人)'을 듣고 괴상하다 하지 않고, '놈', '년'을 들으면 기뻐하지 않으니, 그러나 고인이 잘못된 말의 뜻이 없이 좋은 것만 쓰고자 한 것이다.

내가 전일에 현(玄) 군의 집을 지나가가 그가 새로 편찬한 교과서에 '부'를 '아바지'라고 칭하고, '모'를 '어마니'라 한 것을 보았는데, 내가 말하기를 무릇 방언의 문의가 통하는 것은 반드시 정리하여 아이들로 하여금 그것을 읽게 한 뒤 익혀 풍속을 이루게 하는 것이 또한 가하지 않은가. 마땅히 '아바지'를 '아부지'로 '어마니'를 '어머니'라 하면 사리에 합치할 것이라고 하니 백당(현백당, 현채)이 또한 그렇다고 하였다.

▲ 제3호, 李沂

○ 閭巷雜說之類를 謂之(이약이)라 ᄒ니 此是俚里 言언之轉聲耳라.
○ 今官人之未陞堂上者를 通稱나아리 寫作進賜ᄒ니 古必讀進曰 나알진 讀賜曰리사 而今則줄사 故로 便不成語也라 愚意ᄂ 此乃漢話老라 爺여之傳訛也라.
○ 古人이 讀動曰ᄌᆞᆨ득동嘗過順天地라가 夜坐無聊ᄒ야 招店主人問此處何名고 曰 ᄌᆞᆨ득바외라 ᄒ오. 又問寫用何字오. 曰 動巖이라 ᄒ오 予乃大覺如今人所謂ᄌᆞᆨ득ᄒ면 말듯ᄂ다. 此卽動輒得謗之意오 其他呼動作ᄌᆞᆨ득者ㅣ 亦自不少矣라.
○ 謝人厚意曰 곰압소. 今師範學校敎師曰 人增戶鶴吉氏ㅣ 略解我語라. 嘗座間擧手云곰압소 予曰公이 知곰압之義乎아. 此是感감荷하之轉音

115

이라 ᄒ니 鶴吉氏ㅣ 甚悅이러라.

(번역) 여항에서 '잡설'과 같은 것들을 '이약이'라고 하니 이 또한 '리언(俚言)'이 전음된 것이다.

　지금 관인--

▲ 제4호, 本國方言, 李沂

○ 北人은 便於開口音ᄒ고 南人은 便於撮口音ᄒ니 地氣使然也라. 如呼馬에 北人曰말 南人曰몰 呼蠅에 北人曰파리 南人曰 포리 呼豆에 北人曰 팟 南人曰 폿 呼腕에 北人曰 팔 南人曰 폴이라 ᄒ야 此類極多라.
○ 我人言語ㅣ多帶鼻聲ᄒ니 如水族에 鮒魚曰 붕어 鯉魚曰 링어 鯔魚曰 숭어 白魚曰〈65〉비어 是也라.
○ 我東地名變還이 多出於以漢字翻方言故也라. 如阿斯達山의 阿斯ᄂ 近九ᄒ고 達은 近月而爲九月ᄒ고 盖馬山의 盖은 近白ᄒ고 馬ᄂ 近頭而爲白頭ᄒ니 此則前人이 已言之矣라. 若海西之鳳山은 卽古鶴巖也 鶴를 方言稱 부헝與 鳳봉 凰황 相近 故로 亦改鳳山ᄒ니 此乃腐臭化爲新奇者也라.
○ 我人年差一歲者를 謂之자치 同甲이라ᄒ나 자치之意ㅣ實無可據라. 嚴侍從錫周氏ㅣ嘗爲予言자치ᄂ 是子자丑추之轉也라 ᄒ니 理或然也라.

▲ 제5호

○ 我國이 久與蒙漢으로 相通ᄒ야 其言語之遺傳者ㅣ往往有之ᄒ니 蒙人이 呼猫曰貴與괴 相近ᄒ고 漢人이 齊魯之間에 呼鼠曰雛與쥐 相近ᄒ고 又 蒙人이 稱吏曰筆帖式이라 筆帖式三合聲이 與빗석 相近 故로 我語에 謂吏爲色이 盖 出於此云이라 我人이 呼鞋曰 수혀ᄌ 亦 漢音鞋 쒜子ᄌ之轉也라.

116

○我人近世人이 遇事不便處에 輒曰 거북 此卽 困煩二音之訛也라 我國에 有有字而無言者ᄒᆞ며 亦有有言而無字者ᄒᆞ니 如須字ᄂᆞᆫ 讀 모롬직이 聊字ᄂᆞᆫ 讀 ᄋᆡ오라지 頗字ᄂᆞᆫ 讀 자못 此皆有字而無言者也오 見事難處曰 ᄯᅡᆨᄒᆞ다 期事必行曰 ᄭᅩᆨ 見物近可曰 무던 大稱曰 ᄆᆡ우 比皆有言而無字者也라 今於教科書에 必須以字合言ᄒᆞ고 以言合字ᄒᆞ야 以供兒輩讀之可也라.

▲ 제6호

余謂 須字ᄂᆞᆫ 當讀부ᄃᆡ 聊字ᄂᆞᆫ 當讀요뢰 頗字ᄂᆞᆫ 當讀제법이라ᄒᆞ면 字與言이 庶相通矣요 ᄯᅡᆨ은 當用苦字요, ᄭᅩᆨ은 當用期字요, ᄆᆡ우ᄂᆞᆫ 當用殊字ᄒᆞ면 言與字 亦相通矣라.

今人이 經危後畏懼之辭를 必曰 '함아터면' 此是險兒之轉也라.

近世所謂 'ᄒᆞᆫᄒᆞ다' 又曰 'ᄒᆞ다' 二者ㅣ 皆多字之聲而未知 'ᄒᆞᆫ'變謂 '하'歟 '하'變爲'ᄒᆞᆫ'歟아.

人身上에 眼稱 '눈', 鼻稱 '코', 耳稱'귀'之類를 皆不可解로ᄃᆡ 惟腹稱 'ᄇᆡ야지' 是脖胦的(발앙적)之聲也요, 肩稱 '억기' 是腋胑(액지)之聲也라. 藩籬(번리)를 謂之'섭', 眉亦眼之藩籬 故로 曰 '눈섭'이라 ᄒᆞ고, 弦을 謂之'시울' 脣亦口之弦 故로 曰 입시울이라.

▲ 제7호

○匠家所用平木之器를 謂之ᄃᆡ파 卽推뒤 鉋관之轉也오 刮取耳中垢者를 謂之쏘식ᄋᆡ 卽笴䓒兒之轉也라.
○挾物壓逼曰ᄶᅡ 此乃榨聲也라. 榨은 本壓油具니 通作窄 故로 凡爲物挾壓를 亦謂之窄ᄒᆞ니 如閉戶窄指之類니 俗轉爲ᄎᆡ 然이나 皆音相近也라.
○近日 我韓銀貨를 寫作圜은 所以別於日貨之圓也라. 然이나 圜圓이 同音원 而無識輩ㅣ 乃呼圜爲환 ᄒᆞ니 此亦方言將變之機也라. 可歎可歎이

로다.

▲ 제8호

○ 凡人身所有與他屬物이 恐不可混稱이니 如呼腹曰비 而呼船呼梨亦同하며 呼齒曰니 而呼蝨亦同ᄒ며 呼脚曰다리 而呼橋亦同하며 呼手曰손 而呼客亦同하니 言語淆亂이 莫此爲甚이라 今於新學製适之時에 亟宜改正耳라.
○ 不特此也라 如衣服之熨와 繩索之挽과 藥物之煎을 皆謂之다린다 하니 吾復何從而辨別耶아 可歎이라.
○ 吾人之用火具에 字意가 多可通處하니 炙煨曰구읍다 炙煎曰지진다 爇火曰살운다 此必古語之失眞者也라.

▲ 제9호

○ 今人之安詳不浮躁者를 謂之얌전 ᄒ니 卽恬靜之轉也라. 吾友尹孝定氏가 改之爲闇譖ᄒ니 雖非原義나 然以近世所稱 얌전者로 觀之컨딕 類皆愚怯怕事不出鄕里之人이니 雖改之爲闇譖이라도 亦無不可也라.
幼少者ㅣ 對長老應答之辭를 畿海之間則曰 녜라 ᄒ고 湖嶺之間則曰 예라ᄒ니 녜是諾音也오 예는唯音也라.
今人制作을 謂之짓다ᄒ고 補綴를 亦謂之짓다 ᄒ니 蓋制作與補綴이 其事相距甚遠矣라. 然制作之짓슨 卽 造音也 補綴之짓슨 卽 緝音也니 二者ㅣ 相混至此라.
金石之體質를 每呼 덩이라 ᄒ니 亦團音之轉也라.

▲ 제10호

○ 東儒가 嘗以爲中國에 無入聲ᄒ야 只以空喉音代之라 ᄒ야 今用ㄱㅅ

118

ㄹㅂ四字爲入聲이나 然不知此乃出聲則是는 我國이 無入聲也오 非中國
이 無入聲也라 試以ㄱㅅㄹㅂ四字로 作吸八之聲이면 只有空喉音而已라
故로 華人詞賦에 必以ㄱㅅㄹㅂ四字로 通作一韻이 蓋由是耳라.

今人이 言事物相去甚遠者曰 휠젹이라 ᄒᆞ니 此卽縣絶之轉也오 졀變爲
젹 者는 可見人聲空喉之所致也라.

俗間春米를 謂之졀구 或 謂之도구라 ᄒᆞ니 此則杵曰搗臼之轉也오 又 搗
衣를 謂之다듸미라 ᄒᆞ니 此則搗搗衣之轉也라.

物之有穴者를 皆稱궁기라 ᄒᆞ니 此乃孔竅之音也라 聞近世華人이 寫作
窟竈者ㅣ 非是也라.

◎ 方言續貂, 李鍾濬, 〈대한자강회월보〉 제5호, 1906.11.
　　(언어, 국어, 국문)

▲ 제5호

　東語之圇圖混稱者ㅣ 居多ᄒᆞ니 姑以水邊字言之라도 水中可居曰洲요
水厓曰澔요 水草之交 曰 湄어늘 而東語에 混稱물갓이라 ᄒᆞ고 以山頭字
言之라도 山穴曰岫요 山耑曰峯이오 山脊曰崗이오. 山峯如屛曰嶂이어
늘 而東語에 混稱되 쎈리라 ᄒᆞ니 古人制字가 各 有意義ᄒᆞ야 雖似同種이
나 亦 微有分이어늘 東人이 混稱ᄒᆞ니 其庸詎可手아.

▲ 제6호

　現世各國이 皆以自國文成語ᄒᆞ고 日本은 兼漢文國文以成語ᄒᆞ야 自小
學校敎科書로 國語讀本을 集成ᄒᆞ야 敎科에 最先必要로 講習이거늘 我
韓은 惟獨言文二致로 大相逕庭者ㅣ 多有ᄒᆞ니 自今以往은 宜釐正國文ᄒᆞ
야 另作我韓國語讀本而敎授於各學校ᄒᆞ면 庶幾無岐異之端矣라 且漢文

之佶倔聲牙를 今人이 頗厭之ᄒ니 秪以國文으로도 其於講求新學問에
亦何不可之有리오 雖然이나 嘗試論之컨딕 我韓國文은 其組織之密緻가
天下에 未有出其右者ᄒ니 其於講求學問에 未始不的切이되 但漢文은
雖其學習之困難이 動費歲月이ᄂ 畢竟學成之日에ᄂ 其言簡而旨遠ᄒ며
字少而意多ᄂ 覺得造化大冶中出來오 非尋常蹊逕之可揣니 其於輕重大
小에 果安所折衷乎아 第現在形便이 惟在赶速開發이니 隨其年齡之早暮
ᄒ야 任其取舍之如何已矣로다

◎ 대한국문설, 지석영, 〈대한자강회월보〉 제11호(1907.5.).

▲ 제11호

序
結繩以後始有書契曰文曰字非爲他用不過是記言紀事之具也是以自史皇
鳥跡篆歷周籀秦 篆潢隷逮至晉楷體凡五易而經傳奧旨未嘗有失可知文字
但取其義不拘乎其形也由是天下皆有自國之文互相譯述大韓國文卽其一
也猗我
世宗大王睿智天縱開物成務刱制訓民正音二十八字轉換無窮明白簡易童
稺婦孺可以與知足以盡天下之文通四方之語洵
皇室之寶文敎具中指南也惜乎世遠敎弛多失眞諦且學問家不思硏究一任
鹵莽民間訓蒙轉轉訛誤爲有志者所共憂往年與姜秋琴先生唔也曾聞諺文
每行頭尾之同音恐必不然因以懷訝有年後從徐承宣相集遊始覺尾字之本
音但未詳其中聲之據何而發音也近悟伊阿合音爲也之妙遞而下之爰得其
聲於是乎十四字復其原音迺搆辦說一篇顏之曰大韓國文說非敢誇也要以
整正音之有失也至若文法有周君時經所著大韓國語文法此不贅焉
光武九年 孟夏 松村 居士書
訓民正音

御製國之語音異乎中國與文字不相流通故愚民有所次言而終不得伸其情
者多矣予爲此憫然新制二十八字欲使人人易習便於日用耳

ㄱ 牙音如君字初發聲並書如蚪字初發聲

ㅋ 牙音如快字初發聲

ㆁ 牙音如業字初發聲

ㄷ 舌音如斗字初發聲並書如覃字初發聲

ㅌ 舌音如吞音初發聲

ㄴ 舌音如那字初發聲

ㅂ 唇音如彆字初發聲並書如步字初發聲

ㅍ 唇音如漂字初發聲

ㅈ 齒音如卽字初發聲並書如慈字初發聲

ㅊ 齒音如侵字初發聲

ㅅ 齒音如戌字初發聲並書如邪字初發聲

ㆆ 喉音如把字初發聲

ㅎ 喉音如虛字初登聲並書如洪字初並聲

ㅇ 喉音如欲字初發聲

ㄹ 半舌音如閭字初發聲

ㅿ 半齒音如穰字初發聲

ㆍ 如吞字中聲

ㅡ 如卽字中聲

ㅣ 如侵字中聲

ㅗ 如洪字中聲

ㅏ 如覃字中聲

ㅜ 如君字中聲

ㅓ 如業字中聲

ㅛ 如欲字中聲

ㅑ 如穰字中聲

ㅠ 如戌字中聲

ㅕ 如彆字中聲

終聲復用初聲ㅇ連書唇音之下則爲唇輕音初聲合用則並書終聲同, ㅡㅗㅜ
ㅛㅠ 附書初聲之下ㅣㅓㅏㅑㅕ 附書於右凡字必合而成音左加一點則去聲
二則上聲無則平聲入聲加點同而促急

本朝 世宗二十八年 御製訓民正音 上以爲諸國各製文字以記其國之方言
獨我國無之遂製子母二十八字名曰諺文開局禁中命鄭麟趾申叔舟成三問
崔恒等撰定之蓋倣古篆分爲初中終聲字雖簡易轉換無窮諸言 語文字所不
能記者悉通無碍中國翰林學士黃瓚時謫遼東命三問等見瓚質問音韻凡往
來遼東十三度

禮曹判書鄭麟趾序訓民正音曰有天地自然之聲則必有天地之文所以古人
因聲制字以通萬物之情以載三才之道而後世不能易也然四方風土區別聲
氣亦隨而異焉蓋外國之語有其聲而無其字假中國之字以通其用是猶枘鑿
之鉏鋙也豈能達而無礙乎要皆各隨所處而安不可强之使同也吾東方禮樂
文物侔擬中夏但方言俚語不與之同學書者患其旨趣之難曉治獄者病其曲
折之難通昔新羅薛聰始作吏讀官府民間至今行之然而皆假字而用或澁或
窒非但鄙陋無稽而已至於言音語之間則不能達其萬一焉癸亥冬我

聖上創制正音二十八字略揭例義以示之名之曰訓民正音象形而字倣古篆
因聲而音協七調三極之義二氣之妙莫不該括以二十八字而轉換無窮簡而
要精而通故智者不崇朝而通愚者可浹旬而學以是解書可以知其義以是聽
訟可以得其情字韻則淸濁之能辨樂歌則律呂之克諧無所用而不備無所往
而不達雖風聲唳鷄狗吠皆得而書矣遂命臣等詳加解釋以喻諸人庶使觀者
不師而自悟若其淵源精義之妙則非臣等之所能發揮也恭惟我主上天縱之
聖制度施爲超越百王正音之作無所祖述而成於自然豈以其至理之無所不
在而非人爲之私也夫東方有國不爲不久而開物成務之大智蓋有待於今日
也歟

華東正音通釋
五章初聲 五音合二 變爲七音

122

角 牙音 ㄱㅋㅣㅇ

徵 舌音 ㄷㅌㄴ 變徵半舌音 已 洪武韵作半徵半商

商 齒音 ㅈㅊㅅ

羽 唇音 ㅂㅍㅁ◇

宮 喉音 ㅇㅎ 變宮 半喉音 △ 洪武韻作半商半徵

諺文初中終三聲辨

初聲終聲通用八字

ㄱ 其役 ㄴ 尼隱 ㄷ 池(末) ㄹ 梨乙 ㅁ 眉音 ㅂ 非邑 ㅅ 時(衣) ㅇ 異凝

其尼池梨眉非時異八音用於初聲役隱

(末) 乙音邑 (衣) 凝八音用於終聲ㅇ

末衣兩字只取本 字之釋俚語爲聲

初聲獨用八字

ㅋ(箕) ㅌ(治) ㅍ(皮) ㅈ(齒) △ (面) ㆁ(伊) ㅎ(屎) ㅇ 箕亦取本字之字釋俚

語爲聲

中聲獨用十一字

ㅏ 阿 ㅑ 也 ㅓ 於 ㅕ 余 ㅗ 吾 ㅛ 要 ㅜ 牛 ㅠ 由 ㅡ 應 不用初聲 ㅣ伊只用

中聲, 思不用初聲

（未完）

▲ 제13호, 大韓國文說(十一號續), 松村 池錫永

以上 恭錄ᄒ바 國文의 原始와 關係가 如斯히 綦重하거날 嗚呼라 世人은
等閒이 看過ᄒ고 深思함에 不及하야 幼蒙을 敎誨할 時에 初中聲을 倂合
하야 成音ᄒᆯ 줄을 講究치 못하고 但 成字한 後音으로 混淪讀去하야 轉
轉訛誤하기에 사샤서셔소쇼수슈 八字를 沙沙書書疎疎垂垂四音으로 讀
ᄒ며 자쟈저져조죠주쥬 八字를 孜孜低低曹曹周周 四音으로 讀ᄒ며 차
챠처쳐초쵸추츄八字를 差差蹉蹉初初趨趨 四音으로 讀ᄒ며 댜 與쟈로
同讀뎌 與져로 同讀됴 與죠로 同讀듀 與쥬로 同讀디 與지로 同讀탸 與

챠로 同讀뎌 與쳐로 同讀툐 與쵸로 同讀튜 與츄로 同讀티 與치로 同讀
하고 其 字音은 高低의 定准을 失흠으로 自然히 雪目이 混義하고 東動
이 同音하야 漢文에 原依치 아니면 卞別할 道가 無하니 是엇지 聖人의
作字하신 本意리요 英廟甲子本小學諺解凡例에 曰 호듸 凡字音高低를
皆以傍點爲准이니 無點은 平而低하고 二點은 厲而擧하고 一點은 直而
高하니라. 訓蒙字會에 平聲은 無點이오 上聲은 二點이오 去聲入聲은 二
點而近世時俗之音이 上去相混하야 難以卒變이라. 若盡用古音이면 有駭
聽故로 戊寅本에 上去二聲을 從俗爲點일싀 今依此例하야 以便讀者하
니라 하얏시니 惜乎라 此例의 失傳흠이며 且每行尾末의 ᄀᄂᄃᄅᄆᄇ
ᄉᄋᄌᄎᄏᄐᄑᄒ 字로 言흘진듸 各其 本音이 有하거늘 今에 가나다라
마바사아자차카타파하字와 通用하야 或云 第一字와 音은 同하되 高低
之別이 有하다 하니 若然이면 上聲의 可字에 用가하고 平聲의 家字에
用ᄀ하며 平聲의 斯字에 用ᄉ하고 去聲의 四字에 用사 흘 거시여늘 玉
篇과 御定詩韵을 按하니 可家에 가를 通用하고 斯四에 ᄉ를 通用하얏
스니 高低의 證據가 無흠은 不須更論이오 謹按訓民正音에 卜字는 如覃
字初聲이오, 字는 如呑字中聲이라 하얏고 華東正音通釋에 卜字에는 阿
로 釋音하고, 字는 思에 不用初聲이라 하얏스며 華音을 更考하건듸 阿
字音은 아요 思字音은 ᄉ니 然則 ᄀᄂ等字의 各其 本音이 有흠은 推可
知也로다. 想컨듸 世遠敎弛하야 眞諦를 未傳흠이라. 訓民正音 二十八字
中에난 ㆁㆆㅿ等字가 有흔데 華東正音 通釋의 五音 初聲에는 ㆆ字가 無
하고 ◇字를 添하얏는데 今에는 ㆁㆆㅿ◇等 四字 初聲이 不傳하고 又
終聲 中에 ㄷ字가 有흔데 今에 ᄉ字를 專用하고 ㄷ字는 廢하얏시니 此
를 推하면 ᄀᄂ等字가 世久訛傳하야 本音을 失하고 가나에 混同흠이
的確하도다 且按 ㅏㅑㅓㅕㅗㅛㅜㅠ 八字는 逐字少變하야 其音을 成하
얏거늘 ㅡㅣ 字에 至하야는 字音이 互相齟齬하야 上項八字의 連貫吻合
흠과 不如하고 字樣으로 言하더래도 上八字는 一點二點으로 例를 成하
얏거늘 下三字는 一橫一竪一點으로 爲흠이 不然흘 듯하도다 아야어여
오요우유의 例로 觀하면 으字 下에 ᄋ樣字가 必有흘 거시여늘 이字로

124

續흠이 例에 違흠과 如ᄒ고 字音으로 言ᄒ면 ᄋ字 下에 連貫相似ᄒ고 少히 變音ᄒ 字를 續ᄒ고져 홀진ᄃᆡ 이字와 ᄋ字를 倂合ᄒ야 發ᄒᄂᆞ바 音으로 位之ᄒ면 上項八字의 逐字少變例에 吻合홀거시니 位置ᄂᆞᆫ 不得不 ᄋᆞ이로 될거시라. 此三字의 位置가 當初에ᄂᆞᆫ 分明如右ᄒ든 것이 世遠ᄒ야 變移흔 듯ᄒ도다(按訓民正音에ᄂᆞᆫ 中聲字 次序가 ㅡㅣㅗㅏㅜㅓㅛㅑㅠㅕ로 ᄒ얏든 것이 今에ᄂᆞᆫ ㅏㅑㅓㅕㅗㅛㅜㅠㅡㅣ로 行ᄒ니 其沿革變遷을 可知흠) 何者오. ᄋ字 下에 ㅇ二字를 用흠이 當然ᄒ기늘 ᄋᆞ字로 用흠은 特히 省筆法으로 二劃을 合ᄒ야 一點을 作흠이오 末端에 ㅣ字를 置흠은 ㅣ字가 上下를 通ᄒ야 連貫흠을 象形흠이라. 何由其必然흠을 知ᄒᄂᆞ요 ㅣ에 ㅏ를 合讀ᄒ면 ㅑ가 되고 ㅣ에 ㅓ를 合讀ᄒ면 ㅕ가 되고 ㅣ에 ㅗ를 合讀ᄒ면 ㅛ가 되고 ㅣ에 ㅜ를 合讀ᄒ면 ㅠ가 되고 ㅣ에 ㅡ를 合讀ᄒ면 二가 되니 此ᄂᆞᆫ ㅣ字가 上下를 貫徹흔 證據가 的確ᄒ도다. 憶라 이ᄋ倂合ᄒ야 所發ᄒᄂᆞᆫ 新音으로 ᄋ字下에 位ᄒ야 中聲을 爲ᄒ면 得흔 바 新音이 三百餘種에 至ᄒ리니 豈不偉哉아 但ᄋᆞ字가 아字로 與ᄒ야 同音흠이 行之久矣라. 今에 비록 新定흔 音으로 命홀지라도 混淆ᄒ고 防碍홀 弊가 必有ᄒ리니 ᄋᆞ字를 ㅇ二字로 換ᄒ야 ㅏㅑㅓㅕㅗㅛㅜㅠㅡ二ㅣ로 定例흠이 妥當홀 듯ᄒ기에 敢히 質言ᄒ노니 妄筆의 罪ᄂᆞᆫ 逭ᄒ기 難ᄒ나 訓蒙ᄒ기에 切ᄒ야 避嫌흠에 未暇ᄒ오니 高明ᄒ신 君子들은 恕而容之ᄒ시고 斤而正之ᄒ심을 厚望ᄒ노라.

新訂國文五音象形辨

ㄱ 牙音象牙形 ㅋ 牙音重聲 ㆆ 牙喉間音象喉扇形○音失其眞今姑闕之
ㄴ 舌音象舌形 ㄷ 舌音像掉舌形 ㅌ 舌音重聲 ㄹ 半舌音象捲舌形
ㅁ 脣音象口形 ㅂ 脣音象半開口形 ㅍ 脣音象開口形
ㅅ 齒音象齒形 ㅈ 齒舌間音象齒齦形 ㅊ 齒音重聲 ㅿ 半齒音象半啓齒形
○音失其眞今姑闕之
ㅇ ○淺喉音象喉形 ㆆ 喉齒間音象喉齒形○音失其直今姑闕之
ㆆ 深喉音

新訂國文初中終三聲辨

初聲終聲通用八字

ㄱ 기윽 ㄴ 이은 ㄷ 디읏 ㄹ 이을 ㅁ 미음 ㅂ 비읍 ㅅ 시읏 ㅇ 이응
기니다리미비시이 八音은 用於初聲

윽은읃을읍읏응 八音은 用於終聲初聲獨用六字

ㅈ 지 ㅊ 치 ㅋ 키 ㅌ 티 ㅍ 피 ㅎ 히

中聲獨用十一字

ㅏ아 ㅑ야 ㅓ어 ㅕ여 ㅗ오 ㅛ요 ㅜ우 ㅠ유 ㅡ으 二으 이으 合音ㅣ 이

新訂國文合字辨

初聲ㄱ字를 中聲ㅏ字에 倂하면 가字를 成하고 終聲ㅇ字를 가字에 合
하면 강字가 되니 餘倣此하니라.

新訂國文高低辨

上聲去聲傍加一點(我東俗音에 上去聲이 別노 差等이 無함이라)하고 平
聲入聲은 無點이오 且凡做語之曳聲에 亦加一點하니라.

字音高低標〈26〉

動움즉일동 同한가지동 禦막을어 魚고기어 之類餘倣此하니라.

做語曳聲標

簾발렴 足발족 列버릴열 捐 버릴연 之類餘倣此하니라.

新訂國文疊音刪正辨

ㄱㄴㄷㅌㅁㅂㅅㅇㅈㅊㅋㅌㅍㅎ 十四字난 가나다라마바사아자차카타
파하字의 疊音으로 用하기에 刪正함이라.

新訂國文重聲釐正辨

ㄸㅃㅉ난 ㄱㄷㅂㅅㅈㅊ의 重聲이라 古昔에난 까따빠싸짜로 行ㅎ더니
後人이 漢文 疊字의 疊를 倣하야 까따빠싸짜로 用함이 還屬便利로딕
以字를 뼈로 釋함은 無由하기 ㅅ傍에 ㅂ를 倂함을 廢止함이라.

◎ 국어와 국문의 필요, 쥬시경, 〈서우〉 제2호, 1907.1.
　(언어, 국어)

대져 글은 두가지가 잇스니 ㅎ나혼 형상을 표ㅎ는 글이오 ㅎ나혼 말을
표ㅎ는 글이라. 대개로만 말ㅎ면 형상을 표ㅎ는 글은 녯젹 덜 열닌시티
에 쓰던 글이오 말을 표ㅎ는 글은 근티열닌 시티에 쓰는 글이라. 그러
나 형상을 표ㅎ는 글을 지금신지 쓰는 나라도 젹지 아니ㅎ니 지나(支
那) 한문 굿혼 글들이오 그 외는 다 말을 긔록ㅎ는 글들인티 의국(伊國)
법국(法國) 덕국(德國) 영국(英國) 글과 일본 가나(假名)와 우리나라 졍
음(正音) 굿혼 글 들이라. 대개 글이라 ㅎ는 거슨 일을 긔록ㅎ여 내뜻을
남의게 통ㅎ고 남의 뜻을 내가 알고져 ㅎ는 것뿐이라 물건의 형샹이나
형샹 업는 뜻을 구별ㅎ여 표ㅎ는 글은 말 외에 짜로 배호는 거시오 말
을 표ㅎ는 글은 이왕 아는 말의 음을 표ㅎ는 거시라.
이럼으로 형상을 표ㅎ는 글은 일 ㅎ가지가 더ㅎ여 그 글을 비호는 거시
타국 말을 비호는 것과 굿치 셰월과 힘이 혜비될 뿐 아니오 텬하 각종
물건의 무수혼 일홈과 각식 스건의 무수혼 뜻을 다 각각표로 구별ㅎ여
그림을 만달매 글즈가 만코 즈획이 번다ㅎ여 비호고 닉히기가 지극히
어려오나 말을 표ㅎ는 글은 음의 십여가지 분별만 표ㅎ여 돌녀씀으로
즈획이 젹어 비호기와 닉히기가 지극히 쉬을 뿐 아니라. 닑으면 곳 말
인즉 그 뜻을 알기도 말 듯는 것과 굿고 지어쓰기도 말 ㅎ는 것과 굿ㅎ
니 그 편리홈이 형샹을 표ㅎ는 글 보다 몃비가 쉬을 거슨 말ㅎ지 아니
ㅎ여도 알지라
또 이디구샹 륙디가 텬연으로 구획되여 그 구역안에 사는 흔썰기 인종
이 그 풍토의 품부혼 토음에 덕당혼 말을 지어쓰고 또 그말 음의 덕당
혼 글을 지어쓰는 거시니 이럼으로 혼 나라에 특별혼 말과 글이 잇는
거슨 곳 그 나라가 이 셰상에 텬연으로 혼목 즈쥬국 되는 표요 그 말과
그글을 쓰는 인민은 곳 그 나라에 쇽ㅎ여혼 단톄되는 표라 그럼으로
남의 나라흘 쎅앗고져 ㅎ는 쟈ㅣ 그 말과 글을 업시ㅎ고 제 말과 제

글을 フ른치려ᄒ며 그 나라흘 직히고져ᄒ는 쟈는 제 말과 제 글을 유지
ᄒ여 발달코져 ᄒ는 것은 고금텬하 사긔에 만히 나타난 바라 그런즉
내 나라 글이 다른나라만 못ᄒ다 홀지라도 내나라글을 슝상ᄒ고 잘 곳
쳐죠흔 글이 되게홀 거시라.

우리반도에 틱고젹 ㅂ터 우리반도 이죵이 짜로 잇고 말이 짜로 잇스나
글은 업더니 지나를 통흔후로 한문을 일삼다가 아죠 세죵대왕ᄭ셔 지
극히 밝으샤 각국이 다 그나라글이 잇서 그 말을 긔록ᄒ여 쓰되 홀노
우리나라는 글이 완젼치 못흠을 개탄ᄒ시고 국문을 교졍ᄒ샤 즁외에
반포ᄒ셧스니 참 거룩ᄒ신 일이로다. 그러ᄂ 후싱들이 그 ᄯᆺ을 본밧지
못ᄒ고 오히려 한문만 슝상ᄒ여 어릴 ᄯᅥ브터 이삼십 신지 아모일도 아
니ᄒ고 한문만 공부로 삼으되 능히 글을 알아보고 능히 글노 그 ᄯᆺ을
짓는자ㅣ 빅에 ᄒ나이 못되니 이는 다름아니라 한문은 형샹을 표ᄒ는
글일 ᄲᆫ더러 본릭 타국 글인고로 이ᄀᆺ치 어려온지라.

사름의 일평싱에 두 번 오지 아니ᄒ는 ᄯᅦ를 다 한문 흔가지 비호기에
허비ᄒ니 엇지 개탄치 아니 ᄒ리오 지금 유지ᄒ신 이들이 교휵교휵ᄒ
니 이왕 한문을 빅혼사름만 교휵 코져흠이 아니겟고 ᄯᅩ 이십년 삼십년
을 다 한문을 フ른친 후에야 여러가지 학문을 フ른치고져 흠도 아닐지
라 그러면 영어나 일어로 フ른치고져 ᄒ느뇨 영어나 일어를 뉘 알니오
영어일어는 한문 보다 더 어려을지라 지금 ᄀᆺ흔 셰샹을 당ᄒ여 특별히
영일법덕등 여러 외국 말을 비호는 이도 반다시 잇셔야 홀지라 그러나
젼국 인민의 ᄉ샹을 돌니며 지식을 다 널펴주랴면 불가불 국문으로 각
식학문을 져슐ᄒ며 번역ᄒ여 무론 남녀ᄒ고 다쉽게 알도록 フ른쳐 주
어야 될지라 영미법덕 ᄀᆺ흔 나라들은 한문을 구경도 못ᄒ엿스되 뎌럿
틋 부강흠을 보시오 우리동반도 ᄉ쳔여년 젼부터 긔국흔 이쳔만즁 ᄉ
회에 날로ᄯᅥ로 통용ᄒ는 말을 입으로만 서로 젼ᄒ던 것도 큰 흠졀이어
늘 국문 난후 긔빅년에 ᄌ뎐 흔 칙도 만달지 안코 한문만 슝샹흔 거시
엇지 붓그럽지 아니ᄒ히오. ᄌ금이후로 우리 국어와 국문을 업수히 넉
이지 말고 힘써 그 범과 리치를 궁구ᄒ며 ᄌ뎐과 문법과 독본들을 잘

만달어 더 죠코 더 편리ᄒᆞᆫ 말과 글이 되게 ᄒᆞᆯᄲᅮᆫ 아니라 우리 왼 나라 사름이 다 국어와 국문을 우리나라 근본의 쥬쟝글노 슝샹ᄒᆞ고 사랑ᄒᆞ여 쓰기를 ᄇᆞ라노라.

◎ 國文便利 及 漢文 弊害의 說, 姜筌, 〈태극학보〉 제6호, 1907.1.

(국문론 입력 자료 참고)

古語에 曰 權ᄒᆞᆫ後에 輕重을 知ᄒᆞ고 度ᄒᆞᆫ後에 長短을 知ᄒᆞᆫ다ᄒᆞ니 凡天下
의 事ᄂᆞᆫ 다 經驗的으로 觀察力을 惹起ᄒᆞ야 學問上講磨와 事業上發展을
此로 由ᄒᆞ야 利害의 分을 定ᄒᆞ고 取舍의 志를 決ᄒᆞ니 만일 方向의
針을 善用치 못ᄒᆞ고 夢覺의 關을 透出치 못ᄒᆞ면 終局의 償誤ᄂᆞᆫ 一身에
止ᄒᆞᆯᄲᅮᆫ아니라 一家와 一國을 悲境에 陷케ᄒᆞᄂᆞᆫ 種種의 禍胎를 釀成ᄒᆞᄂ
니 엇지 此에 愼重考慮치 아니리요
大抵 文字라 云ᄒᆞᄂᆞᆫ 者ᄂᆞᆫ 言語를 直接으로 發表ᄒᆞ야 事物을 形容代表ᄒ
ᄂᆞᆫ 者에 過치 못ᄒᆞ고 ᄯᅩ 其應用의 變化ᄂᆞᆫ 各地方言語의 差異로 隨ᄒᆞ야
體裁와 音調의 異同이 有ᄒᆞᄂᆞᆫ 事物에 就ᄒᆞ야 實際的意義ᄂᆞᆫ 죠곰도 差別
과 損益이 無ᄒᆞ고 ᄯᅩ 何事何物이던지 始의 命名ᄒᆞᆷ을 從ᄒᆞ야 稱號가 生
ᄒᆞ고 其稱號ᄂᆞᆫ 亦自然的으로 固有的을 成立ᄒᆞᆷ이요 決코 極艱甚難ᄒᆞᆫ 異
種의 言語로 制作ᄒᆞ야 人으로 ᄒᆞ야금 强히 學케ᄒᆞᆷ은 아니로다
今世界의 星羅碁布ᄒᆞᆷ과 如히 地球上에 環列ᄒᆞᆫ 各國이 다 其文字가 互殊
ᄒᆞ야 此方彼域에 往來交通은 實노 拘碍의 狀態를 呈ᄒᆞᄂᆞᆫ 各各 其國民族
은 其文字를 憑據ᄒᆞ야 人類社會의 秩序를 維持ᄒᆞ고 學術程度의 機關을
活動ᄒᆞ며 經營云爲의 期會를 親密케ᄒᆞᄂᆞ니 此에 反ᄒᆞ야 他邦의 文字를
依賴信用ᄒᆞ면 樊端의 滋蔓ᄒᆞᆷ이 尋常ᄒᆞᆫ 薄物細故에 屬치안ᄂᆞᆫ 故로 卽祖
國의 人情이 變幻ᄒᆞ고 俗風이 混淆ᄒᆞᆷ을 因ᄒᆞ야 他人을 尊敬ᄒᆞᄂᆞᆫ 觀念이
重ᄒᆞ고 自家를 卑屈ᄒᆞᄂᆞᆫ 醜貌를 現ᄒᆞᄂᆞ니 此와 如ᄒᆞᆫ 思想이 頭腦에 灌注

호고 習慣이 耳目에 侵染호면 不知不覺호는間에 日來月往호고 風馳電掣호야 情緒업시 去호는 光陰은 東流水를 逐호야 片時도 停止치안는디 國民社會는 漸漸其形勢와 志尙이 渙散호야 人心이 朽敗호고 邦本이 萎靡호는디 至흠을 歷史上에 指로 ●치 못호깃도다

欽惟我韓의 世宗朝 御筆刪定호옵신 訓民正音은 卽我 聖神호옵신 先王씌옵셔 丙枕을 屢回호옵시고 宸襟을 寔煩호옵셔 風氣通塞과 音調運化의 蘊奧奇妙흠을 階前萬里에 洞察無遺호옵셔 精巧完全흔 國文을 編成호옵시기에 至호야 人民에게 頒賜호옵셔 智識을 開牖호고 福利를 享有케 호옵신바 先王의 巍巍蕩蕩호옵신 盛德懿烈이 愈久愈著호심을 엇지다 敢히 名言호야 拜謝호리요 余는 謂호되 我韓의 獨立精神은 此時代의 此國文에 胚胎호얏스나 今日에 至토록 效蹟을 能히 奏치 못흠은 但利用호는 方法을 擴張치 못흔 緣故인즉 從玆以往으로 奮勵를 大加호야 用路를 恢拓호면 맛당이 億千萬年을 閱호도록 百折不回호야 世界에 屹立홀 獨立基礎가 此에 在호다호노라

國文의 便利는 其字體의 結搆가 精富호고 子母合音의 變化가 詳簡호며 規模가 確實호고 意味가 眩亂치아님으로 學習키 甚히 容易호야 雖三尺의 童과 倡優隷●의 賤이라도 三四日의 工夫만 勉호면 豁然解了호야 日用事物과 往復書翰에 隨機酬應호기가 極히 敏速호야 平生에 用호야도 限이 無호고 漢文의 弊害는 髮을 結호고 書를 讀호믹 膏油를 焚호고 日光을 繼호야 孜孜矻矻히 頭童齒豁토록 口에 吟호기를 絶치안코 手에 披호기를 停치안트릭도 成業호는 日에는 陳腐흔 套句例題만 掇拾호야 等身의 書를 得호기에 過치못호고 卓越흔 學問을 發明호거는 顯赫흔 勳烈을 建樹호기도호야 國民的 義務를 盡키 難호고 或世에 出호야 榮進의 塗에 登흔 者는 一時僥倖에 付호야 즈못 鮮少흔즉 統計호야 論호면 漢學者는 畢生토록 蠹書虫을 作호야 耳聞目見이 固陋頑迷호고 肢胚를 惰怠호며 菽麥를 不辨호는者가 多호니 肉袋飯囊에 不過호고 石怪目偶에 是同호야 其身勢가 淸冷흔 境遇를 當흘섇아니라 國家進取的勢力의 分子된 臣民의 職責을 擔任치 못호는도다

噫라 今日의 世界는 엇더한 世界ㄴ가 卽聖人의 云한바 六合의 外는 存한야 勿論한다는 區域이 다 蠻種의 習을 脫한고 開明의 國을 化한야 前日에 見치도 못한고 聞치도 못한던 各國의 人物이 智巧를 爭逞한고 機械을 精備한야 火車汽船이 陸海에 聯絡홈으로 宇內에 橫行한야 侵伐 奪畧의 手段을 到處에 相試한는되 不幸한야 亞細亞諸國은 天下大勢를 通치못한야 古聞을 株守한고 外情에 茫昧한다가 國防이 一縮한고 人權 이 漸削한니 汲汲遑遑한야 朝에 夕을 謀치못한고 惟日本은 能히 世界 의 風潮를 測度한야 國文을 闡明한고 敎育을 勤務한야셔 變法自强한지 四十年間에 東洋의 覇柄을 握한기에 至한엿스니 누가 其先見의 鑑과 勇進의 志를 欽歎치안으리요. (未完)

我韓이 列强間에 介立한야 今日에 當한 危急한 情狀은 枚擧한야 忍說키 不能한나 一線의 餘望은 實노 敎育에 在한야 幾何改良案이 漸次로 發見 한되 오히려 曩日漢學의 痼弊를 免치못한야 一般人士는 비록 新聞과 雜誌等을 覽한드린도 純然한 漢文으로 記載한거슨 愛讀한고 또 學校에 敎科書도 四書와 其他文章詞句를 敎授한다한고 又其他遐鄕僻陬에 學 校도 備치못한 處는 由來의 漢學者의 道學과 文章의 古跡을 繼述한니 高踏潔行한고 遁世逸俗한는者를 可히 志士라 稱한깃는가 能히 古의 道 로 今의 俗을 反한깃는지 또 此漢學으로써 能히 人智를 開發한고 國權 을 伸張한리오 實노 我韓의 學政이 明치 못함으로 貧弱의 病을 馴致한 고 存亡의 秋를 遭逢한엿스니 엇지 杞人의 憂와 ●實의 歎을 免한리요 玆에 千慮一得의 愚見妄言을 敢히 列陳한오니 雷覽한시는 博雅君子는 其狂率홈을 寬恕한시고 ●열홈을 부린한옵시기 간걸한노라

第一은 上으로 政府에 始한야 制誥勅語等絲綸과 또 庭僚大臣의 奏御疏 章의 體格과 句讀을 刪繁取簡한며 袪舊就新한고 國漢文을 相半揷入한 야 面目을 另開한야써 全國의 標準을 作한며 人民의 趨向을 定홀거시오 第二는 學部로부터 全國各學校의 敎科書籍을 一切히 國漢文으로 改定 한고 純然한 漢文은 中學校의 四五年生이나 다만 文章에 適宜한 一二冊 을 遍選한야 敎한며 또 將來에 大學을 建設한거던 文學部에는 特別히

充用홀거시오

第三은 諸般社會의 應用ᄒᄂᆫ 各種簿書와 流行小說雜誌라도 다 國漢文을 混用케 할거시니 右三條ᄂᆫ 現時에 本國에셔 略行ᄒᄂᆫ 事도 有ᄒ나 만일 往轍을 戒ᄒ고 來效를 收홀진ᄃᆡ 積習을 勇斷ᄒ고 新規를 實踐ᄒ야 上下가 相勸ᄒ고 氣象을 丕新ᄒ면 自國의 情神을 增進ᄒ고 他族의 侵侮를 解脫ᄒᄂᆫ 秘訣勝算을 다 此로 從ᄒ야 得ᄒ깃다 云ᄒ노라

試觀ᄒ건ᄃᆡ 國文과 漢文의 利鈍遲速의 分岐됨은 上陳홈과 如ᄒ거니와 何故로 我韓의 固有ᄒᆫ 自國國文은 學ᄒ기 甚히 易ᄒ고 用ᄒ기 極히 便ᄒ거ᄉᆞᆯ 雌文이라 稱ᄒ야 抛棄ᄒ고 漢文은 靑春으로 白首에 至로록 攻苦ᄒ여도 特效가 蔑ᄒ거ᄉᆞᆯ 雄文이라 稱ᄒ야 鑽硏ᄒ기에 奔走ᄒ니 哀홉고 憫ᄒ다 我韓의 仁義에 涵養ᄒ고 忠孝에 薰陶ᄒ던 二千万同胞여 不幸ᄒ고 不幸ᄒ다 立國以來四千餘年에 쳐음으로 當ᄒᄂᆫ 今日此世界에 엇지ᄒ야 舊非를 猛省ᄒ며 新學을 輸入치 안코 因循姑息ᄒ면셔 다만 支那學問의 糟粕만 哺啜ᄒ고 節文만 脩飾ᄒ기에 盡力ᄒ니 不知커라 大兼小並ᄒ고 弱肉强食ᄒᄂᆫ 時代에 處ᄒ야 漢文의 力으로 能히 强暴ᄒᆫ 國의 劍霜砲雨의 交集衝突ᄒᄂᆫ 獰威銳氣를 捍禦掃却ᄒ깃ᄂᆫ가 言念이 此에 及ᄒᄆᆡ 毛竦骨慄홈을 堪치 못ᄒ깃도다

假使漢文을 十年間에 讀ᄒ야 成就ᄒᄂᆫ 精力으로 三四日間에 能通ᄒᄂᆫ 國文에 移ᄒ야 此로써 學問上과 事業上에 進步ᄒ면 一年에 홀 事ᄂᆫ 二三日에 畢홀거시오 十年에 할 事ᄂᆫ 數三朔에 完홀거시니 然즉 其迅速ᄒᄆᆡ 智者를 待치안코 知홀지라 如何턴지 國文을 用ᄒ드릭도 其人만 賢良ᄒ고 其國만 富强ᄒ면 人으로 足히 哲人도 作홀거시오 國으로 足히 覇國을 成홀거시니 엇지 碌碌區區하게 漢文만 能하기를 求ᄒ리요 ᄯᅩ 其弊害ᄂᆫ 一身에만 止홀 ᄲᅮᆫ 아니라 一家의 運이 此로써 零替ᄒ고 一國의 勢가 此로써 興振치 못ᄒᄂᆫ니 엇지 其輕重과 長短과 利害를 觀察ᄒ야 取舍의 志를 確定지 아니리요.

◎ 心理學上 觀察한 言語, 張應震, 〈태극학보〉 제9호, 광무11년 4월 24일.

通常 吾人이 言語라 ᄒ면 言語의 意義ᄂ 說明을 不待ᄒ고 明瞭ᄒ 者요 言語의 效能으로 論ᄒ면 此로 由ᄒ야 人我의 意思를 互相交通ᄒ며 廣義의 言語 卽 文字의 작용으로써 古今 全般 人類社會의 思想을 參酌ᄒ야 智識을 發達ᄒ며 社會精神을 發展向上ᄒᄂ 거시 吾人人類가 他動物 社會中에 超越ᄒᄂ 特點이라 然이ᄂ 余가 此에 硏究코져 ᄒᄂ 거슨 此에 不止ᄒ고 一步를 更進ᄒ야 言語의 特點과 及 起源이며 言語가 當初 如何ᄒ 階梯를 經ᄒ야 今日과 如ᄒ 完全ᄒ 境에 達ᄒ 거슬 心理學上으로 觀察코져 ᄒ노라.

第一 言語의 意味及效能

吾人이 如何ᄒ 一新 事物을 他人에게 傳達코져 ᄒᆯ 時에ᄂ 몬져 其人이 以前 經驗으로 熟知ᄒᄂ 事物中에서 種種ᄒ 要素를 引用ᄒ야 組織ᄒᆷ과 갓치 吾人이 如何ᄒ 一新物名을 他人에 通知코져 ᄒᆯ 時에 萬一 其人에게 直接으로 其名을 發音ᄒ야 聞知케 못ᄒᆯ 境遇(其人이 聾者든지 或 遠距離에 在ᄒᆯ 時)에ᄂ 吾人은 其人이 曾前에 知覺ᄒ야 十分 熟知ᄒᄂ 文字等의 助力을 借ᄒ야 此를 結合ᄒ야써 其新發音을 生케 ᄒᄂ 外에 方法이 更無ᄒ니 卽吾人의 思想交換은 知覺上에 呈ᄒ 事物을 一定ᄒ 已知要素로 分解ᄒ야 此로써 種種이 結合ᄒ 者를 謂ᄒᆷ이오 此와 갓치 言語의 使用은 事物을 共通ᄒ 要素로 分解ᄒ야 此共通要素로써 自由構造를 作ᄒᄂ 者ㅣ니 假使吾人이 가리비ㅇ라 ᄒᄂ 一新物名을 他人에게 傳通코져ᄒᆯ 時에ᄂ 其人이 萬一 諺文을 已知ᄒ면 其中에서 가, 리, 비, ㅇ等과 如ᄒ 各 要素로 組織成字ᄒ야 新發音을 生케ᄒᆷ이라 故로 言語ᄂ 思想活動으로 從ᄒ야 生ᄒ 者이ᄂ 또는 思想發展의 緊重ᄒ 機械요 感官上에 知覺ᄒ 者를 思想上에 表現ᄒᆯ 時에 注意를 留케 ᄒᄂ 最適當ᄒ

手端이며 其思想上表現이 抽象的이 될슈록 言語의 必要를 感흠이 益切
ㅎㄴ니 故로 言語는 말ㅎ는 人의 自身心內에는 其人이 自己思想上에
注意를 向케 ㅎ는 手端이 되고 言을 듯는 者에 對ㅎ여는 말ㅎ는 人의
思想에 表現흔 事物에 注意를 留케 ㅎ는 手端이 되ㄴ니라

第二 言語의 起源

言語의 起源에 對ㅎ야 古來種種흔 說이 多ㅎㄴ 吾人은 此를 歷史的으
로 推知키 不能ㅎ도다 然이ㄴ 言語는 今日에도 漸漸發展ㅎ는 傾向이
有흔거슬 見ㅎ면 此法則을 窮究ㅎ야 其起源을 推定ㅎ는 上에 利用홀지
니 如此흔 根據로 見ㅎ면 吾人의 思想的 複現上에 運動的要素가 有흔거
시 卽言語의 起源인 듯 ㅎ도다
思想的複現上에 運動的要素라흠은 何를 指흠인고 吾人이 感官(五官)
으로 事物을 知覺홀 時에는 恒常 運動의 必要가 有ㅎ니 卽 吾人의 感覺
器는 知覺ㅎ기에 便利흔 狀態를 保有흠이라 假使 吾人이 聲을 聞홀 時
에는 耳를 傾ㅎ야 知覺키 便利케ㅎ며 物을 見홀 時에는 目을 緊張흠과
如ㅎ고 또 思想活動은 以前知覺흔거슬 頭中에 再現홀 時에는 其時知覺
作用의 動作흔 運動도 兼ㅎ야 再現코져 ㅎ는 傾向이 有ㅎ니 今에 吾人
이 以前에 知覺ㅎ엿든 如何흔 物體의 形狀을 思想上에 複現코져 時홀에
는 心中에 其物體의 輪郭을 目으로 追及ㅎㄴ드시 思ㅎㄴ니 此는 卽視
覺上運動을 思想上에 複現코져흠이오 또 以前에 聽聞흔 音響을 心中에
思出코져 홀 時에는 吾人은 傾聽ㅎ는 樣子의 狀態를 持ㅎ며 또 其時此
音響을 發ㅎ든 運動도 心中에 模倣코져ㅎㄴ니 此는 吾人이 普通談話上
에도 認識ㅎ는 現象이라 此 複現ㅎ는 運動要素는 吾人의 心을 自由로
支配ㅎ며 維持或變更ㅎ는데 必要흔거시오 또 此를 複起케ㅎ는거슨 心
象의 運動的部分을 支配ㅎ는 吾人의 惱力으로 由흠이니 故로 吾人의
一定한 經驗이 特著흔 運動과 親密히 結合홀슈록 思想上表現에 對ㅎ야
此를 支配ㅎ는 吾人의 能力은 漸大홀거시라 故로 心象의 運動的要素와

及要素가 全心象을 支配ᄒᆞᄂᆞ 點에 至ᄒᆞ야 發表的表示卽廣義味의 言語의 起源을 見ᄒᆞᆯ지로다

注意 心象이라ᄒᆞᄂᆞᆫ거슨 以前에 感官으로 知覺ᄒᆞᆫ 事物을 思想上에 再現ᄒᆞᄂᆞ 者ㅣ니 故로 其性質에 至ᄒᆞ여ᄂᆞᆫ 知覺과 一致ᄒᆞᆯ거시라 赤色物體를 知覺ᄒᆞ엿스면 思想上에도 ᄯᅩᄒᆞᆫ 同樣의 赤色物體의 心象을 生ᄒᆞ며 ᄯᅩ 如何ᄒᆞᆫ 形體를 知覺ᄒᆞ엿스면 其後에 此를 思想上에 再現ᄒᆞᆯ 時에도 ᄯᅩᄒᆞᆫ 同樣의 形體를 表出ᄒᆞᄂᆞ니 故로 知覺이라 ᄒᆞᄂᆞᆫ거슨 吾人이 實物을 直接으로 對ᄒᆞ야 五官으로 知覺ᄒᆞᄂᆞ 者요 心象이라 ᄒᆞᄂᆞᆫ거슨 吾人이 其實物을 離ᄒᆞ야 以前知覺ᄒᆞ엿든거슬 다못 思想上에 再現ᄒᆞᄂᆞ 者이며 其精確의 度ᄂᆞᆫ 複現力의 大小로 因ᄒᆞ야 個人的差違를 生ᄒᆞᆯ거시라 然則 心象과 觀念의 差異ᄂᆞᆫ 何에 在ᄒᆞ고 一例를 擧言ᄒᆞ면 假令 吾人이 冊床을 見ᄒᆞᆯ 時에 冊床의 形體ᄂᆞᆫ 上部에 平板이 有ᄒᆞ고 下底에 四脚이 有ᄒᆞᆫ 如許如許ᄒᆞᆫ 形體라고만 頭中에 記憶複現ᄒᆞᄂᆞᆫ거슨 此를 心象이라 稱ᄒᆞ고 一層更入ᄒᆞ야 冊床이라ᄒᆞᄂᆞᆫ거슨 如許如許ᄒᆞᆫ 形體의 物인데 此의 用處ᄂᆞᆫ 冊을 載置ᄒᆞᄂᆞᆫ 器具라든지 如此히 心象에다 其事物의 意味를 添加ᄒᆞᆫ 者를 觀念이라 稱ᄒᆞᆷ

言語ᄂᆞᆫ 實際의 知覺과 區別ᄒᆞ야 思想을 表現ᄒᆞᄂᆞ 者이며 吾人의 注意를 留ᄒᆞᄂᆞ 最適當ᄒᆞᆫ 手端이라 然而吾人의 思想上表現을 支配ᄒᆞᄂᆞ 手端은 心象의 運動的部分으로 見ᄒᆞᆯ 時에ᄂᆞᆫ 言語의 起源도 ᄯᅩᄒᆞᆫ 運動上에 發見ᄒᆞᆯ지라 一般吾人은 思想上에 表現이 有ᄒᆞ면 此를 實地運動에 發出코져ᄒᆞᄂᆞᆫ 傾向이 有ᄒᆞ니 思想이 가장 發達ᄒᆞᆫ 人은 腦中에 싱각ᄒᆞᄂᆞ 일 卽 思想上의 進行을 他人에게 通知ᄒᆞᆯ 必要가 無ᄒᆞᆯ 時에ᄂᆞᆫ 此를 特別ᄒᆞᆫ 運動으로 發出ᄒᆞᆷ이 無ᄒᆞᄂᆞ 小兒와 及原始的 階級에 在ᄒᆞᆫ 人類卽 全未開人은 此와 反ᄒᆞ야 其思想上活動은 아즉 知覺活動의 性質을 帶ᄒᆞᆫ 故로 腦中에 一思想이 有ᄒᆞᆯ 時에ᄂᆞᆫ 此를 百方手端으로 實地運動上에 發表ᄒᆞᆫ 然後에야 비로서 此에 對ᄒᆞ야 注意를 留ᄒᆞ도다 就中에 思想을 外部運動에 發表코져ᄒᆞᄂᆞᆫ 傾向은 他人과 交通ᄒᆞᄂᆞᆫ 機會에 尤多ᄒᆞ니 假使此에 言語를 未有ᄒᆞ야 思想을 相通치못ᄒᆞᄂᆞ 原始的人類甲乙丙人이 有ᄒᆞ야

共同으로 一般事에 從事홀 時에 乙이 萬一 甲의 意見에 不合흔 行動을 作홀 時에는 此時에 甲은 如何한 忠告를 乙에게 與코져ㅎ되 言語가 無흠으로 自己腦中에 싱각ㅎ는 바를 到底 勘忍自止치못ㅎ야 自己思想을 如何흔 運動으로 發表ㅎ야 意見을 乙에게 通코져ㅎ리니 或手로써 物의 形容을 作ㅎ며 物體를 打擊ㅎ는 形容도 作ㅎ고 目과 口等으로 種種흔 動作을 表示ㅎ야 意思를 通코져흠이니 此는 卽內部의 觀念이 實地運動으로 發動흐흔 것인데 此模倣的形容이 吾人言語의 最原始的 形態라 彼啞者等은 스스로 工夫ㅎ야 自然的表示로써 意思의 交通을 十分遂行ㅎ느니 此自然的表示는 何로써 成立됨인고ㅎ면 此는 物의 形體와 或其物을 生ㅎ게 ㅎ는 方法 쏘 其物의 特別흔 作用과 狀態며 或其物의 屬性等으로 成立ㅎ는 此自然的記號가 다못 某物을 模倣(슝니)흠에 止홀 時에는 此模倣은 言語가 아니오 此模倣으로써 其模倣ㅎ는 物의 意味를 他人에게 通知홀 時에 비로셔 言語의 效用을 作ㅎ느니 吾人이 言語를 不通ㅎ는 外國에 往ㅎ면 此自然的記號의 模倣은 思想을 通ㅎ는 唯一의 方法이라 亞弗利加洲蠻人은 아즉 吾人과 如흔 完全흔 言語가 無ㅎ고 다못 以上과 如흔 模倣的言語로써 唯一의 思想을 通ㅎ는 故로 暗夜에 視官으로 直接相見치 못ㅎ면 其不完全흔 意思라도 相通치 못흔다 ㅎ는 奇談이 有ㅎ니 此로써 觀ㅎ면 言語의 起源은 不可不 運動에 在ㅎ다 ㅎ리로다

第三 合意的 言語

以上 說明과 갓치 模倣으로써 意思를 相通ㅎ는 自然的記號는 物形의 最顯著흔 點을 擧ㅎ야 表示흠이느 一定共通흔 規則이 無흔 것인즉 到處마다 同一ㅎ기 不能흔지라 一人은 鹿이라ㅎ는 意思를 表示홀 時에 手로써 其角形을 模倣ㅎ는데 他人은 其躍去ㅎ는 擧動을 模倣흠과 如ㅎ고 쏘 一團體中에셔는 漸次畧符號를 用ㅎ는 傾向이 有ㅎ니 假令 團體中一人이 牛를 直接指示ㅎ며 手로써 角形을 模倣ㅎ고 足으로써 蹴ㅎ는 形을 作ㅎ야 此模倣이 牛라ㅎ는 意를 衆人이게 一次表示홀 時에는 其後

에는 其團體中人은 直接으로 牛를 見치아니홀지라도 模倣ᄒᄂᆫ 角形과 蹄形을 見ᄒ면 此模倣이 牛를 意味ᄒᄂᆫ 것으로 通解ᄒ리니 如此히 漸漸發達ᄒ야 簡略ᄒᆫ 自然的記號가 一團體中에셔 用ᄒ게 되면 他團體에셔ᄂᆫ 此 模倣的略符號의 意味를 了解키 不能ᄒᆷ에 至홀거시라 如此히 模倣的言語ᄂᆫ 漸漸發達ᄒ야 多少合意的言語로 移去ᄒᄂᆫ 傾向이 有ᄒᄂ 다못 如此ᄒᆫ 方法으로ᄂᆫ 模倣的言語가 到底純全ᄒᆫ 合意的言語로 變換키 不能ᄒᄂ니 然則 此間에 如何ᄒᆫ 最有力最便利ᄒᆫ 要素를 要홀고ᄒ면 卽吾人의 音聲이 是니라

音聲으로써 意思를 相通ᄒᄂ거슨 其個個의 音聲이 表示ᄒᄂᆫ 符號卽 文字가 發見ᄒ기 以前에 이믜 使用ᄒᆫ거슨 的確ᄒᆫ 事實이라 此絶調가 有ᄒᆫ 音聲은 完全ᄒᆫ 一全體의 意味를 構成ᄒ며 個個의 音이 其發表와 意味間의 關係를 明瞭히 表現ᄒ야 此音聲으로써 意思를 交換ᄒᄂ거슨 自然記號의 模倣的形容으로써 ᄒᄂ것보다 大異ᄒ니 模倣的形容으로 意思를 交通홀 時에ᄂ 此模倣이 表示코져ᄒᄂ 物과 直接으로 結合ᄒᄂ (假令鹿을 表示홀 時에ᄂ 角形을 模倣ᄒᄂ것갓치) 純全ᄒᆫ 合意的言語에 達ᄒ면 此直接結合의 必要가 無ᄒ고 또 音聲과 此音聲이 表示코져 ᄒᄂ 事物間에 類似ᄒᆫ 點을 離ᄒ고도 音聲上關係와 意味上關係를 連關表示ᄒᄂ 것이 合意的言語의 特點이라.

然이ᄂ 此에 一疑問이 起ᄒᄂ거슨 當初 音聲이 自然表示를 代表홀 時에 其個個의 音聲이 如何히ᄒ야 某種類의 音聲은 某種類事物여 意味를 表示ᄒ게 되엿ᄂ지 此疑問에 對ᄒ며ᄂ 種種의 說이 有ᄒᄂ 玆에 其二三을 擧ᄒ면

(第一說) 吾人은 內部에 如何種類의 情緖(喜, 怒, 愛, 樂, 嫉妬, 怨恨, 誹謗等을 心理學上統稱情緖)가 有홀시에ᄂ 吾人은 此에 應ᄒ야 發表가 有ᄒ니 恐怖홀 時에ᄂ 叫聲을 發ᄒ야 此利用으로 他人에게 恐怖ᄒᆫ 情을 通知ᄒ며 快樂ᄒᆫ 事物을 當홀 時에ᄂ 笑聲과 歡喜의 音聲을 發ᄒ고 悲哀홀 時에ᄂ 悲哀ᄒᆫ 音聲을 發ᄒ야 目當ᄒᆫ 事物의 實情을 他에게 通

知ᄒᆞᄂᆞᆫ 傾向이 有ᄒᆞ니 卽如此ᄒᆞᆫ 感動詞的音聲이 漸次發達ᄒᆞ야 個個의 音聲이 今日과 如히 個個의 意味를 有ᄒᆞ게 變遷되엿다 ᄒᆞᆷ이오

(第二說) 此說은 假使吾人이 猫의 意味를 他人에게 通知코져ᄒᆞᆯ 時에ᄂᆞᆫ (勿論原始的 時代에 아즉 言語가 無ᄒᆞᆫ 人) 猫의 啼聲을 模倣ᄒᆞ며 鷄의 意味를 通知코져 ᄒᆞᆯ 時에ᄂᆞᆫ 鷄의 啼聲을 模倣ᄒᆞ야 表示ᄒᆞ엿ᄂᆞᆫ데 如此ᄒᆞᆫ 自然的形容이 漸次發達ᄒᆞ야 今日과 如ᄒᆞᆫ 音聲의 言語로 變ᄒᆞ엿다ᄒᆞᆷ이요

(第三說) 此說은 當初事物의 特別ᄒᆞᆫ 種類ᄂᆞᆫ 原始的人類로 ᄒᆞ여금 特別ᄒᆞᆫ 發表를 作ᄒᆞ게 感動시킨 거시라 故로 最原始的言語ᄂᆞᆫ 最初에 人이 一思想에 感動되여슬 時에 其人이 天然으로 發ᄒᆞᆫ 音聲과 恰似ᄒᆞ니 彼文學詩歌등은 發ᄒᆞᄂᆞᆫ 音聲과 其音聲이 表示ᄒᆞᄂᆞᆫ 事物의 接近으로써 成立ᄒᆞᆫ 거시라 ᄒᆞᆷ이라

以上三說中에 第三說은 第一說과 第二說과 大同小異ᄒᆞᆫᄃᆡ 全三說의 大體意味ᄂᆞᆫ 言語의 起初가 自然的模倣에 在ᄒᆞ다ᄒᆞᆷ에 一致ᄒᆞ엿도다 以上諸說은 都是吾人의 合意的 言語의 發達ᄒᆞᆫ 經路ㅣ니 此自然的模倣의 音聲이 一次始作ᄒᆞ면 漸次發達變遷ᄒᆞᆯ거슨 推測可想ᄒᆞᆯ 者로다

    *국어와 국문을 구분하여 인식함—언어 문제는 입말이 우선임을 명시
    *학술적으로 언어의 효능, 기원 등을 구명함.

◎ 漢字 統一會 開設에 關ᄒᆞᆫ 意見, 〈서우〉 제13호, 1907.12.
   (언어, 국어 국문)

▲ 제13호

日本에漢字統一會가有ᄒᆞ니該會長金子堅太郎氏가其意見을著述ᄒᆞ엿

는딕 此를 左에 譯載ㅎ야 諸同胞로 有所參考케ㅎ노라

日韓淸三國에 數千年間의 文明은 一因乎漢學之力이니 此漢學의 基礎의 上에 日韓淸三國의 政體, 思想, 社會의 組織, 道德, 經濟, 實業, 宗敎等이 成立혼 故로 此三介國에 漢學을 除去ㅎ고 將來文明의 發達을 圖홈과 如홈은 到底不可得홀 事야라 又我日本에서는 千五百年前大陸으로브터 漢學이 傳來혼 以來로 今日석지의 文明基礎는 其力을 藉홈이 多ㅎ고 國民의 思想과 國家의 隆運도 亦此漢學의 力에 基ㅎ은 古來의 史乘에 徵ㅎ야도 歷歷혼 事實이니 若我國의 歷史를 確究ㅎ야 日本國體를 知ㅎ며 大和民族의 精神을 知코져ㅎ면 亦不可不漢學의 力을 賴홀지라 歐米의 文明이 一度我國에 輸入홈에 及ㅎ야 斬新혼 泰西의 科學으로 始ㅎ야 機械其他百般文物이 皆羅馬字를 依ㅎ야 傳達ㅎ니 於是에 我國이 西로는 漢學을 藉ㅎ야 朝鮮支那印度等의 文明을 輸入ㅎ고 又東으로는 羅馬字로써 歐米의 斬新혼 文物을 輸入혼 結果로 現今에는 東西兩半球의 文明이 混化發展ㅎ는 現象을 呈ㅎ는지라 是故로 一方으로는 漢文字를 廢ㅎ고 總히 國語를 羅馬字로 改造홈이 可ㅎ다는 議論이 出ㅎ고 又一方으로는 日本의 文化는 舊來의 和漢混合의 國語로서 進홀지라는 說이 有ㅎ야 此兩派가 今尙其主張ㅎ는 바를 互相唱導ㅎ야 甲은 乙을 駁擊ㅎ고 乙은 甲을 論難ㅎ야 學術界에 實로 未決혼 一大問題됨에 至혼지라 然ㅎ나 世界의 大勢를 達觀ㅎ야 其問題를 討究ㅎ는 時는 我輩는 漢學의 力뿐으로 東洋發展의 大事業을 完成ㅎ기 可得홀 것으로 思치 안이ㅎ며 又日本語를 羅馬字로 改造ㅎ야 此로써 東洋發展의 大責任이 成功홀 것으로도 思치 안이ㅎ노라 然則如何히 ㅎ여야 日本國의 地位로브터 將來東洋發展의 大事業을 計畫ㅎ짓는요 日本은 東으로 羅馬字로 依ㅎ야 輸入혼 泰西의 斬新혼 科學 機械其他의 文物을 西로 向ㅎ야 亞細亞大陸에 扶植ㅎ야 써 我勢力을 擴張ㅎ며 我貿易을 發達코져홀진딕 漢文字를 藉ㅎ야 其目的을 達ㅎ는 外에 良計가 更無ㅎ다 斷言ㅎ노라

歐米의 政治家及實業家는 古來亞細亞의 外交와 貿易을 策홈에 當ㅎ야 多히 漢學을 重要로써 視치 안이ㅎ고 亞細亞의 經營은 羅馬字의 國

語를 用홈이 滿足흔 줄로 信호나 眼이 烱흔 獨逸政府는 歐米諸國에 先호야 支那의 國情을 達觀호고 伯林에 東洋語學校를 設호고 東洋에 關흔 語學을 夙爲硏究호야 列强이 着眼치 못흔 간에 東洋發展의 地步를 早造 흔 結果로 輓近四五年間에 東洋엣 英國의 貿易을 先爲蠶食호고 昨今은 進호야 米國과로 共히 日本의 商業도 侵畧호는지라 現今英米諸國의 領 事의 報告를 見호여도 獨逸商人의 亞細亞엣 貿易을 計劃홈에 支那語를 能談호며 漢文學을 能解호야 支那人과 交際가 歐米他國民에 逈勝호야 頗히 密接干繫를 保홈으로 支那人의 思想을 玩味호며 風俗等을 曉解호 야 其貿易의 實況을 知홈에 便益이 極多홈은 東洋語學校設立흔 結果에 歸홈이 明白호야 歐米人도 今日一般信認호야 疑치 안이호는 바이니라

又米國에셔도 日露戰爭後에 將來엣 世界의 貿易市場은 亞細亞大陸 에 在홀터인되 就中淸韓兩國이 其要樞를 占흘 것을 發見홈으로써 大學 又商業學校中에 支那語學의 講座를 設호야 今後支那에 對흔 外交貿易 의 發展上에 用홀 人材를 養成홈을 期호고 同國政府에셔는 北京에 在흔 公使館에 十名의 支那語學硏究生과 東京에 在흔 大使館에 六名의 日本 語學硏究生을 置호기로 決議호고 旣其人員을 派遣호야 國語의 硏修에 專心從事케호야셔 將來外交官, 領事官 될 人物을 養成홀 準備를 호는 同時에 又民間에도 大學其他學校에 日淸兩國의 語學講座를 設호야 盛 히 東洋貿易의 發達에 可資홀 人物의 養成에 努호니 其理由는 無他라 支那日本에셔 外交貿易의 發展을 期코져호면 몬져 兩國의 國語를 硏究 호고 其國語를 練習호야 能讀能談호며 此能書호나 三伎倆을 備치 안이 호면 亞細亞의 外交貿易이 發達홀 수 無홈을 覺知홈으로 因홈이니라

千五百年來漢學의 我國에 渡來홈으로붓터 漢文字가 恰히 我國語一 部된 今日에 及호야는 漢文字가 到底히 我國語中에셔 削除호기 不能홀 深根據를 有호고 又日本의 歷史, 政體, 學問, 宗敎, 貿易其他百般事業이 總是漢文字에 賴치 안이호면 到底히 此를 繼續호며 又此를 將來에 發展 케호기 難홈도 事實이라 一朝에 此를 廢호고 羅馬字로 更호면 其方針 이 泰西諸國의 現今計劃호는 바와 全然反對에 出홈이라 今也泰西諸國

이 亞細亞의 貿易을 進ᄒᆞ며 亞細亞의 開發을 行ᄒᆞᆷ에ᄂᆞᆫ 不可不漢文字를 修得ᄒᆞ야 其漢文字의 力을 依ᄒᆞ야 庶般의 經營畫策을 施ᄒᆞᆯ지라 ᄒᆞ야 汲汲히 此目的의 下에 努力ᄒᆞ니 邦人은 何를 苦ᄒᆞ야 此重要ᄒᆞᆫ 利器를 廢棄ᄒᆞ리오 幸히 我國이 今日 싀로히 漢文字를 用ᄒᆞᆷ에 及ᄒᆞ야 이믜 我 國語가 되엿스니 此를 益益改良ᄒᆞ면 亞細亞開發ᄒᆞᄂᆞᆫ 目的을 엇지 充分 達得치 못ᄒᆞ리오

我國이 歐米諸國과로 對峙ᄒᆞ야 東洋發展上에 如何ᄒᆞᆫ 地步를 占居ᄒᆞ 얏ᄂᆞᆫ요ᄒᆞ면 泰西의 學術에 基ᄒᆞᆫ 機械的工業 又社會的貿易에ᄂᆞᆫ 一步를 英米人의게 讓ᄒᆞ나 支那大陸開發上에ᄂᆞᆫ 特種의 利便을 有ᄒᆞ니 日本은 支那로 同文의 國인티 其發音이 異ᄒᆞ야 談話ᄂᆞᆫ 不能ᄒᆞ나 文字ᄂᆞᆫ 同一ᄒᆞᆫ 지라 隨ᄒᆞ야 筆談ᄒᆞ며 書籍도 讀得ᄒᆞᄂᆞᆫ 故로 彼國의 制度, 文物, 人情을 探究ᄒᆞᆷ에 就ᄒᆞ야ᄂᆞᆫ 比較的 容易히 此를 得爲ᄒᆞᆯ지오 又此와 反對ᄒᆞ야 我國情을 淸韓兩國人의게 知케ᄒᆞᆷ에 當ᄒᆞ야도 我國語를 少更ᄒᆞ면 卽漢 文이라 容易히 適用ᄒᆞᆷ을 得ᄒᆞ깃ᄂᆞᆫ 故로 漢文字ᄂᆞᆫ 彼地兩國을 結合ᄒᆞᆯ 好連鎖될쑨 안이라 兩國人의 思想을 交換ᄒᆞ며 又貿易을 發達케ᄒᆞᆷ에도 無二ᄒᆞᆫ 利益이 有ᄒᆞ니 此利益은 歐米諸國의 人民이 持치 못ᄒᆞᆫ 바이니 此를 持치 못ᄒᆞᆷ을 爲ᄒᆞ야 亞細亞大陸의 貿易上에ᄂᆞᆫ 日本國民의 後에 不落ᄒᆞᆷ을 不得ᄒᆞᆯ 不利ᄒᆞᆫ 地位에 在ᄒᆞᆫ지라 如是不利ᄒᆞᆫ 地位에 立ᄒᆞᆷ을 發見ᄒᆞᆫ 故로 彼等이 此로 因ᄒᆞ야 生ᄒᆞᄂᆞᆫ 損害를 補ᄒᆞ기 爲ᄒᆞ야 此等語 學의 講座를 設ᄒᆞ야 練習에 不可不勵ᄒᆞᆯ 必要를 感ᄒᆞᆫ지라 近來此로 爲ᄒᆞ 야 銳意努力ᄒᆞᄂᆞᆫ 中에 在ᄒᆞ니라 (未完)

▲ 제14호

從今七八年前에 三井物産會社의 社長益田孝君이 支那에 漫遊ᄒᆞᆫ 後 에 予다려 語ᄒᆞ야 曰「從來三井物産會社ᄂᆞᆫ 支那朝鮮의 要地에 支店을 設ᄒᆞ고 淸韓에 對ᄒᆞᆫ 我貿易을 擴張ᄒᆞ기 爲ᄒᆞᆷ에ᄂᆞᆫ 英語에 熟達ᄒᆞ며 商業 上의 學說에 通ᄒᆞ고 且歐米商工業의 實況을 視察ᄒᆞᆫ 者로써 此를 擔任케

ᄒᆞ얏는ᄃᆡ 支那의 內地에 入ᄒᆞ야 支那人과로 交涉ᄒᆞᄂᆞᆫ 境遇에 日本人이
洋服을 着ᄒᆞ고 熟練치 못ᄒᆞᆫ 英語로 貿易에 從事홈과 如홈은 歐米人과
로 對峙ᄒᆞ는ᄃᆡ 其勢不利ᄒᆞᆫ 地位에 不立하기 不得홀지니 故로 今後 日本
人이 支那의 貿易市場에 立코져ᄒᆞ면 須是支那語를 談ᄒᆞ며 支那服을 着
ᄒᆞ고 親히 支那人과로 交際ᄒᆞ야 密接ᄒᆞᆫ 社交上의 友誼를 結ᄒᆞᆫ 後에 貿
易業의 發展을 圖홈이 第一捷徑이라」 하니 余가 當時에 此言을 聽ᄒᆞ고
實際的中ᄒᆞᆫ 名論이리 感服ᄒᆞ얏노라 輓近歐米人의 支那에 對ᄒᆞᆫ 貿易上
의 企圖及準備를 見컨ᄃᆡ 七八年前 益田君의 語ᄒᆞᆫ바 方針과 恰同ᄒᆞᆫ 方針
으로 經營ᄒᆞ니 顧惟斯策이 決코 一時의 手端에 不止ᄒᆞ고 將來淸韓地方
에 我國의 貿易을 擴張ᄒᆞ며 又政治上의 勢力을 扶植호려ᄒᆞᄂᆞᆫ 以上不可
缺을 要訣이니 支那語를 談ᄒᆞ며 支那文을 書ᄒᆞ야 同文의 便宜를 利用홈
은 日本人의 必要ᄒᆞᆫ 바이니라

　貿易이 國旗로 伴ᄒᆞᆫ다 홈은 此五十年前ᄭᆞ지의 歐米外交가의 箴語라
此는 高壓手段으로써 外交政畧의 秘訣이라 認ᄒᆞᆫ 時代에ᄂᆞᆫ 不易홀 格言
이 될지도 不知어니와 此二世紀에ᄂᆞᆫ 陳腐ᄒᆞᆫ 已屬ᄒᆞ니 今日에ᄂᆞᆫ 高壓手
段으로써 外交政畧의 秘訣이라 홈은 各國相互의 國交가 親密를 加홈으
로 從ᄒᆞ야 漸次其效力을 減ᄒᆞ고 社交上의 圓滿ᄒᆞᆫ 關係로 因ᄒᆞ야 貿易을
擴張홈이 發達되야 國際間의 圓滿ᄒᆞᆫ 交誼ᄂᆞᆫ 貿易을 發達케ᄒᆞᄂᆞᆫ 一大要
素라 홈에 至홀지라 然則同文의 國에셔ᄂᆞᆫ 其國籍의 異홈을 不拘ᄒᆞ며
國家의 領土의 異홈을 不拘ᄒᆞ고 文字의 及ᄒᆞᄂᆞᆫ 區域은 卽貿易의 範圍로
認ᄒᆞ야도 不當타 못홀지니 此를 世界貿易上의 近勢에 徵ᄒᆞ건ᄃᆡ 國際間
엣 同一文字의 使用은 斯業의 擴張上에 最有力ᄒᆞᆫ 武器라 日韓淸三介國
엣 同文은 此三介國엣 外交及貿易의 發展上에 無比ᄒᆞᆫ 良緣인즉 右三介
國의 人民은 此로 基礎를 삼아 親交를 結ᄒᆞ야 國情을 互相熟知ᄒᆞ며 思想
을 互相交換ᄒᆞ고 因ᄒᆞ야써 貿易의 發達를 計홈이 最肝要ᄒᆞ니 我國에셔
萬一 漢文字를 廢ᄒᆞ고 羅馬字를 用ᄒᆞ야 亞細亞大陸에 出ᄒᆞ야 貿易을
經營ᄒᆞᄂᆞᆫ 時를 當ᄒᆞ야도 日本人이 羅馬字로써 書束을 認ᄒᆞ며 羅馬字로
써 新聞其他의 思想을 交換ᄒᆞᄂᆞᆫ 機關에 使用홈에ᄂᆞᆫ 到底히 歐米人의

後에 不落홈을 不得홀지오 此에 反ㅎ야 漢文字로써 商業文을 認ㅎ야
商業의 交涉을 ㅎ며 又商業에 關혼 交通機關 其他를 經營ㅎ는 時는 日本
人이 確實히 歐米人의 首位를 占得홈은 火를 賭홈보다 明혼지라 故로
我國에셔 漢文字를 廢ㅎ고 羅馬字를 用ㅎ야 各種의 事業을 計畫홈과
如홈은 東洋發展上에 最拙策이라 不謂홈이 不可ㅎ니라 方今宇內의 大
勢上으로 發觀ㅎ야 我國의 地位를 研究ㅎ면 上에 述홈과 如ㅎ니 日本이
元來羅馬字로 因ㅎ야 歐米의 文明을 輸入ㅎ고 能히 此를 詛嚼ㅎ며 此를
消化ㅎ야 其得혼 結果를 漢文字로 通ㅎ야 此를 朝鮮支那에 輸出홀 大責
任을 負擔혼 者야라 世界에 國을 建혼 者 비록 多ㅎ며 又泰西文明의
精華를 蒐혼 歐米先進國이 비록 有ㅎ나 而東西兩半球의 文化를 一國에
萃ㅎ야 此를 混化融合ㅎ고 其結果로 更히 亞細亞大陸에 對ㅎ야 發搞擴
充홀 好地位를 占혼 國은 日本을 除혼 外에 無홈은 歷然혼 事實이니라
  以上 敍述혼 事實로붓터 斷定ㅎ면 東西兩半球의 文明을 一國에 蒐ㅎ
야 打爲一團ㅎ야써 二十世紀엣 新文明의 原素를 釀成ㅎ고 其原素로 因
ㅎ야 亞細亞開發의 計畫을 立홈은 實로 我國의 天職이오 將來의 一大事
實이라 此事業을 完成홈에는 日本民族以外에 如是有望혼 地位를 占혼
人種이 不有ㅎ니 故로 我國의 漢學은 益益發達케ㅎ며 歐米의 外國語도
十分研究홀지니 漢學과 泰西의 學術과를 融化混合ㅎ야 亞細亞發展의
大計畫을 試ㅎ면 歐米諸國은 勢 皆我國의 方針에 擬ㅎ야 亞細亞에 對혼
事業을 進홈이 必矣라 故로 予는 我國大方의 有志諸氏에 對ㅎ야 特히
右의 方針을 確守ㅎ야 亞細亞開發의 大事業을 經營홈에 銳意盡瘁홈을
希望ㅎ는 者也로라
  上과 如혼 日本國民의 擔혼 天職을 實地로 施行홈에 就ㅎ야는 其可執
홀 方法이 多多ㅎ나 第一日韓淸三介國에 共通ㅎ는 漢文字를 統一혼 玉
篇的의 字書必要也니 今日此種字書의 存在치 안이홈은 我輩의 持論의
遂行上엣 一大障碍也라 日韓淸三介國이 文字는 同一ㅎ나 發音을 異히
ㅎ는지라 故로 筆談ㅎ면 意志疏通ㅎ아 口語로는 相解ㅎ기 不得ㅎ야 不
便이 甚ㅎ니라 現今 淸國의 留學生의 東京에 居혼 者는 一萬有餘오 朝

鮮의 留學生도 四五百名에 달ᄒ고 又日本人의 支那朝鮮에 在留ᄒᄂ 者가 其數幾萬으로써 算ᄒᆯ지라 此等人이 日常口로 談ᄒᄂ 바와 眼에 映ᄒᄂ 바와 書面으로 認ᄒ야 往復ᄒᄂ 바ᄂ 同一文字됨을 不拘ᄒ고 其互相不通ᄒᄂ 發音은 如何히 ᄒ야 研究ᄒᆯᄂ지 如何히 ᄒ야 獨習ᄒᆯᄂ지 其手引草, 字典의 類가 有乎아 ᄒ면 此를 統一ᄒ야 編纂ᄒ 者ᄂ 今日皆無也라 於是乎我輩가 叙上의 不利不便을 補ᄒ기 爲하야 近時에 同志之士로 相謀ᄒ야 漢字統一會를 設ᄒ니 假컨듸 字數約六千을 限ᄒ고 日韓淸共通ᄒᄂ 實用的文字를 字典으로 編纂ᄒᆯ 計畵이라 三介國의 發音은 片假名으로 附ᄒ며 又羅馬字로 記ᄒ야 日韓淸의 人民은 勿論ᄒ고 雖歐米人이라도 一度此字典을 披ᄒ며 必要ᄒ 漢字의 發音을 容易히 解ᄒ기로 編成ᄒ야 其原稿가 旣己完成ᄒ야 目下印刷에 着手ᄒ야신즉 數月을 閱ᄒ면 出版홈에 至ᄒᆯ지니라

　前陳과 如히 漢文은 亞細亞發展의 一大要素라ᄒᄂ 持論에 基ᄒ야 此를 實施ᄒᄂ 方法의 第一着手로 몬져 字典의 出版을 語ᄒ엿ᄂ듸 此字典은 淸韓에 在留ᄒ 日本人을 爲홈에ᄂ 支那及朝鮮語의 發音을 研究ᄒ야 彼로 談話를 交換하라 特種의 參考書라ᄒᆯ지오 又 日本에 在留ᄒ나 淸韓의 學生과 官吏商業家ᄂ 此字典으로 因ᄒ야 日本의 發音과 字意를 解得ᄒᆯ지오 又東洋各地에 在留ᄒ 歐米人이 此書를 繙閱ᄒ면 其羅馬字로 記ᄒ 바의 發音으로 因ᄒ야 字音을 學得ᄒ기 便宜홈에 至ᄒᆯ지니 要컨듸 本書의 出版은 僅히 我國의 天職인 大事業의 實行에 着手ᄒᆯ 一端緖에 不過ᄒ나 此外前述의 主義를 遂行홈에 就ᄒ야ᄂ 目下各種의 方案을 講究ᄒ난 際인즉 萬一世의 學者及實驗家에서 垂敎를 不吝ᄒ야 吾輩의 不足ᄒ 바를 補ᄒ며 不及ᄒ 바를 訂ᄒ야 써 斯業을 大成홈을 得케 ᄒ면 實로 至幸이라 ᄒᄂ 바 也니라 (完)

◎ 國文과 漢文의 關係,
韓興教, 〈대한유학생회학보〉 제1호, 1907.3. (국어 국문)

今日吾人이 文字로 因ㅎ야 享受ㅎᄂ 利益은 不庸多言이어니와 大抵 人類社會가 形成된 以後, 生活의 方法이 逐漸複雜ㅎ게되야 드듸여 思想 을 記現홀 文字를 要求ㅎ게되니 於是乎埃及의 象形文字와 巴比倫의 楔 形文字又혼 一種의 記號가 發明되야 맛춤ᄂ 今日西歐文字의 本源이 되 얏스니 此ᄂ 다만 西文의 由來어니와 至若東洋文字의 起源은 如何ㅎ뇨 黃帝時에 蒼頡이 비로소 圖畫的 文字를 造成ㅎ엿스되 形體만 摸寫ㅎ야 理解키 極難ㅎ고 唐虞以後로ᄂ 蝌蚪文字를 用ㅎ고 周初에 史籒ㅣ 비로 소 大篆體로 改正ㅎ나, 아직도 便利치 못ㅎ야 秦時에 小篆과 隸書가 案 出되얏고 漢以後로 楷行草三體가 變遷되야 吾人의 只今實地應用上에 一大便宜를 與ㅎ니 그 由來혼 沿革을 稽考ㅎ면 決코 一朝一夕에 容易造 成된 것은 아니ᄂ 然이ᄂ 文字의 煩疊홈과 語尾의 無變홈으로 今日新 學術을 明瞭히 記出키 難ㅎ니 此ᄂ 卽漢字의 一大弊端이오 兼ㅎ야 我國 의 固有혼 文字가 아님으로 不便不利홈이 不遑枚述이라.

然이ᄂ 我國文은 邦人의 固有혼 思想을 記出ㅎ기 爲ㅎ야 自然혼 理勢 로 發見된 文字니 字數ᄂ 비록 日本假名(諺文)과 羅馬子보담 數多ㅎᄂ 習得키 容易ㅎ고 應用에 便利홈은 世界에 無比라 可謂홀지라 嗟홉다 何故로 邦人은 五百年來, 固有혼 文字를 無用件又티 專然棄置ㅎ고 한갓 他邦으로 輸入된 漢文만 崇尙ㅎ야 四聲을 辯別ㅎ고 八體를 學習ㅎᄂ 間에 一平生을 虛度ㅎ니 所謂學究라ㅎ면 李杜의 詩와 韓柳의 文에 不出 ㅎ니 何暇에 實學을 探究ㅎ리오 맛참ᄂ 數千年弊源이 滾滾濁流가 되야 末流의 弊가 드듸여 人民의 智識이 蒙昧ㅎ야 今日二十世紀上에 如斯히 腐敗혼 國勢를 自作ㅎ얏스니 엇지 痛哭大息티 아니ㅎ리오 日本은 最後 에 我國으로서 傳教된 漢文을 利用ㅎ야 假名을 製出ㅎ며 和(日本)漢兩 文의 調用法을 實施ㅎ니 極히 簡括ㅎ고 平易홀쑨 아니라 西學의 飜譯

에도 大效力이 有호고로 民智가 速히 發達되야 不過四十年에 歐米列强과 爭雄호니 此로 因호야 比較호면 文字와 國家의 關係가 尋常티아니홈을 可知홀리로다

　然而國漢文의 關係를 皮解호는 者는 煩雜혼 漢文은 全廢호고 簡易혼 國文만 收用홈이 便宜호다 호니 此는 그 詳細혼 裏由와 密接혼 關係를 不知홈이로다 何者오 我國文은 原來 一般人民의 純粹혼 語音으로 組織되야 個字의 意味가 無홈으로 漢文과 并用호여야 비로소 解釋이 分明호니 萬一 漢文과 調和키 不能호면 엇지 言語上說明을 得호리오 假令 孝悌忠信과 仁義禮智를 한갓 音으로만 人民을 敎育홀딘딕 무삼 意味가 其中에 含有혼지 確知티 못홀디라 由是로 現今日本에셔는 漢文廢止혼다는 論者가 起호야 多年運動하라쏀더러 甚至於 國漢文을 并廢호고 純全히 蘿馬子를 採用호댜호야 集會를 組織호고 當局者의게 建議신지 호얏스나 時勢에 適當티 못홈으로 遽然히 實行되디 못호니 以若日本의 現勢로 오히려 如此호거든 하믈며 漢文만 專尙호든 我韓이리오 此는 過度혼 愚論이라 顧察홀 必要가 更無호거니와 오즉 時宜에 合혼 者는 國漢文을 調和并用호는 一法쑌이라

　余의 論辯이 비록 庸陋호느 誠心으로 勸告호노니 我國內同胞는 今日 二十世紀의 優勝劣敗호는 形影을 猛察호고 四十年來로 曰詩曰賦호던 習慣을 翻然改悟호야 自慈以往으로 弊痼沉塞혼 漢學腦髓에 新鮮혼 空氣를 注入호야 至簡至易혼 國漢文調和法을 實施호되 몬져 日本으로 前鑑삼아 早速히 歐米新學問을 硏究호야 世界上第一等文明國되기를 心香으로 勞祝호고 葵誠으로 熱望호노라

◎ 辯才語, 卞永周, 〈대한유학생회학보〉 제2호, 1907.4. (언어, 국어 국문)

*어학에 특별한 재질이 있는가?, 어학 공부의 의미는?

語果有才乎아. 曰 無有也ㅣ라. 善精勤이 生才ㅎ고, 專門이 生才ㅎ나니 此外ᄂᆞᆫ 非別有所謂才者也ㅣ라. 千云萬爲가 何莫不然이리오, 世或我韓人이 有語學天才ㅎ고 雖我韓人이라도 亦詡詡然(후후연) 自許以特長而究其原由에 紛然不一其說ㅎ니 或以爲國文之妙가 冠絶萬邦ㅎ야 四通八變에 皆能形容各音而殊不知日音之ッ와 英音之F는 無相類於我國文者ㅎ고 或又以爲我韓之人이 以今現狀으로 言之면 椎魯野蠻(추로야만, 어리석고 야만스러운)에 混沌이 未鑿이나 然이나 此皆在上者의 不以新敎育으로 培養精神之責이오, 而其頭腦則本非不足故로 倫理之學과 性命之論이 其高者ᄂᆞᆫ 出入有無而推極奧妙ㅎ고 粗者는 亦足陶冶萬物而組織社會ㅎ야 以成歷代之良政美化者也ㅣ라.

어학에 과연 재능이 있는가. 그렇지 않다. 정묘하고 부지한 데서 재주가 생겨나고 전문에서 재주가 생겨나니 그밖에는 특별히 이른바 재주라고 할 것이 없다. 천 번 이르고 만 번 행하더라도 어찌 그렇지 않겠는가. 세상에서 혹 우리 한국인이 어학에 선천적인 재주가 있다고 하고, 비록 한국인이라도 또한 스스로 특장으로 그 원칙과 연유를 탐구함을 자랑함에 분연히 그 설이 같지 않으니, 혹 국문의 묘리가 세계 모든 나라에 으뜸이 되어 사통팔변에 능히 각각의 음을 형용할 수 있으나 오직 일본음 ッ와 영어 F는 달라서 아국의 글과 같은 종류가 아니며, 혹 아국인이 지금 현상으로 말하면 어리석고 야만스러운 혼돈을 뚫어내지 못하나 이는 모두 윗사람들이 신교육으로 정신을 배양하지 않은 책임이요, 그 두뇌가 본래 부족한 까닭이 아니다. 그러므로 윤리의 학문과 성명의 논리가 높은 경우는 유무를 드나들고 지극히 오묘함을 추

상하며 조잡한 경우라도 또한 만물을 도야하고 사회를 조직하여 역대의 좋은 정치와 미풍을 만들어 낼 수 있다.

今推其本有之慧而發揮之면 東方性理之說과 西國物質之學도 不難俱收幷用에 作爲我物이온 何有乎區區語學也ㅣ리오. 然이나 殊不知埃及之象形文字와 太陽曆書와 印度之十進數와 博愛之敎가 已行於五千年 或四千年前而擅世界最古之文明이니 然이나 今未聞 此等民族이 以此而有語才ㅣ라.

지금 그 근본의 지혜를 발휘하고자 하면 동방의 성리설과 서양의 물질학도 모두 아울러 우리의 것을 만들기가 어렵지 않은데 어찌 구구히 어학에 관심이 있겠는가. 그러나 비록 이집트의 상형문자와 태양 역서, 혹은 인도의 십지수와 박애의 종교가 이미 오천년 또는 사천년 전에 세계 최고 문명을 만들었음을 알지 못하나 지금 이들 민족이 어학의 재질이 있다는 말을 듣지 못하였다.

故로 愚以爲才者는 非天所以與限於一人一族一國之物이어늘 而曰我韓 我韓者는 固妄也ㅣ오. 且音者는 語之發也ㅣ라. 方語(방어＝방언)가 旣殊則音亦不能隨 而稍別 故로 國文之說이 亦不穩也ㅣ라.

그러므로 재주라는 것은 하늘이 한 사람, 한 가족, 한 국가에 부여한 것이 아니거늘 '아한', '아한' 하는 것은 진실로 망령된 것이다. 또 음이라는 것은 어(語)가 발화한 것이니 방언이 이미 다르면 곧 음 또한 따르지 않을 수 없어 달라지니, 그러므로 국문설이 또한 온당하지 않다.

愚以爲我韓人之語才는 萌於依賴之心ᄒ고 堅於苟得之熱ᄒ고 得於專門之力ᄒ노니, 盖小國家 弱民族이 例無自立之氣ᄒ고 好作附和之計而至於我韓ᄒ야는 其禍가 尤烈이라. 借人文於漢土 而甘奴虜之待ᄒ고 倚勢

威於露國 而貢赤子之乳ㅎ고 托富强於日本 而受嚴師之鞭ㅎ야 壓迫이 備
至에 人性을 全失ㅎ야 遂使擧國이 狂奔에 皆謀自全일시 不有內依면 必
有外賴ㅎ니 夫窮則遁辭(둔사, 회피하는 말)ㅎ고 急則變計는 細人(세인,
소인)之常態而其情이 亦有足甚悲者ㅣ라.

어리석게도 우리 한국인의 어학 재능은 의뢰심을 싹틔우고, 구차하게
얻는 심리를 견고하게 하며 특정 분야(전문)의 힘만 얻고자 하니, 예를
들면 대개 작은 나라 약한 민족이 자립의 기운이 없이 부화하기를 좋아
하니 우리 한국에 이르러서는 그 화(禍)가 더욱 심하다. 인문을 중국에
서 빌려와 그 노예가 되기를 감내하고, 러시아의 위세에 의지하여 어린
아이가 젖을 찾듯이 하며, 일본의 부강을 의지하여 엄한 스승의 채찍을
감내하듯 하니 대저 궁핍하면 책임을 회피하고 급박하면 임기응변하는
것은 소인배의 일상적인 행태이니 이 또한 심히 비참한 일이다.

　於是乎 苟語足以吐愁訴煩恨於外人則 强者는 作慝호되 足以肆跋扈於
明法ㅎ고, 弱者는 行志호되 亦以免魚肉之猾宰ㅎ야 禁網逋藪와 地獄恩
佛이 窟宅이 深密에 目的이 紛紜일시 父兄勸而朋友賀ㅎ야 遂不免相率
而歸之ㅎ니 此所謂萌於依賴之心也ㅣ오, 從來政府外交之道가 不得其宜
ㅎ고 用人之術이 不嚴其規ㅎ야 稍解譯語者는 不拘人格ㅎ고 超遷重要
ㅎ며 加以國弱之故로 東西外商이 闖入內地(틈입내지)ㅎ야 因緣 人士에
格外牟利호되 而皆非解言語通意者ㅣ면 不能故로 奸猾이 攀和(반화)에
往往 添丏餘潤이라.

이에 진실로 언어는 족히 외국인에게 수소번한(愁訴煩恨)을 토로하는
데 족하니, 강자는 엉겨붙어 법으로써 발호하고 약자는 뜻을 행하되
교활한 관리의 어육을 면하여 그물에 잡히는 것을 피하고 지옥에서 부
처가 모일 듯한 목적이 분분할지니 부형이 권하고 벗이 축하하는 것이
드디어 서로 돌아옴을 면하지 못하는 것이니, 이 또한 의뢰심이 싹트는

것이며, 종래 정부의 외교의 도리가 옳지 못하고 사람을 쓰는 기술이 엄한 규율이 없어, 비록 약간의 번역 능력을 가진 자(역어자)는 인격을 따지지 않고 중요한 자리에 천거하며 이로써 국가가 더욱 약해진 까닭에 동서의 외부 상인들이 내지에 틈입하여 연줄 있는 인사에게 모리하되, 이 모두 언어로 뜻을 통하지 못하면 안 되므로 간활한 자들이 더위 잡아 종종 가려 물들게 할 여지가 있다.

官商兩塗가 均不能遵由軌轍ᄒ야 其末流之弊가 足以驅國民於壟斷之禍中ᄒ니 此 所謂堅於苟得之熱也ㅣ오 以上 利害情形이 刻在腦中ᄒ야 凡發身保家揚名成功之塗가 惟一語學이 精能이면 斯足矣라. 然則 遲不如速故로 廢急務捐當行而兼程晝夜ᄒ고 博不如約故로 賤研究厭實驗而專習脣齒ᄒ야 苦心之極에 亦無不成之理ᄒ니 此 所謂得於專門之力也ㅣ라.

관상(官商) 두 갈래가 제 갈 길로 말미암아 균등하게 준수하지 못하여 그 말류의 폐단이 가히 국민을 농단하는 소용돌이로 몰아갈 만하니, 진실로 열기를 굳게 한다 이르겠는가. 이상 이해의 정형이 머릿속에 각인되어 무릇 가정을 보호하고 이름을 드날려 성공하는 길이 오직 어학에만 능통하면 된다고 한다. 그러므로 늦음은 신속함만 같지 못한 까닭에 급무를 폐하고 당행과 주야로 행할 일을 훼손하며, 박식이 간략함만 못한 것처럼 천박한 연구로 실험과 전습을 꺼려하여 고심의 끝에 또한 공을 이루지 못하는 이유가 되니 이것이 이른바 전문의 효력이라고 하겠는가.

日本은 不然ᄒ야 其國民이 皆知本末之學故로 博士 學生輩가 或不能與英德人交話 而能讀英德書籍ᄒ고 亦皆知內外之務 故로 明治維新之前에 日本之所畏忌者ㅣ 淸이나 然이나 所學者는 乃和蘭之言文也ㅣ오 日淸戰爭之後에는 日本之所嚴憚者는 露나 然이나 所學者는 乃英佛之言文也ㅣ오, 日露媾和之後에는 日本之所盟好者는 英이나 然이나 今 大學

專門 等 科는 多重 日耳曼之言文ᄒ니 爲其天文 醫 格 化 製造 哲學이 獨 擅天下之長故也ㅣ라.

일본은 그렇지 않아 그 국민이 모두 본말의 학을 아는 까닭에 박사 학생들이 혹 영국인이나 독일인과 교제하여 말을 하지 못하더라도, 능히 영어 독일어 서적을 읽고, 또한 모두 내외의 일을 아는 까닭에 메이지 유신 이전에 일본이 두려워한 자는 청(중국)이나 배운 것은 네덜란드의 언문이며, 일청전쟁 이후에는 일본이 엄히 꺼린 자는 러시아이나 배운 것은 영불의 언문이며, 일본 러시아의 강화 이후에는 일본과 동맹한 자는 영국이나 지금 대학의 전문 등 학과는 대부분 독일의 언문이니 천문 의학 격치 화학 제조 철학이 홀로 천하에 융성한 까닭이다.

而我皇國은 殆重漢語而置譯官一部호되 其 實은 非以淸爲可學이오 中尙露語而朝貴子弟가 一時風靡호되 其實은 露之程度가 不如米佛이오 今崇日語而望野囂然에 蜩啾蛙鳴(조추와명)호되 其 實은 日本文明이 終遜英德也ㅣ라 然而始焉淸ᄒ고 中焉露ᄒ고 末焉日本ᄒ야 有似北岸風吹에 南岸潮至ᄒ야 一漲一落에 方針이 不一定ᄒ니 國民之重依賴圖苟得而輕硏究厭實驗을 槪可知矣라. 夫語者는 當外來交涉或調査或 其他 種種方面ᄒ야 其爲要務는 尙矣오 至於我海表遊學生界ᄒ야도 亦不待明言而知者也ㅣ로되 但譬如從地方適皇城者ㅣ 雖不能不由中間道路橋梁舟車而始達也ㅣ나 然이나 其 目的은 乃皇城也ㅣ오 非道路橋梁舟車也ㅣ라 方今君相이 一德에 百度가 恢張ᄒ고 同胞가 敎憤에 敎育을 是務ᄒ니 顧我學生은 勿事口耳之末而務從智識上硏究ᄒ야 或 著述 或 翻譯 或 鑽 玩 或 發明호되 各從其長에 着力猛進而其歸竟은 一是以便民利國ᄒ야 期無負學界之名實也ᄒ라. 嗚呼라 我國之勢는 患無鼓動學術之博士ㅣ오 不患無依外人賊同胞之舌人輩也ㅣ니라.

그러나 우리나라는 중국어를 중시하여 역관 한 부서만을 두되 실제로는 청나라로 학문을 할 수는 없고, 러시아어를 존중하는 조정의 귀한 자제가 일시를 풍미하되 실제로는 러시아의 발전 정도가 미국이나 프랑스만 못하며, 금일 일본어를 숭상하여 몽매함을 벗어나고자 매미와 개구리가 울 듯 하나 기실은 일본 문명이 본래 영국와 독일에서 비롯된 것이다. 그러나 중국에서 비롯하고 러시에를 거쳐 일본에 이르러 북해의 풍취와 남안의 풍조에 이르러 확장 쇠락의 방침이 일정하지 않으니, 국민이 진실로 얻어야 할 바를 의뢰하고 연구를 가벼이 하며 실험을 꺼림을 가히 알 것이다. 대저 어학이라고 하는 것은 외래의 교섭과 혹은 조사나 기타 여러 방면에 필요하니 그것을 힘써야 한다. 지금 우리 유학생계에서도 명언하지 않아도 알 것이로되, 단지 비유하면 황성에 간 지방 사람이 중간의 도로 교량 수레 등이 도달하지 못하더라도 그 목적한 바는 황성이요, 도로 교량 그 자체가 아니다. 방금 그대들이 하나의 도리에 백 번 회장하고 동포가 교육을 힘쓰니 돌아보건대 우리 학생은 입과 귀로만 지식상 연구를 힘쓰지 말고 혹은 저술하고 혹은 번역하고 혹은 연찬하여 밝히되, 각자 그 장점을 따라 힘써 매진하면 끝내 국민을 편리하게 하고 국가를 이롭게 하여 학계의 명실을 짊어질 수 있도록 하라. 오호라. 우리나라의 형세가 학술 박사를 고동(鼓動)함이 없음을 근심하고, 외인을 의뢰하고 동포를 적대시하는 입으로만 하는 무리들을 근심하지 말라.

*변영주는 〈대한유학생회학보〉 제2호, 1907.4.에 '대화수문록'(일본에서 들은 바를 기록한 글이라는 뜻)을 남기기도 하였음

◎ 시사평론, 國語維持論, 朴太緒, 〈야뢰〉 제1권 제1호, 1907.2.
  (국문론)

   *국문론 자료집 참고

◎ 論漢文國文, 呂圭亨, 〈대동학회월보〉 제1호, 1908.2.
  (국문론, 한문론)

   *한문 폐지설을 공자의 도를 폐지하는 것과 동일시하여 반발한 논설

　文者道之形於言者也古語曰至道無文謂道不可以言語形容也雖然道不
能徒行必待文而傳如人之歸重於心而廢耳目口鼻之形於外則不可以爲人
也伏羲造書契史皇造字虞夏商周有書孔子以下莫不有言行之紀摠而言之
曰文也文卽道也道卽文也後世班固撰漢書分儒林文苑爲二門盖以其人之
平生踐歷能儒而不能文能文而不能儒以是而分之非謂道與文二也文待乎
書而傳倉篆史籀古也程邈之眞楷行之而便至于今日謂之漢文者是也我韓
自檀箕開國幷用漢文行之四千年漢文卽我韓本有之文非自外襲而取之也
今世俗之言曰廢漢文純用國文然後始可以立國也愚迷如此不容多辨而又
不能不辨不辨則蚩蚩者終不能覺悟也我
　英陵朝始製國文三十六字母所以摸倣支那見溪羣疑字母而名曰諺文反
切所以羽翼漢文專以訓夫愚夫婦之不解漢文者非廢彼而立此也日本之伊
魯河字乃取漢字偏傍如我之吏讀偏傍之所謂吐者雖曰國文乃漢文之支裔
比年有一種議論只用伊魯河而廢漢文以是欲行之而不能焉如西人之用英
字欲廢羅馬舊字而不能也然則今之欲廢漢文者欲廢孔子之道者也人而有
心與耳目口鼻而欲廢孔子之道則與廢父子君臣之倫同焉卽謂之亂臣逆子
可也今我大東學會闡明斯道斯文者也將以一管之毫上承伏羲倉史虞夏商
周之舊摠括我漢國文與日本伊魯河發明孔子之道以詔天下後世實不敢退

讓於愚迷者之妄論瞽論以誤人故先述本旨以爲弟一號文苑云爾

◎ 漢文과 國文의 辨別, 鄭喬,〈대동학회월보〉 제4호, 1908.5.
(국문론, 한문론)

語云坐井而觀天曰天小非天小也惟我東方古代荒邈無有文字以漢文而
爲用迄今千百載朝野紀乘公私文牘學科教育皆捨此則無由我

世廟以天縱之聖刱新智製國文因音成字因義解語漢文之所不能通者悉
可繹而釋之與漢文相爲表裏則二文同爲本國之文也明矣近有一種議論病
漢文之淵奧難解非畢生用力不能收功遂創全廢漢文之說何不思之甚也如
以天道言之若曰甲子年則是乃漢文而老幼男女皆所易曉者也試以國文爲
語則갑웃, 아달, 히五個音節反爲便宜乎哉以地道言之曰東西南北曰江山
曰草木皆可易知者也以人道言之曰父母曰君臣曰孝子曰忠臣亦所通用者
也若曰只取國文之音則人倫之夫婦姓氏之張蔣何以辨別若曰但用字義則
舟梨之分家藁之彛何以昭晰乎又有創漢文腐敗不可用之說一何無識之甚
也載道者謂之文文亦道之所寄其明昭乎日月其變驟乎風雨歸然而峚乎山
岳沛然而浩乎江河賁若草木之華動若鳶魚之活富若萬物各得其自然之妙
大而禮樂刑政小而威儀節度亦皆此文之發現者也曾可以爲腐敗乎爲此說
者殆甚於宋人指斥道學爲僞學者也可勝歎哉又有一大可噴筍者本報第一
號有論漢文國文而某新聞譏其主漢文而奴國文論駁太甚噫凡下字先後自
有位置又有意義豈可以先後爲奴主哉然則不曰陽陰而曰陰陽反以陰爲主
而陽爲奴乎如曰地天泰則詎可以地爲天之主以天爲地之奴乎如曰飛龍在
天利見大人則亦以大人爲飛龍之奴乎現今歐米列邦曰英曰德曰法曰美崇
奉宗教皆用希臘與羅馬之舊文則亦以英德法美皆爲希臘羅馬之奴乎東亞
之暹羅緬甸皆用漢文則亦爲漢人之奴乎此何異於坐井而觀天謂所見者小
則有之如曰此昭昭者之非天則天亦不受矣今之人當以研明道理格致工夫

爲主而不可專以捨難取易先重後輕爲汲汲然庶乎其可也夫.

◎ 高等學校漢文讀本序,
　呂圭亨,〈대동학회월보〉제16호, 1909.5. (한문 교육)

　　降熙元年春余就官于官立漢城高等學校始識高橋先生先生日本之文學
士也來官于我韓旣與余爲僚久而益親然於敎育科中所掌管各異凡係漢文
諸科專屬于余而先生敎語學及新學問非惟掌管異也敎育之時刻亦異不相
攙雜經三年知先生之爲文學士而不知先生之文學實何如也日者先生赴學
部試取學徒之應募日本官費生者於幾十人中纔得五人皆我高等校卒業生
也余念先生勁直長者必不有所私先生竣事歸校余亟詢之先生歎曰我韓素
稱文學之國日本之百技皆勝於韓而至於漢文則仰之爲先開國焉東洋世界
所可以藉手而聯駕者漢文也比年以來靑年子弟之卒業于學校者于語學及
新學問則卒業而漢文則未卒而旋罷見今卒業生中無一能精于漢文者賴公
之敎育此校比他校差勝故今番試取而得中者此徒也余豈有所私哉且日本
之國漢文之科其敎多方其卒業者多有漢文大家良由於我東洋二界非漢文
則無以標宗敎而成聯合也今則日本之漢文駸駸欲過之是我韓於百技之中
幷與此一技而遜于人也國尤其殆矣因囑余另撰敎科漢文之讀本各分二班
敎之余竦然應之繼以歎曰嗚呼此先生所以爲文學士而余乃今始知之然我
輩愧死矣且余之爲漢文敎科止於曩日而先生之見先及於此此所以學問見
解之駸駸然過于我韓而我韓乃瞠乎其後者歟讀本之書旣成因次是語爲之
弁首以闡明先生之識見而志余之愧云

◎ 與呂荷亭書(附), 黃義性(황희성), 〈호남학보〉 제2호, 1908.7.
(국문론)

*하정 여규형에게 주는 글 / 여규형의 완고한 한문주의를 비판하는 논설임

檀君建國 四千二百四十一年 新天地에 生ᄒ야 頭로 韓天을 戴ᄒ며
足으로 韓土을 履ᄒ고 韓粟으로 其 腹을 充ᄒ며 韓衣으로 其 身을 暖
ᄒ면서 擧世가 皆曰 國漢文이라 ᄒᄂ 것을 先生은 獨曰 漢國文이라 ᄒ
야 瞑目疾視ᄒ며 攘臂大叫ᄒ야 白雪이 盈巓(영전)토록 其 心이 不衰ᄒ
니 奇哉라. 先生이여 抑亦今日韓國에 稀有ᄒ 人物이로다. 吾輩於是에
先生을 爲ᄒ야 一賀ᄒ며 先生을 爲ᄒ야 一哭ᄒ고 開山大斧로 先生의
頑腦를 一喝直劈코ᄌ ᄒ노니 未知커라 先生의 腦가 鐵歟아 石歟아 木
歟아 土歟아.

단군이 건국한 지 4241년 신천지에 머리로 한국의 하늘을 이며, 다리로
한국의 토지를 밟고, 한국의 곡식으로 배를 채우며, 한국의 옷으로 그
몸을 따뜻하게 하면세, 세계가 모두 말하기를 나라 전체가 국한문(國漢
文)이라 하는 것을 선생은 홀로 한국문(漢國文)이라 하여 눈을 부릅뜨
고 질시하며 팔을 휘저어 꾸짖어 백설이 산 꼭대기에 차도록 그 마음이
쇠하지 않으니, 기이하다. 선생이여, 생각건대 금일 한국에 희소한 인
물이로다. 우리들이 이에 선생을 위해 축하하며 선생을 위하 통곡하고
개산대부로 선생의 완고한 두뇌를 일갈하여 곧 깨뜨리고자 하니 알지
못하겠도다. 선생의 뇌가 쇳덩어리인가 돌인가 나무인가 흙인가.

夫自國을 自愛ᄒ며 自國을 自重ᄒᆷ은 古今東西人이 同一ᄒ 바라. 法國
의 三尺童子를 執ᄒ야 曰 爾必英法이라 稱ᄒ고 法英이라 勿稱ᄒ라 ᄒ
면 箠楚가 雨下ᄒ야도 彼必不屈ᄒᆯ지며 日本의 一個 丐雛를 貧ᄒ야 曰
爾必淸日이라 云ᄒ고 日淸이라 勿云ᄒ라 ᄒ면 嚴令이 霜打ᄒ야도 彼必

不屈ᄒ리니 世界列强의 立國ᄒ 精神이 卽此에 在ᄒ며 此에 在ᄒ거늘 惜哉 韓國幾百年來 漢文學者ᄂ 朝鮮二字ᄂ 背後에 全付ᄒ고 惟漢을 是 慕ᄒ며 惟漢을 是仰ᄒ며 是師是尊ᄒ며 是依是賴ᄒ야 彼를 敬ᄒ야 曰 大國이라 ᄒ며 己를 卑ᄒ야 曰 小國이라 ᄒ고 國必稱 華東이라 ᄒ며 文必稱 眞諺이라 ᄒ던 惡果가 未刈ᄒ야 國勢가 如此不競ᄒ더니 苦痛이 旣迫에 人心이 感悟ᄒ야 今是昨非를 婦孺도 皆知인ᄃᆡ

乃者 先生이 龘拳大踼으로 奮然登壇ᄒ야 一大呼曰 漢國文이라 ᄒ며 再大呼曰 漢國文이라 ᄒ야 國文의 逆臣이 되며 漢文의 忠奴가 되랴 ᄒ 니 嗚乎. 先生이여. 捫心自思ᄒ라. 是韓人呂圭亨氏歟아. 抑漢人呂圭亨 氏歟아.

先生의 漢國文이라 主唱ᄒᄂ 意見을 竊聞ᄒ건ᄃᆡ 曰 檀箕以來로 漢文 의 東渡가 已久ᄒ야 國文과 無異라 ᄒ니 萬一 其渡來已久를 因ᄒ야 國 文보다 重타 ᄒ면 然則 幾百年後에ᄂ 第二呂荷亭先生이 作ᄒ야 必也日 文으로 國文上에 加ᄒ야 曰 日國文이라 ᄒᆯ지며 又幾百年 後에 第三呂荷 亭先生이 作ᄒ야 必也英文으로 國文上에 加ᄒ야 曰 英國文이라 ᄒᆯ지며 其他 俄文學者 法文學者 德文 梵文 各種 學者에 許多呂荷亭先生이 輩出 ᄒ야 各其所長ᄃᆡ로 扼腕相爭ᄒ야 此則曰 俄國文이라 ᄒ며 彼則曰法國 文이라 ᄒ며 或 德國文 梵國文이라 ᄒ야 此優美便利ᄒ 國文이 他國文에 附屬品만 作ᄒᆯ 而已니 未知케라 先生이여. 何其作俑을 樂ᄒᄂ고.

嗚乎라. 先生有心은 吾忖度之로니 先生은 漢文學 中에 受用最多ᄒ 者 가 아닌가. 靑年時代에 雕蟲長技를 抱ᄒ야 才士의 名譽가 南村에 喧籍케 ᄒ 者도 漢文이오 一朝天池에 風雲을 吹噓ᄒ야 呂氏家 中에 一科慶을 又出케 ᄒ 者도 漢文이오 天陸嚴譴에 春明門外卽天涯라 蒼茫孤島에 泣 玦客을 作케 ᄒ 者도 漢文이오 縱酒狂歌에 平生誤了ᄒ야 十年呂承旨로 不遇恨을 賦케 ᄒ 者도 漢文이오 潦倒崎嶇에 生計가 全無타가 漢城報에

被聘ᄒ야 糊口을 資케 혼 者도 漢文이오 普成 高等 兩學校에 敎師椅子를 奄據ᄒ야 腹中石渠五千卷을 自誇케 혼 者도 漢文이오 至今大東學會月報에 筆을 執ᄒ야 漢國文이라 主唱케 ᄒᄂ 者도 漢文이니 先生은 可謂生於漢文長於漢文知我者其惟漢文罪我者其惟漢文이라 홀 만ᄒ니 漢文이 無ᄒ면 先生이 亦無ᄒ리니 先生의 死力을 出ᄒ야 漢文을 扶護홈은 是亦酬恩報德에 固當혼 義로다만은 但 古人이 張儀를 非타 홈은 秦에 忠홈을 非타 홈이 아니라 魏相으로 秦에 忠홈이 非타 홈이니 萬一 張儀가 魏相만 아니면 忠秦忠趙를 其誰問이며 先生이 韓人만 아니면 尊淸尊日을 其誰惜이리오. 今且先生을 爲ᄒ야 計컨딕 卽當盡室西渡ᄒ야 洞庭湖上에 一漁舟을 買ᄒ던지 柴桑山中에 一畝秫을 種ᄒ던지 從心所欲혼 後에 一禿毫를 抽ᄒ야 洛城一別四千里라 賦ᄒ고 見識이 稍進커던 平生所嗜ᄒ던 漢文으로 著作혼 論說序記等 幾篇만 謄出ᄒ야 其 顔에 呂荷亭先生集卷之全이라 大書ᄒ면 先生의 能事畢矣니 去矣어다 先生이여.

評曰 呂氏文字ᄂ 元來 樽前茶後에 橫竪亂說ᄒᄂ 者이니 如此備責홀 價値가 無ᄒ거니와 但 寄者의 筆力을 可觀이기 此에 載ᄒ야 讀者의 一餐을 博ᄒ노라.

◎ 國漢文輕重論 附, 每日申報, 〈호남학보〉 제2호, 1908.7.
　(국문론)

*이 논설은 〈대한매일신보〉 1908년 3월 17일~19일 3회 연재된 것 가운데 일부를 〈호남학보〉 제2호에 재수록한 것임 (재수록본은 일부임)

▲ 제2호

既曰 國文이라 ᄒ면 是ᄂ 一般 韓人이 皆自國의 文으로 認홀 바며

旣曰 漢文이라 ᄒᆞ면 是又 一般 韓人이 皆他國의 文으로 認ᄒᆞᆯ 바니 其 文字의 孰簡孰煩도 勿論ᄒᆞ며 其 學習의 孰易孰難도 勿問ᄒᆞ고 但 國文兩 字만 擧ᄒᆞ야 途에 號ᄒᆞ여 曰 此가 孰重고 ᄒᆞ면 雖黃口小兒라도 皆曰 國文이 重ᄒᆞ다 國文이 重ᄒᆞ다 ᄒᆞᆯ지어늘 今乃國漢文의 輕重이라 題ᄒᆞ고 一論을 下ᄒᆞ면 或者贅論이 아닌가.

嗚呼라. 其 輕重이 如此 霄壤懸絶ᄒᆞᆫ 國漢文을 今乃幾個痴人이 謬見妄 執으로 芒毫가 泰山보다 大라 ᄒᆞ며 一涓이 黃河보다 廣타 ᄒᆞ야 或 會場 演說에 聽衆이 雲集ᄒᆞᆫᄃᆡ 國文은 漢文附屬品에 不過ᄒᆞ다고 大叫ᄒᆞᆫ 者도 有ᄒᆞ며 或 雜誌文苑에 天下事ᄂᆞᆫ 惟漢文을 讀ᄒᆞᆫ 者가 能做ᄒᆞᆫ다고 放言ᄒᆞᆫ 者도 有ᄒᆞ며 甚者ᄂᆞᆫ 國文으로 奴를 삼으며 漢文으로 主를 삼고 國文으 로 臣을 삼으며 漢文으로 君을 삼어 駸駸然 國文은 廢止ᄒᆞ고 漢文만 崇尙ᄒᆞ라ᄂᆞᆫ 意思이니 俄人이 波蘭을 滅ᄒᆞ고 波蘭語를 禁ᄒᆞ고 外語를 用ᄒᆞ야 漸漸 其 故國思想을 漸減ᄒᆞ얏다더니 今日 韓人은 自國文을 自禁 ᄒᆞ고 外國文을 用코ᄌᆞ ᄒᆞ니 記者於是에 不必論ᄒᆞᆯ 國漢文輕重을 不得不 一論ᄒᆞᆯ 境遇에 處ᄒᆞ얏도다.

鄒孟氏有言ᄒᆞ되 予豈好辯哉리오 予不得已也라 ᄒᆞ얏스니 嗚呼라. 記 者가 亦豈好辯者哉아.

夫 國文도 亦文이며 漢文도 亦文이어늘 必曰 國文重漢文輕이라 ᄒᆞᆷ은 何故오. 曰 內國文故로 國文을 重히 녁이라 ᄒᆞᆷ이며 外國文故로 漢文을 輕히 녁이라 ᄒᆞᆷ이니라. 此雖內國文이나 我 世宗朝創造ᄒᆞᆫ 以後 至今四百 載에 只是閨閣內에 存ᄒᆞ며 下等社會에 行ᄒᆞ야 不經ᄒᆞᆫ 諺冊과 淫蕩ᄒᆞᆫ 歌詞로 人의 心德을 亂ᄒᆞ얏고 彼雖外國文이나 幾百年來로 學士夫가 尊 誦ᄒᆞ며 君臣上下가 一遵ᄒᆞ야 此로 治民에 以ᄒᆞ며 此로 行政에 以ᄒᆞ며 此로 明倫講道에 以ᄒᆞᆫ 故로 此則諺文이라 名ᄒᆞ며 彼則眞書라 稱ᄒᆞ얏거 늘 今忽輕重을 顚倒ᄒᆞᆷ은 何故오. 曰 漢文은 弊害가 多ᄒᆞ고 國文은 弊害 가 無ᄒᆞᆫ 故니라.

同一火藥이로딕 鄭地는 用ᄒ야 倭艦數百艘을 殲ᄒ야 善戰의 名을 得ᄒᄂᄃᆞᆯ딕 松岳小兒는 捕雀에 資ᄒᆞᆯ 而己며 同一木布로딕 林忠愍은 用ᄒ야 敵兵眼目을 眩ᄒ야 一城을 完ᄒ얏ᄂᆞᆫ딕 義州婦女는 禦冬에 供ᄒᆞᆯ 而己라. 故로 鐵甲船의 神製로도 元均을 與ᄒ면 勝敵을 不可必이며 震天雷의 利砲도 金慶徵을 與ᄒ면 自守를 不可望이니 夫釋家正法이 兩諦가 無ᄒ렷만 南宗北宗이 所傳各殊ᄒ고 基督聖經이 二本이 無ᄒ렷만 舊敎新敎가 所標各異ᄒ니 然則 檀君이 在位ᄒ시고 箕子가 爲相ᄒ사 乙支文德이 軍權을 掌ᄒ며 徐熙가 外交을 司ᄒ며 崔冲이 敎育을 主ᄒ며 錢財를 理ᄒᄂᆞᆫ 者는 崔瑩의 廉으로 姜邯贊의 明을 兼ᄒ며 刑法을 司ᄒᆫ 者는 庾黔弼의 謹으로 丁茶山의 識을 具ᄒ고 再又加富耳, 格蘭斯頓, 康德, 孟德斯鳩, 等을 雇來ᄒ야 顧問을 備ᄒᆫ 然後에 一國政法을 整頓ᄒ더리도 幾百年後 木腐蟲生을 難知ᄒᆞᆯ지어늘 今에 漢文의 未流之弊로 由ᄒ야 漢文을 如此輕視ᄒᆷ은 何故오. 記者ㅣ 雙眉를 一蹙ᄒ고 仰天大喟曰 韓人의 識見이 如此ᄒ니 宜乎主客을 不分ᄒ며 上下를 倒置ᄒ고 韓人의 手에셔 出ᄒ야 韓人의 眼에는 閱ᄒ랴는 報紙가 幾乎全部分이나 純漢文으로 著出ᄒᆷ이로다.

大抵 記者의 論ᄒᆫ 바 漢文弊害라 ᄒᆷ은 其 佶屈聱牙를 非ᄒᆷ도 아니며 其 童習支離를 歎ᄒᆷ도 아니라 蓋其一出 一入 一主 一奴의 中間에 多大ᄒᆫ 害가 有ᄒ다 ᄒ노라.

蓋古者三國時代에 淳樸이 未散ᄒ야 人知가 未開ᄒ고 封建이 未破ᄒ야 民力이 未團이로딕 隋唐의 雄師를 斥退ᄒ고 倭羯의 累寇를 勦擊ᄒ야 赫赫國光이 外邦에 震耀ᄒ더니 麗朝以來로는 三國이 統一ᄒ고 文運이 大闢ᄒ 後이나 國力의 强壯이 古代보다 甚遜ᄒ며 人民의 勇敢이 古代보다 甚劣ᄒ야蒙古가 來ᄒᄆᆞ 一低頭ᄒ며 滿洲가 來ᄒᄆᆞ 再低頭ᄒᆷ은 何故인가. 此는 無他라 三國以前에는 漢文이 未盛行ᄒ야 全國人心이 自國만 尊ᄒ며 自國만 愛ᄒ고 支那가 雖大나 我의 仇敵으로 常視ᄒ야 乙支公의

麾下一僕夫도 隋天子를 蛇蝎又치 視호며 泉蓋氏의 廚下一炊婢도 唐國皇帝을 狗彘又치 罵호야 男男女女老老少少가 個個愛國血誠으로 天地間에 特立호야 國을 爲호야 歌호며 國을 爲호야 哭호며 國을 爲호야 死호되 邊境의 烽烟만 一起호면 樵兒牧竪도 敵愾心을 滿抱호야 戰陣에 赴호 故로 巨虜을 克服호야 名譽紀念碑를 淸川江에 長竪호고 玄花白羽로 萬古佳話를 長傳호 바어니와 三國 以後로는 幾乎家家에 漢文을 儲호며 人人이 漢文을 讀호야 漢官威儀로 國粹를 埋沒호며 漢土風敎에 國魂을 輸送호야 言必稱 大宋 大明 大淸이라 호고 堂堂大朝鮮을 他國의 附庸屬國으로 反認홈으로 奴性이 充滿호야 奴境에 長陷호야거늘 今日에 坐호야 尙此國文을 漢文보다 輕視호는 者 有호면 此 亦 韓人이라 云홀가.

自國의 言語로 自國의 文字를 編成호고 自國의 文字로 自國의 歷史地誌를 纂輯호야 全國人民이 奉讀傳誦호여야 其 固有호 國精을 保持호며 純美호 愛國心을 鼓發홀지어늘 今에 韓人을 觀호건디 唐堯虞舜을 檀君, 扶婁보다 더 信仰호며 殷湯周武를 赫居世, 東明王보다 더 謳歌호며 漢武帝 唐太宗은 天下巨英雄으로 認호되 廣開土王, 太宗文武王은 褊邦細蠻傑로 視호며 宋太祖 明太祖는 萬古聖天子로 尊호되 溫祚王, 王建太祖는 時小兒輩로 笑호며 韓信彭越은 樵歌巷謠에도 徧傳호되 梁萬春, 崔春命은 何國男兒인지 茫不知호며 蕭何曹叅은 閭喉童舌에도 亂誦호되 黃喜許稠는 何代人物인지 杳不聞호고 積城一小峴은 叛將軍의 竹馬古蹟(積城縣有薛馬峴世傳高句麗叛將薛仁貴兒時馳馬處)을 爭道호되 平壤石多山(乙支文德産出地)은 古碑가 零落호고 扶餘 古江은 敵壯士의 釣龍佳話(唐蘇正方侵百濟至江風雨大作不得渡定方曰　此毒龍也乃以白馬爲餌釣取之)을 共傳호되 高麗九連城(尹瓘征服女眞時所築者)은 宿草荒凉호야 自家先祖는 忘域에 頓置호고 他人譜牒만 曶藏千卷홈이니 可恥可笑가 此에 孰甚이며 楚漢戰爭이 公家에 何關이완디 腦髓未堅호 六七歲小童子가 終日榮陽廣武雎水彭城等에 齒酸호고 禹貢治水가 爾生에 何功이완디 聰明已減호 七八旬老經生이 幾年 冀州荊州靑州豫州導山導水 等

에 髮短ᄒ니 惜夫라. 皇明一統志를 突誦홈이 生於長於ᄒᆫ 本郡의 邑誌를 一覽홈만 不如며 鳳凰岳陽이 雖好나 自己亭子가 아니거늘 詩人墨客의 夢想이 空勞ᄒ고 長安洛陽이 雖勝이나 吾家田園이 아니어늘 歌童韻妓의 讚美가 空深ᄒ니 嗟夫라. 子長遊一篇을 朗誦홈이 遊斯釣斯ᄒᆫ 山水를 一錄홈만 不如어늘 父祖의 光明寶藏을 遺失ᄒ고 隣家門外에 丐兒를 求作ᄒᆞ얏스니 可悔可恨이 此에 孰多ᄒ뇨.

嗚呼라. 此其原因을 推究ᄒ면 韓國의 國文이 晩出홈으로 其 勢力을 漢文에 被奪ᄒᆞ야 一般 學士들이 漢文으로 國文을 代ᄒ며 漢史로 國史를 代ᄒᆞ야 國家思想을 剝滅ᄒᆫ 所以라. 聖哉여. 麗太祖ㅣ 云ᄒ시되 我國風氣가 漢土와 逈異ᄒ니 華風을 苟同홈이 不可라 ᄒ심은 國粹保存의 大主義이시거늘 幾百年庸奴拙婢가 此 家事를 誤ᄒᆞ야 小國二字로 自卑ᄒᆞ얏도다. 然則 今日에 坐ᄒᆞ야 尙此國文을 漢文보다 輕視ᄒᄂ 者 有ᄒ면 是亦韓人이라 云홀가.

其一曰 以平等으로 破門戶區別之弊니 夫吾與人이 其爲國民은 則一也라. 或者ㅣ 妄分貴賤이나 然此乃趙孟之所貴ᄂ 趙孟이 亦能賤之者耳라 何足與論於人理耶아 以是而生慢侮焉ᄒ고 以是而致怨尤焉ᄒᆞ야 及其末路扼塞에 多有殺戮之慘이 徧於天下ᄒ니 愚請以近事諭之ᄒ리라. 甲午東匪之禍ㅣ 惟湖西爲最甚者ᄂ 非他由也라. 故로 人在平居에 固不可有此어든 而況學校乎아. 雖天子之元子라도 入學則序齒而己ᄂ 所以示無貴無賤也어늘 而今乃於民族之中에 自相詰頑이 寧不可恥哉아.

三弊不去면 國家事ㅣ 己付無奈라. 故로 不得不冒百謗ᄒ고 而進一言矣나 然諸公이 又將以爲獨立은 所以背華夏也오 國文은 所以亡詩書也오 平等은 所以亂名分也라. 此皆驅人類於禽獸者니 則不可不可라 ᄒ리니 嗚呼라. 愚亦欲攘夷者也오 愚亦業漢字者오 愚亦稱上流者也라. 三弊去ᄒ면 則愚之權利도 亦去矣라. 然其爲此說者ᄂ 義係國家ᄒᆞ야 而一身利

162

書는 有不暇顧耳라. 夫今天下之勢ㅣ 固與漢唐時로 不同ᄒ야 泰西多瓦拉에 有六十八獨立國이어늘 而我韓은 乃以二千萬衆으로 求人庇護면 則豈其情理乎아. 且明室之亡이 今己二百有二十五年矣오 淸人이 近亦不振ᄒ야 甲午一敗에 遂成讓退矣라. 未知諸公이 其將誰事耶아 事俄事美에 必有所居리니 幸以一言相示如何오 以愚所料로는 莫若以我人民으로 事我國家矣니 然則 亦必以國文으로 而建其獨立之基ㅣ 是豈得緩者哉아. 蓋國文이 便於讀習ᄒ야 人自八歲入學ᄒ야 至十二歲면 則已能造簿記作書札ᄒ야 其 用이 己足ᄒ야 而比諸一二十年漢文不成者면 則果有間矣오. 況中學己上에 又有專門ᄒ야 漢文이 亦自不廢者乎아. 凡人之才性이 敏者常少ᄒ고 而鈍者常多ᄒ며 巧者常少ᄒ고 而拙者常多라. 故로 今日急務ㅣ 獨在於合其敏鈍ᄒ며 幷其巧拙ᄒ야 打成一團體어늘 而奈士族與平民이 未嘗同師同學ᄒ야 以致離貳ᄒ니 則愚爲平等之說이 固有不得己者也오 又非使諸公으로 與之通婚嫁許朋交也라. 但於師學之間에 去其輕侮ᄒ고 而來其歡悅이면 則是乃敎育實施之日也니 幸諸公이 謙抑其志ᄒ고 容受人言이면 則愚當繼此有所告矣리라. (未完)

◎ 社說, 藕山居士, 〈대동학회월보〉 제15호, 1909.4. (국문론)

吾社之說을 以純漢文爲之者는 以爲本來面目이 醇乎. 其醇ᄒ야 如龍之振身에 東鱗西爪ㅣ 瀏灘變幻ᄒ나 却只是渾然一色也ㅣ오 間或有以混合國文ᄒ야 爲之者는 以爲雅俗共賞에 人人易曉ᄒ야 如虎之添翼에 助躍而飛ᄒ야 增其靈通而其翼之飛ㅣ 非鳥之飛라 畢竟貴乎以虎而添其飛也ㅣ니 之二文者는 皆所謂國粹也ㅣ라.

(역) 우리의 사설을 순한문으로 하는 것은 본래 면목이 순정하기 때문이다. 그 순수함이 용의 진신(振身)에 동린서과가---다만 혼연일색일 뿐이요, 혹 국한문을 혼합하여 쓰는 것은 아속---

凡人之國이 無論時之古今과 地之東西ᄒᆞ고 莫不有國粹ᄒᆞ고 亦莫不有
國弊ᄒᆞ니 國粹者ᄂᆞᆫ 如日月五星이 光景常新ᄒᆞ야 歷萬古而如一者也ㅣ오
國弊者ᄂᆞᆫ 如風雨寒暑ㅣ 有時有恒ᄒᆞ야 始之五風十雨와 冬寒夏暑ㅣ天之
所以分排者ㅣ如聖王制作之良法美規의 較若畫一이라가 及乎久而生弊
則乃如時若之休徵이 變爲恒若之咎徵이也니 此ᄂᆞᆫ 國粹與國弊之分也ㅣ
라 二者之分이 判爲兩道ᄒᆞ야 不相攙難而乃或有以國粹로 認爲國弊ᄒᆞ야
亟思所以除去之者ᄒᆞ니 是ᄂᆞᆫ 不思之甚也ㅣ니 國粹ㅣ無則國無矣ㅣ니 爲
國之人ᄒᆞ야 思所以無國者ᄂᆞᆫ 理之所無而言或有焉 故로 曰不思ㅣ也라 盖
其言에 曰人人易曉ㅣ 始有眞正之效ㅣ라 ᄒᆞᄂᆞ 此又知一而未知其二者也
ㅣ라 第以日本伊呂波言之컨ᄃᆡ 該國이 事事益良ᄒᆞ고 言言自重ᄒᆞᄃᆡ 至於
文字一款은 不能以片假平假而孤行之ᄒᆞ고 方與同文之我國及支那로 合
爲漢字統一會者ㅣ實有見於此也ㅣ어ᄂᆞᆯ 今之滔滔者ㅣ務出新奇之思想ᄒᆞ
고 不究眞實之定理ᄒᆞ니 此其急悟而當改者ㅣ一也ㅣ오 又 其言에 曰我
國之專尙漢文者ᄂᆞᆫ 惟所稱兩班及山林學者ㅣ是耳라 彼高談詩賦詞章ᄒᆞ
며 博論心性理氣ᄒᆞ야 靑春白首로 終身矻矻타가 及臨一事都一官ᄒᆞ면
疎謬鹵莽ᄒᆞ야 僨敗立至ᄒᆞ니 漢文之無實用이 有如是矣라 ᄒᆞ니 此特就
其不善漢文者而言之也로다. 若如是言인ᄃᆡ 我國朝名臣碩輔의 謨猷勳業
을 民到于今稱之者와 宏儒名賢의 道德言行을 俎豆而奉之者ㅣ磊落相望
矣니 試問此諸先輩의 所讀이 何書이며 所習이 何文고 今若但擧其剽竊
章句掇拾糟粕ᄒᆞ야 專習浮華者而詬無實用謂以可廢者가 何異於懲羹而
吹薤ᄒᆞ며 見璞而棄玉ᄒᆞ야 殊甚無謂也니 此其急悟而當改者ㅣ二也오 又
其言에 曰捨國文面尙漢文은 所以爲人而卑已ᄒᆞ야 銷自國之精神이라 ᄒᆞ
니 此又萬萬不然이라 漢文이 若係創行이면 固不必爲人而卑已로ᄃᆡ 乃
我國之用漢文이 今已爲數三千載ᄒᆞ야 物名及熟語에 其 意義ᄅᆞᆯ 若非漢文
이면 至有不能形解者ᄒᆞ니 國人之用漢文을 若固有之國文이 已久矣오
凡我奉孔夫子之道者ㅣ若非漢文이면 將何藉手ᄒᆞ야 尋其緒而溯其源ᄒᆞ
야 誦讀而服習乎아 漢文이 廢則吾道ㅣ熄矣니 猶謂非國文而欲廢之乎아
吾所深慨者ᄂᆞᆫ 彼信他敎之人은 不相爲謀ᄒᆞ야 漢文之興亡을 固不欲過問

이로딕 有一種名爲儒學而平日旣無實學타가 一朝未免隨聲ᄒᆞ야 率爾謾
應曰漢文艱深ᄒᆞ야 費工無用이라 ᄒᆞ니 噫라 何其不思之甚也오 第以國
文改良一事로 世方研究而愚則曰國文이 優可利用ᄒᆞ니 不必改良也ㅣ라
始我

英陵聖朝新撰訓民正音時에 方與支那接近ᄒᆞ야 支那之國에 有唇齒聲
과 折腰中聲과 淸濁陰陽各聲ᄒᆞ야 習語之人이 不得不幷通故로 與洪武正
韻對擧而撰成三十六子母러니 今之所餘者ㅣ乃時俗反切十四行及群母定
母奉母從母邪母鈍濁音總合十九行而已而以此十九行으로千變萬化에 可
以鐸千人之耳ᄒᆞ며 標萬人之目ᄒᆞ니 此如日本片假平假의 足可以應變無
窮ᄒᆞ야 雖或有一訛二錯이라도 無害於全體ㅣ니 今不必汲汲改革ᄒᆞ야 使
愚夫愚婦로 眩亂而不知適從也ㅣ니 盖嘗論之면 我國之學業技術이 事事
不如人而所可與人對抗而或出一頭地者ᄂᆞᆫ 漢文也니 譬之於人에 僅有一
善而今欲倂去之者ㅣ豈不慘矣乎아 吾之扶漢文者ᄂᆞᆫ 欲存吾道也오 非薄
國文也니 試看吾一寸之毫에 千言萬語ㅣ日新又新而何嘗一毫有貶薄國
文者乎아 然而彼主國文者ᄂᆞᆫ 其說이 必除去漢文然後爲快ᄒᆞ니 吁可怪也
라 此其亟思而當改者ㅣ三也라 吾於漢文에 言之長矣ㅣ오 可以止矣而顧
今靑年後生之在學校者ㅣ法律理化則莫不卒業而漢文則幾於魚魯戊戌之
不辨ᄒᆞ야 駸駸日下ᄒᆞ야 若此不已ㅣ면 不過幾年에 將至於不絶自絶ᄒᆞ야
漢文이 來에 不知讀之ᄒᆞ고 國文이 來에 不知譯之ᄒᆞ고 口不能言ᄒᆞ며 筆
不能記ᄒᆞ야 欲爲通情이면 不得不號呼他人之通我國文者ᄒᆞ야 以我國文
으로 問答之外에ᄂᆞᆫ 無他道理ᄒᆞ리니 大抵 人之情이 哀莫哀於身死ᄒᆞ고
痛莫痛於人亡이ᄂᆞ 身死則一個人死矣오 人亡則幾多人이 亡矣어니와 漢
文이 若亡則吾道ㅣ晦盲否塞而人之類ㅣ將殄矣니 此豈一個人幾多人死亡
之可哀可悲之比乎아 漢文이 若亡이면 憎疾者之心이 縱然暫快ᄒᆞᄂᆞ 人
類殄絶이면 悔當如何오 秉彝之心은 人皆有之ㅣ니 雖迷必悟ㅣ오 雖夢必
覺이라 聖人이 曰吾非斯人之徒를 與오 而誰與리오 ᄒᆞ시니 區區一念이
欲悟年長於吾ᄒᆞᆫ 吾兄之迷ᄒᆞ며 欲覺年少於吾ᄒᆞᆫ 吾弟之夢ᄒᆞ야 驅而躋之

於堯舜三代와 檀箕三國의 文明全盛之域ㅎ노니 嗚呼ㅣ라 此月報此社說
은 卽扶持保全我漢文國粹之月報社說也ㅣ라 是庸力撑病臂ㅎ고 奮筆書
之ㅎ야 爲第十五號弁首之文ㅎㄴ라.

◎ 論國文, 李鍾一, 〈대한협회회보〉 제2호, 1908.5. (국문론)

環球萬區에 各建邦國ㅎ야 人文이 各殊ㅎ고 語言이 不同일식 隨其方
言而 皆有文字ㅎ니 均是 自國之 國文이라. 考 諸東西列邦之 言語文字
則 日淸英德俄義 等 國은 言語各殊 故로 其文亦殊ㅎ고 英美兩國은 言語
同一 故로 文亦同一ㅎ니 然則 文字者는 不過 是言語之代表也 撮影也어
늘 今 我韓人士ㅣ 輒曰 非漢文則 國將亡矣오 人道蔑矣오 人世事爲를 不
得施措라 ㅎ고 歸國文於 婦女童稚之學ㅎ며 指泰西及日本之文 曰 非文
也라 ㅎ니 是何謬見之甚也오.

夫 漢文者는 卽 漢土之國文也니 源出於其國言語 故로 漢土人士則容
易學習이어니와 我韓則其音義與言語가 大相逕庭ㅎ야 每多有其言而無
其字者ㅎ며 有其字而無其物者ㅎ며 又 或 文義雖美나 有不可以言語名狀
者ㅎ며 言雖至美나 亦 不可以文字寫出者ㅎ고 言文背馳故로 學習甚難
ㅎ야 雖俊乂之才라도 若無十年之工이면 不可與於士流ㅎ노니 歲不延我
어늘 終老於漢文之中ㅎ야 何暇於全球上愈出愈奇之學이며 學習이 如彼
其難이라 非聰俊子弟則不可學이오 不學則無智니 民無智而國不微者無
幾라. 今擧全國之民而學者多乎아 不學者多乎아 始自天皇氏 地皇氏로
以至明淸히 學習者漢土文字則感慕信仰者ㅣ 漢上之偉人英傑이오 通解
者ㅣ 漢土之歷史地理오 慣於腦髓者ㅣ 漢土之風俗이오. 至於自國之聖賢
也 歷史也 風土也 地誌 等은 付之夢外ㅎ야 雖有自國之大聖賢大英傑이
라도 非徒不知其名이라. 置之於漢土人之 最下 等 地位ㅎ야 依賴者ㅣ 漢
土오 信仰者ㅣ 漢土니 由此而頓無自主之心ㅎ야 馴致今日之勢者ㅣ 豈非
痛心嘔血者乎아.

査漢土上 古文字 刱造之原因則凡百事爲를 不可以結繩治焉일식 始造
文字ㅎ야 以記事爲호딕 隨物成字ㅎ고 字各象物ㅎ야 如人字則⊙也오
天字則⊙이니 人頭上戴一也오 豆字는 也오 目字는 象目ㅎ고 息字는 象
鳥니 推此에 可知其文字之非別件物事오 乃是記事物定契約表示意思者
而後世聖賢이 改良字體ㅎ야 以成今日字形ㅎ고 念在覺後ㅎ야 著出 政
治 法律 及 嘉言 善行 等 書ㅎ야 俾作後人之龜鑑이어늘 今不圖其實踐ㅎ
고 徒以多讀尋章摘句 等 事로 自處於聖賢之徒ㅎ니 此 豈非聖賢之罪人
乎아 效則善行之地엔 無妨異域聖賢之文字로딕 其於書自我自에 何哉아.

夫國文者는 勿論東西何邦ㅎ고 皆以易學爲本ㅎ야 原文이 不過 三四
十字則雖至愚之姿라도 不費幾個月之工而能學習其字ㅎ야 致於高 等 學
問이라도 只學其義오 切無學字之勞也어니와 此 漢文者는 非特言文不
合而難學이라 字數甚多ㅎ야 文章巨擘이 老於學海라도 未聞有盡學其字
者로다.

惟我國文則徒以 二十八字로 能成千言萬語之奇文이오. 其 學法이 亦
易ㅎ야 無過一二日四五日內에 能曉其義ㅎ야 對卷輒讀ㅎᄂ니 其 便宜
易曉之術이 可居於世界國文中 第一地位也오. 且論 運用之方而較諸國漢
文則其孰勝孰負는 不待問而自明矣라. 可使國文으로 敎之以孝悌忠信則
能不孝不悌乎아 敎之以政治法律則能拒捕不服乎아 敎之以農工商業則
穀不熟器不成物不通行乎아 政治焉可敎오 外交焉可敎오 以至天文地理
許多學問을 莫不敎授而知得이오. 一若敎授則各隨其學而履行은 少不讓
於學以漢文者也니 使我韓二千萬衆으로 除其通曉漢文者外에 勿論男女
老幼ㅎ고 一切敎育이되 洞各設校ㅎ야 晝學夜學을 隨宜分課ㅎ야 初自
小學修身學 等으로 以至本國歷史地誌算術物理化學法律政治 等을 次第
敎授則不過四五年에 二千萬民族이 莫不通曉時務ㅎ야 養成愛國之誠而
獻身於國家者衆矣오. 農商工實業이 自可開發ㅎ야 可進於文明之域을 指
日可期니 若有奮發於爲人奴隷 等 事ㅎ야 少有復權之血誠者면 勿歸此論
於狂妄而劈破前日漢文之痼癖ㅎ고 務圖國文之振發則此豈非國家之大幸
哉아.

◎ 語學의 性質, 圓石散人, 〈대한협회회보〉 제11호, 1909.2.
　(국어, 국어교육)

　夫 語學은 交際上 必要物이라. 我心之長短을 我口로 不言ᄒ면 彼何知
之며 我心之黑白을 我口로 不言ᄒ면 彼何知之리오. 輪之情而能使人으
로 爲喜爲怒ᄒ며 爲哀爲樂은 莫不以語爲介ᄒ다니 故로 交際家ᄂ 必務
是學이라. 然이나 事實之成敗ᄂ 非在言語오 直在智識이니 何者오 商務
之語ᄂ 以英爲最而英人도 有貧當ᄒ고 條約之語ᄂ 以法爲準而英人도 亦
有勝負커든 況 他國之人이 無英法之 知識而徒習英法之言語ᄒ면 不過是
英法之貧者負者矣리니 然則 此 可利家乎아 此 果利國乎아 波蘭之亡이
非由乎不能俄之言語라 實由乎不及 俄之智識이오 印度之滅이 非在乎不
能英之言語라. 實在乎不及英之智識이니 故로 西哲이 曰 無强隣之智識
而習强隣之言語ᄒ면 是ᄂ 驅民而與人也라 ᄒ니 嗚乎라. 彼蒙昧之徒ᄂ
不知我之歷史ᄒ며 不知我之地理ᄒ며 又 不知我之祖先者多矣라. 在本國
ᄒ야도 不免爲貧者賤者愚者弱者어든 矧敢與彼强隣으로 曰吾曰爾哉아
此 輩가 粗解外語ᄒ면 不務其交際之本義ᄒ고 公焉而無君無臣ᄒ며 私
焉而無父無子ᄒ야 至有見彼如虎ᄒ고 見我如奴ᄒ나니 此豈非驅民而與
人者哉아 天下之亡國者ㅣ 必有是痛이라. 是以列國之敎科ᄂ 外學之外엔
無外語ᄒ니 盖 自國之彜性이 不堅이면 阿外之獸心이 自生이라. 今 我韓
人이 皆受中學之業乎아 皆有自國之性乎아 無中學之業ᄒ며 無自國之性
ᄒ고 滔滔是學이면 全國未來之程度ᄂ 盖可知也라. 昔者에 英人이 入南
米ᄒ야 語土人 曰 我ᄂ 小數人이오 爾ᄂ 多數人이라. 以小數로 宜學多
數之語나 爾ᄂ 有好學人語之特性ᄒ니 爾宜學之라 ᄒ야 初以誘之ᄒ고
末以壓之ᄒ야 非英語면 出板回易을 不得自由케 ᄒ니 土語ᄂ 從是而絶
이라. 至今 舊南米山河에 聞或有一個土語乎아 我國人性이 不幸與彼近
之耳라. 三南이 爲甚而嶠之南이 居其尤也로다. 余閱嶠南之數十學校에
深知其性質ᄒ노니 無論 尋常高等ᄒ고 必以外語로 爲專門ᄒ야 彼之父
兄이 非語學이면 以謂非校라 ᄒ고 彼之儕類ㅣ가 非於學이면 亦以爲非

校라 ᄒ야 其他 爲己爲家爲國之千萬事爲ᄂ 茫然不知ᄒ니 此 可謂國民乎아 今日列國之强이 其 功이 在於列國之語乎아 今日 我韓之弱이 其 罪가 在於我韓之語乎아 立於敎育界者ᄂ 盍思之乎아 無彼之智識而習彼之言語ᄒ면 能與齊乎아 爲國者ㅣ 必曰 敎育敎育이오 爲民者ㅣ 亦必曰 敎育敎育이나 不過自棄其身이오 自賊其民이니 豈以公 財民産으로 設此學爲哉아. 故로 余ᄂ 見中學科以下를 驅諸外語ᄒ면 一以悲其靑年後進이오 一以弔其白髮父兄ᄒ노라 噫라.

◎ 文法을 宜統一, 신채호, 〈기호흥학회월보〉 제5호, 1908.12. (국문론)

漢文은 漢文文法이 有ᄒ며 英文은 英文文法이 有ᄒ고 其他 俄法德伊等文이 莫不其文法이 自有ᄒ니 目今世界現行各文에 엇지 無法의 文이 是有ᄒ리오 마ᄂ 然이나 今韓國의 國漢字交用文은 尙且其法이 無ᄒ도다. 韓國에 自來로 自國國文이 非無언마ᄂ 此ᄂ 一邊閣置ᄒ야 女子及勞働界에만 行用되고 上等社會에ᄂ 漢文만 尊尙ᄒ야 讀習ᄒᄂ 바도 此에 在ᄒ며 著作ᄒᄂ 바를 此로 以ᄒ더니

居然時代의 思潮가 一變ᄒ야 彼佶屈聱牙ᄒ 漢文으로ᄂ 國民智識均啓홈이 難홈을 大覺ᄒ며 又 自國國文을 無視ᄒ고 他國文만 尊尙홈이 不可홈을 不悟ᄒ고 於是乎國文을 純用코자 ᄒ나 但 屢百年 慣習ᄒ던 漢文을 一朝에 全棄홈이 時義와 時勢에 均是不合ᄒ지라 所以로 國漢字交用의 議가 起ᄒ야 十餘年來 新聞 雜誌에 此道를 遵用홈이 已久ᄒ나 然ᄒ나 其 文法을 觀ᄒ건디 或 漢文文法에 國文吐만 加ᄒᄂ 者도 有ᄒ며 (一) 或 國文文勢로 下ᄒ다가 突然히 漢文文法을 用ᄒ고 (二) 或 漢文文勢로 下ᄒ다가 突然히 國文文法을 用ᄒᄂ 者도 有ᄒ야

譬컨디 「學而時習之不亦悅乎」 一句를 譯홈에 或曰 「學而時習之면 不亦悅乎아」 ᄒ니 此ᄂ 壹에 屬ᄒ 者오 或曰 「學ᄒ야 此를 時習ᄒ면 不亦

悅乎」ᄒᆞ니 此ᄂᆞᆫ 二에 屬ᄒᆞᆫ 者라.

同一ᄒᆞᆫ 事項 同一ᄒᆞᆫ 句語를 五人이 敍述흠에 十人이 不同ᄒᆞ야 文法의
離奇흠이 名狀키 難ᄒᆞ니 噫라 此가 비록 細事인 듯ᄒᆞ나 其實은 著者가
此를 由ᄒᆞ야 其心이 荒ᄒᆞ며 讀者가 此를 由ᄒᆞ야 其腦가 眩ᄒᆞ고 抑彼靑
年學文者ᄂᆞᆫ 筆을 操ᄒᆞᄆᆡ 所從의 途를 莫知ᄒᆞ리니 其害가 豈小ᄒᆞ리오.

故로 今日에 文法統一이 卽亦一大急務라 此를 統一ᄒᆞ여야 學生의 精
神을 統一ᄒᆞ며 國民의 智識을 普啓홀지어늘

乃者如此不規則無條理의 文으로 敎科를 編ᄒᆞ야 國人子弟를 敎授ᄒᆞ
며 書籍을 著ᄒᆞ야 有志同胞에 供覽ᄒᆞ니 是가 奚可며 是가 奚可리오 故
로 吾ᄂᆞᆫ 此「文法統一」四字를 擧ᄒᆞ야 各學校의 文學科를 設ᄒᆞᄂᆞᆫ 諸君
子에게 深祝ᄒᆞᄂᆞᆫ 바로라.

◎ 物名攷, 藕山居士, 〈대동학회월보〉 제7호, 1908.8.
(국어, 언어, 어휘)

*물명을 제시하는 이유 / 제7호부터 제16호까지 물명 연재

▲ 제7호

昔在三王之世年 頒新字通用於天下蓋緣物類之充塞 顯晦有時 晦而顯
者奮而新也 日用常行之事情亦隨時萬變 有一解則另立一字 用之於當用
之地 爾雅廣雅雅等書 皆是類也 說詩者多識於鳥獸草木之名 仰觀宇宙之
大俯 察品彙之微 斯先王敎民之政也 日本之人新製字 定物名以補漢文之
闕 我韓之人幷與古製之字 而率多謬解誤稱漢文之未闕者 自我闕之誠不
可使聞於鄰國也 略擧一二以訓於同文者

(역) 옛날 삼왕의 세대에 새로운 글자를 천하에 반포하여 모든 사물

의 충색(充塞)이 모두 이에서 연원하더니 세상에 알려지지 않은 것(현회: 顯晦)이 있을 때, 어둠을 드러내는 것이 곧 새로움이다. 일상 행하는 일은 또한 때에 따라 모두 변화하니 하나의 해석이 하나의 글자에 해당하며 곳에 따라 사용되는 것은 아광(雅廣), 아아(雅雅) 등서가 모두 이와 같은 유이다. 시를 풀이하는 것은 조수와 초목의 이름을 많이 알아야 하고, 우주를 우러르며 땅을 굽어 사물의 이름을 살피니 이것이 선왕이 백성을 가르치는 정치였다. 일본인이 새로 글자를 만들어 물명을 정하여 한문에 없는 것을 보충하니 우리 한국인은 한문에 없는 것은 옛날 문자와 더불어 잘못 풀이하고 잘못 부르는 것이 많다. <u>우리에게 없는 것은 진실로 이웃나라를 참고해야 할 것이니 간략히 한 두 개의 같은 문자의 훈을 제시하고자</u> 한다.

殼子待哺 翼在傍 翩羽▨ 翈短羽 翎複羽 翅膀죽지 毳腹毛 絨毛쇼음털 嗉㕦산멱 肶胵멀더구니 跖鳥掌 蛋鷄鴨卵 嘠蛋알것다 㲉알골다 囮繫生鳥以來他鳥㢉싀덧 蜀鷄大者 鵜鴰왜거리 鷺鵝히오리 朱鷺자오기 鵠곤이又名天鵞 鴨집오리 梟물오리 鸘鶝비오리 鶒鷱사다싀 鴗너시 魚狗쇠싀 鶷鶥할미싀 造化鳥죵달이 鴿집비둘기 鳩훤비둘기 鳲鳩벅국이 杜鵑솟젹싀 練鵲씻가치 慈烏가마귀 鴉鳥갈가마귀 角鷹조고리 茅鴟말쏭더휘기 花鴾걸푸역이 角鴟슈알치 鵰수리 □겷의 鵶鶡나진이 越燕졔비 胡燕명막이 蒿雀촉싀 茶鳥콩싀 鴛鴦징경이 燕鴞칼싀 隼죠롱치 鸅구진이 鶇옷빔이 (未完)

*번역에서 현대어로 옮기지 않았음＝추후 교정 필요

(역) 구(殼, 새새끼 구)는 새끼가 먹이를 기다리는 것(待哺)이며, 익(翼)은 곁에 있는 것(在傍), 편(翩)은 깃을 빨리하는 것(羽疌), 합(翈)은 짧은 깃(短羽), 령(翎)은 두 깃(複羽), 시방(翅膀)은 죽지, 취(毳)는 배의 털(腹毛), 융모(絨毛)는 솜털, 소대(嗉㕦)는 산멱, 비질(肶胵)은 멀더구니, 척

(跖)은 새의 다리(鳥掌), 단(蛋)은 닭과 오리의 알(鷄鴨卵), 알단(嘎蛋)은 알것다, 단(鰕, 알 곯을 단)은 알 곯다, 화(囮)는 산 새를 잡아서 다른 새가 오게 하는 것(繫生鳥以來他鳥), 엄(㡃)은 새덫, 촉계(蜀鷄)는 큰 것(大者), 창괄(鶬鴰)은 왜가리, 노자(鷺鶿)는 해오리, 주로(朱鷺)는 따오기, 곡(鵠)은 고니 또는 명천아(名天鵝), 압(鴨)은 집오리, 부(鳬)는 물오리, 계칙(鸂鷘)은 비오리, 제호(鵜鶘)는 사다새, 보(鴇)는 너새, 어구(魚狗)는 쇠새, 척령(鶺鴒)은 할미새, 조화조(造化鳥)는 종달새, 합(鴿)은 집비둘기, 구(鳩)는 흰 비둘기, 시구(鳲鳩)는 뻐꾸기, 두견(杜鵑)은 소쩍새, 연작(練鵲)은 때까치, 자조(慈鳥)는 까마귀, 아조(鴉鳥)는 갈가마귀, 각응(角鷹)은 조고리, 모치(茅鴟)는 말똥더휘기, 화보(花鴇)는 걸푸역이, 각치(角鴟)는 슈알치, 주(鷲)는 수리, 경(□)은 결의, 아골(鴉鶻)은 나진이, 월연(越燕)은 제비, 호연(胡燕)은 명막이, 효작(蒿雀)은 촉시, 다조(茶鳥)는 콩시, 원앙(鴛鴦)은 징경이, 연골(燕鶻)은 칼시, 준(隼)은 죠롱치, 전(鸇)은 구진이, 효(鴞)는 옷빔이이다.

▲ 제8호

獸毛蟲總稱 齙牙엄니 洞腹녑창 肪기름 脅肉夾肪毳소음치 求子암닉 果下馬朝鮮産極小긍 哨靑풀쯧기다 齎食餘草鍘刀작도 庈廠放牧處爲廠 以掩者棧마판 錽銀은입사 鑲嵌금사어리다 錵씩이다 鞍橋마양이가지 鞍屜언치 障泥다릭 鞅가슴거리 鞦고도리 繁밋딕 匼匝구레 籠頭바구레 혁 眊상모 負鞍길마 枚箠鞭穗칫직열 馬褐샵경 馬脚翅편ᄌ 箹글게 佽養馬者又曰後槽水牛色蒼大復能與虎鬪者觚角根睥析양 百葉친엽 蜂菓벌의집 沙肝만하 胰子이ᄌ 蒙古羊염소 羊屬목즐듸 䶂鼠담뷔 貓오소리 獽너구리 絡絲狗샵살리 獅子狗더펄긔 獐狗동경긔 花狗바둑긔 金絲狗발발이 獒호박이 豻野犬貀족졉이 松鼠다람이 鼯頭더쥐 貂돈피 蝟고슴돗 蠱水族不醢之通稱圍網후리근물 撈網반도 笱통발 攩網활치 筑籠가리 筟箬조리 鋼叉작살 梁살 棒깃주다 鯑鰊부레 又曰膘魚白이리 魚子알 喩喁

口開闔揵髻지느림이거스리다 鮞魚子在腹魚秧魚苗同養池者尺木龍頭上骨石龍도룡농 蝘蜓도마비암 鮫상여 又曰沙魚石鮅불거지 重唇魚눕치 鯔슈어 白魚우럭이 膾殘魚빙어 石魷石魚如中石鮸민어 鮺가조긔 鱒준치 又曰鮥鰭위어 鯿병어 鯽부어 海鯽도미 鱸꺽정이 四腮鱖소가리 杜父魚걱지 鯊모릭무지 鰷필이 銀條魚은구어 鱧가믈치 鰻鱺장어 鱓드렁허리 鮎메육이 柔魚쓸독이 鮛무럼 湘洋魚가오리 拔魚방어 非鮒魚古道魚고등어 裙帶魚갈치 蘇魚반당이 昂刺자가사리 멸치 橡木魚여묵이 土肉뮈海蔘 水母히파리 (未完)

(역) 수(獸)는 모충의 총칭(毛蟲總稱)이며, 포아(齙牙)는 엄니, 통장(洞腸)은 넙창, 방(肪)은 기름, *(脅)은 살 붙은 기름(肉夾肪), 취(毳)는 소음치, 구자(求子)는 암닉, 과하마(果下馬)는 조선산 극히 적음(朝鮮産極小), 궁청(啃靑)은 풀뜻기다, (贊)는 (食餘草) 작도(鍘刀)는 작도, (庌廠)은 (放牧處爲廠以掩者), 천(棧)은 마판, (錽銀)은 은입사, 양감(鑲嵌)은 금사어리다, (鋛)은 씌이다, 안교(鞍橋)는 마양이가지, 안설(鞍屜)은 언치, 장니(障泥)는 다릭, 앙(鞅)은 가슴거리, 추(鞦)는 고도리, (繁)는 밋딕, (匼匝)는 구레, 농두(籠頭)는 바구레혁, (髶)는 상모, 부안(負鞍)은 길마, 매(枚)는 筐, 편수(鞭穗)는 칫직열, 마갈(馬褐)은 샵정, 마각시(馬脚翅)는 편즈, (箃)은 글게, (伝)은 (養馬者) 또는 후조(後槽), 수우(水牛)는 색이 푸르고 배가 커 능히 호랑이와 싸울 만한 것(色蒼大復能與虎鬪者), 저(羝)는 각근(角根), 비절(脾析)은 양, 백엽(百葉)은 친엽, 봉소(蜂巢)는 벌의집, 사간(沙肝)은 만하, 이자(胰子)는 이즈, 몽고양(蒙古羊)은 염소, 양*(羊屬)은 목즐딕, 조서(臊鼠)는 담뷔, *(獤)은 오소리, *(貛)은 너구리, 낙사구(絡絲狗)는 샵살리, 사자구(獅子狗)는 더펄기, 동구(獞狗)는 동경기, 화구(花狗)는 바둑기, 금사구(金絲狗)는 발발이, *(獒)는 호박이, *(豻)은 들개(野犬), *(鼬)은 족졉이, 송서(松鼠)는 다람이, *(鼺)는 두더쥐, 초(貂)는 돈피, 위(蝟)는 고슴돗, *(鱻)는 (水族不醃之通稱, 위망(圍網)은 후리근물, 노망(撈網)은 반도, 구(笱)는 통발 *(撍網)

은 활치 조롱(笊籠)은 가리, 영*(筊箵)은 조리, 강차(鋼叉)는 작살, 량(梁)은 살, *(棒*)은 깃주다, *(鰾鮷)은 부레 또는 표(膘), 어백(魚白?)은 이리, 어자(魚子)는 알, 첨우(唸?喁)는 입을 벌리고 닫는 것(口開闔), *(揵鬐)은 지느림이 거스리다, *(鮞)는 (魚子在腹), 어앙(魚秧)은 (魚苗同養池者), 척목(尺木)은 용머리 위의 뼈(龍頭上骨), 석룡(石龍)은 도롱뇽, 언정(蝘蜓)은 도마비암, *(鮫)는 상여 또는 사어(沙魚), 석비(石魮)는 불거지, 중순어(重唇魚)는 눕치, *(鰡)는 슈어, 백어(白魚)는 우럭이, 회잔어(膾殘魚)는 빙어, 석침(石魰)은 (石魚如中石), 면(鮸)은 민어, *(鱟)은 가조긔, *(鰣)은 준치 또는 (魛), *(鱭)는 위어 *(鯿)은 병어, *(鯽)은 부어, 해*(海鯽)는 도미, *(鱸)은 걱졍이, 사사*(四腮鱖)은 소가리, 두부어(杜父魚)는 걱지, *(鱉)는 모릭무지 *(鰷)는 필이, 은조어(銀條魚)는 은구어, *(鱧)은 가믈치, *(鰻鱺)는 장어, *(鱣)은 드렁허리, 점(鮎)은 메육이, 유어(柔魚)는 쓸독이, *(鮛)은 무럼, 상양어(湘洋魚)는 가오리, 발어(拔魚)는 방어 또는, 비방어(非魴魚), 고도어(古道魚)는 고등어 군대어(裙帶魚)는 갈치 소어(蘇魚)는 반당이, 앙자(昻刺)는 자가사리 *(*)은 멸치, 연목어(椽木魚)는 여목이, 토육(土肉)은 뮈·해삼(海蔘), 수모(水母)는 해파리이다.

▲ 제9호

龜 남싱이 斑蛇 늘묵이 土桃蛇 굿비암 能鳴, 紫蟹 곤장이 蟛蜞 방궤 石蟹가제 角蟹곳궤 蟶가리맛 蚌진쥬조긔 車螯大蛤蛤唎참조긔 玄蛤모시조긔 江瑤柱蛤屬肉有柱者瓦壟子我韓俗稱江瑤柱生於北道者馬刀말십조긔 蜆가막조긔 淡菜紅蛤海螺소라 田螺우렁이 貝비급자긔 車渠횐자긔 豸昆蟲狐足摠稱 蠶輔누에번둑이 繰換抽絲也繰車자이 繄絲傷也綸合絲 扣絲실어우루다 類실믜돔 蠍自生싀누에 金蠶與金同處有大毒蠋似蠶而不能蘭藬蠋콩망아지 金鳳蠋봉사벌네 龍腦蛾박나뷔 蜚蠊셕풍뎅이 土蜂말벌 大黃蜂왕퉁이 木蜂바다리 蚖蠊자즉히 蛄蟖쐬아기 螳蠰연가시 斯螽

메둑기 阜螽방가비 黃蚚풍덩이 蝱등에 赤頭蠅쏭의파리 狗耳기파리 蛆
구덕이 蜣蜋주발마얌이 馬蜩말미얌이 寒蟬스르람이 蛀食木蠹馬蟻말기
아미 蠪불기얌이 斑猫五色갈의 臭蟲빈딩 强蚌쌀바구미 醯鷄초바구미
焦苗蟲모입회싹장버레 豉蟲물무당 螻蛄도로릭 馬蚿니밥노략이 蜈蚣노
략이 蟻셕히 八脚子사면발이 牛蝱쇠진듸 蟯어얌이 蝎젼갈 (未完)

(역) 구(龜)는 남생이, 반사(斑蛇)는 늘묵이, 토도사(土桃蛇)는 굿비암이
능히 우는 것(能鳴), 자해(紫蟹)는 곤장이, *(蟛蜞)는 방궤, 석해(石蟹)
는 가제, 각해(角蟹)는 곳궤, *(蟶)은 가리맛, 방(蚌)은 진쥬조긔, 차오
(車螯)는 대합(大蛤), 합리(蛤唎)는 참조긔, 현합(玄蛤)은 모시조긔, 강
요주(江瑤柱)는 조갯살 속에 부리가 있는 것(蛤屬肉有柱者), 와*자(瓦
壠子)는 북도에서 생산되는 우리나라에서 속칭 강요주라 부르는 것(我
韓俗稱江瑤柱生於北道者), 마도(馬刀)는 말십조긔, *(蜆)은 가막조긔,
담채(淡菜)는 홍합(紅蛤), 해라(海螺)는 소라, 전라(田螺)는 우렝이, 패
(貝)는 비급자긔, 거*(車渠)는 흰자긔 *(豸)는 다리 없는 곤충의 총칭
(昆蟲狐足揔稱), 잠용(蠶蛹)은 누에번둑이, *(繅)는 명주실을 (抽絲也)
이다. *거(繰車)는 자익, *(䌤)은 상한 실(絲傷也), 륜(綸)은 실을 합친
것(合絲), *사(扣絲)는 실어우루다, *(?)는 실믜돕, 상(蠰)은 자생 새누
에(自生싀누에), 금잠(金蠶)은 (與金同處有大毒), 촉(蠋)은 누에와 비슷
하나 고치를 만들지 못하는 것(似蠶而不能繭), 곽촉(藿蠋)은 콩망아지,
금봉촉(金鳳蠋)은 붕사벌네, 용뇌아(龍腦蛾)는 박나뷔, 비자(蜚蠊)는 썩
풍덩이, 토봉(土蜂)은 말벌, 대황봉(大黃蜂)은 왕퉁이, 목봉(木蜂)은 바
다리, 척획(蚇蠖)은 자즈히, 점사(蛅蟖)는 쐬아기, 당*(螳蠰?)은 연가시,
사종(斯螽)은 메둑기, 부종(阜螽)은 방가비, 황준(黃蚚)은 풍덩이, 맹
(蝱)은 등에, 적두승(赤頭蠅)은 쏭의파리, 구이(狗耳)는 기파리, 저(蛆)
는 구덕이, 당조(蜣蜋)는 주발마얌이, 마조(馬蜩)는 말미얌이, 한선(寒
蟬)은 스르람이, 와식(蛀食)은 목준(木蠹), 마의(馬蟻)는 말기아미, 룡
(蠪)은 불기얌이, 반묘(斑猫)는 오색(五色) 갈의, 취충(臭虫)은 빈딕, 반

175

양(强蚌)은 쌀바구미, 혜계(醯鷄)는 초바구미, 초묘충(焦苗蟲)은 모입회 싹장버레, 고충(鼓虫)은 물무당, 누고(螻蛄)는 도로릭, 마현(馬蚿)은 니밥노략이, 오조(蜈螺)는 노략이, 기(蟣)는 석희, 팔각자(八脚子)는 사면 발이, 우슬(牛蝨)은 쇠진듸, 강(蜣)은 어얌이(쇠똥구리), 갈(蝎)은 전갈이다. (未完)

▲ 제10호

菜 草可食 葷辛臭 爪在木曰果在地曰爪 瓤肉五 穀稻黍稷菽麥 九穀黍稷稻粱三豆二麥 穗合漿물여 물들다 莢고투리 芒가릭기 秕쥭정이 穀奴감복이 稻벼 粳메벼 糯찰벼 秈早稻오례벼 稻孫아들벼 秋粘穀總稱 稭禾藁去皮 糙禾米雜 粲精米 碓방아 磑밀돌 信子중쇠 淅쌀이다 潘쓰물 澱찍기 笿籬죠리 稷뫼기장 黍찰기장 稗피 薥黍수수 王薥黍옥수수 粱찰조 粟뫼죠又穀總稱 粮가라지又曰莠 茛줄 荊二稑왕듸 莞왕골 水蔥뇨양 薑茋울무 小麥밀 麩기울 大麥보리 又大麥曰牟小麥曰來 蕎麥茅 鈴鐺麥귀밀 鬓쌀보리 燕麥돌귀밀 白茅곱듸ㅣ 罷王根웍싀 葭갈蘆同 蒹달 筍竹靑皮 菁듸쳥 籆왕듸 苦竹관음듸 淡竹소음듸 筥笛竹 山白竹조리듸 射干범부쳐 萱원추리 野茨菰물롯 山茨菰가치물롯 韭부쳐 薤염교 扤蔥葉中空 胡蔥쪽파 小蒜달뇌 大蒜마눌 昌陽昌蒲一名 莎香附子草 回軍草쩨풀 瞿麥石竹花 紫草지치 薄荷영싱이 紫蘇차조기 白蘇돌쎄 蘇麻들싀 榨取油機 胡麻거문싀 脂麻참싀 麻枯餅싀묵 香薷노약이 鬼針싀품 大麻삼 麻骨겨릅 麻刀거울 苫紵布계추리 縷오리 緖실낏 紡車문리 籰얼뉘 線纊실테 線總쑤리 柚도트마리 打經씨넛타 打緯날넛타 筬바듸 苧麻모시 苘麻어자귀 蕁麻풀쇠악이 棉布무명 碾車씨아 棉筩고치 蕎麥모밀 又曰蓺 大豆콩 穭豆쥐눈이 豆腐俗稱泡 豉며주 檄醬된장 香豉쳥국 小豆팢 (未完)

(역) 채(菜)는 먹을 수 있는 풀(草可食), 훈(葷)은 신맛(辛臭), 과(爪)는 나무에 있는 것은 과(果)라 하고, 땅에 있는 것은 과(瓜)라 부른다.(在木

曰果在地曰瓜), 양(臝)은 육(肉), 오곡(五穀)은 도서직숙맥(稻黍稷菽麥),
구곡(九穀)은 서직도량삼두이맥(黍稷稻粱三豆二麥), 수합장(穗合漿)은
물여 물들다, 협(莢)은 꼬투리, 망(芒)은 가락기, 비(粃)는 죽정이, 곡노
(穀奴)는 감복이, 도(稻)는 벼, 갱(粳)은 메벼, 수(糯)는 찰벼, *조도(秈早
稻)는 오례벼, 도손(稻孫)은 아들벼, 출(秫)은 점곡의 총칭(粘穀總稱), *
(稭)는 (禾藁去皮), *(糙)는 (禾米雜), 찬(粲)은 정미(精米), 확(碓)은 방
아, *(磑)는 미돌, 신자(信子)는 중쇠, *(淅)은 쌀이다, *(潘)은 쓰물, 전
(澱)은 씩기, 조리(筊籬)는 죠리, 직(稷)은 뫼기장, 서(黍)는 찰기장, 패
(稗)는 피, 촉서(蜀黍)는 수수, 옥촉서(王蜀黍)는 옥수수, 량(粱)은 찰조,
속(粟)은 뫼죠 또는 곡식의 총칭(又穀總稱), *(稂)은 가라지 또는 *(又
曰莠)라 부르며, *(蔄)은 줄, 형이*(荊二稑)은 왕듸, 원(芫)은 왕골, 수총
(水蔥)은 뇨양, 의이(薏苡)는 율무, 소맥(小麥)은 밀, *(麩)은 기울, 대맥
(大麥)은 보리 또는 대맥을 모(牟)라 부르고 소맥을 래(來)라 부른다.(又
大麥曰牟小麥曰來), *(蘗)은 맥모(麥芽), 영당맥(鈴鐺麥)은 귀밀, *(䴴)
는 쌀보리, 연맥(燕麥)은 돌귀밀, 백모(白茅)는 곱뒤-, 파왕근(罷王根)
은 웍싀(억새), *(葭)는 갈, 노(蘆) 또한 갈과 같다. *(蒹)은 달, 균(筠)은
푸른 대껍질(竹靑皮), *(箁)는 듸청 *(篁)는 왕듸, 고죽(苦竹)은 관음듸,
담죽(淡竹)은 소음듸, *죽대(篁)은 적죽(笛竹), 산백죽(山白竹)은 조리
듸, 사간(射干)은 범부치, 훤(萱)은 원추리, 야*(野茨菰)는 물룻, 산*(山
茨菰)는 가치물룻, *(韮)는 부치, *(薤)는 염교, *(扡)는 (蔥葉中空), 호
총(胡蔥)은 쪽파, 소신(小蒜)은 달늬, 대신(大蒜)은 마눌, 창양(昌陽)은
창포(昌蒲) 일명 향부자초(一名 莎香附子草), 회군초(回軍草)는 쎄풀, *
맥(瞿麥)은 석죽화(石竹花), 자초(紫草)는 지치, 박하(薄荷)는 영싱이,
자소(紫蘇)는 차조기, 백소(白蘇)는 돌쎄, 소마(蘇麻)는 들쎄, *(榨)은
취유기(取油機), 호마(胡麻)는 거문쎄, 지마(脂麻)는 참쎄, 마고병(麻枯
餠)은 쎄묵, 향*(香薷)은 노약이, 귀침(鬼針)은 싀품, 대마(大麻)는 삼,
마골(麻骨)은 겨릅, 마도(麻刀)는 거울, 석*포(昔紵布)는 계추리, 루(縷)
는 오리, 서(緖)는 실긋, 방차(紡車)는 문리, *(籆)은 얼뉘, 선*(線繢)은

실테, 선*(線繡)는 쑤리, 주(柚)는 도트마리, 타경(打經)은 씨넛타, 타위
(打緯)는 날넛타, *(筬)은 바듸, 저마(苧麻)는 모시, *마(茴麻)는 어자귀,
마(蕁麻)는 풀쇠악이, 면포(棉布)는 무명, 전차(碾車)는 씨아, 면(棉
筩)은 고치, 교맥(蕎麥)은 메밀 또는 일숙(又曰菽), 대두(大豆)는 콩, *두
(穭豆)는 쥐눈이, 두부(豆腐)는 속칭 포(俗稱泡), *(豉)는 며주, *(槾醬)
은 된장, 향고(香鼓)는 청국, 소두(小豆)는 팟이다. (未完)

▲ 제11호

蔣蕎麥 一名 豆黃 豆屑 蕨고사리 紫蕨고비 亦曰 迷陽 苴蓿게우묵 或
曰 非也 紫葳금등화 又曰 凌霄花 草黃芪단녀삼 八散葫담장이 或曰 薛荔
者誤 蘡薁머루 通草으흐름 菝葜청멸앳 蘿摩새박죠가리 何首烏온죠롱
蓬蘽멍석딸기 栝樓하늘타리 王瓜싸외 甛瓜 眞瓜古之單稱瓜者此 胡瓜
물외 越爪자외 絲瓜수세외 匏瓜박 壺廬 或曰 葫廬非也 苦瓜 東俗稱 荔
支 牽牛花 黑白丑花 旋花메꽃 纏枝牧丹넌출모란 長松푸솔 種盆者 兔絲
새숨 威靈仙어스리 筆菅멸 葎너슴 黃花地丁뮈움드레 苦苣고들벼 白苣
방귀아자 (未完)

(역) 장(蔣)은 교맥 일명(蕎麥一名), 두황(豆黃)은 두*(豆屑), 궐(蕨)은
고사리, 자궐(紫蕨)은 고비 또한 미양(亦曰迷陽), *(苴蓿)은 게우묵 혹
은 그렇지 않다고도 한다.(或曰 非也) 자*(紫葳)는 금등화 또는 능소화
(又曰 凌霄花), 초황*(草黃芪)는 단녀삼, 팔산호(八散葫)는 담장이 혹은
설*자오(或曰薛荔者誤), *(蘡薁)는 머루, 통초(通草)는 으흐름(으름), *
(菝葜)는 청멸앳, 나마(蘿摩)는 새박죠가리, 하수조(何首烏)는 온죠롱,
봉*(蓬蘽)은 멍석딸기, *(栝樓)는 하늘타리, 왕과(王瓜)는 싸외, 감과(甛
瓜)는 진과 옛날에는 단칭으로 과가 이것이다.(眞瓜古之單稱瓜者此)
호과(胡瓜)는 물외, 월과(越爪)는 자외, 사과(絲瓜)는 수세외, 포과(匏
瓜)는 박, *(壺廬)는 혹 호로라고 하나 그렇지 않다.(或曰 葫廬非也) 고

과(苦瓜)는 동속(東俗稱)에서 *(荔支)라 부른다. 견우화(牽牛花)는 흑백유화(黑白丑花), 선화(旋花)는 메꽃, *지목단(纏枝牧丹)은 넌출모란, 장송(長松)은 푸솔의 종분자(種盆者), 토사(兎絲)는 새숨, 위령선(威靈仙)은 어스리, 필관(筆菅)은 멸, *(葎)은 너슘, 황화지정(黃花地丁)은 뮈움드레, 고*(苦蕒)은 고들벼, 백*(白蕒)은 방귀아자이다. (未完)

▲ 제12호

萵苣 부로 芥갓 蔓菁슝무 萊菔딧무 再生草열무 胡蘿菔당근 莙蓬근긔 菠薐시근채 蔄蒿평지 茼蒿쑥갓 莑말근듸쑥 前胡사향채 防風병풍나물 苦蕒 俗稱山菊 夏菊 旋覆花 秋牧丹 俗稱唐菊 羌活아상이 薺苨계로기 大戟능수버들 狼毒오독독이 菮蕎초우웡 羊蹄소루장이 大黃장군풀 酸摸쇠영 蒼耳독고마리 澤瀉쇠귀나물 車前길경이 牛蒡웡 大薊엉경퀴 小薊죠방이 卽紅藍之野生者 术삽주 (未完)

(역) *거(萵苣)는 부로, 개(芥)는 갓, 만청(蔓菁)은 슝무, 래복(萊菔)은 딧무, 재생초(再生草)는 열무, 호라복(胡蘿菔)은 당근, *(莙蓬)은 근긔, *(菠薐)은 시근채, *(蔄蒿)는 평지, *(茼蒿)는 쑥갓, *(莑)은 말근듸쑥, 전호(前胡)는 사향채, 방풍(防風)은 병풍나물, 고의(苦蕒)는 속칭 산국(俗稱山菊), 하국(夏菊)은 선복화(旋覆花), 추목단(秋牧丹)은 속칭 당국(俗稱唐菊), 강활(羌活)은 아상이, *(薺苨)는 계로기, 대극(大戟)은 능수버들, 낭독(狼毒)은 오독독이, *(菮蕎)은 초우웡, 양제(羊蹄)는 소루장이, 대황(大黃)은 장군풀, 산*(酸摸)은 쇠영, 창이(蒼耳)는 독고마리, 택*(澤瀉)은 쇠귀나물, 차전(車前)은 길경이, 우방(牛蒡)은 웡, 대*(大薊)은 엉경퀴, 소*(小薊)은 죠방이 곧 홍람의 야생(卽紅藍之野生者), *(术)는 삽주이다. (未完)

▲ 제13호

鱧腸한년초 渣芹움미라리 山芹참나물 蛇床배암도랏 麋蕪궁궁葉又曰
江蘺 白芷구리딕 百合흰날이 山丹산늘이 地楡수박나물 酸漿쇠아리 龍
葵가마종이 南蠻椒고초 蓼엿귀 葒草요화딕 蓼藍쪽 澱앙금 莧비름 紫莧
당비름 馬齒莧쇠비름 佛甲草돌나물 景天집우지기 蛇舍비얌의 혀 狼牙
집신나물 石蕈신션취 露葵아옥 灰藋명아재 藜당명아지 地膚딥사리 三
白草 벙거지나물 木耳나무버섯 蔴菰표고 生哥舒木根菌버섯 生地子石
韋바희옷 甘苔파릭 藻말 海菜머육 黃角菜듬북이 浮萍머구리밥 菱말음
芰四角爲菱兩角爲芰 茨거싀연밥

(역) *(鱧腸)은 한년초, *(渣芹)은 움미라리, 산*(山芹)은 참나물, 사상
(蛇床)은 배암도랏, 미무(麋蕪)는 *엽(궁궁葉) 또는 강리(又曰江蘺), 백
*(白芷)은 구리딕, 백합(百合)은 흰날이(흰나리), 산단(山丹)은 산늘이
(산나리), 지*(地楡)는 수박나물, 산장(酸漿)은 쇠아리, 용*(龍葵)는 가
마종이, 남만초(南蠻椒)는 고초, *(蓼)는 엿귀, 홍초(葒草)는 요화딕, *
람(蓼藍)은 쪽, 전(澱)은 앙금, *(莧)은 비름, 자*(紫莧)은 당비름, 마치
*(馬齒莧)은 쇠비름, 불갑초(佛甲草)는 돌나물, 경천(景天)은 집우지기,
사함(蛇舍)은 비얌의 혀, 낭아(狼牙)는 집신나물, 석*(石蕈)는 신션취,
노*(露葵)는 아옥, 회*(灰藋)는 명아재, 려(藜)는 당명아지, 지부(地膚)
는 딥사리, 삼백초(三白草)는 벙거지나물, 목이(木耳)는 나무버섯, 마고
(蔴菰)는 표고가 나무에 생채로 흩어져 있는 것(生哥舒木根), 균(菌)은
버섯이 땅에 난 것(生地子), 석위(石韋)는 바희옷, 감태(甘苔)는 파릭,
조(藻)는 말, 해채(海菜)는 머육, 황각채(黃角菜)는 듬북이, 부평(浮萍)
은 머구리밥, 릉(菱)은 말음, *(芰)는 사각으로 릉이 된 것으로 두 뿔이
기(세초)가 됨(四角爲菱兩角爲芰), *(茨)는 거싀연밥이다.

▲ 제14호

椏歧枝蘖움 灌木叢生薪장작 金珀금픽 蜜臘밀화 果松잣나무 又名新羅松杉의가 産龍腦 杉松젼나무 柏側柏 刺松노가주 香柏我國以此焚香誤稱曰檀 檜노송나무 杻참쥭 臭杻가쥭 又樗 栲북나무 杻박달 或 曰牛筋木 牡荊싸리 栲물퓨레 茶條樹신나무 河柳당버들 又 赤檉 白楊사스나무 黃楡느틔 櫷楡느름나무 迎春柳기나리 俗誤稱莘夷 炮火木다름나무 楡理木오리나무 紫薇百日紅山茶동빅 出油茶작셜나무 鼠李갈믜나무 秦椒초피나무 崖椒ᄂᄃ되나무 櫻桃이스락 櫻벗俗誤稱柰 杜梨괏비 酸梨문비 柰멋又頻婆 野薔薇씰레 柞橡櫟總稱 栗楔밤가온ᄃ톨 天師栗외톨이 旋栗회호리 菝본의 常山죠밤나무 君遷子고욤 枸櫞佛手柑

▲ 제15호

物不動類

壤부셕흙 蚤壤두더지쒸신흙 勃壤셕비릭 白堊 白土 黝堊먹흙 墨 黑土湖南高山 等地有之可書字 埴질 赤埴불근질 爐거문질 墳흙북희다 淤술엉 斥鹵 鹹土 石土 凝堅者 玉石精者 範鑄金之式型 더푸집鎚모로 鎚맛치鄒頭쇠몽둥이 老鸛鎚장도리 鑷집개 又 鉗 鉋딕픽 鐵銼줄 法琅파란 鏤셥시김 錯씩임질 鈿금테두루다 赤銅구리 白銅 赤銅和銀煉者빅퉁 烏銅오동 靑銅 赤銅和錫煉者놋 黃銅 赤銅和倭鉛煉者쥬석 錫놋납 鍮 石似金者俗謂놋誤 假鍮 赤銅和黑鉛或爐甘石煉者괴 倭鉛흠석 生鐵무쇠 熟鐵시우쇠 跳鐵 鐵內硬不可打붕쇠 鏽鐵衣 又曰苔 生鐵梢쇠똥 焦 火타다燔굽다 炙쬐다 灼지지다 炮믓어굽다 烊노기다 焙쬐여말니다 煤헛부억火刀부쇠 (未完)

181

▲ 제16호

活水닝수 水斗들에박 弔桶줄드레 盆장군 甕甀쏘아리 濠희자 澤진페리 瀧여을 小汛上下弦潮減 大起스리 霞노을 沆瀣밤김 眈霜무서리 (完)

강창희	제2권 제1호	少年通信: 方言 강원 철원 강창희(강원 방언 소개)	언어	국어
강희목	제2권 제1호	少年通信: 方言 경북 봉화 강희목 보(경북 방언 소개)	언어	국어
편집실	제2권 제4호	少年通信: 方言(전북 익산) 等	언어	국어
편집실	제1권 제2호	少年 英語 敎室(來月부터 揭載): 英國文字 알파베트	언어	영어
편집실	제2권 7, 8, 9, 10(4회)	少年 論語	언어	한문
편집실	제1권 1, 2호, 2권 4호(3회)	少年 漢文 敎室: 第一課 物目, 第二課 成句	언어	한문

18.

역사

순번	연대	학회보명	필자	제목	수록 권호	분야	세분야
1	1896	대조선독립협회회보	안명선	북미 합중국의 독립사를 열하다가 아 대조선 독립을 논함이라	제4호	역사	미국사
2	1906	태극학보	김낙영	세계 문명사	제16, 17, 18, 19, 20, 22호(6회)	역사	문명사
3	1906	태극학보	만천생	동양사의 연구	제19호	역사	동양사
4	1906	태극학보	문일평	세계 풍속지	제21호	역사	민속학
5	1907	야뢰	현채	역사지리 = 역사	제1, 2, 3, 4, 5호	역사	한국역사
6	1907	공수학보	전석홍	일본 흥국사	제2호	역사	일본사
7	1907	대한유학생회학보	최남선	인류의 기원 급 발달	제3호	역사	문화 인류학
8	1908	소년	최남선	海上 大韓史	제1권 9호~제3권 6호(12회)	역사	역사
9	1908	대한협회회보	현은	역사	제1~12호 (12회)	역사	대한역사
10	1908	호남학보	현채	을지문덕/유년필독서초	제1호 이후 명사 여언은 모두 유년필독석의임	역사	대한역사
11	1908	대한학회월보	이승근	세계 문명의 내력을 논함	제2, 7, 8호(3회)	역사	문명사
12	1908	대한학회월보	이동초	한반도 문화 개관	제2, 4호(2회)	역사	문화사
13	1908	대한학회월보	이철재	아리사다득리전, 우돈(뉴턴)	제6호	역사	전기
14	1909	대한흥학보	한흥교	아국 온돌의 이해	제3호	역사	문명사
15	1909	대한흥학보	최석하	일본 문명관	제1, 2, 3호(3회)	역사	일본문명

◎ 北米 合衆國의 獨立史를 閱ᄒ다가 我大朝鮮 獨立을 論홈이라,
安明善, 〈대조선독립협회 회보〉 제4호, 1897.1.15.

고롬바쓰가 亞米利加 大陸을 發見흔 後로 由ᄒ여 歐洲 諸國人民이
競湊(경주)ᄒ야 亞米利加들에 移接ᄒᄂ 者 多ᄒ니 各國이 殖民地를 設
置ᄒ되 英國과 佛國의 殖民地가 最大흔지라. 일로써 英佛 兩國이 互相
戰爭ᄒ야 佛國 殖民地가 太半이나 英國의 地가 된지라. 自是로 英人이
亞米利加에 橫行ᄒ야 所到에 殘暴흔 行爲가 多ᄒ고 同政府ᄂ 其殖民에
對ᄒ야 不正흔 政略을 布ᄒ며---

◎ 世界 文明史, 김낙영 역술, 〈태극학보〉 제16호, 1907.12.

*진화론적 사고와 기독교 사상 문명사 비판=경험 과학으로 의빙 필요

▲ 제16호

第一編 非文明的 人類

第一章 原始人

原始時代의 人類ᄂ 如何흔 狀態로 生活을 營ᄒ엿스며 所謂 人文은
如何히 發達을 成得ᄒ엿ᄂ지 近世 科學의 證明ᄒᄂ 바를 依ᄒ건ᄃᆡ 吾
人 人類ᄂ 甚히 遙遠흔 起源을 有ᄒ엿스니 그 始初에는 實로 動物의
伴侶로 生活ᄒ다가 此 動物의 一次 退滅을 經흔 以後라도 人文 進陟의
速度가 極히 遲遲閑漫ᄒ엿스니 大抵 一個 細胞가 漸次 分化ᄒ야 初에
單純ᄒ든 者 複雜을 作ᄒ고 初에 混沌ᄒ든 者 漸次 清明을 成ᄒ여 畢竟
은 無數흔 細胞를 統一 調和ᄒ야 崇高흔 生活을 營得홀 바 儼然흔 一個

의 有機體를 形成ᄒᆞᄂᆞᆫ 科程이 俄然 換異ᄒᆞ야 人民 發達의 狀況을 可想케 ᄒᆞ도다.

人類의 進化ᄂᆞᆫ 一定ᄒᆞᆫ 時紀에 突然히 起來ᄒᆞᆫ 거시 아니오 所謂 生物學的 進化의 繼續으로 觀察ᄒᆞᆷ이 至當ᄒᆞᆯ지니 此ᄂᆞᆫ 前世紀 末年브터 識者의 注意를 夙起ᄒᆞᆫ 바 特히 近年 ᄶᆞ원 氏의 進化說[1]이 唱起ᄒᆞᆫ 以來로 確實ᄒᆞᆫ 科學的 根據를 得ᄒᆞᆫ 者이라. 此를 陳述ᄒᆞ기 前에 至今ᄭᆞ지 一般 世人이 信憑ᄒᆞᆫ 바 基督敎的 大要를 先擧ᄒᆞᆷ이 必要ᄒᆞ리로다.

舊約 創世記에 記錄ᄒᆞ엿ᄉᆞᄃᆡ 人類ᄂᆞᆫ 造物主 卽 眞神의 手로 造成ᄒᆞᆫ 者니, 生時브터 正義 直實의 德性을 具備ᄒᆞ고 博大ᄒᆞᆫ 智力과 高潔ᄒᆞᆫ 感情을 稟有ᄒᆞ엿ᄂᆞᄃᆡ 에덴이라 稱ᄒᆞᄂᆞᆫ 樂園에 居住케 ᄒᆞ니, 天然美麗의 草木은 地를 蔭蔽ᄒᆞ고 涓涓(연연)ᄒᆞᆫ 淸泉이 長流를 連湧ᄒᆞ고 天空에ᄂᆞᆫ 佳禽靈鳥(가금영조)가 榮光을 讚美ᄒᆞᄂᆞᆫ데 人은 其間에서 永遠ᄒᆞᆫ 春光을 沐浴ᄒᆞ고, 無限의 淨樂을 享受ᄒᆞ야 所事ᄂᆞᆫ 樂園을 理守ᄒᆞ고, 園에 잇ᄂᆞᆫ 諸般 菓實을 摘食케 ᄒᆞ고, ᄯᅩ 一切의 禽獸를 神의 命令ᄃᆡ로 命名ᄒᆞ니라. (創世記 二章 十五六節) 然ᄒᆞ나 神의 許給치 아니ᄒᆞᆫ 菓物을 摘食ᄒᆞᆫ 罪로 永永히 樂土를 離ᄒᆞ야 地球上에 落下ᄒᆞ엿ᄂᆞᄃᆡ 그 言語며 樂園과 그 神聖ᄒᆞᆫ 生活에 對ᄒᆞᆫ 悒悧(창견)追懷의 情은 永永 彼의게 賦與ᄒᆞ며 ᄯᅩ 信仰高德의 無限ᄒᆞᆫ 精進으로서 已失ᄒᆞᆫ 天國을 恢復케 ᄒᆞ나 此가 人類의 永久ᄒᆞᆫ 義務라고 決定ᄒᆞ엿고, ᄯᅩ 神의 黙示로 動植物 中에서 그 生活上에 用不用 與否를 區別ᄒᆞ야 育成 收穫의 道를 習ᄒᆞ더니 未幾에 木石으로써 家屋을 建築ᄒᆞ며, 金屬으로서 鍊鑄를 創試ᄒᆞᆷ에 至ᄒᆞ니 이로써 그 歲代를 推算ᄒᆞᆫ즉 初代 原人으로브터 凡 一千年년 後가 될진뎌 ᄒᆞ엿ᄉᆞ니,

---

1) ᄶᆞ원 씨의 진화설: 다윈의 진화론.

以上은 舊約 創世記에 記載호 바니, **實은 千數百年間에 基督敎 勢力의 傳播를 좃차 一般 歐羅巴人의 依憑된 바라. 其眞想은 特殊호 解釋이 無호면 足히 確定키 難호즉 不可不 近世 經驗科學의 結果를 依憑홈이 可홀지라**. 最近 人類學說을 據호건딘 原始人은 動物 中에 特히 發達의 能力을 持有홈에 不過호 者라 호니, 大抵 原始人에 關호야서는 科學의 興起史가 尙淺未遠호야 果是 十全치 못호다 稱호나 **最近 四十年間 來探究호 結果로 人類 始原狀態에 對호야 大体上 最後의 判斷을 劃下호엿도다**.

吾人의 生活호는 地球의 年齡은 到底히 測知키 不能호 者니--

▲ 제17호 = 원시인 전호 속

此洪積層 時代에 人類가 生息호든 거슨 歐洲 諸國에서 일즉히 該層中에셔 發掘호 骨片 給 石器 等 遺物노 可히 十分 信準홀 바ㅣ니 此로써 推考컨딘 當時에 만무드2)와 如호 巨獸를 制御호야 그 生存을 維持호 人種이 일즉 絶滅치 아니호고 連綿相傳호야 今日 歐洲 人種이 된 事와, 그 骨格의 變更 업슴이 恰然히 洪積層 時代 馴鹿(순록)이 今日 馴鹿과 如호 事와 各種族의 生存이 그 時代를 均平히 호야 沖積層 時代에 遷호기 前에 完全호 骨格을 持有호엿스되 決코 劣等의 人種을 代表치 아니호고, 但只 開化低度의 國民 体格과 同一호 事와 現時 歐洲 人種 中에도 그 純粹호 原型을 維持호 者가 稀少호고 混淆 種族이 된 等事는 果然

---

2) 만무드: 매머드. 맘무투스 프리미게니우스가 가장 잘 알려져 있다. 화석 매머드의 상아는 중세 이후 시베리아로부터 중국과 유럽으로 수출되었다. 매머드는 깊게 갈라진 빙하 틈에 빠져 갇히기도 했는데 이런 매머드는 보존 상태가 매우 좋다. 대부분이 현재의 코끼리와 크기가 비슷했으며 북아메리카의 맘무투스 임페라토르는 어깨까지의 높이가 4m였다. 소형 매머드도 있었는데 이는 이들의 조상이 각기 다른 섬에 격리되어 별개의 진화 경로를 거쳐 생겨난 것이다. 많은 매머드가 50㎝ 길이의 굵고 거친 암갈색 겉털 아래쪽으로 약 2.5㎝ 두께의 부드러운 황갈색 속털을 가지고 있었으며, 두꺼운 피부 안쪽에는 두께가 8㎝가량 되는 두꺼운 절연 지방층이 있었다. 초기 북아메리카 원시인이 매머드를 사냥했다는 점은 분명하지만 멸종 이유는 확실하지 않다. 〈다음백과〉

確實 無幾ᄒ도다.

今에 差等 諸種의 遺物을 按ᄒ야 洪積層 時代의 人類生活 狀態를 想像ᄒ야 其人文을 描寫컨디 此時代 人類ᄂ '만무드' 穴熊, --

▲ 제18호＝非文明的 人類

第二章 自然民族

大凡 人類ᄂ 一切 同樣의 資性을 稟有치 아니ᄒ엿ᄉ니 故로 思索 辨證에 技長ᄒ 者도 有ᄒ고 空想 信仰에 富瞻ᄒ 者도 有ᄒ며 現世를 崇尙ᄒ야 萬般을 多樂ᄒᄂ 者도 有ᄒ고 來世를 憧仰ᄒ야--

▲ 제19호＝비문명적 인류 제2장 자연 민족(속)

食人의 風俗이 野蠻人間에 普行된 主要의 原因은 必是 食物의 欠乏을 因ᄒ야 從起ᄒ 外部强迫을 由홈이니 大盖 野蠻人은 元來 耕作을 未知ᄒ고 一切 漁獵으로 飢餓를 欲避ᄒ되 漁獵의 收穫이 農作의 收穫만 不如ᄒ 고로 往往히--

▲ 제20호

第二編 東洋의 文明

第一章 總說

所謂 東洋이라 云홈은 亞細亞와 亞非利加를 指홈이니 西人이 云ᄒᄂ 바- 오리엔트와 同義라. 元來 오리엔트라 云ᄒᄂ 語ᄂ 羅甸語로 日出이

라 云ᄒᆞᄂᆞ 바인ᄃᆡ 漸次 轉訛ᄒᆞᆫ 者이니 小亞細亞와 埃及 中央亞細亞에서 印度에 至ᄒᆞ기ᄭᅡ지 諸地方을 稱흠이요, 大韓, 淸國, 日本 等 國은 西人이 極東 絶東이라 別稱ᄒᆞ나 此ᄂᆞ 地中海 以東 諸邦을 云흠이니 邦國으로 摘名ᄒᆞ면 其 主要ᄒᆞᆫ 者ᄂᆞ 大韓, 淸國, 日本, 埃及, 波斯, 亞叔利亞[3], 巴比倫[4], 파레스틔나요, 人種은 아늴 人種, 함 人種, 셈 人種, 트란 人種인ᄃᆡ 其中 大韓, 淸國, 日本 等 國人은 트란 人種이오, 印度, 波斯 等國人은 아늴 人種이오, 埃及은 흠 人種, 巴比倫, 亞叔利亞, 파레스틔나 人은 셈 人種에 屬ᄒᆞ니, 歷史上으로 通觀ᄒᆞ면 世界에 三大 潮流 '支那, 印度, 歐羅巴'가 有ᄒᆞᄃᆡ 大体上으로 見ᄒᆞ건ᄃᆡ 歐羅巴의 人文이 根本 印度와 如히 알 人種의 人文이라 云ᄒᆞ나 셈 人種의게서

第二章 트란 人種

트란 人種은 亞細亞 大陸

▲ 제22호=동양 문명 / 인도

印度

아늴 人種은 一名 印度歐羅巴 人種이라 稱ᄒᆞ니

(제22호까지만 연재됨)

---

3) 아숙리아(亞叔利亞): 앗시리아.

4) 파비륜(巴比倫): 바빌로니아.

◎ 東洋史의 研究, 挽天生, 〈태극학보〉 제19호, 1908.3.

*동양사＝중국관, 일본관을 검토할 수 있음

　既往을 觀鑑ᄒᆞ고 未來를 推算ᄒᆞᆷ은 人類의 共通ᄒᆞᆫ 理想이오 世界의 刺激을 受ᄒᆞ야 內部의 動作을 試ᄒᆞᆷ은 人類의 固有ᄒᆞᆫ 感情이라. 故로 吾人이 歷史를 研究ᄒᆞᆯ 時에 八萬里 地上, 五千年 時間에 林林蔥蔥ᄒᆞᆫ 人類 社會의 盛衰興亡이 皆是 吾人의게 多大ᄒᆞᆫ 經驗을 資ᄒᆞ며 非常ᄒᆞᆫ 訓戒를 予치 안ᄂᆞᆫ 者 無ᄒᆞ도다.

　東洋史ᄂᆞᆫ 殆히 漢族과 諸異族의 競爭ᄒᆞᆫ 事蹟이라. 唐虞ᄂᆞᆫ 勿論ᄒᆞ고 上古周末에 戎狄이 侵入ᄒᆞ야 周室이 遂亡에 天下가 西戎秦의게 歸ᄒᆞ고 中古漢을 經ᄒᆞ야 西晋末에 至ᄒᆞ야ᄂᆞᆫ 幾百年間 五胡十六國이 踵起相爭 ᄒᆞᆯᄉᆡ 就中凶奴族漢과 氏種前秦과 鮮卑族後魏ᄂᆞᆫ 江北에 占據ᄒᆞ야 武力 으로써 文弱에 流ᄒᆞᆯ 漢族을 制御ᄒᆞ며 版圖를 擴張ᄒᆞ야 其 勢가 强大ᄒᆞ 고 隋唐을 經ᄒᆞ야 五季에 至ᄒᆞ야ᄂᆞᆫ 潢河 附近에 據ᄒᆞ야 世世로 隋唐에 臣事ᄒᆞ든 靺鞨族契丹이 起ᄒᆞ야 回紀의 古地를 倂呑ᄒᆞ며 東渤海와 後秦 을 滅ᄒᆞ며 宋의 朝貢을 受ᄒᆞ니 領土가 東으로 日本海와 西으로 天山에 至ᄒᆞ야 當時 東亞에 第一 强國이 되고 吐蕃의 別種西夏가 宋 仁宗時에 西河의 地를 略ᄒᆞ야 其 勢가 一時 强大ᄒᆞ고, 松花江 流域에 住ᄒᆞ야 遼에 隸屬ᄒᆞ던 靺鞨族 一部 女眞이 興ᄒᆞ야 遼를 滅ᄒᆞ며 宋을 降ᄒᆞ야 當時에 覇ᄒᆞ고 其他 西突厥의 一部族 셔루직이 興ᄒᆞ야 亞細亞 西半을 略ᄒᆞ며 歐洲 耶蘇敎徒의 十字軍을 屢破ᄒᆞ야 國威를 遠近에 振揚ᄒᆞ고, 近古에 至ᄒᆞ여ᄂᆞᆫ 遼金에 服屬ᄒᆞ든 蒙古族이 興起ᄒᆞ야 東亞를 倂呑ᄒᆞ며 西歐를 侵入ᄒᆞ야 歐亞 兩大陸에 兩次 空前의 大帝國을 建設ᄒᆞ고 近世에 至ᄒᆞ야 滿洲族이 明을 滅ᄒᆞ고 燕京에 都ᄒᆞ니 卽 淸國이며, 現今에 大和族(日本 이 自稱 大和族 此亦 蒙古種이라)이 東三島에서 堀起ᄒᆞ야 淸國을 戰勝 ᄒᆞ며 露國을 擊退ᄒᆞ고 東亞에 覇權을 握ᄒᆞ야 宇內에 雄飛ᄒᆞ니 其勢頗强 이라. 以上은 古今 東亞 諸異族과 漢族의 武强으로써 隆興ᄒᆞ며 文弱으

로써 衰亡흔 一例어니와 未知커라. 今後는 誰가 繼起흘는지 大小 勿論
ㅎ고 諸種族 諸部落이 次第로, 皆是 活動ㅎ엿는딕 我國은 開闢이 四千年
이오 疆域이 三千里며 人民이 二千萬이라. 歷古는 支那로 竝肩ㅎ고 地
勢는 意大利와 類衆ㅎ며 民族은 堂堂흔 蒙古種이라. 如此 民族과로 土
地로 如彼長日月에 寥寥沈着ㅎ야 大活動이 曾無ㅎ여스니 此는 余의 頗
히 疑訝ㅎ는 바오 甚히 愧恧ㅎ는바로다. 或曰 往古新羅文物이 當時 東
方에 師範地位를 占據ㅎ고 高句麗 强盛이 一時 隋唐을 凌駕ㅎ며 我朝의
風敎가 文明의 稱이 有ㅎ엿다 ㅎ느 此는 全體의 大活動이 아니오 部分
의 小活動이니 齒論흘 價値가 更無ㅎ도다. 然則 過去 現在에 俱無ㅎ야
스니 將來의 必有는 余敢斷言ㅎ노라. 然하나 我國의 弊源이 文만 崇尙
ㅎ고 武를 尋常에 置흔 故로 民心이 儒弱ㅎ며 士氣가 挫折ㅎ야 强者를
逢ㅎ면 抵抗力이 乏ㅎ며 大者를 見ㅎ면 屛縮心이 先ㅎ야 姑息을 是事ㅎ
며 苟安을 是圖ㅎ는 惡習에 在ㅎ니 自來 惡習을 一掃ㅎ고 主義를 一變
ㅎ야 武勇을 獎勵ㅎ야 軍律노써 國是를 定ㅎ고 質朴을 崇尙ㅎ야 忠節
노써 民心을 作ㅎ야 亂時에는 人民이 國家의 義務血稅를 奉貢ㅎ고 平時
에는 鐵艦金甲으로 水陸의 防備를 堅固케 ㅎ라야 國이 國될지며 民이
民될지라.

嗚呼라. 今日 風潮籤揚ㅎ며 雷霆震盪ㅎ는 時를 當ㅎ야 非常흔 能力과
適合흔 資格이 無ㅎ고는 到底히 此 天地에 生存치 못ㅎ는 故로 於是에
各 國의 共通한 主義를 採用히며 大勢의 相當흔 方策을 利用하느니 同
胞는 能知否아. 美國이 自來의 實業主義를 軍律主義로 變更ㅎ야 每年
艦隊와 軍隊를 擴張치 안는가. 此는 今日에 生存키 爲흠이니 我亦 生存
의 心이 無흔즉 已어니와 苟有흔즉 此를 效則치 아니치 못ㅎ러로다.
雖然이나 縛束羈絆에 在ㅎ야 此를 任意로 實行치 못흠에 奈何오, 曰 否
否라. 意國이 佛國의 蹂躪을 不被ㅎ드면 自由思想이 何萌이며 美國이
英國의 暴虐을 不受ㅎ얏드면 獨立精神이 豈芽ㅎ얏스리오. 今日 我가 危
境險地에 陷落흠은 皇天이 我民族으로 ㅎ야금 鐵肝石腸의 鍊鍛흘 機會
를 與ㅎ심이니 我는 此 機會를 利用ㅎ야 各其 智鏡을 修ㅎ며 心劍을

磨ᄒᆞ얏다가 一陣風雨에 同時 幷起ᄒᆞ야 西洋에 意大利, 美利堅과 東洋에
蒙古族, 大和族과 如히 되기를.

◎ 世界 風俗誌, 문일평, 〈태극학보〉 제21호, 1908.5.
　(문화인류학)

　現今 世界ᄂᆞᆫ 競爭世界오 時代ᄂᆞᆫ 交通時代라. 交通이 頻繁ᄒᆞᆯ사록 個人
國家를 勿論ᄒᆞ고 交際가 隨李親密하ᄂᆞ니 此時代에 處ᄒᆞᆫ 者ㅣ 不得不
他國 國民의 性質 如何와 習俗 如何를 多少 曉得하야 交際上 缺漏(결루)
를 避케 함이 今日의 一急務가 될 ᄲᅮᆫ 不啻라. 抑亦 普通知識에 莫大한
補益이 되리니 於是乎 外國 風俗에 對하야 迅速 講究ᄒᆞᆯ 必要가 起하도
다. 然이ᄂᆞ 我國은 從來 此等 風俗에 關한 書籍의 著述이 無하고 近日에
至하야 如干 外國에 關한 地理, 歷史 等 敎科書의 發刊이 有하나 盖其
地理 歷史의 目的은 地體의 構造와 過去의 事實 等에 傾向을 重置하고
細微한 人情 風俗에ᄂᆞᆫ 例外忖度(예외촌도)ᄒᆞᆫ 故로 我最愛하ᄂᆞᆫ 諸靑年
人士가 비록 此를 攻究ᄒᆞᆯ 心이 恆切하나 求覽키 未由하니 엇지 慨歎치
안이리오. 所以로 僕이 鈍筆拙文을 不辭하고 玆에 世界風俗誌를 譯述하
야 同胞 靑年의게 一覽을 供코자 하노라.

日本

　序說

位置 及 地勢: 日本國은 亞細亞 大陸 東端에 在하니 幾千里間 點點 羅列
한 群島도 成立지라. 面積은 二萬七千餘 方里오, 地勢ᄂᆞᆫ 大陸 沿岸에--

氣候 及 風景: 氣候ᄂᆞᆫ 寒熱溫 三帶에 屬하고 風景은 佳麗하니 彼數千

群嶼가 點綴하야 其間에 江海가--

人種 及 稟性: 日本 上古 人民은 原始부터 此地에 住居한 者 안이오, 他國에서 移住한 者라 現在 住民을 大約 四種에 分類하나니 第一은 最多數 最有力ᄒ 大和 種族, 第二은 西南에 住하야 勇猛이 素聞ᄒ 熊襲 種族, 第三은 北海道 一隅에 殘存ᄒ 아이누 種族, 第四는 臺灣의 蓄種이라. 人口 總數는 殆히 五千萬에 近ᄒ되 男子가 女子의 數爻보다 五十萬이 多하더라.

日本 人民(第三, 第四 以外)의 身長은 男子가 平均 五尺二寸이며 女子는 五尺 內外오, 心身이 早熟早老하는 傾向이 有하야 成年에 達키 前에 夙成하고 壯年에 至하야는--

言語 及 文字: 言語는 我國 及 蒙古語의 組織과 同一하고 發音이 輕捷하야 語調가 明瞭하며 文字는 古代에 無하더니 中古에 支那文이 輸入된 以後로 專혀 支那 文體를 模擬홈에 言語와 文字가 分岐 兩立하야 甚히 不便하더니 近世에 至하야 數百年 分離하엿던 語與文을 劈破하야 言文 一致를 新造ᄒ 以來로 敎育이 普及하고 文化가 速興하니라.

歷史上 槪觀: 神武天皇 以來로--

社會 狀態

國民階級: 維新 前에는 上으로 皇族, 下로 公家, 武家, 平民, 賤民 四階級에 區別ᄒ야 其制限의 嚴重함이 我國과 彷佛하더라. 公家에는--

(세계 풍속지는 일본만 실림)

◎ 撒水大捷, 玄采, 〈야뢰〉 제1호, 1907.1. (역사지리)

▲ 제1호＝살수대첩

▲ 제2호＝唐主 李世民 中 矢傷

▲ 제3호＝이순신전

▲ 제4호＝강감찬

▲ 제5호

    (6호에는 역사 관련 자료 없음)

◎ 日本 興國史, 全錫弘(譯), 〈공수학보〉 제2호, 1907.4.
  (역사학, 일본사)

  吁라. 亦 自亡이오, 興亦自興은 經驗的之確實者오, 理論的之明瞭者
라. 不必覼縷(란루)어니와 胡然以自亡其國乎아. 蚓螻(인루)도 蟄伏於土
ᄒ야 避夫踩躪(유린)ᄒ고 蟹鼈(해별)도 潛在于窟ᄒ야 畏厥網戈커든 矧
玆五官(신자오관)이 分明ᄒ야 稱靈於萬物者ㅣ 肯被異族之踩躪ᄒ야 罔
念同種之滅亡ᄒ니 怪且悲夫라.
  雖然이나 不知人之所以亡則不知我之所以亡이오, 不知人之所以興則
亦不知我之將以興이라. 故로 痛除亡國之原ᄒ고 猛效興國之道ᄂ 必於人
之興亡兩端에 不容不注心이라. 愚ᄂ 圖供硏究興亡之一隅ᄒ야 於此에
畧鈔槪要焉ᄒ니 雖其境遇有不同이나 必有所感悟處云爾라.

아, 또한 스스로 망하는 것이요, 흥하는 것도 또한 스스로 흥하는 것은 경험으로 확실한 것이며, 이론적으로도 명료한 것이다. 자세히 볼 필요도 없이 스스로 나라를 망하게 하는 것도 확실하니 지렁이나 땅강아지도 땅에 엎드려 유린을 피하고저 하고, 게와 자라도 물 속의 굴에 숨어서 투망을 두려워하거든 하물며 오관이 분명하여 만물의 영장이라 일컫는 자가 다른 종족의 유린을 받아 동족의 멸망을 받으니 괴이하고 슬픈 일이다.

그러나 타인이 망하는 까닭을 알지 못하는 것은 곧 내가 망하는 까닭을 알지 못함이요, 타인이 흥한 것을 알지 못하는 것 또한 내가 장차 흥할 것을 모르는 것이다. 그러므로 망국의 원인을 뼈저리게 벗어나고 흥국의 도리를 힘껏 본받는 것은 반드시 사람의 흥망 양단에 주의해야 할 마음가짐이다. 어리석은 내가 흥망의 때를 당해 연구하여 이에 간략한 개요를 간추려 제공하고자 하니 모름지기 그 경우가 동일하지는 않으나 반드시 깨우칠 만한 것이 있을 것이다.

第一章 日本之由來

————

(미완이지만 더 이상 연재되지 않음)

◎ 人類의 起源 及 發達, NS 生 譯, 〈대한유학생회학보〉제3호, 1907.5. (문화인류학 – 인류의 역사)

第一節 總說

(一) 人類의 分布

現今 世界上에 棲息ᄒᆞᄂᆞᆫ 人類ᄂᆞᆫ 總計 五十億 以上이니 現今 人類의 數만 如斯히 衆多ᄒᆞ며 ᄯᅩᄒᆞᆫ 歲月의 經過홈을 隨ᄒᆞ야 逐漸 增殖홀지니, 此等 多數ᄒᆞᆫ 人類ᄂᆞᆫ 現今 地球上 陸地에 殆히 無處不居ᄒᆞ야 兩極地方의 小區域을 除ᄒᆞ고ᄂᆞᆫ 地球의 百分之八十八은 人類의 生活 範圍에 屬ᄒᆞ얏ᄉᆞ니 今後 人數가 增加홈을 隨ᄒᆞ야 其 分布 區域도 漸次 擴大ᄒᆞ야 드듸여 全世界上에 人類의 足跡이 不到ᄒᆞᆫ 處가 無ᄒᆞ리로다. 大盖 吾人이 如斯히 廣大ᄒᆞ게 分布ᄒᆞᄂᆞᆫ 理由ᄂᆞᆫ 畢竟 移住ᄒᆞᄂᆞᆫ 結果니 移住에ᄂᆞᆫ 種種 原因이 有ᄒᆞ나 此를 大別ᄒᆞ면 如左ᄒᆞ니

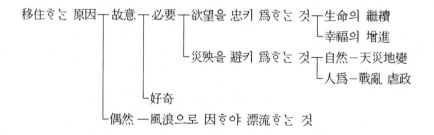

此等 原因으로 因ᄒᆞ야 人類가 移住ᄒᆞ게 됨은 決코 近世의 事實이 아니라 遠古 時代브터 行來ᄒᆞᆫ 바이니, 原來 野蠻時代에ᄂᆞᆫ 舟車의 便이 無ᄒᆞ고, 旅行ᄒᆞᄂᆞᆫ 困苦도 極히 多大ᄒᆞ엿ᄉᆞᆷ으로, 今日과 如히 自由와 安全홈을 應當 不得ᄒᆞ엿깃ᄉᆞ되, 오히려 不可不 移住홀 必要가 生ᄒᆞᆫ 것은 實노 吾人의 意思不及處오, 且 航海術이 發達치 못홈으로 風浪으로 因ᄒᆞ

야 漂流ᄒᆞᄂᆞᆫ 事ㅣ 更多ᄒᆞ며, 外他 動物노 言ᄒᆞ면 그 活動力이 居半 本能的임이로 氣候風土 飮食 等, 外界 境遇가 顯殊ᄒᆞᆫ 地方에 漂泊ᄒᆞᆯ진ᄃᆡ 그 子孫을 生養ᄒᆞᆯ 만큼 生命을 維持키 難ᄒᆞᄂ 吾人 人類ᄂᆞᆫ 不然ᄒᆞ야, 外界 境遇의 變化를 應ᄒᆞ야 活動을 營爲ᄒᆞᆯ 만ᄒᆞᆫ 能力이 固有ᄒᆞᆷ으로 能히 這般 猝變(졸변)ᄒᆞᆫ 處地를 當ᄒᆞ야도 生存을 得ᄒᆞ고 生殖을 遂ᄒᆞᄂᆞ니라.

(二) 類分布ᄒᆞᆫ 度의 疎密 如斯히 人類ᄂᆞᆫ 世界各地에 分布ᄒᆞ얏스되 實狀, 人口集積의 多寡ᄂᆞᆫ 隨處不同ᄒᆞ야 甲地와 乙地間에 非常ᄒᆞᆫ 差違가 有ᄒᆞ니 土地와 人類生活間에 可離치 못 ᄒᆞᆯ 關係가 有ᄒᆞᆷ을 可知ᄒᆞᆯ지라 生涯를 營爲ᄒᆞ기에 便宜ᄒᆞ고 利益이ᄂ 興味가 饒多ᄒᆞᆫ 地方은 人類의 移住도 漸次增加ᄒᆞ고 增加ᄒᆞᄂᆞᄃᆡ로 生殖力도 强大ᄒᆞ게 될 것은 自然ᄒᆞᆫ 理勢로다. 世界中 가장 人口의 稠密ᄒᆞᆫ 地方은 歐羅巴洲니 亞細亞洲ᄂᆞᆫ 其 折半밧게 아니되고 亞弗利加洲와 밋 亞米利加洲ᄂᆞᆫ 又其次에 居ᄒᆞ고 就中 濠太利亞洲ᄂᆞᆫ 最疎ᄒᆞ야 僅不過歐羅巴洲의 五十分一이니라 然而人口의 疎密如何ᄂᆞᆫ 必也該地方의 自然的 關係에 依ᄒᆞᆯᄲᅮᆫ 아니라 更進ᄒᆞ야 該地方의 社會關係를 隨ᄒᆞ야 差異가 大有ᄒᆞᆷ을 不可不知ᄒᆞᆯ지니 玆에 此를 國土分別法에 依ᄒᆞ야 顯著ᄒᆞᆫ 事實을 擧示ᄒᆞ건ᄃᆡ.

撒遜(一平方基路米突에) 二三四
日本 一〇六
支那本部 六四
瑞典及諾威 一二
北米合衆國 八

이니 如略如斯ᄒᆞ니라.

(三) 人間形質의 變化 住人의 數가 增加ᄒᆞ야 그 分布ᄒᆞᆫ 範圍가 擴大ᄒᆞᆯᄉ록 吾人形質이 多少變化됨은 不言可知니 此蓋, 周圍의 境遇와 雜婚等原

因으로 由흠이라, 元來吾人의 形質은 遺傳에 基囚ᄒᆞᄂᆞᆫ 것이로ᄃᆡ 如斯히 境遇의 變化를 隨ᄒᆞ야 種種의 差別이 生흠은 大蓋吾人이 恒常自己의 處地에 適應ᄒᆞᆫ 活動을 爲ᄒᆞ야 生涯를 營作ᄒᆞᄂᆞᆫ 所以니 恰似히 深閨에 閑居ᄒᆞᄃᆞ 美人이 一朝門戶가 零落ᄒᆞ야 勞働에 從事흘진ᄃᆡ 顔色이 黑頹ᄒᆞ게 되고 手指가 肥大ᄒᆞ게 되야 舊時의 花容月態를 無從看破ᄒᆞ게 됨과 如ᄒᆞ며 不啻此耳라 吾人相互間에ᄂᆞᆫ 異種族과 作配ᄒᆞᄂᆞᆫ 事이 有흠으로 兩者間에셔 出生ᄒᆞᄂᆞᆫ 子自은 必也一種特殊形質을 具ᄒᆞ며 ᄯᅩ 美人의 子가 맛치 美人만 되지안코 醜漢의 子가 맛치 醜漢만 되지 안ᄂᆞ니 然則 雜婚ᄒᆞᆫ 結果로 所謂 雜種兒(卽 俗所謂間生兒)와 如ᄒᆞᆫ 特殊ᄒᆞᆫ 形質을 具ᄒᆞᆫ 것이 出生흠은 足히 怪訝흘ᄇᆡ 아니라, 如斯히 吾人의 形質은 그 數의 增加와 種(卽人種)의 分布를 隨ᄒᆞ야 漸次變化ᄒᆞ야 過去時代브터 今日ᄭᅵ지 至ᄒᆞ얏ᄂᆞ니라.

(四) 人種의 交代 吾人의 種類ᄂᆞᆫ 依例히 永久存在ᄒᆞᄂᆞᆫ 者가 아니라 其中에ᄂᆞᆫ 各般事情으로 因ᄒᆞ야 漸次消滅ᄒᆞᄂᆞᆫ 者도 不無ᄒᆞ고 又, 其 分派만 現存ᄒᆞ고 根本의 種族은 全혀 絶種되ᄂᆞᆫ 事도 有ᄒᆞ니 此ᄂᆞᆫ 所謂 種族의 新陳代謝니 其 理由ᄂᆞᆫ 自然陶汰에 因흠이라 흘지니라, 過去時代에 滅絶된 人種中에 吾人의 知了ᄒᆞᄂᆞᆫ 者ᄂᆞᆫ <u>오-스를나리아</u>의 東部 <u>타스마닉아</u>島土人이니 西曆千八百三年에 歐洲人이 비로소 殖民흘 時에ᄂᆞᆫ 此島中에 一萬內外의 土人이 棲息ᄒᆞ더니 厥後, 互相爭鬪ᄒᆞᆫ 結果로 千八百二十三年에ᄂᆞᆫ 俄然히 百數十人이 僅餘ᄒᆞ고 千八百三十二年에 他島에 被移흔 後更히 其數가 越減ᄒᆞ야 드듸여 千八百七十六年에 該種이 滅絶ᄒᆞ게 되얏스며 此外에도 方將衰亡ᄒᆞ여 ᄀᆞᄂᆞᆫ 人種이 不尠ᄒᆞ며 又, 甲乙二種屬이 合ᄒᆞ야 丙이란 一種族을 化成ᄒᆞᄂᆞᆫ 境遇도 有ᄒᆞ니, 然則人種에도 交代가 有흠이 明白ᄒᆞᆫ 事實이로다.

(六)5) 吾人의 祖先 以上의 事實을 因ᄒᆞ야 現在吾人의 狀態로셔 過去時代에 溯上ᄒᆞ야 그 系統을 追究흘진ᄃᆡ 今日노 브터 時代가 懸隔흘스록

其數도 越少ᄒ고 其分布ᄒᆫ 範圍도 越狹ᄒ야 極히 少數의 種族이 世界上 無幾ᄒᆫ 一偶에 存在ᄒ얏슴을 足히 推測ᄒᆯ것이오, 此 硏究를 更進ᄒ야 愈舊ᄒᆫ 過去時代에 溯上ᄒᆯ진ᄃᆡ 吾人相互間에 何等顯著ᄒᆫ 差違가 殆無ᄒᆫ 一種人이 在ᄒ야 今日 幾多種族의 祖先이 될것을 認取ᄒ리니 吾人은 此를 呼ᄒ야 原人이라 ᄒᄂᆞ니라.

第二節 原人

(七) 吾人의 祖先은 一種인가 抑多種인가 吾人人類의 祖先卽原人은 다만 一種에 不過ᄒ얏ᄂᆫ지 抑其種이 繁多ᄒ얏ᄂᆫ지 此에 多少疑問이 有ᄒ니 某學者ᄂ 此를 一源에 歸ᄒ고 某學者ᄂ 此를 多源에 歸ᄒᄂ니, 多源論者의 說은 今日 吾人의 分布ᄒᆫ 範圍가 大段히 廣大ᄒ고 且遠古時代로브터 懸隔ᄒᆫ 地方에 風俗習慣言語等은 姑捨ᄒ고 容貌形質의 殊異ᄒᆫ 人이 存在ᄒ얏슨則 此等을 統合ᄒ야 一源에 歸케 ᄒ기 不能ᄒ다ᄒᄂ 此亦一源論으로도 足足히 解釋ᄒᆯ 問題니, 土地의 懸隔ᄒ기ᄂ 久遠ᄒᆫ 時代間에ᄂ 幾多의 天變地異도 有ᄒ고 又ᄂ 浮浪漂泊ᄒᄂ 事實도 不尠ᄒ거든 況風俗 習慣言語等, 後天性의 差別이 各其境遇의 不同과 生活의 事情으로 因ᄒ야 各自不同ᄒᆫ 것이야 엇지 足히 怪訝ᄒᆯ비리오 ᄯᅩ 容貌形質等에 關ᄒ야ᄂ 다만 程度의 差違가 有ᄒᆯ뿐인 中, 此亦極히 僅少ᄒᆫ 部分뿐이오 大體의 構造, 形狀과 밋 性質等은 殆히 互相一致ᄒᄂ 것으로 觀ᄒ면 吾人은 分明히 一源에셔 出ᄒ야 幾十萬年間에 漸次變化ᄒ야 드듸여 今日과 如ᄒᆫ 區別이 生ᄒᆫ 것을 確知ᄒ리로다.

(八) 原人의 發生期 人類ᄂ 何時頃으로 브터 存在ᄒ얏ᄂᆫ지 此問題에 對ᄒ야ᄂ 精細히 說明키 難ᄒᄂ 大綱은 地質學의 硏究로 因ᄒ야 明白ᄒ게 되얏스니, 歷史上으론 最古代의 文明國이라 稱ᄒᄂ 埃及遺跡外에ᄂ

---

5) 번호 오식.

其 以上, 過去時代의 事實을 知悉키 不能ᄒᆞᄂᆞ, 地質學은 不然ᄒᆞ야 專혀
生物의 化石으로 因ᄒᆞ야 土地의 年代를 定ᄒᆞᆷ으로 此에 憑據ᄒᆞᆯ진ᄃᆡ 大
綱, 生物存在의 時期及年代의 關係를 知得ᄒᆞ리니, 地質學上에ᄂᆞ 土地의
年代를 分ᄒᆞ야

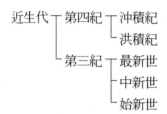

｛中生代 古生代 始原代｝………(詳細한 表ᄂᆞ 略之ᄒᆞᆷ)
로 ᄒᆞᄂᆞ니 第四紀의 沖積期란 것은 現今과 如히 山川, 海陸의 形狀이
大槪定ᄒᆞ고 降雨로 因ᄒᆞ야 土壤이 硬着ᄒᆞ야 平地를 形成ᄒᆞᆫ 以後時代를
謂ᄒᆞᆷ이라 埃及의 建國은 僅히 此沖積紀에 起ᄒᆞ얏스ᄂᆞ 人類가 確實히
其以前即洪積紀에도 存在ᄒᆞ얏슴은 該期의 地層中에셔 當時, 彼等이 使
用ᄒᆞᆫ 石器며 밋 四十名假量의 人體骨骼을 掘得ᄒᆞ얏슬 ᄲᅮᆫ아니라 其時
에 이믜 人種의 別이 有ᄒᆞᆫ것ᄭᅡ지 認得ᄒᆞ얏슨 則此一事로 足히 證明ᄒᆞᆯ
것이오 不特此耳라 人類가 다만 洪積期時代에 存在ᄒᆞ얏슬 ᄲᅮᆫ아니오 其
以前 即 第三紀에도 存在ᄒᆞ얏슴을 信ᄒᆞᄂᆞ니 其 證據ᄂᆞ 曾往에 伊太利에
셔 最新世의 地層으로서 男女各一體와 밋 小兒二體의 人骨을 掘得ᄒᆞ고
又 佛蘭西산풀네스 地方에서 中新世地層中으로서 人間의 製作ᄒᆞᆫ 石器
라 認定ᄒᆞᆯ것이 發出됨이라 然而更其以前期 即 始新世에ᄂᆞ 姑且人間의
遺物又혼 것이 無一發見ᄒᆞ얏슴으로 現今, 確實히 人類의 發生期를 證明
ᄒᆞᄂᆞ 者ᄂᆞ 第三紀의 中新世以後라 ᄒᆞᄂᆞ니라 然則該紀ᄂᆞ 距今幾年前이
뇨 ᄒᆞᆯ진ᄃᆡ 此亦正確ᄒᆞ 調査ᄂᆞ 成立치 못ᄒᆞ얏스ᄂᆞ 天文學과 밋 地質學
의 研究ᄒᆞᆫ 成蹟을 據ᄒᆞ야 推測ᄒᆞᆯ진ᄃᆡ 第三紀의 最新世와 第三紀의 洪積
期의 接間되ᄂᆞ 氷原時代는 大凡二十一萬年의 古昔인 則 中新世로 브터

現今 까지는 短少ᄒ야도 二十五萬年以上을 經過ᄒ듯 ᄒ니 大蓋此說이 正中치는 못ᄒ야도 大違치는 아니ᄒ리라.

(九) 原人의 發生地 吾人의 祖先이 비로소 地球上에 現出ᄒᆫ 地는 何處인지, 此問題의 解釋은 極히 困難ᄒ야 自來로 種種의 想像說이 盛行ᄒ얏스나 姑且正確ᄒᆫ 發見을 不得ᄒ니, 人類의 遺物노는 前述홈과 如히 伊太利及佛蘭西에서 最古時代의 遺物을 發掘ᄒ얏스나 此는 應當偶然히 掘得홈일 지니 萬一他處土地를 無遺發掘홀진ᄃᆡ, 或者更舊ᄒᆫ 遺物을 搜得홀는지 未知ᄒ리로다, 然이나 這般探索은 畢竟不可能做홀 뿐 不是라 自己及今, 長歲月間에는 幾多의 天變地異가 有ᄒ야 滄桑의 變改가 十百度에 不止ᄒ 則 비록 現在의 陸地를 精細히 調査ᄒᆫ다ᄒ여도 正確ᄒᆫ 結果를 難得홀지며, 오즉 吾人이 原人의 生活狀態를 推度ᄒ야 人類의 初生地를 熱帶地方이라 홈은 吾人이 可히 斷言홀지니, 通常, 原人은 今日 野蠻人보다는 低ᄒ고 類人猿보다 高ᄒᆫ 生活을 營爲ᄒ듯 ᄒ니 蓋此野蠻人과 밋 類人猿은 何處에 住居ᄒ얏ᄂᆞ뇨 홀진ᄃᆡ 野蠻人中에는 데라테루-유-쇠와 如ᄒᆫ 極寒地方住民도 有ᄒᆫ 大槪는 南方亞弗利加와 如ᄒᆫ 熱帶地方이오. 類人猿도 쏘ᄒᆫ 「오-랑우팅」(猩猩) 「집쏀」(小猩猩)과 如ᄒᆫ 者는 亞細亞熱帶에 生息ᄒ고 「쏘릴나」(大猩猩)[팀핀씨-](黑猩猩) 等은 亞弗利加熱帶에 棲息ᄒᆞ니 大蓋 熱帶에는 自然의 産物이 多ᄒ고 耕作, 牧蓄, 漁獵等勞役을 不要ᄒ고도 安全히 生活ᄒᆫ 故이라 原人이 此等野蠻人이나 類人猿과 同等境遇에 處在ᄒ얏슴은 業己半點懷疑가 無ᄒ리로다, 然而夫所謂熱帶地方이란 今日何處에 當홀는지 此는 不明ᄒ니라.

(十) 原人의 狀態 然則吾人의 祖先即原人은 形質上及生活上에 如何ᄒᆫ 狀態에 處ᄒ얏섯는지, 若或此事를 明知코져 홀진ᄃᆡ 化石과 隔世遺傳과 雜婚과 遺物等을 依ᄒ야 現今의 野蠻人又는 類人猿의 狀態를 參考ᄒ야 推定홀 外에 他道가 更無ᄒ리로다. 今에 最古人骨의 化石을 見ᄒ건ᄃᆡ 原人의 骨骼은 大略如左ᄒ듯 ᄒ니.

(가) 額은 後退ᄒᆞ고

(나) 眼上의 骨이 突起ᄒᆞ고,

(다) 額의 下半面은 前出ᄒᆞ고

(라) 腮는 後退ᄒᆞ고

(마) 脛骨은 扁平ᄒᆞ니,

然이ᄂ 只此一件으로ᄂ 可히 膚色等의 如何ᄒᆞᆫ 것은 察키 難ᄒᆞ되 此研究를 助ᄒᆞᄂ 者ᄂ 隔世遺傳이라 前述ᄒᆞᆷ과 如히 吾人은 每樣父母의 形質을 遺傳ᄒᆞᄂ 有時乎, 祖父母曾祖父母로 乃至鼻祖의 形質과 酷肖ᄒᆞᄂ 事實이 有ᄒᆞ니 此非但, 個體發生上에만 爲然이라 人種間에도 往往히 有ᄒᆞᆫ 實例니 總히 系統發生上에 深奧ᄒᆞᆫ 理義가 有ᄒᆞᆷ은 아니로ᄃᆡ 其中에ᄂ 頗히 有益ᄒᆞᆫ 研究材料가되ᄂ 者도 不尠ᄒᆞᆫ지라 假令亞細亞系統中에 其同種族中一無ᄒᆞᆫ 異樣人이 生ᄒᆞᄂ 事이 有ᄒᆞᆯ진ᄃᆡ 此ᄂ 該系統의 本源되ᄂ 人種의 形質이 隔世遺傳ᄒᆞᆫ것이니 斯理와 如히 諸人種의 系統中一無ᄒᆞᆫ 異樣人이 出生ᄒᆞᄂ 事이 有ᄒᆞᆯ진ᄃᆡ 此ᄂ 諸系統의 本源되ᄂ 原人의 形質을 隔世遺博ᄒᆞᆫ 것이라 可謂ᄒᆞᆯ지니라 如斯ᄒᆞᆫ 事實은 一見에 奇怪ᄒᆞ야 必也絶無ᄒᆞᆯ 뜻ᄒᆞᄂ 實際ᄂ 不然ᄒᆞ야, 方今間或亞細亞系, 歐羅巴亞弗利加系統及其他어느 系統에든지 一無ᄒᆞᆫ 異樣人中에 化石에셔 見ᄒᆞᄂ바 原人의 體格, 形狀과 酷肖ᄒᆞ되 此當人은 居半頭髮이 赤ᄒᆞ고 皮膚가 黃ᄒᆞ며, 又는 間或異種族相互間에 雜婚ᄒᆞᆫ 結果로 ᄯᅩᄒᆞᆫ 原人과 同一ᄒᆞᆫ 體格을 有ᄒᆞ고 頭髮이 赤ᄒᆞ며 皮膚가 黃ᄒᆞᆫ 者이 有ᄒᆞ니 此皆怪常ᄒᆞᆫ 現象이 아니라 此를 一般動物界에 對ᄒᆞ야 言ᄒᆞᆯ진ᄃᆡ 原來一種에셔 分離ᄒᆞᆫ 諸種의 것을 混合ᄒᆞ면 各個特質을 消失ᄒᆞ고 全然히 本源되ᄂ 一種에 復歸ᄒᆞᆷ과 同ᄒᆞ니라 ᄯᅩ 發掘ᄒᆞᆫ바 最古代의 遺物노 原人의 生活狀態를 稽考ᄒᆞ건ᄃᆡ 彼等은 恒常粗陋ᄒᆞᆫ 石器를 利用ᄒᆞᆫ 形跡이 有ᄒᆞ니, 現今의 野蠻人과 밋 類人猿에 比較ᄒᆞ야 殊甚ᄒᆞᆫ 差違가 無ᄒᆞᆫ듯 ᄒᆞᆫ지라, 現存人種中에 最劣等이라ᄂ 오-스트릴늬아洲의 퀸슬닌드 土人과 밋 테라데루-유쇠의 人民 等은 皆簡單ᄒᆞᆫ 石器를 使用ᄒᆞᆯ뿐이오 至若類人猿은 器具라

可謂홀것은 造成치 못ᄒᆞᄂᆞ 許多ᄒᆞᆫ 石塊中에셔 適當ᄒᆞᆫ 것을 選擇ᄒᆞ거ᄂᆞ 又ᄂᆞ 樹枝를 折ᄒᆞ며 土塊를 造ᄒᆞ거ᄂᆞ ᄒᆞ야 或은 食物을 取ᄒᆞ고 或은 風雨를 凌ᄒᆞ며 或은 外敵을 防遏ᄒᆞᄂᆞ니, 此等事實노써 攷究홀진ᄃᆡ 原人의 生活은 的實히 木石을 利用ᄒᆞ야 今日 野蠻人과 近似ᄒᆞᆫ 狀態에 處ᄒᆞ얏슴은 無疑ᄒᆞᆫ듯 ᄒᆞ도다. (未完)

최남선	제1권 9호~ 제3권 6호 (12회)	海上 大韓史	역사	역사

◎ 歷史, 玄隰, 〈대한협회회보〉 제1호, 1908.4. (역사학)

*지지 역사부에 실려 있는 현은의 글

▲ 제1호

維我 太祖高皇帝의 天降ᄒᆞ신 英勇과 神妙ᄒᆞ신 射藝ᄂᆞ 臣民이 共知ᄒᆞᄂᆞ 바어니와 潛龍時에 特異ᄒᆞ신 數件事蹟을 槪述홈.

幼時에 咸興에 遊ᄒᆞ실ᄉᆡ 大牛가 相鬪ᄒᆞ야 衆人이 百方禁止호ᄃᆡ 勢猛不敢近이라 上이 直前ᄒᆞ샤 雙手로 兩牛의 角을 分持ᄒᆞ시니 牛가 戰栗乃止ᄒᆞ니라.

常에 洪原昭浦山에셔 獵ᄒᆞ시더니 一日은 三獐이 群走ᄒᆞ거ᄂᆞᆯ 上이 一獐을 先中ᄒᆞ시고 再射ᄒᆞ야 二獐을 竝斃ᄒᆞ신지라. 李原景이 其矢를 拾來홀ᄉᆡ 良久乃至ᄒᆞ거ᄂᆞᆯ 上이 其遲來홈을 問ᄒᆞ신ᄃᆡ 對曰 矢가 二獐을 疊貫ᄒᆞ고 木樵上이 猛着ᄒᆞ야 辛苦乃拔ᄒᆞ니이다. 上이 笑曰 假使 三獐을 洞貫이라도 矢力이 猶足ᄒᆞ리라 ᄒᆞ시더라 高麗恭愍王 十一年 壬寅에 元國丞相 納哈出이 入寇호ᄃᆡ 其勢猖獗ᄒᆞ거ᄂᆞᆯ 上이 東北面 兵馬使가 되야

出禦ᄒ실ᄉ 王師의 屢敗ᄒ 情狀을 問ᄒ신ᄃᆞ 諸將이 對曰 每히 戰酣時에 賊將 一人이 朱旄 粧飾ᄒ 鐵甲을 被ᄒ고 橫槊突進ᄒ면 敢敵ᄒᆞᆯ 者ㅣ 無ᄒ니이다. 上이 臨陣ᄒ샤 該賊將을 獨當ᄒ시다가 佯敗少退ᄒ시니 賊將이 果然奮力前進ᄒ야 注槊甚急ᄒ거ᄂᆞᆯ 上이 飜身ᄒ야 馬鞴다리에 暫避ᄒ신ᄃᆞ 賊將이 矢中ᄒ고 隨槊橫倒ᄒᄂᆞᆫ지라. 上이 更即據鞍ᄒ샤 一發射殪ᄒ시니 賊軍이 狼狽奔北ᄒ거ᄂᆞᆯ 長驅追擊ᄒ야 咸關嶺을 踰ᄒ시니 納哈出이 大懼ᄒ야 罷戰ᄒ기를 懇乞호ᄃᆞ 上은 不聽ᄒ시고 降服ᄒ기를 逼令ᄒ시며 納哈出의 傍立一將을 射殺ᄒ시고 納哈出의 騎馬를 射斃ᄒ신ᄃᆞ 納哈出이 他馬를 更乘ᄒ거ᄂᆞᆯ 又射斃倒ᄒ시니 納哈出이 急呼曰 李萬戶李萬戶여 相逼이 何乃太甚고 ᄒ며 遁去ᄒᄂᆞᆫ지라. 上이 賊의 驍將六人을 追殺ᄒ시고 北庭을 掃平ᄒ시니 威聲이 隣邦에 大振ᄒ니라. 其後 辛禑時에 開城尹黃淑卿이 元國에 往聘ᄒ니 納哈出이 問호ᄃᆞ 李將軍이 無恙乎아 向年戰役에 我命을 幾乎不保라 ᄒ며 歎曰 年少將軍이 用兵如神ᄒ니 眞天才라 ᄒ더라.

高麗辛禑 五年 己未에 海賊 五百餘艘가 南邊三道를 來寇ᄒ야 沿 海州郡에 屍積如山ᄒ고 二三歲 女兒ᄂᆞᆫ 剖腹祭天ᄒ야 殘酷極甚호ᄃᆞ 其勢獰毒ᄒ야 裴克廉等 九元帥가 敗績ᄒ고 二元帥ᄂᆞᆫ 戰死ᄒ니 賊이 雲峯引月驛에 屯據ᄒᄆᆞ 中外大震ᄒᄂᆞᆫ지라. 上이 楊廣全羅慶尙三道都巡察使가 되야 往擊ᄒ실ᄉ 千里間에 殭屍相接홈을 見ᄒ시고 寢食을 不能ᄒ시더라. 前進ᄒ야 雲峰에 至ᄒ사 道右險逕을 見ᄒ시고 曰 賊이 此逕으로 必來襲我라 ᄒ시며 向右入險ᄒ시더니 果然賊衆이 突出ᄒ거ᄂᆞᆯ 上이 大羽箭 二十枝와 柳葉箭 五十枝를 射ᄒ야 個個의 賊히 面部를 中ᄒ시니 應弦皆倒ᄒᄂᆞᆫ지라. 賊이 敢敵치 못ᄒ고 據險相抗ᄒ거ᄂᆞᆯ 上이 吹螺整軍ᄒ시고 蟻附而上홀ᄉ 矢石이 雨下ᄒ야 御馬가 仆址ᄒ고 流矢가 上의 左膝을 中ᄒ며 賊衆이 四面圍逼ᄒᄂᆞᆫ지라. 上이 誓曰 怯賊者ᄂᆞᆫ 退ᄒ라 我當死賊ᄒ리라 ᄒ시고 奮勇直前ᄒ시니 將士가 死力을 盡ᄒ야 踊躍爭先홀ᄉ 賊將一人이 年可十五六歲오. 骨格이 端麗ᄒ 者ㅣ 驍勇無比ᄒ야 所向披靡ᄒ거ᄂᆞᆯ 上이 其 勇銳를 愛憐ᄒ사 豆蘭으로 生擒코자 ᄒ시니 豆蘭

이 對曰 不殺이면 傷人이 必多ᄒ니 生擒은 不可ᄒ나 然ᄒ나 此人이 甲冑주로 項面을 裏護ᄒ야 射中ᄒᆯ 隙이 無ᄒ니이다. 上이 曰 然則 我ㅣ 該賊에 兜鍪를 射落ᄒ리니 汝는 隨卽 射斃ᄒ라 ᄒ시고 上이 兜鍪頂子를 射中ᄒ신ᄃᆡ 兜鍪ㅣ 絶纓偏側ᄒ니 賊이 急히 整着ᄒ거늘 又射又中ᄒ시니 兜鍪ㅣ 遂落이라. 豆蘭이 射ᄒ야 賊의 面部를 中殺ᄒ니 賊衆이 始乃 挫氣ᄒ거늘 上이 奮擊大破ᄒ시니 賊의 哭聲이 震地ᄒ고 川流盡赤ᄒ야 逃命ᄒᆫ 者ㅣ 七十人에 無過ᄒ니라.

▲ 제2호 大韓歷史, 玄釆

太祖故事 高麗辛禑 十四年 戊辰에 崔瑩이 禑를 勸ᄒ야 明國을 攻코쟈 ᄒ거늘 公山府院君 李子松이 力言不可ᄒᆫᄃᆡ 瑩이 搆罪遠竄이라가 尋又 殺之ᄒ니 子松은 淸廉公正ᄒᆫ 人이라. 國人이 愴惜不已ᄒ더라. 於是이 禑와 瑩이 密議決議決策ᄒᄃᆡ 不敢顯言ᄒ야 西京에 幸行ᄒ다 稱ᄒ고 鳳州에 至ᄒ야 瑩과 上을 召入ᄒ고 下令曰 朕이 遼東을 攻取ᄒ라 ᄒ니 卿 等은 盡力ᄒ라. 上이 對曰 今者出師에 四不可이 有ᄒ니 無名動兵ᄒ야 搆釁强國이 一不可오 夏月跋涉에 大軍疾疫이 二不可오 擧國遠征에 倭乘其虛가 三不可오 時方暑雨에 弓弩膠解膽가 四不可라 ᄒ신ᄃᆡ 禑ㅣ 曰 業已興師ᄒ니 不可中止라 ᄒ거늘 上이 極言不可ᄒ신ᄃᆡ 禑ㅣ 怒曰 卿이 李子松을 不見乎아 上曰 子松이 雖死나 令名은 不泯이라 ᄒ시나 禑ㅣ 不聽ᄒ고 平壤에 到ᄒ야 崔瑩으로 八道都統使를 加ᄒ야 平壤에셔 遙授節制케 ᄒ고 曹敏修로 左軍都統使를 爲ᄒ야 沈德符 等이 受其節制 케 ᄒ고 上으로 右軍都統使를 爲ᄒ야 李豆蘭 等이 受其節制케 ᄒ니 左右軍이 三萬八千六百餘人이라 號를 十萬이라 ᄒ고 是年五月에 大軍이 鴨綠江을 渡ᄒᆯᄉᆡ 雨水漲溢ᄒ야 漂溺者ㅣ 數百이라 左右都統使ㅣ 上言ᄒ야 班師ᄒ기를 請命ᄒᄃᆡ 禑ㅣ 不聽ᄒ거늘 上이 諸將ᄃᆞ려 諭曰 若犯强國이면 生民의 祐가 立至ᄒ거늘 王이 忠言을 不省ᄒ고 瑩은 老耄ᄒ야 不能匡救ᄒ니 公等으로 還朝ᄒ야 禍福을 面陳ᄒ고 君側의 惡을 除去ᄒ

야 生靈을 安堵케 홈이 何如오. 諸將이 皆曰 社稷安危는 在公一身ᄒ니 惟命是從ᄒ리이다. 於是에 回軍ᄒ야 鴨綠江을 渡홀시 上이 白馬를 乘ᄒ시고 彤弓羽箭으로 岸邊에 立ᄒ시니 一軍이 望見ᄒ고 神采를 感服ᄒ더라. (未完)

▲ 제3호 大韓歷史, 玄檃

太祖故事 左右軍이 還渡ᄒ는 事狀을 漕運使 崔有慶이 禑에게 奔告ᄒᄃᆡ 禑가 大驚疾馳ᄒ야 京師로 還ᄒ거늘 諸軍이 近郊에 來屯ᄒ고 崔瑩의 罪를 數ᄒ야 逐黜ᄒ기를 請호ᄃᆡ 禑ㅣ 從치 안이ᄒ고 俓長壽 等을 遣ᄒ야 罷兵ᄒ기를 諭ᄒ거늘 諸軍이 憤激ᄒ야 都門外에 進屯ᄒ니 禑와 瑩이 民兵을 募集ᄒ야 四門을 分守ᄒ고 曹敏修 等의 官爵을 削奪ᄒ야 拒戰코ᄌ ᄒ거늘 敏修는 宣義門으로 入ᄒ고 上은 崇仁門으로 入ᄒ실시 左右軍이 猗角의 勢로 進ᄒ니 守城軍은 敢拒홀 者ㅣ 無ᄒ고 都人士女는 酒漿으로 爭迎ᄒ고 老弱은 登城遙望ᄒ며 歡呼踊躍ᄒ더라. 敏修가 黑大旗를 建ᄒ고 永義橋에 至ᄒ다가 崔瑩에게 敗奔ᄒ더니 少頃에 上이 黃龍大旗를 建ᄒ시고 善竹橋로 由ᄒ야 南山에 登ᄒ시니 塵埃가 漲天ᄒ고 鼙鼓가 震地ᄒ는지라. 瑩의 麾下가 望風奔潰ᄒ니 瑩이 勢窮ᄒ야 花園으로 奔入홀시 憤怒홈을 不勝ᄒ야 槊으로 守門者를 洞刺ᄒ더라.

上이 岩房寺北嶺에 登ᄒ사 大螺一通을 吹ᄒ니 諸軍이 花園을 環圍ᄒ고 崔瑩 逐黜ᄒ기를 大呼호ᄃᆡ 禑와 瑩이 八角殿에 在ᄒ야 瑩이 出치 안이ᄒ거늘 諸軍이 毀圍欄入홀시 郭忠補 等이 殿庭에 直入ᄒ야 瑩을 搜索ᄒ니 禑는 瑩의 手를 執ᄒ야 泣別ᄒ고 瑩은 再拜ᄒ 後에 忠補를 隨ᄒ야 出來ᄒ거늘 上이 瑩다려 謂ᄒ샤 曰 今日 事는 吾의 本心이 안이라. 遼東을 攻홈은 國家를 不寧케 홈인 故로 得已치 못ᄒ야 行홈이니 君은 好去好去ᄒ라 ᄒ시며 相對而泣ᄒ시더라. 遂ᄒ야 崔瑩을 高峰縣(高陽)에 流配ᄒ 後에 兩都統과 三十六元帥가 闕에 詣ᄒ야 拜謝ᄒ고 門外에 還軍ᄒ얏더니 趙仁沃 等이 崔瑩의 正罪ᄒ기를 奏請ᄒ야 瑩을 竟誅

ᄒ니 時年이 七十三이오 臨刑에 辭色이 不變ᄒ야 曰 我가 平生에 貪慾의 心이 有ᄒ면 墓上에 生草ᄒ거시오 不然ᄒ면 草가 不生ᄒ리라 ᄒ더니 高陽에 在ᄒ 其 墓가 至今까지 禿赭ᄒ야 後人이 赤塚이라 稱ᄒ니라. 瑩의 死報를 聞ᄒ고 都人이 罷市ᄒ며 街童이라도 流涕치 안이ᄒᄂ 者ㅣ 無ᄒ더라.

▲ 제4호, 大韓歷史, 玄隰

太祖故事 崔瑩을 旣黜ᄒ 後에 禑가 環甲宦寺 八十餘人을 率ᄒ고 上과 曹敏修等의 第宅에 乘夜馳至ᄒ얏다가 擧皆門外屯軍處에 在ᄒ으로 加害치 못ᄒ니라. 諸將이 聞知ᄒ고 崇仁門에서 會議ᄒ야 趙仁璧等으로 詣闕奏請호ᄃ 宮中에 在ᄒ 兵仗과 鞍馬를 出付ᄒ고 寧妃 崔氏(瑩의 女)를 出送ᄒ라 ᄒ니 禑ㅣ 曰 寧妃가 若 出ᄒ면 予當偕往ᄒ리라 ᄒ거늘 諸元帥가 領兵守闕ᄒ야 江華로 遜居ᄒ기를 又 請ᄒ니 禑가 得已치 못ᄒ야 執鞭據鞍ᄒ며 曰 今에 日이 已暮ᄒ도다 ᄒ니 左右가 泣下無語ᄒ 쏜이라. 遂ᄒ야 寧妃와 燕隻飛를 率ᄒ고 江華로 發向ᄒ거늘 百官이 傳國璽를 取ᄒ야 定妃(恭愍王妃 安氏)殿에 寘ᄒ고 王氏復位ᄒ기를 議ᄒ더니 曹敏修ᄂ 李仁任의 薦拔ᄒ 恩을 感念ᄒ야 仁任의 姪女 謹妃의 子 昌을 立코ᄌ ᄒ나 諸將이 不從ᄒᆯ가 恐ᄒ야 其時名儒 李穡에게 密問ᄒ니 穡이 曰 前王의 子를 當立이라 ᄒ지라. 於是에 敏修가 其 言을 藉稱ᄒ고 定妃의 命으로 昌을 立ᄒ니 年이 九歲러라. 曹敏修ᄂ 楊廣全羅慶尙西海交州五道都統使를 爲ᄒ얏다가 貪婪을 肆行ᄒ으로 憲官에게 被效逐出ᄒ고 上은 朔方江陵 兩都 都統使를 爲ᄒ얏다가 不久ᄒ야 中外諸軍事를 都總ᄒ시니라.

翌年 己巳에 金佇(崔瑩이 甥)가 鄭得厚로 驪興(今의 驪州)에 潛往ᄒ야 禑를 見ᄒ니(時에 禑를 江華로셔 驪興에 遷ᄒ니라) 禑가 泣ᄒ야 曰 此 地에 鬱鬱ᄒ다가 斂手就死ᄂ 人의 不堪ᄒᆯ 빈이니 一力士를 得ᄒ야 李侍中(我太祖를 指言ᄒ이라)만 害ᄒ면 吾志를 可濟ᄒ리라 ᄒ고 一劍

을 寄ᄒ야 判事 郭忠輔에게 授ᄒ고 擧事ᄒ기를 委託ᄒ거늘 忠輔가 佯
諾ᄒ고 上씌 奔告ᄒ니 得厚ᄂ 自殺ᄒ고 伫ᄂ 巡軍獄에 囚ᄒ야 鞫治ᄒ
니라. 於是에 上이 沈德符, 池勇奇, 鄭夢周, 偰長壽, 成石磷, 趙浚, 朴葳,
鄭道傳, 等으로 興國寺에 會集ᄒ야 兵衛를 大陳ᄒ고 議定호ᄃ 禑와 昌
은 本是 王氏가 안인즉 宗祀를 奉홈이 不可ᄒ니 廢假立眞홈이 當然ᄒ
事이라 ᄒ고 定妃의 命을 奉ᄒ야 禑ᄂ 江陵에 遷ᄒ며 昌은 江華에 放ᄒ
고 定昌君 瑤를 奉立ᄒ니 是ᄂ 恭讓王이니라. 尹繪宗이 上疏ᄒ야 禑와
昌을 請誅ᄒ거늘 恭讓王이 曰 禑가 無辜ᄒ〈35〉人을 多殺ᄒ얏신즉 其
身에 反及홈이 當然ᄒ다 ᄒ고 命을 降ᄒ야 禑ᄂ 江陵에셔 誅ᄒ고 昌은
江華에셔 誅ᄒ니라.

▲ 제5호

高麗恭讓王 四年에 王太子 奭이 明國에 往聘ᄒ고 還國ᄒ거늘 上이
黃州에 出迎ᄒ신 後에 因ᄒ야 海州에서 畋獵ᄒ시다가 御馬가〈33〉沮洳
에 陷蹶ᄒ야 王體의 不平이 重ᄒ심으로 肩輿를 乘ᄒ고 還都ᄒ실시 侍
中 鄭夢周ㅣ 上의 威德이 日盛ᄒ심을 恒常 深忌ᄒ더니 上의 病報를 聞
ᄒ고 喜色이 洋溢ᄒ야 其 同黨으로 密謀를 定ᄒ고 上의 羽翼을 先除코
자 홀시 急히 趙浚鄭道傳南誾尹紹宗南在趙璞의 罪를 構劾ᄒ야 遠地에
流配ᄒ고 巡軍千戶 金龜聯과 刑曹正郎 李幡 等을 配所에 分遣ᄒ야 嚴鞫
將殺코자 ᄒ더라. 我 太宗게셔 齊陵(풍德)에 廬居ᄒ시다가 京報를 傳聞
ᄒ즉 夢周ㅣ 將次 上이 還御ᄒ시ᄂ 日에 亂을 作ᄒ다 ᄒ거늘 急히 碧瀾
渡에 馳迎ᄒ야 夢周의 密謀를 上쎄 告ᄒ고 此 處에셔 駐宿ᄒ심이 不可
홈을 再三 固請ᄒ신디 上이 力疾ᄒ시고 達夜行駕ᄒ야 未明時에 入都ᄒ
시니라. 是時에 夢周ㅣ 省憲을 嗾囑ᄒ야 趙浚 等을 請誅홈이 甚急ᄒ거
늘 上이 曰 如此誣枉事ᄂ 面奏辨明홈이 可ᄒ나 身病으로 起動치 못ᄒ거
니와 엇지 泯默ᄒ리오 ᄒ시고 我 定宗과 李和李濟黃希碩趙英珪 等을
遣ᄒ야 詣闕辨明ᄒ심이 累度에 至호ᄃ 王이 不聽ᄒ고 群小의 讒口ᄂ

208

日로 益甚ᄒ더라. 太宗이 事機의 危迫ᄒᆷ을 見ᄒ시고 正히 憂憤ᄒ시더니 廣興倉使 鄭擢이 來訪ᄒ야 生民의 利害를 極言ᄒ고 大計의 早定ᄒ심을 勸ᄒ더라. 太宗이 因ᄒ야 定宗과 李濟로 共議ᄒ신 後에 夢周를 殺ᄒ기로 定計ᄒ고 李豆蘭을 命ᄒ야 擧事ᄒ라 ᄒ신딕 豆蘭이 曰 我의 主公 (太祖를 謂ᄒᆷ이라)이 不知ᄒ시ᄂ 事ᄂ 敢行치 못ᄒ노라 ᄒ거늘 太宗이 更히 趙英珪 等을 顧見ᄒ시고 謂曰 惟 我 李氏가 王室에 盡忠ᄒᆷ은 國人이 共知ᄒᄂ 바어늘 夢周가 如此構陷ᄒ야 惡名을 勒加코자 ᄒ딕 麾下 多士ᄂ 李氏를 爲ᄒ야 效力ᄒᆯ 者ㅣ 一人도 無ᄒ도다 ᄒ시니 英珪가 盡力 負擔ᄒ기로 自願ᄒ고 趙英茂高呂李敷 等으로 都評議使司에 直入ᄒ야 夢周를 擊殺ᄒ기로 密議ᄒ더니 適會히 夢周가 來訪問疾ᄒ거늘(卞仲良이 密謀를 漏洩ᄒᆷ이 夢周가 機微를 觀察코자 ᄒ야 問疾을 稱托ᄒ고 來訪ᄒ니라) 上이 迎接款待ᄒ심이 平昔과 無異ᄒ시더라. 李和 等이 太宗께 告曰 密計ᄂ 今日에 當行이나 主公의 震怒ᄂ 奈何오 ᄒ거늘 太宗이 曰 其 쏨ᄂ 我가 自任ᄒ려니와 此 機ᄂ 失ᄒᆷ이 不可ᄒ다 ᄒ시고 趙英珪 等을 命ᄒ야 路邊에셔 要擊케 ᄒ시더니 夢周가 善竹橋에 至ᄒ거늘 英珪가 馳擊不中ᄒᆷ이 夢周가 四顧叱責ᄒ며 走ᄒ더니 高呂等이 追斬ᄒ니라. 上이 此 事를 聞ᄒ시고 大怒ᄒ샤 太宗을 責曰 吾家ᄂ 忠義로 素著ᄒ거늘 今에 汝가 大臣을 擅殺ᄒ얏스니 國人이 엇지 我로 不知타 謂ᄒ리오 ᄒ시며 怒氣方盛ᄒ신지라. 神德皇后 —康氏께셔 厲色告曰 公이 恒常 大將軍으로 自處ᄒ시더니 今日에 至ᄒ야 何故로 如此驚懼ᄒ시나뇨 ᄒ시더라. 其 翌日에 上이 黃希碩을 遣ᄒ야 詣闕奏曰 鄭夢周가 臺諫을 陰誘ᄒ야 忠良을 誣陷ᄒ기로 今己伏誅ᄒ얏스니 趙浚 等을 召還ᄒ야 臺諫과 質辨케 ᄒ소셔. 王이 得已치 못ᄒ야 臺諫 等을 巡軍獄에 下ᄒ고 裵克廉金士衡으로 鞫問ᄒ니 左常侍 金震陽이 曰 鄭夢周李穡禹玄寶가 李崇仁 等을 遣ᄒ야 臣等에게 嗾囑ᄒ얏다 ᄒ거늘 金震陽李擴李來李敦權弘鄭熙金畝徐甄李作李申李崇仁李種學 等을 遠地에 流配ᄒ고 李穡은 韓州 —今의 韓山— 에 放逐ᄒ니라.

▲ 제6호 歷史 太祖故事, 玄黓

威化島로서 回軍ᄒ신 後에 南誾趙仁沃等이 推戴홀 密議를 定ᄒ고 我太宗께 告ᄒ되 太宗써셔 如此 大事를 輕言치 勿ᄒ라. 警告ᄒ시더니 國人이 漸益 歸附ᄒ야 或은 稠人廣坐에서 揚言호되 天命人心이 歸屬ᄒᆫ 處이 有ᄒ거늘 何故로 速히 勸進ᄒ야 生靈의 塗炭을 救濟치 안이ᄒᄂ뇨 ᄒ더라. 於是에 太宗써셔 南誾과 趙仁沃, 趙浚, 鄭道傳, 趙璞等 五十二人으로 大計를 密議ᄒ실시 上이 震怒ᄒ실가 畏懼ᄒ야 敢히 直告치 못ᄒ고 神德皇后께 密告ᄒ야 轉達ᄒ니라.

壬申 七月 十二日에 侍中裴克廉等이 定妃(恭愍王妃 安氏)께 入奏호되 今王(恭讓王)이 昏闇ᄒᆷ으로 君道를 大失ᄒ야 人心이 己去ᄒ얏슨즉 社稷과 生靈의 主가 됨이 不可ᄒ다 ᄒ고 因ᄒ야 定妃의 敎書를 賷奉ᄒ고 北泉洞宮에 往ᄒ야 王의 罪를 數ᄒᆫ 後에 廢ᄒ야 原州로 出適케 ᄒ고 十三日에 敎書를 又 下ᄒ야 上으로 國事를 監錄ᄒ시게 ᄒ니라.

十六日에 裴克廉等이 國人을 率ᄒ고 傳國璽를 奉ᄒ야 上의 潛邸로 詣往ᄒᆯ시 街巷이 塡咽ᄒ야 歡聲이 震天ᄒ거늘 上이 閉門不納ᄒ시니 克廉이 排門直入ᄒ야 御璽를 廳事에 奉寘ᄒ고 嵩呼羅拜ᄒ며 御極ᄒ심을 陳勸ᄒᆫ되 上이 曰自古로 王者의 興ᄒᆷ이 天命이 不有ᄒ면 不可ᄒ거늘 予의 否德으로 敢當치 못홀 비라 ᄒ시고 固拒不受ᄒ시니 大小臣僚와 耆老 等이 擁衛不退ᄒ고 是夜를 經ᄒ니라. 十七日에 至ᄒ야 聖意를 始回ᄒ고 百官이 壽昌門外에 序班奉迎ᄒ니 上이 門前에셔 下馬ᄒ시고 正殿에 步入ᄒ사 卽位ᄒ실시 寶座에 直御치 안이ᄒ시고 楹內에 立ᄒ야 群臣의 陳賀를 受ᄒ신 後에 六曹判書 以上을 升殿ᄒ라 ᄒ시고 勅諭를 下ᄒ사 曰朕이 首相位에 在ᄒ야셔도 晝宵惕屬ᄒ더니 엇지 今日에 此事가 有ᄒᆯ 줄을 意想ᄒ얏스리오. 然ᄒ나 今에 朕의 身體가 平康ᄒ면 匹馬로 走避ᄒᆯ 것이어늘 手足을 能히 自用치 못ᄒ야 此 境에 至ᄒ얏스니 卿等은 各히 心力을 一乃ᄒ야 涼德을 輔佐ᄒ라 ᄒ시며 中外 大小를 勿論ᄒ고 前朝臣僚는 仍舊祝事ᄒ라 ᄒ시니라. 是時에 天下ㅣ 大旱ᄒ더니

卽位 翌日에 大雨가 霈下ᄒ야 人心이 大悅ᄒ니라.

勅命을 下ᄒ사 高麗 廢主로 恭讓君을 封ᄒ다.

▲ 제7호 歷史 太祖故事, 玄黓

開國三年 甲戌에 王都를 漢陽에 新定ᄒ시다.

東閣雜記에 曰 甲戌에 鄭道傳, 南誾, 李稷 等을 命ᄒ야 漢陽에 相宅케 ᄒ신 後에 前朝의 營建ᄒ 宮闕이 狹隘ᄒ지라. 壬坐丙向으로 更定ᄒ고 是年十二月에 始役ᄒ야 翌年 秋九月에 太廟와 宮闕이 告成ᄒ다 ᄒ니라. 歷代總目에 曰 甲戌에 景福宮을 先建ᄒ고 昌德宮과 昌慶宮을 次建ᄒ니 昌德은 北部廣化坊에 在ᄒ고 昌慶은 昌德의 東邊壽康宮의 舊基에 在ᄒ 다 ᄒ니라.

興地勝覽에 曰 高麗 肅宗時에 金渭磾이 道詵秘記라 稱ᄒ야 云호ᄃᆡ 楊洲에 木覓山이 有ᄒ야 都城을 可立이라 ᄒ야시니 王都를 遷徙ᄒ자 흠이 日者의 文象이 從ᄒ야 和應ᄒᄂ지라. 王이 親히 相宅ᄒ고 平章事 崔思諏와 知奏事 尹瓘을 命ᄒ야 董役ᄒ지 五年에 告成ᄒ고 南京이라 ᄒ니라.

國朝寶鑑에 曰 鄭道傳을 命ᄒ야 新建ᄒ 宮名과 殿名을 撰進ᄒ라 ᄒ시 니 新宮은 景福이라 ᄒ고 燕寢은 康寧이라 ᄒ고 殿東의 小寢은 延生이 라 ᄒ고 殿西의 小寢은 慶成이라 ᄒ고 燕寢의 南에 在ᄒ 殿은 思政이라 ᄒ고 其 南에 在ᄒ 正殿은 勤政이라 ᄒ고 南의 正門은 光化오 北門은 神武라 ᄒ고 東門은 建春이오 西門은 迎秋라 ᄒ니라.

又 曰 四年 乙亥에 上이 新廟에 享ᄒ시고 新宮에셔 群臣을 賜宴ᄒ시 다 ᄒ니라. 東閣雜記에 曰 五年 丙子 正月에 都城을 始築ᄒᆯᄉᆡ 西北面安 州以南의 民夫十一萬九千丁을 徵發ᄒ야 二月晦에 放ᄒ고 八月에 江原 慶尙全羅 三道의 民夫七萬九千丁을 徵發ᄒ야 九月에 畢役ᄒ니 平壤伯 趙浚 等이 監董ᄒ야 周圍가 九千九百七十五步를 築ᄒ다 ᄒ니라. 芝峰類 說에 曰 京城에 八門이 有ᄒ니 正南은 崇禮門(俗號 南大門)이오 正北은

肅靖이오 正東은 興仁門(俗號 東大門)이오 正西는 敦義門(俗號 新門)이오 東北은 惠化門(俗號 東小門)이오 西北은 新義門(今 彰義門)이오 西南은 昭義門(俗號 西小門)이오 東南은 光熙門이라 ᄒ고 水口門이 又 有ᄒ다 ᄒ얏시나 八門은 文獻에 皆在ᄒ거니와 水口門은 未詳ᄒ더라. 又 曰 五年 丙子에 漢陽으로 移都ᄒ다 ᄒ니라.

▲ 제8호 歷史, 玄隰

太祖古事 三年 甲戌에 諸王氏를 海島中에 流配ᄒ다.

國朝寶鑑에 曰 臺諫이 王康, 王承寶, 王承貴, 王鬲 等을 海島에 徒居ᄒ기를 請ᄒ야 曰 此輩는 聖德으로 待之甚厚ᄒ실지라도 懷恩ᄒ 理는 必無ᄒ 것이오 況 且 王康의 過人ᄒ 智謀와 王承寶, 王承貴의 無敵한 勇力으로 京都에 留在ᄒ면 不測ᄒ 變을 煽動ᄒ리라 ᄒ야 爭執不已ᄒ니라.

六年 丁丑에 琉球國王은 使를 遣ᄒ야 稱臣ᄒ고 暹羅國王 遣ᄒ야 方物을 獻ᄒ다.

七年 戊寅에 北鄙를 開拓ᄒ야 豆滿江에 至ᄒ고 孔(卽 今 慶興) 鏡(卽 今 鏡城) 吉(卽 今 吉州) 端(卽 今 端川) 靑(卽 今 北靑) 洪(卽 今 洪原) 咸(卽 今 咸興) 七州를 實ᄒ다.

廢四郡古事에 曰 高麗時에 安邊 以北은 女眞이 侵占ᄒ야 國家政令이 能及치 못ᄒ기로 尹瓘이 女眞을 擊逐ᄒ고 城邑을 建設ᄒ얏스나 其 實은 羈縻에 不過ᄒ더니 惟 我 太祖씌셔 東北에 肇基ᄒ시되 威德이 遠布ᄒ야 野人 酋長이 咸來服事ᄒ고 東征西伐ᄒ실 時에 爭先追侍ᄒ지라. 卽位ᄒ신 後에 各 酋長을 千戶와 萬戶의 職으로 命授ᄒ시고 李豆蘭을 遣ᄒ야 女眞을 招安ᄒ시니 被髮의 俗을 改ᄒ야 冠帶를 盡襲ᄒ고 禽獸의 行을 化ᄒ야 禮義를 習服ᄒ니 孔州로 甲山에 至ᄒ기 延袤 千里의 地가 版圖에 盡入ᄒ야 豆滿江으로 定界ᄒ니라.

鄭道傳, 南誾 等이 芳碩에게 附ᄒ야 作亂코자 ᄒ다가 其 謀가 漏泄된지라. 靖安君(太宗初封位號)이 定社勳을 建ᄒ시고 永安君(定宗初封位

212

號)으로 世子를 冊封ᄒ시다.

　東閣雜記에 曰 神懿皇后끠셔는 六男을 誕生ᄒ시니 定宗은 第二에 序居ᄒ시고 太宗은 第五에 序居ᄒ시며 神德皇后끠셔는 芳蕃, 芳碩과 公主(李濟에게 適ᄒ니라)를 誕生ᄒ셧더니 一日은 上이 裴克廉, 趙浚 等을 內殿으로 命召ᄒ샤 世子冊立을 詢議ᄒ신ᄃᆡ 克廉 等이 對曰 升平ᄒᆫ 時는 嫡長을 立ᄒ고 危亂ᄒᆫ 世는 功勳을 先ᄒᄂᆞ니다. 神德皇后끠셔 潛聽ᄒ시고 哭聲이 外聞ᄒ거늘 克廉 等이 退出ᄒ얏더니 他日에 克廉等을 召入ᄒ사 前議를 復詢ᄒ신ᄃᆡ 克廉 等이 敢히 質對치 못ᄒ고 退ᄒ야 相議호ᄃᆡ 此 事는 康氏끠셔 己出을 必立코ᄌᆞ ᄒ심이라. 然ᄒᆫ즉 芳蕃은 狂悖ᄒ고 芳碩은 稍可ᄒ다 ᄒ야 遂以奏請ᄒ니 芳碩을 封ᄒ야 世子를 爲ᄒ니라. 鄭道傳, 南誾이 芳碩에게 阿附ᄒ야 諸王子를 除去코ᄌᆞ ᄒ더니 戊寅 秋에 上이 寢疾ᄒ시거늘 道傳 等이 移御ᄒ실 事를 議定ᄒ다 稱托ᄒ고 諸王子를 召入ᄒ야 因以作亂코ᄌᆞ ᄒᆯᄉᆡ 其 黨으로 闕內에셔 圖謀케 ᄒ얏더니 前參贊 李茂(其黨中 一人)가 其 陰謀를 潛泄ᄒ니라. 時夜에 諸王子가 勤政門 外에셔 直宿ᄒ더니 小宦이 內殿으로셔 出來ᄒ야 曰 上의 病患이 沈重ᄒ야 避寓코ᄌᆞ ᄒ시니 諸王子는 盡入ᄒ라 ᄒ거늘 益安君 芳毅와 懷安君 芳幹과 上黨君 李伯卿이 慌忙ᄒ야 所措를 罔知ᄒᄂᆞ지라.

　太宗끠셔 曰 事旣至此ᄒ니 奈何오 ᄒ시고 芳毅, 芳幹, 伯卿과 延秋門으로 走出ᄒ야 光化門外에셔 待命ᄒ실ᄉᆡ 政丞 趙浚金士衡 等을 招來ᄒ야 雲從街에셔 百官을 召集ᄒ라 ᄒ시고 鄭道傳을 縛致ᄒ야 數罪ᄒ샤 曰 爾가 王氏를 旣負ᄒ더니 李氏를 又 負코자 ᄒ다 ᄒ시고 立斬ᄒ시니 其 子 游, 泳이 亦 皆 被殺ᄒ고 卞仲良은 軍前에셔 斬ᄒ시고 南誾은 彌勒院에셔 追兵에게 被殺ᄒ니라. 黎明時에 上이 淸涼殿으로 移御ᄒ시니 趙浚 等이 百官을 率ᄒ고 道傳과 誾의 罪를 奏達ᄒ며 世子 改封ᄒ기를 仍請ᄒ거늘 芳碩이 拜辭退出ᄒᄂᆞ지라. 芳蕃 出送을 又 請ᄒ거늘 上이 曰 世子도 已出ᄒ얏슨즉 汝의 出去야 何妨ᄒ리오 ᄒ시니 芳蕃과 芳碩이 西門으로 出走ᄒ다가 中路에셔 都堂에게 追殺ᄒᆫ ᄇᆡ 되니라.

▲ 제9호 歷史, 玄隲

太祖故事 戊寅 九月에 世子(定宗)쯰 禪位ᄒ시니 推尊ᄒ야 太上王이 되시다.

國朝寶鑑에 曰 定宗 二年 庚辰에 太上王宮, 府를 新建ᄒ야 宮曰 德壽라 ᄒ며 府曰 承寧이라 ᄒ고 判事와 尹과 小尹과 判官과 丞과 主薄 等 官員을 實ᄒ니라.

上이 漢陽新都로셔 金剛山을 向ᄒ시다가 咸興本宮에 幸行하시다.

逐睡篇에 曰 芳碩變後에 上이 位를 棄ᄒ시고 咸興에 駐驆ᄒ시니 太宗쯰셔 問安中使를 遺ᄒ시면 上이 彎弓召入ᄒ시니 前後相望ᄒ 使者가 敢히 其 情을 道達치 못ᄒᄂ지라. 成石磷이 天意를 期回ᄒ기로 自擔前往호ᄉᆡ 布衫白馬로 咸興行在所近地에 至ᄒ야 過客의 行色으로 路邊에셔 燃火炊飯ᄒ더니 上이 望見ᄒ시고 中官으로 往視케ᄒ신지라. 石磷이 因事過去ᄒ다가 日暮秣馬ᄒ다 ᄒ니 中官이 回啓홈이 上이 舊日交情을 思ᄒ사 喜甚引見ᄒ시니라. 石磷이 從容홈을 因ᄒ야 人倫의 處變ᄒᄂ 道를 陳達ᄒ니 上이 變色ᄒ샤 曰 爾가 敢히 我를 遊說코ᄌ ᄒ다 ᄒ시거늘 石磷이 不然ᄒ 事理를 懇惻히 上奏ᄒ니 上이 頗히 傾聽ᄒ시고 兩宮이 從此遂合ᄒ다 ᄒ니라.

老峯集에 曰 時에 問安使가 得還ᄒ 者ㅣ 一無ᄒ거늘 太宗쯰셔 甚히 憂慮ᄒ사 群臣에게 詢議ᄒ시되 敢應홀 者ㅣ 無ᄒ더니 判中樞府事 朴淳이 挺身請行호ᄃᆡ 使者의 車를 不用ᄒ고 子母馬를 牽往ᄒ다가 行在所望見處에 至ᄒ야 子馬를 樹枝에 繫ᄒ고 母馬만 騎來ᄒ니 子母兩馬가 相顧呼鳴ᄒ며 徊徨不前ᄒᄂ지라. 石磷이 進謁홈이 上이 其 故를 下詢ᄒ시니 對曰 行在所至近에 乳馬를 率來홈이 未安ᄒ기로 樹枝에 繫ᄒ얏더니 雖曰 微物이라도 母子相離에 不忍ᄒ 至情이 如此홈을 敷達ᄒ야 懇切諷告ᄒ니 上이 信聽ᄒ시고 天顏이 感然不怡ᄒ시더라. 一日은 上이 淳으로 博局을 戲ᄒ시더니 適會에 一鼠가 屋角으로 其 子를 抱過ᄒ다가 墮落홀ᄉᆡ 其 子를 至死不捨ᄒ거늘 淳이 博局을 推却ᄒ고 伏地泣奏ᄒ야 開譬

益切ㅎ니 上이 回蹕ㅎ심을 乃許ㅎ신지라. 淳이 命을 得ㅎ고 卽日辭行ㅎ니 行在諸臣이 追殺ㅎ기를 力請ㅎ거늘 上이 其 行이 龍興江을 己渡홈을 料度ㅎ신 後에 使者에게 劍을 授ㅎ샤 曰 淳이 江을 己渡ㅎ얏거든 勿追ㅎ라 ㅎ시더니 淳이 中路病滯ㅎ야 僅至登舟ㅎ다가 使者가 追至ㅎ야 其 腰를 斬ㅎ지라.

上이 聞ㅎ시고 驚慟不已ㅎ샤 曰 朴淳은 朕의 良友라. 疇昔의 言을 不食ㅎ리라 ㅎ시고 南還ㅎ기로 遂決ㅎ시다 ㅎ니라.

五山說林에 曰 上이 咸興에 駐蹕ㅎ신 後로 問安使의 死者相續ㅎ니 太宗께셔 所措를 罔知ㅎ샤 無學을 請邀ㅎ야 天意得回ㅎ기를 懇託ㅎ신 디 無學이 不得已ㅎ야 行在所에 至ㅎ니 上이 怒曰 汝도 遊說의 徒를 作ㅎᄂ냐 ㅎ시거늘 無學이 笑曰 貧道ᄂ 舊日情誼를 思惟ㅎ야 特來相慰 홈이오 他意가 無ㅎ니이다. 上이 顏色을 稍解ㅎ시고 因留同宿ㅎ시니라. 無學이 連留數十日에 太宗의 短處를 駁論不已홈으로 上이 益信無疑ㅎ시더니 一日은 夜半靜寂ㅎ 時를 當ㅎ야 無學이 說曰 上의 愛子ᄂ 今旣盡殲ㅎ고 此人(太宗)이 只有ㅎ거늘 如是棄絶ㅎ시면 平生辛苦ㅎ 大業을 誰에게 將托ㅎ시리오. 他人에게 付與홈보다ᄂ 血屬에 傳홈이 寧勝ㅎ니 三思ㅎ소셔. 上이 其 言을 頗然ㅎ샤 回蹕ㅎ실 聖意가 有ㅎ거늘 無學이 急還ㅎ심을 力勸ㅎ나 上意ᄂ 都城에 還御ㅎ심을 不悅ㅎ시ᄂ 故로 初에 逍遙山에셔 數月留駐ㅎ시고 豊壤(楊州東에 在ㅎ니 距京四十里라)으로 向ㅎ샤 宮室을 新築ㅎ고 駐御ㅎ시다 ㅎ니라.

▲ 제10호 歷史 定宗故事, 玄隲

上은 太祖高皇帝의 第二子[第一子 芳雨ᄂ 太祖 潛邸時에 早卒ㅎ니라]시니 國初에 永安君을 封ㅎ엿다가 開國七年 戊寅에 世子로 冊封ㅎ시고 是 歲九月에 景福宮 勤政殿에셔 受禪ㅎ시니라.

逐睡篇에 曰 上의 性質이 純謹ㅎ시고 志行이 端方ㅎ시며 武略에 長ㅎ샤 恒常 太祖를 陪從出征ㅎ야 大功은 屢立ㅎ시되 大業을 將開ㅎ실

時에 太祖와 太宗이 潛議ᄒᆞ시ᄂᆞᆫ 事가 有ᄒᆞ면 上은 곳 避身不與ᄒᆞ신 故로 尺寸마치라도 翊戴ᄒᆞ신 功은 無ᄒᆞ나 其 心迹이 伯夷와 太伯에 無愧ᄒᆞ시니라.

東閣雜記에 曰 太宗이 鄭道傳의 亂을 平ᄒᆞ시ᄆᆡ 中外 人心이 太宗ᄭᅴ셔 世子되심을 顒望ᄒᆞ거늘 太宗이 上ᄭᅴ 固讓ᄒᆞ시ᄂᆞᆫ지라. 上이 曰 建義開國ᄒᆞ야 今日事ᄭᅡ지라도 皆 是 靖安[太宗初封位號]의 功業인즉 我가 世子됨은 萬萬不可ᄒᆞ다 ᄒᆞ시나 太宗ᄭᅴ셔 讓退益固ᄒᆞ시ᄂᆞᆫ지라. 上이 乃曰 然ᄒᆞ면 措處ᄒᆞᆯ 道理가 當有ᄒᆞ리라 ᄒᆞ시니라.

二年 庚辰에 太宗ᄭᅴ 禪位ᄒᆞ시고 上王이 되시다.

鵝城雜記에 曰 太宗ᄭᅴ셔 危疑ᄒᆞᆯ 時에 受禪ᄒᆞ샤 諸王子를 盡逐ᄒᆞ야 削髮爲僧케 ᄒᆞ심은 防微ᄒᆞ신 聖意가 至極ᄒᆞ시니라. 時로 太宗이 入見ᄒᆞ신 後에 定安王后[金氏]ᄭᅴ셔 奏曰 上은 其 目을 觀察ᄒᆞ시고 速히 傳位ᄒᆞ야 其 心을 安케 ᄒᆞ소셔 上이 從ᄒᆞ샤 二年 庚辰에 靖安君으로 世子를 冊封ᄒᆞ야 禪位ᄒᆞ시고 上은 上王이 되샤 別宮에 居ᄒᆞ시니 太宗ᄭᅴ셔 友愛를 極盡히 ᄒᆞ시며 諸王子를 召還ᄒᆞ야 次第 賜爵ᄒᆞ시니 上은 閒養ᄒᆞ심이 十九年이오 子孫이 衆多ᄒᆞ야 名公鉅卿이 其 苗裔에 多出ᄒᆞᆫ 故로 後世人이 稱ᄒᆞ되 我朝의 享福ᄒᆞ신 君王은 定宗이시라 ᄒᆞ니라.

上王宮에셔 盛仙桃의 宴을 設ᄒᆞ시다.

靑坡劇談에 曰 上王宮 宦官一人이 二月 晦間에 園中에 偶入ᄒᆞ더니 二三徒人이 積芻中으로셔 桃子를 拾喫ᄒᆞ거늘 取ᄒᆞ야 詳視ᄒᆞ니 桃面이 鮮紅ᄒᆞ야 前年 九十月間에 自落ᄒᆞᆫ 霜後 桃가 的確ᄒᆞᆫ지라 因ᄒᆞ야 積芻를 搬去ᄒᆞ고 桃子 數百顆를 搜得ᄒᆞ야 上王ᄭᅴ 獻ᄒᆞ거늘 上王이 大喜ᄒᆞ샤 太宗ᄭᅴ 專送ᄒᆞ시고 曰 仙桃를 幸得ᄒᆞ샤 左右에 敢獻ᄒᆞ노라 ᄒᆞ시니

太宗ᄭᅴ셔 卽時로 上王宮에 幸臨ᄒᆞ샤 仙桃를 盛ᄒᆞ야 兩宮이 共玩ᄒᆞ시고 宴을 命設ᄒᆞ야 終夕極歡ᄒᆞ시니라. 是年秋에 上王ᄭᅴ셔 左右를 命ᄒᆞ야 桃樹下에 芻草를 故積케 ᄒᆞ시고 明春을 待ᄒᆞ야 啓視ᄒᆞ니 自落ᄒᆞᆫ 桃子가 皆 是腐損ᄒᆞ야 前桃와 如히 肥美치 못ᄒᆞ니라.

太宗故事 上은 太祖高皇帝의 第五子시니 國初에 靖安君을 封호셧다가 開國九年庚辰(定宗二年)에 世子로 冊封호시고 是歲十一月에 松京壽昌宮에서 定宗의 受禪호시니라.

東閣雜記에 曰 上이 風采神異호시고 英睿絶倫호사 高麗의 政散民雜홈을 見호시고 慨然히 濟世홀 志가 有호신지라. 河崙이 一見호고 傾心來附호야 常謂 曰 斯人은 蓋 天英氣라 호더라.

又 曰 太祖의셔 儒術을 素重히 호샤 軍族 中에 在호실 時라도 投戈호신 暇隙에ᄂ 儒生을 引見호샤 古今經史를 商論호시고 夜分不寐호시되 家門에 儒業者가 無홈을 恨歎호샤

上으로 讀書케 호시니 孜孜勤傲호샤 學問이 大就호신지라. 辛禑時에 登第호시고 未幾에 提學을 拜호시니 太祖의셔 喜極流涕호시고 每히 宴會를 開호실 時에 上으로 聯句를 應對케 호시며 輒 曰 我의 與客歡娛ᄂ 汝力이 居多호다 호시니라.

又 曰 上이 松京楸洞潛邸(卽 今敬德宮)에 在호실 時에 侍女金氏(敬寧君裀의 母氏)가 簷下에 坐호얏더니 時ᄂ 夜色이 將曙호야 天空星稀호되 一大白龍이 上의 寢室上에 蜿蜒호야 鱗甲이 燦爛호지라 金氏가 驚異호야 執膳人金小斤 等을 招來同見호고 暗暗稱奇호더니 少頃에 雲霧가 翳塞호야 去處를 不知호다 호니라.

諸王氏를 特赦호시고 王康과 王承寶를 召還호시다.

東閣雜記에 曰 太宗時에 高麗宗室 王庥의 子가 民間에 隱在호거늘 知申事 金汝智가 覈奏捕治호니 情節이 果實호지라. 臺諫이 請誅호되 上이 曰 開國初에 王氏가 保全 不得홈은〈28〉太祖의 本意가 안이시오 一二大臣의 劃策일 뿐더러 自古帝王이 一姓으로 天池와 終始홀 者ᄂ 無호니 李氏가 有道호즉 百王氏가 雖有홀지라도 何患을 敢作치 못홀 것이오 不然호면 비록 王氏가 안일지라도 天命을 受호야 代興홀 者ㅣ 豈無호리오 호시고 遂호야 政府에 命을 下호사 今後로ᄂ 王氏 後裔가 自現

ᄒ거나 人의 告發을 被ᄒ 者이 有ᄒ거든 一幷 其 居住를 從便ᄒ며 生業을 各安케 ᄒ라 ᄒ시니라.

文獻備考에 曰 太宗이 勅敎를 下ᄒ사 曰 自古로 王者가 大業을 初定ᄒᄆᆡ 前朝苗裔가 後患이 有ᄒᆯ가 恐ᄒ야 剪除를 必施ᄒ나 朕은 不然ᄒ다 ᄒ노라 上天이 寡躬을 命ᄒ야 一國의 主가 되게 ᄒ시니 國內에 在ᄒ 者ᄂ 皆是我의 赤子ㅣ라. 一視同仁ᄒ야 天意를 仰答홈이 可ᄒᆯ ᄲᆞᆫ더러 今에 恭讓王의 從便安居를 旣許ᄒ야 妻子僮僕이 完聚케 ᄒ얏거늘 惟獨 其族屬은 海島에 幽居ᄒ야 生理가 艱苦케 홈은 朕이 甚憫ᄒᄂᆞᆫ 비니 巨濟에 在ᄒ 諸王氏를 出陸居生케 호ᄃᆡ 失所의 虞가 無케 ᄒ고 才幹이 有ᄒ 者ᄂ 選擇登聞ᄒ라 ᄒ시니 於是에 諸王氏가 尙州完山 等地에 分處ᄒ니라.

▲ 제12호 歷史

太宗古事 庚辰 卽 立初에 壽昌宮(卽 今 昌慶宮)이 災ᄒ거늘 勅命을 下ᄒ야 直言을 求ᄒ시니라.

國朝寶鑑에 曰 求言 勅命에 對ᄒ야 參贊權近이 六條를 敷陳ᄒ니라. 一曰 篤誠孝ㅣ니 太上皇ᄭᅴ 每日 三次로 遣臣問安ᄒ시고 每旬 一次로 親覲ᄒ시되 法駕를 勿備ᄒ고 簡便을 務從ᄒ실 事이오. 二曰 勤聽政이니 宦寺로 傳勅ᄒᄆᆞᆫ 內外의 壅蔽와 姦慝의 肆行을 漸長케 ᄒᄆᆞ라. 臣이 明國에 出使ᄒ야 數月 駐留ᄒᆯ 時에 見ᄒ온즉 明皇이 百官을 會集ᄒ고 每日 坐朝ᄒᄆᆡ 間歇이 無ᄒᄋᆞ니 其 法을 效則ᄒ실 事이오. 三曰 接朝士이오. 四曰 勤經筵이오. 五曰 褒節義ㅣ니 鄭夢周와 金若恒의 封贈을 亟施ᄒ시고 吉再를 更召ᄒ야 不肯ᄒ거든 旌門復戶ᄒ실 事이오. 六曰 行厲祭ᄒ소셔 ᄒᄆᆡ 上이 嘉納皆從ᄒ시니라.

元年 辛巳에 天旱이 甚久ᄒ거늘 侍讀官金科로 雲漢篇을 講케 ᄒ시고 禁酒令을 下ᄒ시다.

國朝寶鑑에 曰 下令禁酒ᄒ시되 飮者ㅣ 不止ᄒ거늘 上曰 此ᄂ 朕의

不斷호 故라 호시고 酌酒를 不進호시니 國人이 敢히 更飮홀 者ㅣ 無호
더라.

獐島에 放호얏든 馴象을 更히 豢養호라 호지다. 芝峯類說에 曰 初에
馴象을 順天獐島에 放호얏더니 象이 水草를 不食호고 人을 輒見호면
墮淚啼呼호는지라. 地方官이 其 情狀을 上聞호거늘 上이 惻憐호샤 更히
如初豢養호라 호시니 嗚呼라. 遠物을 不貴호시며 仁愛가 及物호시는 聖
德이 兩至호시도다. 昔에 高麗太祖가 五十橐駝를 同日 餓死케 혼 事에
比호면 何如라 謂호리오.

八年 戊子에 慕華館이 南池를 濬호다.

朝野僉載에 曰 時에 慕華館南池를 濬호야 功久未就호거늘 憲府가 提
調 朴子靑을 彈劾호얏더니 上이 怒호샤 持平 崔自海를 折責호시고 其
家로 勒歸호시는지라. 左司諫 金相知ㅣ 奏曰 臺臣은 其 責이 言에 在호
거늘 陛下끠셔 如此히 挫辱호시니 此는 後世에 貽範치 못홀 事이니다.
大司憲 南在ㅣ 奏曰 臺諫은 人主의 耳目이라. 言이 雖 或 不中홀지라도
加罪치 안이호몬 言路를 開호고 視聽을 廣호야 萬世의 計를 爲호미라.
子靑의 事는 關係가 重大치는 안이호거니와 萬苦 奸臣이 用權호야 國
事가 日非홀지라도 臺諫이 敢言치 못호면 何如호리잇고 上이 卽時 勅
諭호샤 臺臣으로 就識호라 호시니라.

禮曹에서 元會樂章을 明進홀시 夢金尺과 受寶籙으로 首章을 爲호얏
거늘 上이 曰 維我 太祖끠셔 大業을 開創호시믄 天命과 人心에 出혼지
라. 金尺의 夢과 寶籙의 讖이 雖無홀지라도 大業은 必成이어늘 今에 夢
과 圖讖의 異로 樂章의 首에 加홈은 不可호다 호시고 觀天庭과 受明命
으로 首章을 爲호시다.

十七年 丁酉에 讖緯不經의 書를 悉焚호시다.

東閣雜記에 曰 上이 曰 讖緯의 說을 人皆不取호는 비로되 漢國 光武
帝의 明으로도 圖讖에 猶惑호얏스니 此는 漢帝의 學力이 不足혼 故이
라. 萬若 妖誕의 書를 世에 流傳호얏다가 後來에 學問이 無호고 闇弱혼
者이 見호면 必是 深惑호야 宗社와 生靈의 禍胎가 되리라 호시고 左議

政 朴訔과 知申 趙末生을 命ᄒ야 書雲觀에 藏在ᄒᆫ 陰陽書의 妖誕不經ᄒᆫ 者를 悉焚無餘ᄒ시고 天下에 令ᄒ야 人民이 私藏ᄒᆫ 者이 有ᄒ거든 納官 燒火ᄒ되 違令者ᄂᆫ 造妖書律로 罪ᄒ리라 ᄒ시다.

◎ 乙支文德 幼年必讀書抄, (현채), 〈호남학보〉 제1호, 1908.6. (교과서)

洪良浩 名將傳에 曰 高麗大臣 乙支文德은 平壤人이라. 屢次 隋의 邊境을 征伐ᄒ얏더니 距今一千二百九十五年 前에 隋帝楊廣이 兵士 一百十三萬 三千八百人을 發ᄒ야 號曰 二百萬이오 粮餉과 軍械를 輸運ᄒᄂᆫ 者ㅣ 坐 百餘萬이라. 九道로 分ᄒ야 來寇ᄒ니 旌旗가 九百六十里에 連亘ᄒ고 坐 左翊衛大將來護兒ᄂᆫ 江淮에 水軍를 率ᄒ고 浮海ᄒ야 水陸并進ᄒ고 工部尚書 宇文愷와 小府監 何稠 等은 遼東에셔 浮橋를 造ᄒ야 遼東城을 進圍ᄒ고 大將軍 宇文述은 扶餘道에 出ᄒ고 右翊衛大將軍 于仲文은 樂浪道로 出ᄒ야 諸軍이 鴨綠江 西에 會홀시 述 等의 兵이 瀘河懷遠 二鎭으로붓터 其 人馬의게 各各 百日粮을 給予ᄒ고 坐 排甲鎗稍衣▨戎具火幕 等을 給ᄒ니 每人의 負擔ᄒᄂᆫ 重兩이 三百餘斤이라. 人이能히 擧치 못ᄒ거날 述이 오히려 下令曰 遺棄者ᄂᆫ 斬ᄒ리라 ᄒ니 士卒이 다 幕下에서 坑塹을 掘ᄒ야 粟米을 埋ᄒ니 故로 中路에 至ᄒ야 粮餉이 盡ᄒ거날 文德이 隋營에 詣ᄒ야 虛實을 探ᄒ니 時에 隋將 宇文仲은 隋帝 廣의 密旨를 奉ᄒ야 高句麗에 來者를 擒코자 ᄒᄂᆫ지라 文德이 甘言으로 誘說ᄒ고 還ᄒ더니 旣而오 仲文이 後悔ᄒ야 文德을 招ᄒ거늘 文德이 不聽ᄒ고 鴨水를 渡ᄒ니 仲文이 述 等으로 더부러 文德을 失ᄒ고 大懼ᄒ야 곳 精銳를 遣ᄒ야 文德을 追ᄒ거늘 文德이 隋軍의 飢色이 有홈을 見ᄒ고 疲弊코쟈 ᄒ야 每戰輒走ᄒ야 一日間에 七戰皆敗ᄒ니 述 等이 驟勝홈을 恃ᄒ고 東으로 薩水(安州清川江)를 濟ᄒ니 平壤과 相去가 三十里라. 文德이 仲文의게 一詩를 遺ᄒ야 曰 神策은 究天文이 妙算

220

은 窮地理라 戰勝功旣高ᄒᆞ니 知足願云止어다 ᄒᆞ니(我韓五言詩가 始文
德) 仲文 答書로 喩降ᄒᆞ거늘 文德이 ᄯᅩ 遣使ᄒᆞ야 詐降ᄒᆞᄃᆡ 仲文 及 述
等이 其 兵이 疲弊ᄒᆞ야 復戰키 難ᄒᆞ고 ᄯᅩ 平壤이 固險ᄒᆞ야 猝拔치 못ᄒᆞᆯ
지라. 곳 班師ᄒᆞ야 方陣으로 行ᄒᆞ거늘 文德이 出兵ᄒᆞ야 四面鈔擊ᄒᆞ야
且戰且後ᄒᆞ다가 薩水에 至ᄒᆞ야ᄂᆞᆫ 隋軍의 半渡를 乘ᄒᆞ야 尾擊ᄒᆞ니 其後
軍衛將軍 辛世雄은 戰死ᄒᆞ고 諸軍이 皆壞ᄒᆞ야 隋의 將士ㅣ 奔還ᄒᆞᆯᄉᆡ
一日一夜에 鴨水에 至ᄒᆞ니 凡四百五十里오 來護兒도 ᄯᅩᄒᆞᆫ 麗兵의게 被
誘ᄒᆞ야 大敗ᄒᆞ더라. 初에 隋軍이 到遼ᄒᆞᆫ 者ㅣ 一百萬 五千이러니 至是
ᄒᆞ야ᄂᆞᆫ 生存이 僅히 二千七百人이오 資粮器械의 蕩失이 巨萬으로 計ᄒᆞᆯ
지라. 隋帝가 大怒ᄒᆞ야 述 等을 鎖繫引還ᄒᆞ더니 畢竟 隋國이 此 役을
因ᄒᆞ야 國力이 疲弊ᄒᆞ고 群雄이 蜂起ᄒᆞ다가 隋帝ᄂᆞᆫ 被弑ᄒᆞ고 國이 亡
ᄒᆞ니라.

大抵 高句麗ᄂᆞᆫ 褊小ᄒᆞᆫ 國이라. 然이나 强大ᄒᆞᆫ 隋國을 征伐ᄒᆞ다가 畢
竟 大兵이 臨境ᄒᆞ얏스니 其 危殆ᄒᆞᆷ이 累卵과 如ᄒᆞ거늘 公이 挺身獨行ᄒᆞ
야 敵陣에 往來ᄒᆞ기 無人境과 如ᄒᆞ니 其 隋軍을 視ᄒᆞᆷ이 곳 小兒와 同ᄒᆞ
고 ᄯᅩ 七戰七走ᄒᆞ되 敵으로 ᄒᆞ야곰 我의 計策을 不知케 ᄒᆞ니 其 謀略이
ᄯᅩ 何如ᄒᆞᆫ뇨. 大抵 隋國의 于仲文宇文述來護兒 等은 다 百戰壯士라. 隋
文帝을 從ᄒᆞ야 天下를 平定ᄒᆞ얏스니 其 勇猛과 威勢가 古今을 睥睨ᄒᆞ겟
거늘 公이 談笑雍容에 一卒을 不傷ᄒᆞ고 數百萬 戰士를 一時 陷沒ᄒᆞ야
噍類가 無케 ᄒᆞ니 可謂 神人이라 世界에 其儔가 엇지 有ᄒᆞ리오.

◎ 楊萬春 幼年必讀書抄, (현채), 〈호남학보〉 제1호, 1908.6.

一千二百六十二年 前에 唐太宗 李世民이 遼東城을 拔ᄒᆞ고 安市城에
至ᄒᆞ거늘 萬春이 城으로써 堅守ᄒᆞ고 降服지 아니ᄒᆞᄃᆡ 唐將 李道宗이
衆軍으로 더브러 土山을 築ᄒᆞ야 其 城을 逼ᄒᆞᄂᆞᆫ지라. 萬春이 ᄯᅩᄒᆞᆫ 其

城을 高築ᄒ야 拒禦ᄒ니라.

　旣而오. 世民이 城의 不下홈을 忿恨ᄒ야 親히 土를 背에 負ᄒ야 城濠를 塡ᄒ고 遼東에 歸去홀 橋梁을 斷ᄒ야 必死코자 ᄒ다가 戰흔지 六旬에 城이 不下ᄒ고 쏘 世民이 流矢를 中ᄒ야 一目이 盲흔지라. 이에 罷戰ᄒ고 歸ᄒ야 魏徵의 諫言을 追思ᄒ니 此를 觀ᄒ면 兵家勝負가 衆寡에 不在ᄒ니라.

◎ 世界文明의 內力을 論홈,
　이승근, 〈대학학회월보〉 제2호, 1908.3. (문명사, 문명론)

　　*세계적 문명 진보에 두 방면 존재: 승상적 진보, 지평적 진보
　　*昇上的 進步: 야만시대의 금수를 去홈이 不遠흔 人類로 ᄒ야곰 文物 開明之
　　　　　　　　國家를 成
　　　　　　　　-조박야비한 석기 동기를 화
　　　　　　　　-정치 고묘한 철기 증기기 전기기를 제조
　　　　　　　　-천변지이에 경구
　　　　　　　　-신비 귀참을 망창하는 미신 공파
　　*地平的 進步: 세계적 문명이 其起點地로부터 他方面에 向ᄒ야 地平面으로
　　　傳播 擴張된 것

▲ 제2호

　時之古今과 球之東西를 勿論ᄒ고 彼 所謂 文明者ㅣ 其 性質이 冷冷然淡淡然ᄒ야 自己를 歡迎ᄒ고 自己를 厚遇ᄒ며 自己를 親愛ᄒ고 自己를 扶持ᄒ며 自己를 保有發達ᄒ게 ᄒᄂ 處에만 隨ᄒ야 止ᄒ니 故로 甲國에셔 冷待ᄒ면 바리고 乙國에 行ᄒ며 丙國에셔 嫌惡ᄒ면 丁國에 到ᄒ니 不遇를 辭ᄒ고 好遇에 居ᄒ며 逆境을 脫ᄒ고 順境에 就ᄒ야 其 心之

汪汪焉如海ᄒ고 其 氣之洋洋焉如春ᄒ야 行ᄒᄂ 處마다 其 國之器具를 輕便ᄒ게 ᄒ고 其 國之生計를 容易ᄒ게 ᄒ며 其 交通을 助ᄒ고 其 福祉를 增ᄒ며 其 迷信을 攻滅ᄒ고 其 思想을 高尙ᄒ게 ᄒ며 偉大ᄒ 自然之勢力을 利用ᄒ고 强暴한 天地之猛威를 打勝ᄒ게 ᄒ야 複雜混沌ᄒ 世界 萬國 盛衰興亡之中에 着着一定之方針을 取ᄒ야 太古로부터 間斷업시 連續的으로 進步而來ᄒ야 世界之大部에 影響을 及ᄒ니 此를 世界的 文明이라 稱홈.

世界的 文明之進步에 二方面이 有ᄒ니 (一) 昇上的 進步와 (二) 地平的 進步是也라. 所謂 昇上的 進步란 者는 野蠻時代의 禽獸를 去홈이 不遠ᄒ 人類로 ᄒ야곰 文物開明之國家를 成ᄒ게 ᄒ야 粗朴野鄙ᄒ 石器 銅器를 化ᄒ야 精緻高妙ᄒ 鐵器 蒸氣機 電氣機를 製造ᄒ게 ᄒ며 天變地異에 驚懼ᄒ고 神秘鬼識을 妄唱ᄒᄂ 迷信을 攻破ᄒ야 光明正大ᄒ 道理에 向ᄒ야 安堵케 ᄒ며 衣食住를 容易케 ᄒ고 其 程度를 高尙ᄒ케 ᄒ며 寒ᄒ則 暖室具의 設備가 有ᄒ고 暑ᄒ則 凍氷의 儲蓄이 有ᄒ야 人類로 ᄒ야곰 安樂生活ᄒ게 홈이 是也오 地平的 進步란 者ᄂ 世界的 文明이 其 起點地로부터 他方面에 向ᄒ야 地平的으로 傳播擴張된 것을 云홈이니라.

大凡 世界의 文明之端緖를 開ᄒ 地方은 卽 五個所ㅣ 有ᄒ니 支那, 印度, 米昭保多彌亞, 埃及, 中部亞米利加 是也라. 支那, 印度의 文明이 融合ᄒ야 東洋之文明이 되고 米昭保多靡亞, 埃及의 文明이 渾化ᄒ야 西洋의 文明이 되니 此를 世界文明之二大潮流라 稱ᄒ니 此 二大 潮流ᄂ 間斷업시 發達되야 繼續的 歷史를 有ᄒ엿스니 東潮ᄂ 印度, 支那로부터 朝鮮을 經ᄒ야 日本에 擴張되고 西潮ᄂ 米昭保多彌亞, 埃及으로부터 希臘, 羅馬를 經ᄒ야 歐米諸國에 傳播ᄒ야 其 國家가 滅亡ᄒ야도 此와 共히 滅亡치 아니ᄒ고 社稷이 傾覆ᄒ야도 亦是 共히 傾伏지 아니ᄒᄂ지라 故로 周, 秦이 亡홈이 漢唐에 移ᄒ고 宋, 元이 衰홈이 明, 淸에 居ᄒ며

三韓이 衰홈이 新羅에 移ᄒ고 高麗 亡홈이 漢陽에 轉ᄒ니 此ㅣ 卽 東亞 天地에 進昇ᄒ야 來혼 東洋文明之大潮ㅣ 是也오 希臘이 衰홈이 羅馬에 到ᄒ고 로마 崩홈이 샤라곌人을 遇ᄒ고 샤라곌人이 衰홈의 伊太利亞, 伊須波尼亞에 轉ᄒ야 西部歐羅巴 諸國으로부터 北亞米利加에 擴張되 엿스니 卽 西洋文明의 大潮ㅣ 是也라. 此 二大潮 中에 何者이 世界之大 勢를 可히 主宰홀 者ㅣ 될 것은 至今부터 五百年 以前까지는 實로 難測 ᄒ야 思想之方面으로는 或 東潮의 發達이 西潮를 凌홀 勢가 有ᄒ다 ᄒ 엿스나 其 後로 東潮는 引續ᄒ야 專혀 思想界에 샏만 全力을 傾注ᄒ고 物質界의 方面에는 着眼치 아니ᄒ야 利器의 發明이 甚少ᄒ고 自然力을 利用홈이 巧치 못ᄒ야 世界之進運에 貢獻홀 者ㅣ 少ᄒ야 世界的 文明이 라 稱홀 것이 遂爲不足ᄒ고 西潮는 地平的 進步의 範圍에 在ᄒ야 東潮 를 旣凌ᄒ고 更히 數百年 前부터 思想界의 鍊磨와 共히 新物質界의 硏 磋에도 盡力ᄒ야 此 方面에 偉大혼 效果를 收ᄒ고 着着利器를 發明ᄒ야 自然力 利用혼 事ㅣ 現著혼지라. 故로 東潮의 上에 優出ᄒ야 吾人으로 ᄒ야곰 世界之進運은 卽 西洋之文明과 一致되고 西洋之文明은 卽 世界 的 文明이 된다 稱홈을 得홈이 此를 由홈이니라. (未完)

*미완이지만 더 이상 연재되지 않았음

▲ 제7호 英雄會場에 快論半島文明, 傍聽人 李承瑾

壁上에 掛一幅圖ᄒ고 望三韓半島之位置ᄒ니 北으로는 露西亞의 山 脈이 歐亞大陸을 跨ᄒ야잇고 西으로 支那大陸이 亞細亞 東南部를 占ᄒ 야잇고 南으로는 日本島가 海外에 茫茫ᄒ도다. 自古로 世界에 巨大혼 人物과 燦然혼 文明은 다 半島로 좃ᄎ 啓發되엿스니 若夫支那의 山東半 島 로부터 齊魯의 文明(孔孟의 文明) 印度半島로부터 佛敎의 文明 아라 비아半島 로부터 回回敎의 文明 小亞細亞半島 로부터 基督敎의 文明希 臘半島 로부터 헤루라스의 文明 伊大利亞 半島로부터 羅馬의 文明 이베

리아(葡萄牙西班牙) 半島로부의 新世界 發見 前後의 文明을 啓發혼 것은 歷히 事實의 證示혼바 된자라. 夫三韓半島と 面積이 希臘半島 보다 大호고 伊太利亞半島보다 小호나 其 地形은 伊太利亞와 恰似호야 「東洋의 伊太利亞」라 可稱할이로다. 其 江山之形勢를 論할진된 長白山落脈으로 東金剛 西九月 南智異 三山은 半落호고 南錦江西大同은 二水中分이라. 漢水上 北岳下에 萬年皇都鼎定호샤 一大 都會되엿스니 雲裏帝城에 雙鳳闕이 壯麗호도다. 江山이 絶勝호야 大人物을 産出이라. 維我皇祖全盛時에 忠臣 烈士 輩出호에 一戰 壬辰役에 豊臣軍이 落魂호고 再戰丙寅擾에 西洋艦隊喪膽되여 從此로 東亞半島의 聲威가 西歐까지 震動호니 此 所謂 巨大혼 人物과 燦然혼 文明이 半島로 부터 啓發된 것이로다. 嗚呼라 半島 江山이여. 物換星移에 日月이 幾何오. 江山이 久爲寂寞호고 英雄이 亦無消息호니 從此로 江山이 不靈乎아. 抑亦有靈而英雄兒를 不爲産出乎아. 胡爲乎如此오. 嗚呼 江山아.

日勿論何代호고 非無英雄矣라 或 有時勢가 造英雄호고 英雄이 造時勢호야 時勢와 英雄이 互相有密按之關係호니 豈有國之將興에 有英雄호고 國之將亂에 無英雄之理乎아. 故로 江山之産出英雄兒と 何代無之리오. 然而英雄之成功與否と 不在於江山이오. 在於一心與否矣라 호노라. 參觀古今興亡史호니 英雄之出이 無時不有而至於成功與否호야と 不外乎此一心二字矣라. 試思호라 諸君아. 上古殷之臣億萬中에 不無二三個英雄이로딘 竟敗於周之臣三千호고 近世 印度人 三億衆에 亦不無幾個英雄이로딘 未免爲奴於英吉利之四千萬衆호고 現今 支那之四億萬衆에 亦不無十八省之英雄이로딘 東敗西傷호니 其故何哉오. 無他라 英雄之心卽衆心之不合이 是也오 上古舜之治天下에 一夔足矣라 호고 中古漢之中興에 二十八將이 幷起호고 近世 伊大利之建國에 三傑이 能之호엿스니 其故何哉오. 無他라 英雄之心이 爲一故로 衆心이 亦從而爲一故也ㅣ니 不待明言而可知者ㅣ此也ㅣ로다. 夫我韓之二千萬衆에 十三道之英雄이 亦不爲不多矣로딘 至今 無名은 其故何哉오. 無他라 自卑自屈에 無獨立之心호고 分黨列派에 無團合之體히야 彼 所謂 新敎育 舊學問等 事と

屬之尋常句語에 有名而無實ᄒ고 又 所謂 東西班(양반) 新舊鄕(庶嫡) 之
優劣은 京鄕間陋習이 尙存ᄒ야 營營苟苟於虛譽浮榮ᄒ야 如是而駸駸然
爲暗黑世界者ㅣ 己爲有年埃러니 一朝桂庭之釰과 勉庵之虹이 大打擊 二
千萬 生靈於夢昏之裏ᄒ고 大奮起十三道英雄於競爭之中ᄒ야 鯨濤洶湧
에 或 爲擊楫渡去ᄒ고 虎跡이 縱橫에 孰不臥薪嘗ᄒ리오. 靑邱三千里에
迷雲이 漸開ᄒ고 昇平五百年에 風潮가 忽變이라. 東晋之淸談은 己覺昨
日之非ᄒ고 賈生之痛哭은 正當今日之勢로다. 一勝一敗ᄂᆫ 天地之常理
오. 一亂一治ᄂᆫ 古今之通運이라. 否往泰來에 去舊就新ᄒ야 衆心團合이
其 堅이 如鐵ᄒ니 今日 我 韓半島之文明은 於此乎始矣라. 從此로 十三
道 英雄이 亦繼起奮發ᄒ야 各自以謂得大功이라 할시.

　教育家(師範) 曰 夫我韓半島의 風土之良好와 人物之英秀와 典章文物
之燦然이 爲世界之高等而遂立於世界之劣等者ᄂᆫ 其故何哉오. 無他也ㅣ
라 所謂俗士腐儒輩가 從事於尋章摘句ᄒ야 墨守舊習而全昧於 近世 新發
明 精神的 物質的 文明 教育而然也ㅣ니 此不待明言而可知者也라. 故로
范蠡之十年 教育으로 能雪會稽之恥ᄒ고 須太仁之二十年 教育으로 能致
伯林之凱旋ᄒ엿스니 由此二子之事로 觀之컨딘 國家之急務가 必在於教
育을 可知也라. 故로 近世 西哲이 有言曰從今天下ᄂᆫ 落在教育家掌中이
라 ᄒ니 斟古酌今에 文明之基礎ᄂᆫ 不外於教育二字也라 ᄒ노라.

　經濟家(財政) 曰 一國之經濟가 發達則 其國이 興ᄒ고 經濟가 窘絀則
其國이 亡ᄒᄂᆫ니 英米之富贍과 濠蘭之滅亡이 是也오. 且一軍之經濟가
富贍則 其 軍이 勝ᄒ고 乏絶則 其軍이 敗ᄒᄂᆫ니 漢高之滎陽成皐之戰에
蕭何가 不絶糧道 故로 其 軍이 勝ᄒ고 古今 英雄 한니팔之 간네ㅣ샤마
之戰에 粮道가 乏絶 故로 其軍이 敗ᄒ엿스니 由此觀之컨딘 一國之興亡
勝敗ᄂᆫ 經濟之發達與否에 在ᄒ다 ᄒ노라.

　法律家曰 人類가 社會上에 互相生活ᄒᄂᆫ 規則과 國家가 世界上에 相
互交際ᄒᄂᆫ 法律을 明瞭解得지 못ᄒ면 엇지 世界上 文明國 人物이라
稱ᄒ리오. 故로 法律의 緣起를 論할진딘 古書에 多載ᄒ엿스니 尙書五虐
之刑을 法이라 稱ᄒ고 漢高約法 三章을 法이라 稱ᄒ엿스니 此ㅣ法의

原이오. 蕭何의 次호 律令과 劉劭의 制호 新律이 此ㅣ律의 原이라. 國際法은 自三代及春秋戰國以來로 隋唐明諸律에 考閱호면 可知할 者也오. 今日之所謂 刑法 民法 商法 等은 歐米大陸에 發達되야 世界 列强에 主張호는 法이 되니 國家之文明은 在法律之明不明如何이라 호노라. (未完)

▲ 제8호 英雄會場에 快論半島文明(續), 傍聽人 李承瑾

兵學家(軍人) 曰 國家之盛衰는 靑年의 健全호 精神에 在호고 健全호 精神은 健全호 身體에 在호니 故로 智育 德育 體育中에 體育이 爲第一이라 故로 一國之强弱은 在於國民之健全與否호고 國民之健全은 在於體育之發達也ㅣ라 所以로 리크르고스의 體育法則이 能成스파르타之文明호고 羅馬人之武氣腕力이 能致世界之統一호엿스니 由此觀之컨디 一國之興亡勝敗는 在於人民體育之發達이라 호노라.

商業家曰 一國之文明은 在於商業之發達이라 於古에 有之호니 試思호라 諸君아 希臘文明의 原因은 數種이 有호나 其中 最著홀 것은 通商貿易으로 外國交通이 頻繁호야 智識을 多得호고 文物을 改良 發達호엿스며 其時 商業家로 諸賢이 輩出호야 至今 世界文明의 鼻祖되엿스며 孔門弟子에 子貢이 通商貿易으로 累致巨萬호야 夫子之轍還天下也에 子貢이 供之호엿스며 今日 英吉利之歐亞覇權을 掌握함도 亦是 商業發達의 所致라 故로 國家文明之發達은 在於商業이라 호노라.

工業家曰 夫物理化學의 硏究는 其 實地應用으로 大功을 收호야 機械器具의 新發明은 生計에 非常호 便利를 加호고 蒸氣電氣의 應用은 交通運搬에 莫大한 成功이 되여 雖 東西兩洋에 極端이라도 比隣과 갓치 往來호니 此 所謂 十九世紀의 進步라 稱할 만호고 十八世紀 以前의 人은 夢想에도 不及호 大發展이 되엿스니 國家之文明은 莫如工業之發達이라 호노라.

農業家曰 夫農者는 天下之本也라 故로 拓地殖民호야 治本於農則其國이 富强호느니 今日 世界之富國北亞米利加 是也오 河流之灌漑로 農

産物이 夥多ㅎ야 穀不可勝數라 ㅎ엿스니 世界最古之開明國 埃及이 是也라 夫 我韓은 風土와 氣候가 良好ㅎ야 服田力穡에 農民이 歌曰「耕田而食ㅎ고 鑿井而飮에 帝力이 何有於我哉」오 ㅎ니 國之文明은 先於農業之發達이라 ㅎ노라.

醫學家曰 噫라 扁鵲이 一去後에 世無良醫ㅎ고 又無良藥ㅎ야 人生七十이 古來稀라 所以秦皇漢武之雄으로도 未得良藥而欲求仙方ㅎ고 亞歷山顔淵之賢으로도 未得良醫而享年이 不多ㅎ야 大事業을 遂乃不成ㅎ엿스니 豈不惜歎哉아 如是而英雄豪傑이 歸於草露之間ㅎ고 同胞生靈이 陷於疾病之苦ㅎ야 滿目悲慘而世亡普濟之術 故로 范公이 嘗曰 願爲天下良醫ㅎ야 以救人之疾病이라 ㅎ더니 一自西醫學이 發達以來로 華佗之妙訣이 復見於世ㅎ고 彭祖之遐齡이 亦多其人이라 由是而今日德國之文明에 醫學이 最先發達ㅎ야 爲世界之有名ㅎ고 衛生之結果로 人多健全ㅎ야 陸軍之强이 亦爲世界之一ㅎ니 由此觀之컨딘 醫學發達이 爲國家文明之起點이라 ㅎ노라.

政治家曰 嗟呼라 夫 大政治家者는 宇宙를 呑吐ㅎ는 氣槪와 群雄을 涵蓋ㅎ는 才能이 有ㅎ야 其 膽略을 亂世에 施ㅎ즉 足히뼈 掀天動地ㅎ고 治世에 施ㅎ즉 足히뼈 福國利民ㅎᄂ니 此ㅣ 大政治家의 所貴ㅎ 者也ㅣ로다. 若論 其人인딘 古今 東西에 歷歷可記라 鐵血政略으로 日耳曼의 聯邦을 統一ㅎ야뼈 歐洲의 覇權을 握ㅎ 者는 德國俾斯麥이 是也오 中央亞細亞의 山川을 踐踔ㅎ야뼈 露西亞의 雄威를 世界에 輝張ㅎ 者는 쟈고르의 鐵血主義 是也오 奄奄羅馬를 統合ㅎ야 伊太利의 基를 開ㅎ 者는 가부르의 鐵血主義是也오 諸候를 九合ㅎ고 天下를 一匡ㅎ 者는 管仲이 是也오 六國을 箝制ㅎ야뼈 一國을 富强케 ㅎ 者는 商鞅이 是也라 夫 政治家의 所貴者는 其 氣宇也ㅣ 目營四海ㅎ고 腦有湖海ㅎ야 其 六合을 縱橫ㅎᄂ 雄略으로 國家를 爲ㅎ야 萬丈의 光芒을 增ㅎ고 生民을 爲ㅎ야 無量의 幸福을 擴ㅎᄂ니 若是乎 政治家之難也로다.

傍聽人 李承瑾이 曰 以上諸君之論이 無非格言이오 果是英雄之行事也라 我韓半島 文明之啓發은 從此爲始요 其 大功을 論할진딘 無非諸英雄

의 篤學力行ㅎ신 所以라 ㅎ겟소 然而吾之所謂 英雄은 與諸公之所論으로 少殊ㅎ니 何也오 勿論 何事業ㅎ고 <u>以其實力으로 能其實行者를 謂之英雄也</u>ㅣ라 故로 無實力而欲實行者ᄂ 非英雄也라 卽 간웅也오 有實力而未實行者도 亦非英雄也ㅣ라 卽 제웅(偶人)也니 然則 實力이 有ㅎ고 實行을 能히 할 者ㅣ 有ᄒ 然後에야 可히 半島文明啓發英雄이라 稱ㅎ깃소 諸君諸君아 此一句語에 滿場喝采ㅎ고 拍手大呼 大韓帝國 獨立萬萬歲ㅎ니 是日은 卽 大韓英雄 總會日也ㅣ러라.

◎ 韓半島 文化 大觀, 이동초, 〈대학학회월보〉 제2호, 1908.3.
　(역사, 문화사)

▲ 제2호

　　*한국 문화를 알아야 하는 이유: 진정한 애국을 위해＝애국의 진상은 그 나라
　　를 존신 숭배하는 데서 시작－국성과 국가의 고유 역사를 아는 데서 출발한다
　　고 주장

愛國?
　我韓半島 民族의 一大 疑問은 實로 此 愛國이로다. 大抵 國을 愛ㅎ다 ㅎᄂ 바ㅣ 其愛의 範圍가 何로 由ㅎ야 局限ㅎ면 其愛의 標準이 何로 從ㅎ야 定立ㅎ며 其愛의 眞想이 何를 因ㅎ야 現象ㅎᄂ뇨. 決코 他 아니라 다만 其國을 尊信ㅎ며 崇拜ㅎᄂ되 在하다ᄂ 一言으로 蔽ㅎ리니 譬喩컨듸 人을 愛ㅎ랴면 爲先 其人을 信仰ㅎ며 敬拜홀지라. 만일 人을 信치 아느며 敬치 아니코 ㅎ갓 愛ㅎ다 ㅎ면 其愛ᄂ 在口ㅎ 愛오 源心의 愛ᄂ 아님이니 엇지 人을 愛ㅎ다 稱ㅎ리오. 故로 國을 愛ㅎᄂ 者ㅣ 必先 其國을 尊信 崇拜ㅎ리라.

我韓半島 民族, 國을 愛ㅎ나냐 ㅎ면 皆曰 愛國이라 ㅎ되 國을 實際로 尊信ㅎ고 實際로 崇拜ㅎ나냐 ㅎ면 自疑코 自迷ㅎ야 明答에 據홀 바ㅣ 업도다. 畢竟에 此 尊信 崇拜의 眞想이 惟微ㅎ 理由를 暫詰(잠힐)컨듸 我民族이 忠義가 殘懦(잔나)ㅎ야 德心이 不備ㅎ이 아니오 仁智가 薄昧 ㅎ야 倫常道가 不立ㅎ도 아니라. 忠孝傳家는 幾百代 遺存의 榮典이오 衣冠經世는 數千載 流來의 風化라. 雖 然이나 實際로 愛國ㅎ는 國民的 自然心이 不著ㅎ야 一般히 國을 尊信崇拜ㅎ는 內質上 觀念이 充分치 못ㅎ 一端 因果가 有ㅎ니 此는 我韓半島 文化의 濫觴이 在昔漢土文化의 系統을 承ㅎ엿는듸 其 輸入時代로부터 修身齊家의 道와 禮樂刑政의 學 으로 以ㅎ야는 勸獎ㅎ며 精勵ㅎ엿거니와 國性에 關ㅎ 第一 肝腎ㅎ 國家 의 固有歷史學에 至ㅎ야는 度外로 視過ㅎ야 敎授方策을 不施홀 쑨 不是 라. 史官이 國史를 編纂ㅎ야 國文庫에 安藏ㅎ고 國民으로 ㅎ여금 縱覽을 任意치 못ㅎ는 政이 一時에 行ㅎ엿스니 엇지 政의 失이 아니리오. 是故 로 國家가 人民에 對ㅎ야 給與ㅎ는 바ㅣ 確護的 贊褒의 影響이 普洽지 못ㅎ며 人民이 國家에 對ㅎ야 貢獻ㅎ는 바ㅣ 歷史的 思想의 素養이 密勿 치 못ㅎ지라. 然則 古代治隆의 珍事와 善良風俗의 美談과 民族居生의 由來가 其 腦髓에 薰熟지 못ㅎ은 勢의 可免치 못홀 바ㅣ라 엇지 遺憾이 아니리오. 蓋 文運의 循環이 潮水와 如ㅎ야 進退의 度差ㅣ 有ㅎ 故로 我韓半島 文化의 全盛時代에는 各般事業이 東洋諸國의 模範이 되야 文 物輸出이 熾盛ㅎ엿더니 現今에는 其 運이 衰退에 至ㅎ야 도로여 外國의 文物各藝를 輸入ㅎ며 出學ㅎ는도다. 此 輸入出學ㅎ는 事를 歷史上으로 觀察ㅎ면 進潮가 退ㅎ엿다가 更히 進ㅎ는 것과 갓티 新文物이 元來는 韓半島에서 發源ㅎ야 海島諸國에 廣流ㅎ 後ㅣ 回流ㅎ야 注入ㅎ는 實像 이 文化史에 昭昭이 載在ㅎ지라. 此로 由ㅎ야 觀ㅎ즉 韓半島는 實로 有 光ㅎ 歷史를 有ㅎ 者ㅣ라. 居生ㅎ는 我民族은 必須히 此 有光ㅎ 歷史를 硏究ㅎ며 吟味ㅎ야 湧出ㅎ는 赤誠熱血로뻐 國을 尊信ㅎ며 崇拜ㅎ야 四 千年 歷史로 ㅎ야곰 復活ㅎ야 舊光이 萬萬倍新케 홀진져.

第一章 韓半島文明의 起因

第一節 西南 二系統의 文明

溯考컨티 古代의 文明은 西南 二系統의 文明餘流가 及入融合흔 者 l 니 一曰 支那으로 從來흔 西方文明이오. 二曰 印度에서 薰起흔 南方文明이라 昔時 羅馬의 文明이 埃及과 希臘의 文明系統을 承受하야 大起하엿스니 其 效果의 太小廣狹은 彼此間 差 等이 有하나 然이나 其 起因은 亦是 恰同흔지라. 此 兩派 文明의 本源으로 從來흔 餘流가 來漫홀 始初에 着點이 各各 相異하니 卽 西方文明은 山東突角과 遼東大野를 經由하야 移住흔 漢人種에 附着輸入하야 平安, 黃海 兩道沿岸에서는 數千年 前으로부터 城栅을 造하며 居宅을 營하며 田을 耕하며 蠶을 養하며 木布를 織하며 牛馬를 乘駕하는 等 諸般 法式을 敎하고 비로서 鐵貨를 鑄하야 各 種族間에 貿易하는 制度 l 生하엿고 쏘흔 同時에 南方文明은 慶尙道와 東南海岸에 先着하야 其 種族의 儼然흔 族長制와 軍隊的 部落制度를 組織하고 衣食住의 生活程度가 漸漸 進化하야 中央地方으로 向進홈에 畢竟에는 西方文明과 互相 融合하야 新羅 建國時代를 當하니 從此로 都城을 築하며 農桑을 勸하며 兵革을 鍊하며 祖廟를 建하니 此에 至하야 其 程度가 一層 進步흔지라. 是로 由하야 觀컨티 支那 系統의 文明은 江流가 漫漫하야 原野를 積浸홈과 如하고 印度系統의 文明은 海波가 漾漾하야 巉岸을 打激홈과 如흔 趣味가 잇도다. 然흔티 南方文明의 範圍는 稍廣하야 洛東江과 金海邊에서 單純히 發達흔 後에 航海貿易을 因하야 日本 及 南支那로 交通을 始開하고 其 一聚團은 加羅國의 建設을 營成하니라.

第二節 皇漢種文明의 程度

西方文明은 當時 皇漢種의 携來흔 바인티 今日 世人의 想像하는 五

倫, 三綱, 禮樂刑政의 道가 完備치 못흔 者ㅣ라. 馬, 弁, 辰 三韓時代에 在ᄒᆞ야 辰韓種은 卽 秦의 苛政苦役을 避ᄒᆞ야 渡來흔 流氓이라. 故로 高尙흔 素養이 無ᄒᆞ야 能히 族長制를 建立지 못ᄒᆞ고 馬韓種을 主人으로 信仰ᄒᆞ야 其 部下에서 自家生活을 營ᄒᆞ다니 新羅建國을 當ᄒᆞ야 其 始祖 赫居世(大卯中으로 生ᄒᆞ다 云云)를 神과 갓치 尊敬ᄒᆞ더 其妃閼英(龍의 右脇으로 生ᄒᆞ다 云云)을 亦是 信奉ᄒᆞ야 其 夫妻의 勸誘로쏘ᄎ 農桑을 勉力ᄒᆞ엿ᄂᆞ지라. 蓋 辰韓種은 遼西遼東野에 在ᄒᆞ야 肅愼, 穢貊 等의 蠻族을 敵退ᄒᆞ고 族長制를 維持ᄒᆞ더니 物換星移흠에 燕王盧綰의 襲害를 被ᄒᆞ야 半島로 遂移흔지라 此 種이 荒涼흔 滿洲山河에서 八百年間을 生活ᄒᆞ엿다 ᄒᆞ니 其 殘忍暴戾의 氣象은 感染ᄒᆞ고 八條法律과 洪範九時의 遺教ᄂᆞ 忘却ᄒᆞ야 高尙優美흔 智識은 消耗ᄒᆞ고 徒然히 驕傲할 ᄯᆞ름이라. 居城을 平壤에 定ᄒᆞ엿ᄂᆞ디 武備가 不具흔 故로 衛滿의게 被逐ᄒᆞ야 其 族人 數千人이 全羅道로 遷移ᄒᆞ야 妖雪흔 詐計로 前島韓種을 滅絶ᄒᆞ고 同種의 領地을 作ᄒᆞ다.

第三節 高句麗百濟 文明의 性質

上古 扶餘族은 滿洲野와 豆滿江岸에 棲息ᄒᆞ야 數百年間을 犬戎靺鞨 等 蠻族으로 與ᄒᆞ야 抗敵接戰ᄒᆞ니 於焉間에 此 人種의 固有文明은 退步 가 되여스나 其 族長制度ᄂᆞ 도로혀 크게 發達이 되야 他域 蠻處을 奴隷 로 使役ᄒᆞᄂᆞ디 至흔지라. 然ᄒᆞ야 土城을 築ᄒᆞ며 木棚을 植ᄒᆞ며 橋梁을 架ᄒᆞ며 家屋을 營ᄒᆞ며 田野를 耕墾ᄒᆞ며 家畜을 飼養ᄒᆞᄂᆞ 等 事에ᄂᆞ 彼 奴隷로 ᄒᆞ여금 服役케 ᄒᆞ고 扶餘豪族은 다만 騎射佃獵으로 事業을 삼 으며 出征蠻族으로 惟一의 職務을 숨은지라. 故로 戰爭時에 奴隷와 家 畜類를 獲取ᄒᆞ야 戰利品이라 ᄒᆞ더니 物換星移을 從ᄒᆞ야 漸次로 必要흔 産業도 興殖ᄒᆞ며 犧牲을 庖殺ᄒᆞ야 天神祖廟에 享祭ᄒᆞᄂᆞ디 至흔지라. 是 로 由ᄒᆞ야 觀ᄒᆞ건디 新羅의 文明原動力은 西南 二系統에 依ᄒᆞ야 胚胎生 育ᄒᆞ엿거니와 高句麗百濟의 文明原因은 其 祖先이 彼 猛兇흔 大戎 靺鞨

等과 許多星霜에 競爭한 結果로 以하야 偶然히 鍛鍊習達이 되야 自家의 本領을 可히 守護할 만한 體格을 具備한지라. 故로 此 種이 更히 兩波에 分族하야 遼東地境에 侵入한 者는 其他에 在하야 直接으로 漢代文明을 喫嚼하고 忠淸全羅 兩道方面에 侵移한 者는 馬韓 漢人種의 文明을 吸收 하야 自家營養에 供하엿는지라.

第四節 使節의 嚆矢와 發達의 程度

上古 東洋文物은 西洋 諸邦보덤 卓然히 進步되엿든 事實은 世界史上에 明白히 載在하엿거니와 人類의 精神優長과 智慮深奧함도 埃及希獵이 到底히 比及지 못할 바라. 上古 幼稚時代에도 航海術이 意外에 發明이 되야 通航함을 得한 故로 加羅時代에 在하야 비로소 日本國의 地勢와 其 國情을 視察하기 爲하야 蘇那曷此 等 數人으로 使節을 命하야 派送渡航하니 此 時는 卽 日本崇神天皇 六十五年이라. 使節이 渡來함에 朝野가 震肅하야 巨閣高臺에 迎接하고 敬奉如神하야 六年間을 駐劄하다가 悠然이 本國으로 引還할세 紅絹 數百匹을 捧賜하엿스니 二十世紀에 在한 各國特命全權大使의 駐劄보덤 優勝하엿는지라. 從此由來로 日本垂仁天皇 九十年에 田道間守로 使命을 拜하야 常世國(今之 臺灣或 曰 呂宋)에 往하야 香果를 携來하라 命한되 間守奉命하고 常世國에 直赴하야 十一年만에 橘香果를 奉持還來하니 天皇이 旣崩한지라 間守慟哭殉死하엿다 하니 此 事를 今日 形便에 比하면 其 幼稚時代의 한 일인 줄을 可히 알낏고 香果를 取하랴고 如彼히 長歲月을 虛費하엿스니 今日 開明人에는 到底히 忍爲치 못할 事이나 然이나 東洋에셔 外邦에 使節派送함이 自此로 嚆矢한 듯 하더라.

新羅 當時에는 文物의 程度가 稍稍히 發達한지라 諸般 制度를 漢制에 法則하야 官位의 十七品階를 置하니 伊伐飡, 伊尺飡, 匝飡, 波珍飡, 大阿飡, 阿飡, 一吉飡, 沙飡, 級代飡, 大奈麻, 奈麻, 大舍, 吉士, 大鳥, 小鳥,

造位라 政事堂을 金城에 設ᄒ고 堤防을 修ᄒ며 田野을 闢ᄒ고 民間리ᄂ 金銀珠玉의 佩用을 禁ᄒ며 步兵 數百과 騎兵 八千의 戰鬪力을 有ᄒ엿스며 高句麗에셔ᄂ 使者를 遣ᄒ야 後漢安帝의 加冠禮을 賀ᄒ며 有司를 命ᄒ야 賢良孝順을 擧ᄒ며 鰥寡孤獨을 救恤ᄒ며 常平倉法을 設施ᄒ야 每年 三月로부터 七月ᄭ지 官穀을 出ᄒ야 百姓에게 賑貸ᄒ엿ᄃ가 秋收冬藏ᄒ 後에 還償케 ᄒ엿스니 其 善治愛民의 仁德을 雖 千載下라도 可히 感泣할 바이오. 日本國 等은 到底히 仰及지 못ᄒ 盛事라. 然ᄒ듸 日本歷史를 參考ᄒ건듸 神功皇后의 三韓征伐이라ᄂ 言이 有ᄒ니 此ᄂ 記史家의 好事談에 不過ᄒ고 決코 事實은 아닌 거시 推測的 思量에도 分明ᄒ지라. 當時의 日本程度가 幼稚ᄒ고 柔弱ᄒ야 敢히 遠征에 生意치 못할 ᄲᆫ 不是라 도로혀 韓半島의 西南 兩系統 文明에 蹂躪ᄒᆷ이 되니라.

▲ 제4호 韓半島文化大觀(續), 李東初

第二章 魏晉文明의 遞傳

第一節 銳利ᄒ 兵器의 傳習

韓半島文化의 本源이 西南 兩系統을 繼受ᄒ야 成形ᄒ엿ᄂ듸 其 發達의 影響이 四隣에 反動홀지라. 於是에 魏主曹叡ㅣ 高句麗의 勢力이 漸熾ᄒᆷ을 認ᄒ고 使者를 遣ᄒ야 和親을 媾結홀세 公孫淵으로 ᄒ여금 遼東太守 樂浪公을 拜ᄒ엿ᄃ가 其後에 公孫淵이 謀叛ᄒᆷ에 高句麗가 魏將軍 司馬懿를 助勢ᄒ야 公孫淵을 討滅ᄒ다. 自是로 七八載星霜을 經ᄒ야 高句麗東川王 二十年에 魏將毋丘儉이 大兵을 帥ᄒ고 高句麗에 八寇ᄒ야 全半島를 聳動ᄒ니 此時에 魏兵의 携來ᄒ 文物이 半島에ᄂ 曾有치 못ᄒ 바라 弓槍刀矢의 銳利홀 ᄲᆫ 아니라 其他 文明의 大光焰이 閃輝ᄒ지라. 故로 倣此ᄒ야 兵器射擊의 術을 傳習ᄒ엿고 當時 新羅ᄂ 漢의 歸化人夫道爲名者를 高句麗로부터 招致ᄒ야 阿湌의 位를 授ᄒ고 財物藏

庫의 事務를 掌케 ᄒ야 書算等 術을 傳習케 ᄒ고 百濟ᄂ 官制를 創定ᄒ
야 內臣佐平, 內頭佐平, 內法佐平, 衛士佐平, 朝廷佐平, 兵官佐平의 官을
置ᄒ며 ᄯᄒ 品位十六階를 設ᄒ며 服色制를 定ᄒ며 犯贓律을 制ᄒ니
高向麗, 新羅, 百濟가 相競ᄒ야 文武의 術을 講究ᄒ지라. 此 時代에 日
本國은 朝廷으로 使者를 魏에 遣ᄒ야 金帛斑布의 禮物을 贈呈ᄒ여스ᄂ
그러ᄂ 其 人民은 直接으로 文明의 光焰을 目擊티 못ᄒ야 闇黑ᄒ이 無
類라 故로 半島文明에 風靡ᄒ바ㅣ 되다.

第二節 韓半島文化轉傳于日本

池水가 盈科ᄒ 後에 他川에 放流ᄒ은 物理의 所使오 名花가 滿開ᄒ
時에 傍樹가 生色ᄒ은 物情의 所然이라 韓半島에 數十年間 蓄積薰熟ᄒ
魏晉文化의 餘澤餘光이 百濟王子 阿直岐를 依由ᄒ야 東으로 日本에 轉
傳ᄒ야 異彩의 光輝를 放ᄒ다. 阿直岐ᄂ 經典을 精通ᄒ며 智慮가 遠大
ᄒ 偉人이라 日本應仁天皇이 其 太子 菟道稚郎子의 太師를 삼아 經學을
始授케 ᄒ고 其後에 阿直岐가 秀士 王仁을 擧薦ᄒᄆ에 仁이 悅服ᄒ고 半
島文化을 東海島에 廣布ᄒ기 爲ᄒ야 日本에 渡航ᄒ야 論語 十卷과 千字
文 一卷을 菟道稚郎子의게 獻ᄒ야 菟道稚郎子ㅣ 크게 感悅ᄒ야 王仁을
師禮로 款待ᄒ고 仍就ᄒ야 經傳을 受ᄒ니 是實日本에 儒學傳播의 濫觴
이러라. 爾後에 高句麗使節를 日本에 派遣할세 其 表文의 禮를 欠ᄒ엿
더니 應仁天皇의 太子 菟道稚郎子ᄂ 經學을 受ᄒ 故로 表文의 欠禮를
知ᄒᄂ지라 怒而不受ᄒ고 使節을 放還ᄒ 後에 其 群臣을 命ᄒ야 百濟에
來朝ᄒ고 博學士의게 經史를 學ᄒ니 自是로 日本文學이 漸開ᄒ고 ᄯᄒ
同時에 物質的 文明도 傳移ᄒ다. 新羅昔解訖王 二十一年에 비로서 碧骨
池를 開鑿ᄒ야 灌漑에 供ᄒ니 建築의 術도 大槪 發達ᄒ지라. 故로 日本
이 新羅의 技師를 聘請ᄒ야 茨田의 堤防을 築ᄒ며 橋梁은 始架ᄒ다. 此
ᄲᅮᆫ 不是라 年年歲歲에 日本朝廷은 人士를 派來ᄒ야 政治上 關係를 見習
ᄒ며 指導은 受ᄒ엿스니 此로 由ᄒ야 觀ᄒ건딘 當時 韓半島威嚴의 隆

盛ᄒᆞ엿든 거슬 可히 想像ᄒᆞᆯ 바라.

第三節 佛敎의 傳來

爾來에 魏晉文學의 系統을 承ᄒᆞᆫ 韓半島文學은 其 性質이 修身齊家에 基因ᄒᆞ야 ᄒᆞᆫ갓 先王의 德과 先聖의 功을 賞贊ᄒᆞᄂᆞᆫ 無奧味의 詩文에 不過ᄒᆞ야 隱神眞諦의 主義가 無ᄒᆞᆫ 故로 廣通發展티 못ᄒᆞ엿더니 南北朝時代에 至ᄒᆞ야 斬新히 入來ᄒᆞᆫ 釋聖의 佛敎ᄂᆞᆫ 所有ㅣ 莊嚴ᄒᆞ며 所有ㅣ 奧妙ᄒᆞ야 安身立命의 眞理가 具備ᄒᆞᆫ 故로 人人이 信仰ᄒᆞᆷ에 非常ᄒᆞᆫ 速力으로 半島全界에 廣布大德ᄒᆞ다. 最初渡來ᄂᆞᆫ 在高句麗小獸林王 二年인ᄃᆡ 當時에 秦王符堅이 使者를 遣ᄒᆞ야 浮屠順道와 佛像佛經을 奉送ᄒᆞ고 其 功德神蹟을 陳述ᄒᆞᆫ지라 小獸林王이 遣使答謝ᄒᆞ고 其書로써 子弟를 敎導ᄒᆞ며 仍ᄒᆞ야 肖門寺, 伊佛蘭寺을 創建ᄒᆞ야 胡僧 順道와 阿道를 置ᄒᆞ엿고 其後 十二年에 胡僧 摩羅難陁ㅣ 百濟에 來朝ᄒᆞᆷ에 近肖古王이 宮中에 迎置ᄒᆞ고 極히 款待ᄒᆞ여스며 又 三十餘年에 沙門 墨胡子ㅣ 高句麗로부터 新羅一善郡에 至ᄒᆞ니 該郡人毛禮ㅣ 窟室을 作ᄒᆞ야 ᄒᆞ며금 居處ᄒᆞ게 ᄒᆞ엿더니 其後에 炤智王時에 至ᄒᆞ야 阿道가 其 徒弟 三人으로 더부터 毛禮家에 來ᄒᆞ니 自此로 佛法이 廣布ᄒᆞ다.

新羅 法興王은 英俊聰慧ᄒᆞ신 君主라 人民을 撫愛ᄒᆞ시며 ᄯᅩᄒᆞᆫ 佛敎를 篤信ᄒᆞ야 畢竟에 國中에 行ᄒᆞ게 ᄒᆞ야 人民으로 ᄒᆞ여금 僧尼됨을 認許ᄒᆞ고 佛敎를 廣興할세 惠亮으로써 僧統을 삼고 百座請會와 八關會의 法을 設ᄒᆞᆫ지라. 自是로 信佛의 念이 益篤ᄒᆞ야 新宮殿을 皇龍寺라 ᄒᆞ야 大佛像을 鑄据ᄒᆞ고 其 末年에ᄂᆞᆫ 스스로 剃髮ᄒᆞ고 僧衣를 着ᄒᆞ야 號를 法雲이라 稱ᄒᆞ고 王妃도 ᄯᅩᄒᆞᆫ 尼僧이 되야 永興寺에 住ᄒᆞ니 於是乎에 新羅의 佛法ㅣ 行ᄒᆞᆷ이 高句麗百濟보담 追後ᄒᆞ며스ᄂᆞ 其 廣通盛行ᄒᆞᆷ은 도로허 二國보담 勝優ᄒᆞᆫ지라. 然則 他二國도 競爭的으로 熱心티 아닌 바 아니라 高句麗廣開土王은 下令ᄒᆞ야 九寺를 平壤城에 創立ᄒᆞ고 佛을 崇ᄒᆞ며 福을

求ᄒ고 百濟法王은 下令ᄒ야 殺生을 禁ᄒ되 民家의 所養ᄒᄂ 鷄鷹等을 收放케 ᄒ며 漁獵을 禁ᄒ고 王興寺를 建築ᄒ야 僧徒 三十人을 置ᄒ고 人士를 中華에 派送ᄒ야 佛法을 學來케 ᄒ니 自此由來로 佛教의 法式만 單獨히 韓半島에 傳來ᄒᆯ 쑨 아니라 中土大陸의 典禮, 文學, 美術, 音樂, 醫藥, 卜筮, 天文, 地理, 曆算, 土木, 百工 等 一切의 文物이 隨伴 傳來하야 全半島에 分布홈에 光明世界가 되엿스니 實是 十八世紀에 耶蘇聖教가 東洋에 渡來홈에 西洋文物이 隨伴輸入홈과 恰似하도다.

◎ [史傳] 亞里斯多德, 牛頓,
　　李哲載, 〈대한학회월보〉 제6호, 1908.7. (전기, 학문론)

　　*서양 철학자이자 과학자인 아리스토텔레스와 뉴턴을 소개함

亞里士多德6)

　氏ᄂ 哲學으로 世上에 有名ᄒ니 歐洲 中古에 聖人으로 仰望ᄒ더라. 西曆 紀元前 三八四年 斯他吉拉7)에서 生ᄒ 故로 或 斯他吉拉이라 稱ᄒ다. 著書가 甚富ᄒ고 學識이 博ᄒ며 思想이 深ᄒ야 近世 科學 進步에 其益을 受홈이 多ᄒ더라. 氏가 中年詩에 馬其頓王8)의 聘에 應ᄒ고 亞歷山 大帝9)의 師가 되얏더니 帝가 亞西에 有事홈으로 氏가 亞善에 歸ᄒ야 諸生을 專授ᄒ고 紀元前 三二三年 友巴10)에셔 死ᄒ다. 其 著書 中에

---

6) 아리사다덕(亞里斯多德): 아리스토텔레스. (영) Aristotle(B.C.384 마케도니아 근처 칼키디케 스타기로스~B.C.322 그리스 에우보이아 칼키스). 고대 그리스의 철학자·과학자.

7) 사타길랍(斯他吉拉): 마케도니아 근처 칼키디케 스타기로스.

8) 마기돈 왕(馬基頓 王): 마케도니아 왕. 알렉산더.

9) 아력산 대제(亞歷山 大帝): 알렉산더 대왕.

10) 우파(友巴): 에우보이아 섬 칼키스를 가리키는 것으로 보임.

植物生理와 形態의 二學을 闡明ㅎ엿스니 大抵 植物体內에 流出ㅎᄂ 液体의 現象과 植物 諸部의 官能 及 其 成分이며 外圍의 影響과 肥料의 功用과 植物 生殖 等은 皆 氏의 硏究ᄒ 바이라.

牛頓11)

氏ᄂ 一千六百四十二年 林哥倫州12)에 生ㅎ다. 少孤ㅎ야 母ᄂ 他에 嫁ㅎ이 其 祖母를 依ㅎ고 年 十二歲 革蘭散 學校13)에 入ㅎ야 藥師家에 寄食ㅎ다가 氏가 初에 學에 怠ㅎ야 後에 居ㅎ더니 一日事에 因ㅎ야 前列노 爭ㅎ야 不勝ㅎ고 大怒ㅎ야 發奮 勉學흠으로 首席을 終獵ㅎ니 自是로 氏가 益勉ㅎ야 風車漏 馬紙鳶 等을 製ㅎ니 精巧흠이 天授와 如ㅎ더라. 年十五에 歸家ㅎ야 家人의 治田흠을 助ㅎ더니 氏가 農에 嫺(한: 익숙하다)치 못ㅎ고 또 學에 志ㅎ기 甚切ㅎᄂ지라 家人이 氏를 送ㅎ야 歸校ㅎ더니 後에 剛布里治 大學14)에 入ㅎ야 十九歲에 給費生으로 見推흠을 被ㅎ고 一千六百六十五年 學士가 되다. 비로소 微分學書를 著ㅎ고 明年에 三稜柱를 得ㅎ야15) 折光의 異同와 色의 眞相을 發明ㅎ고 또 反

---

11) 우돈(牛頓): 뉴턴(1642~1727). 영국 출신의 물리학자·수학자.

12) 림가륜 주(林哥倫 州): 런던 주.

13) 혁란산 학교(革蘭散 學校): 미상. 뉴턴이 어렸을 때 수학한 그랜트햄의 학교 이름인 듯.

14) 강포리치 대학(剛布里治 大學): 케임브리지 대학.

15) 뉴턴의 생애에서 1665년 학사 학위 취득 이후의 설명: "1665년 4월 학사학위를 받을 때까지 그는 자신만의 새로운 철학과 수학의 세계를 펼쳐나가고 있었다. 그해 흑사병으로 대학이 문을 닫게 되자 고향집에 돌아와 2년 동안 그가 배운 것들에 대해 여유를 갖고 명상했다. 이 기간 동안 미적분학의 기초가 다져지고, 〈색깔에 관하여(Of Colours)〉에 정리될 중요한 내용들이 나타난다. 또 원운동의 요소들을 분석했고 이것을 달과 다른 행성들에 적용해서 역제곱법칙(inverse square law : 힘의 크기가 거리의 제곱에 반비례한다는 법칙)을 유도했다. 그러나 이 발견들은 세상에 알려지지 않았다. 1667년 트리니티 칼리지의 펠로우로 선출되었다. 2년 후에는 아이작 배로우의 후임으로 루카스 석좌(碩座) 수학교수로 임명되었다. 그는 광학에 대한 강의로 교수생활을 시작했는데, 그 내용은 〈색깔에 관하여〉로 발전되고 후에 〈광학(Opticks)〉의 제1권이 되었다." 〈브리태니커 사전〉

射遠鏡의 製에 盡瘁호더라. 一日은 其圍에 遊홀식 偶然히 一果과 地에 落흠을 睹호고 吸力의 理를 悟호야 잡니 闡明호니 至今꺼지 稱頌호다. 氏가 學에 益進호야 七十九年에 海金斯로 分光을 論호야 辯爭이 甚盛호 얏고 造幣局官을 任호고 또 局長에 晋호며 一千七百三年에 皇家學會 會長로 被選호니 邇來에 其職을 永保호야 終身호야 一千七百五年 剛布 里治 大學에셔 女皇安이 '乃托'의 作[16]으로 氏의게 賜호다. 氏의 年이 八十餘에 至호미 衰病이 交侵호되 每日 學會에 至호야 職務를 視호고 一千七百二十七年에 卒호니 時年이 八十五이러라. 著作의 大者는 筭術 全書와 解釋幾何學과 光學講義 等이 有호다. 氏는 平生에 爲人이 溫謙 호야 壽考에 至호고 名이 天下에 滿호되 傲慢의 念이 須臾라도 生치 안코 晚年에 一生 事業을 追憶호여 曰 世界 眞理에 所見의 有無는 不知 호거니와 一生을 回思호건디 小兒가 海濱에 徜徉(상양)호다가 螺殼을 尋拾흠과 恰如호야 眞理의 浩瀚흠을 可望호고 可即치 못호깃다 호니 氏의 感慨이 如此호더라.

◎ 我國 溫突의 利害, 韓興敎, 〈대한흥학보〉 제3호, 1909.5.
   (민속학)

　　*풍속＝문명＝온돌

　大凡 吾人人類는 生物學上 溫血動物(卽 魚類와 如흔 冷血動物에 對호 야 稱흠)의 一에 居흔지라. 故로 常에 全身 血液循環作用을 普通 溫度 三十六度 乃至 三十七度(攝氏)로써 營爲호느니 萬一, 이 原定흔 度에 超過 或 太히 不及홀 境遇에는 該當 人體가 疾病 或 死亡을 免치 못홀지 라. 然흔즉 吾人人體에 一秒라도 可缺치 못홀 것은 오작 溫이니라.

---

16) 1703년 왕립학회 회장으로 선출, 1905년 과학자로서 최초로 기사 작위를 받음.

今에 漠然히 最上古時代의 穴에 居혼 理由를 想像컨틱 地中이 地上보다 溫暖홈을 取홈이오 其次엔 稍稍進步ᄒ야 木을 構ᄒ야 巢를 作홈은 곳 外氣寒冷을 防遮홈이오 又 中古엔 漸大 進化ᄒ야 宮室을 作홈에 바야흐로 吾人의 體溫과 밋 室溫을 共有ᄒ얏거니와 其後 世界가 益益 文明홈에 至ᄒ야 그 外에 又 一層 加設ᄒ니 卽 西洋의 煖爐와 我邦의 溫突과 其他 火爐等類와 如혼것인틱 就中 溫突은 我二千萬 兄弟姉妹가 모다 襁褓 中으로부터 今日까지 生長혼 一大機關이 됨으로 綿密히 研究홀 必要가 有ᄒ나 그 由來는 未詳혼고로 後日 高明혼 人士를 待ᄒ야 說明을 要홀 것이오. 이제 余의 管見으로는 다만 그 比較的 方面과 밋 經驗的 方面으로 利害를 講究ᄒ기 爲ᄒ야 此題를 特揭홈이니 左갓치 利를 先言ᄒ고 害를 後에 ᄒ노라.

第一은 溫突의 利(經驗的 方面)

(가) 溫은 全身 血液循環을 催進ᄒ는 功用과 消化作用을 迅速케 ᄒ는 效果가 有ᄒ니라.

(나) 疾病治療時에 發汗作用을 完全히 하는고로 如干感疾은 限一夜間만 調攝ᄒ야도 直히 效를 奏ᄒ니라. (或云 日本脚氣病도 溫突에셔 治療ᄒ면 不幾日에 奏效혼다 홈)

(다) 我邦은 大陸性 氣候를 因ᄒ야 寒節을 當ᄒ면 頗히 堪耐기 難홈으로 閭巷寒士가 此 溫突을 賴ᄒ야 凍死를 免ᄒᄂ니라.

(라) 溫突의 材料는 土石에 不過ᄒ는 고로 비록 極貧혼 人이라도 廉價로 家屋을 構成ᄒ기가 容易ᄒ니라.

(마) 溫突을 設備ᄒ기 爲ᄒ야 家屋의 堅固홈을 要ᄒᄂ고로 維持가 永久ᄒ고 또혼 土石을 混用홈으로써 火災蔓延의 患이 少ᄒ니라.

(바) 期夕炊爨ᄒᄂ 同時에 室內가 溫暖홈으로써 一擧兩得의 效力이 有ᄒ니라.

二. 比較的 方面

(사) 溫突은 大概 每日 三回式만 燃火ᄒ면 冬天雨雪 中에 七旬老人이 바도 寒苦를〈56〉感치 아니ᄒ거니와 西洋煖爐와 日本火爐 或 炬달(此를 「고닷쥬」라 稱ᄒ되 火爐와 略似ᄒ나 陶器 或 木製의 種類가 有ᄒ니 大概 上渡邊通흠으로 衾褥中에 設置ᄒ야 寒을 禦흠)의 手勞回數는 此에 幾十倍나 될지라. 故로 人工上 省略이 有ᄒ니라.

(아) 西洋煖爐와 밋 日本火爐 等은 炭素瓦斯(가수)가 室內에 充滿ᄒ고로 人이 直接으로 害를 受ᄒ거니와 溫突은 此를 缺ᄒ니라.

第二. 溫突의 害(經驗的 方面)

(가) 溫突은 室內 溫度가 恒常 適宜치 못흔고로 初生兒가 往往히 皮膚의 發疹을 呈ᄒ며 血行을 過히 促進흠으로써 知覺神經이 鈍麻키 易ᄒ니라.

(나) 室溫이 過度흔즉 人의 困睡를 惹起ᄒ는고로 習慣性을 困ᄒ야 맛춤니 怠慢性을 馴致ᄒ니라.

(다) 室內 空氣가 太히 乾燥흠으로 呼吸器의 障害가 되야 往往히 喉症 及 氣管支炎을 生흘뿐 아니라 夏節에는 濕ᄒ기 易흠으로 痔疾이 此에 原因되며 冬節엔 熱히 過多흠으로 眼病이 流行ᄒ는되 至ᄒ고 又 此에 加ᄒ야 風俗이 溺江을 房內에 常置흠으로써 此 尿의 蒸發흔 「암며니아」 瓦斯가 室內에 充滿ᄒ여도 此에 汚染흔 人은 門戶를 深閉ᄒ고 鼻息이 齁齁ᄒ니 이 갓치 溫突이 엇지 衛生上 大蟊賊이 아니리오

(라) 門窓이 軒昻ᄒ고 房室이 廣闊ᄒ여야 其中에서 棲息ᄒ는 人으로 ᄒ여금 爽快흔 感을 與ᄒ겟거늘 此 溫突은 地와 連接치 아니ᄒ면 溫을 持久키 難ᄒ고 쏘흔 柴木上 經濟를 因ᄒ야 廣居키 不能흠으로써 一間房에 二三人 乃至 四五人이 寢食을 共히 ᄒ는고로 萬一 其中 一人이 傳染病에 罹ᄒ면 玉石俱焚의 患이 必有ᄒ리니 엇지 可懼치 아니ᄒ리오.

(마) 溫突은 其上에 大概 油紙 或 草蓆 等을 敷흠으로 該當 物이 맛춤니 裂破ᄒ되 至ᄒ얀 微塵 中으로 細菌(病毒)이 飛散ᄒ다가 人의 呑흔바 되면 病的 外因을 做成ᄒ는고로 其 人이 不知不覺中에 疾患 或 死亡에

陷ㅎ니라. (微塵 中에 또혼 蚤, 蝎, 蠅類의 卵이 包含되얏다가 其 適宜혼 溫으로써 孵卵ㅎ에 及ㅎ얀 甲의 病菌을 乙에 傳染ㅎ니라)

(바) 何國人을 勿論ㅎ고 他一國의 文明을 觀察ㅎ는디 該人의 眼光에 先照홈은 곳 其國의 山林이어늘 我國의 山林에 至ㅎ야는 外人은 姑捨ㅎ고 自國의 常眼으로 觀홀지라도 山林이 繁盛ㅎ다고는 못홀지니 如何혼 原因으로 然혼가 常識이 有혼 者는 言論을 待치 아니ㅎ야도 可詳ㅎ러니와 余는 一言으로써 決ㅎ건디 溫突의 惡結果라 ㅎ노라. 何를 謂홈이뇨 古聖의 云혼바 斧斤을 時로써 山林에 入ㅎ면 林木을 可히 勝用치 못ㅎ리라 ㅎ얏스며 我邦俚諺에 曰호디 此山 彼山이 모다 一竈口에 犧牲된다 ㅎ얏스니 此ㅣ 엇지 格言과 善喩가 아니리오 然홀 쑨 아니라 쏘혼 貧民과 밋 樵夫는 樹林의 稺老를 不計ㅎ고 斧斤으로 亂斫ㅎ야 朝夕의 燃料供給에 急急ㅎ니 엇지 山林이 長成홀 餘暇가 有ㅎ리오.

二. 比較的 方面

(사) 溫突은 每日 燃用量이 西洋煖爐의 石炭과 日本火爐 等의 木炭量보다 少혼듯 ㅎ는 其 害는 甚 大ㅎ니 何者를 指稱홈이뇨. 彼 石炭은 天産物이며 木炭은 長成혼 材料인 고로 其 結果는 經濟上 大利益이 有ㅎ니라.

(아) 我國이 家屋도 此 溫突을 緣ㅎ야 西洋과 日本갓치 十數層 或 二三層된 高樓巨閣을 營建치 못ㅎ고 大略 矮小혼 平屋에 生斯長斯ㅎ니 雄大혼 思想과 轄如혼 度量을 抱有혼 男兒가 엇지 輩出ㅎ기를 期ㅎ리오.

[附錄]

(ㄱ) 衛生上 豫防法

(一) 溺江을 室內에 一切 置치 못홀 事

(二) 房內에 盛水器를 置ㅎ야 水蒸氣를 放散케 홀 事

(三) 床壁門窓을 時時 灑掃홀 事

(四) 朝夕으로 門戶를 廣開ㅎ야 新鮮혼 空氣를 流通케 홀 事

(五) 或 病人이 居意 室은 卽時 消毒意 事

(ㄴ) 經濟上 豫防法

(六) 石炭 或 柴草(國內産物을 指意이오 價의 高下ᄂ 不計意)를 積
   置意얏다가 隨時 採用意 事

(七) 國內 山林培養法을 實施意 事

余ᄂ 溫突을 絶對的 反對意ᄂ 者ᄂ 아니언마ᄂ 以上 約述意 바 利害의
輕重을 比較意건딩 國의 文明과 經濟上에 第一 重大意 關係를 有意 山林
이 오직 溫突을 因意야 滅亡意 證兆가 目下에 現出意지라. 換言意면 萬
一 此溫突이 不亡意면 山林이 亡意 地境에 陷意리라. 故로 相互間에 勢
가 兩立치 못意 것은 智者를 不待意야도 明確意지라. 그러나 古로븟허
只今까지 慣用意 器關을 一朝一夕에 遽然히 廢止키 難意니 國內同志
諸君子ᄂ 自今爲始意야 溫突改良法을 着着 講究치 아니치 못意지어다.

◎ 日本 文明觀, 崔錫夏, 〈대한흥학보〉 제1호 1909.3.
   (前 〈대한학보〉 제9호 속)

▲ 제1호

   *(대한학보 제9호의 양우생 최석하의 글 연속임)
   *일본인의 성격 특징을 '애국성', '기민성', '감성'으로 제시한 글＝이 가운데
    세 번째 특성을 논한 글임

由是觀之컨딩 其實은 兩國의 對淸 政策에 利害 相反意ᄂ 關係가 有意
故라. 何를 謂함이노. 米國 現大統領 로즈벨트 氏 覇心勃勃意ᄂ 帝國主
義者ㅣ라. 天下 大勢가 米國으로 意여곰 保守主義를 盡守意이 不利益됨
을 覺醒케 意 以來로 國是를 一變意야 帝國主義를 行意에 至意얏ᄂ데
帝國主義를 行意 만意 곳은 支那大陸 外에 更無意지라. 慧眼이 有意 루

氏는 思量ᄒ되 米國은 年年 生産物이 剩餘ᄒ야 列國에 販賣ᄒ여야 國富
를 增進ᄒ 터인데 歐洲大陸은 激烈ᄒ 競爭이 有ᄒ야 到底히 其 販賣
目的을 達키 難ᄒ즉 不可不 支那 大陸에 販路를 擴張ᄒ야 經濟上 權力
으로 支那 大陸을 經營ᄒ면 最后 勝利는 米國에 歸ᄒ 것이라 ᄒ야 百般
으로 對淸政策을 硏究ᄒ야 淸人의 歡迎心을 買키 爲ᄒ야, 或은 淸國 政
府에 金錢을 無利息으로 貸給ᄒ며 或은 北淸團匪 變亂時에 淸政府가
米政府에 辨濟ᄒ기로 公約ᄒ얏던 賠償金을 米國에 留學ᄒ는 淸國 學生
敎育費로 寄附ᄒ야 兩國의 交情 親密을 汲汲 是圖ᄒ니 米國의 對淸 經
營을 於此에 可知라.

如此ᄒ 雄略을 懷抱ᄒ 米國이 엇지 競爭의 强敵되는 日本에 對ᄒ야
默默然 看過ᄒ리오. 剛毅不屈ᄒ야 征服 手段으로 政治上 大成功을 得ᄒ
루 氏는 外交上에도 亦是 自己의 性格을 發現ᄒ야 自初至終으로 自己의
信念을 斷行ᄒ야 勇往直前ᄒ도다. 當初 日米 兩國間에 感情이 衝突홈에
米人의 活劇을 觀察ᄒ즉 黃禍論 日本討伐論이 到處 盛行ᄒ야 全國 輿論
이 沸騰홈에 루 氏는 沈着ᄒ 態度로 도리혀 自國의 人民을 警戒ᄒ더니
日本 輿論이 多少間 米國에 抵抗홈을 見ᄒ고 忽然 大悟ᄒ야 從來의 態
度을 一變ᄒ야 以强敵强ᄒ는 確見을 天下에 公示ᄒ야 大西洋 艦隊를 東
洋에 派遣ᄒ기로 聲言홈에 世人이 當初에는 確信치 아니ᄒ얏더니 今日
에는 其聲言의 實行됨을 見ᄒ고 루 氏의 大勇斷에 稱歎치 아니ᄒ는 者
ㅣ 無ᄒ도다. 日本의 對米 輿論으로 論ᄒ면 最初에 多少間 激烈ᄒ 論者
가 有ᄒ야 或은 新聞上에 長論ᄒ며 或은 集會에 絶叫ᄒ더니, 米人의 輿
論이 沸騰ᄒ야 大西洋 艦隊를 東洋에 派遣ᄒ다ᄒ며, 多數 軍艦을 造成
ᄒ야 外侮를 防禦ᄒ다 云홈에 至ᄒ야는 日人의 輿論이 도리혀 穩靜(온
정)ᄒ야 春風解氷과 恰似ᄒ야 列强이 日人의 對米 感情 如何를 探知키
難홈에 至ᄒ얏도다. 余는 米人의 以强制强의 外交政策이 最后 勝利를
得ᄒᄂ지 日人의 柔能勝强의 外交政略이 最后 勝利를 得ᄒᄂ지 預言ᄒ
만ᄒ 識見을 有치 못ᄒ얏스ᄂ 蔽一言ᄒ고 日人의 外交上 機敏은 感服
ᄒ 만ᄒ도다. 始如處女라가 後如脫兎라 ᄒ얏스니 日本은 참 外交上 兵

法을 知ᄒᄂᆞᆫ 者라 可謂ᄒ리로다. 然이ᄂᆞ 一長處에 短處가 追隨ᄒᄂᆞᆫ 것은 理之固然이라. 日本人의 外交가 너무 機敏에 過ᄒᄂᆞᆫ 故로 時時로 誤解를 受ᄒᆞᆷ에 至ᄒᄂᆞᆫ 듯ᄒ도다. 今回 對米 問題도 亦然ᄒ도다.

第三 感性이니 日本人의 長處도 此 感性에 在ᄒ고 短處도 亦然ᄒ도다. 此 感性이 有ᄒᆞᆫ 故로 忠君愛國ᄒᄂᆞᆫ 犧牲的 精神이 有ᄒ고 一刀兩斷ᄒᄂᆞᆫ 勇決心이 富ᄒ고, 時勢를 通察ᄒᄂᆞᆫ 機敏이 有ᄒ고 他邦에 不讓ᄒᄂᆞᆫ 自尊心이 有ᄒ고, 恩을 恩으로 報ᄒ고, 讎를 讎로 報ᄒᄂᆞᆫ 分別心이 有ᄒ고 弱者를 救濟ᄒᄂᆞᆫ 義俠心이 有ᄒ고 强者를 壓倒ᄒᄂᆞᆫ 功名心이 有ᄒ도다. 然이ᄂᆞ 一長一短은 勢不可免이라. 此 感性이 一方에셔ᄂᆞ 偉大ᄒᆫ 成功을 奏ᄒᄂᆞ 一方에셔ᄂᆞ 多大ᄒᆫ 失敗를 演ᄒ도다. 何則고. 人生의게 第一 調和키 難ᄒᆫ 것은--

▲ 제2호 日本文明觀(속), 崔錫夏, 〈대한흥학보〉 제2호, 1909.4.

明治 十一年에 此 兩雄을 失ᄒᆞ야 政府ᄂᆞ 專혀 無中心이 되야 人人히 各各 自由活動을 始作ᄒᆞ야 伊藤, 大隈 井上 諸氏가 巉然히 頭角을 顯ᄒᆞᆷ에 至ᄒᆞ야 暫時ᄂᆞ 小康을 得ᄒᆞ얏더니, 明治 十四年에 廟堂의 大波瀾이 生ᄒᆞ야 暗鬪 活劇의 初幕이 開ᄒᆞᆷ에 至ᄒᆞ얏더라. 先是에 板垣[17] 伯이

---

17) 이타가키 다이스케(板垣退助, 1837~1919). 일본 최초의 정당인 자유당의 창립자. 중간 지위의 무사 집안에서 태어나 1860년에 고향인 고치의 영주를 섬겼다. 그후 파벌 싸움 속에서 두각을 나타내어 그의 일족이 지배하는 넓은 봉토인 도사[土佐]의 군사 지휘관이 되었다. 이타가키의 지휘 아래서 도사군은 도쿠가와 바쿠후[德川幕府]를 무너뜨리고 국가 권력을 왕에게 되돌려준 1868년의 메이지 유신[明治維新]에 가담했다. 그후 전국을 무대로 12명의 강력한 젊은 지도자 가운데 한 사람으로 활약했으며, 1868~73년 새 정부에서 관리로 일했다. 내각의 과반수가 그의 조선 출병 계획을 저지하고 나서자, 그는 관직을 사임하고 정치단체를 결성했다(당시 일본에는 정당이 없었음). 그는 정부의 자의적인 태도를 비난하고, '국민이 선택한 의회'를 조직하여 정부에 대한 자문 역할을 맡기자고 주장했다. 1875년 잠시 내각에서 일한 뒤 아이코쿠샤[愛國社]라는 단체를 결성했는데, 아이코쿠샤는 많은 회원을 거느린 일본 최초의 전국 규모 조직이었다. 1877년에 불만을 품은 무사들이 반란을 일으켰을 때 급진적인 아이코쿠샤 회원들이 여기에 가담하고

中心이 되야 民權을 唱導ᄒᆞ야 國會 開設을 政府에 迫請ᄒᆞ얏ᄂᆞᆫ데 當時 政府 內部에 武斷派와 立憲派의 二潮流가 有ᄒᆞ야 大隈[18] 伯은 立憲派

싫어하자 그는 이들의 요구를 물리쳤다. 1878년에 이타가키는 민주 정치의 원리를 가르치는 학교를 세워 자유민권운동을 더욱 발전시키려고 애썼다. 이러한 활동에 힘입어 그는 일본의 루소로 알려지게 되었다. 그직후 일본 최초의 정당을 조직함으로써 그의 명성은 절정에 이르렀다. 그는 강력한 지도력을 가진 지도자였고 인기있는 대중 연설가였다. 1882년 4월 자유당을 위한 선전활동을 벌이던 중 자객의 습격을 받았으며 자객의 칼에 찔렸을 때 "이타가키는 죽어도 자유는 죽지 않는다"라고 외쳤다고 한다. 1887년 백작이 된 이타가키는 1890년 의회 정치가 시작되자, 자유당의 상징적인 우두머리로 일했다. 자유당은 일본 초대 총리이자 정부의 과두정치 지도자들 가운데 비교적 자유주의적인 이토 히로부미[伊藤博文]와 자주 협력했다. 이타가키와 그의 정당은 일본인도 의회정치를 할 수 있다는 것을 서양에 보여주어야 한다는 책임감을 느꼈다. 1900년에 은퇴한 뒤, 그는 자신의 입장을 밝히는 글을 써서 사회개혁 여론을 환기시켰다. 〈다음백과〉

18) 오쿠마 시게노부(大隈重信, 1838~1922). 오쿠마 시게노부는 두 차례 내각총리대신을 역임한 정치가이자 후쿠자와 유키치에 이어 일본 근대 교육을 발전시킨 근대 교육가이다. 와세다 대학의 전신인 도쿄 전문학교를 설립했고, 도시샤 대학, 니혼조시 대학의 창립에도 기여했으며, 국민 계몽과 문화 발전을 위한 문명 운동을 펼친 사회 교육가이자 근대 사상가로 높은 평가를 받는다. 그는 1838년 규슈의 사가 번에서 상급 무사 계층인 오쿠마 노부야스의 2남 2녀 중 장남으로 태어났다. 사가 번은 주자학이 융성했던 곳으로, 그는 일곱 살 때부터 사가 번의 번교인 고도칸(弘道館)에서 공부하며 〈소학〉, 〈맹자〉, 〈중용〉, 〈논어〉 등을 배웠다. 그러나 열여덟 살 때 주자학 중심의 교육 체제가 수재를 평범하게 만든다고 비판하고, 더불어 주자학 일변의 교과 과정이 시대의 흐름에 동떨어져 있으며, 난학과 영어 등 서양 학문도 도입해야 한다며 번교의 개혁을 주장하다 퇴학당했다. 이후 난학료에 들어가 네덜란드어, 화학, 포술, 정치, 법률 등 서양 학문을 배웠다. 이때 그는 서양의 군사 기술만이 아닌 제도와 법률, 문화의 우수성을 깨닫고 훗날 입헌주의에 기초한 정치 개혁과 국가 운영에 대한 사상적 기초를 다졌다. 난학료에서 잠시 학생을 가르치던 그는 1860년 미국 사절단을 수행했던 사가 번의 고이데 치노스케와 만나면서 미국 학문에 관심을 가지고 개항장 나가사키의 영학숙(英學塾)에서 공부했다. 오쿠마는 나가사키에서 시대 변화의 흐름을 몸소 체험하며 존왕양이 사상을 받아들이는 등 정치적 감각을 갖추었다. 사쓰마 번과 조슈 번을 중심으로 토막 운동이 활발하게 전개되던 당시 분위기와 달리, 오쿠마의 출신지인 사가 번은 번을 중심으로 한 양이 정책이 기본이 된 구태의연한 번정 개혁을 시도하면서 토막 운동에는 관여하지 않았다. 그러나 마지막 순간 막부 토벌에 가담함으로써 사쓰마와 조슈 번 출신은 물론 사가 번 출신자들이 신정부에 대거 등용되었다. 오쿠마도 그 수혜를 입고 등용되었다. 초기에는 외국사무국 담당자로 외교 업무를 담당했으며, 1869년에는 회계관 부지사에 임명되어 재정 업무를 담당하면서 화폐 제도를 정리하고, 번과 막부의 채무, 관리의 녹봉 정리, 군비 증강에 힘썼다. 1873년 오쿠마는 대장경이 되어 기도 다카요시 등과 함께 봉건적인 토지 제도를 개편하여 번 소유의 토지를 정부로 귀속시키는 지조 개혁을 시행하고, 부동산세 개정, 산업 진흥책 등을 추진하여 정치적·산업적 근대화를 이끌었다. 1877년 사이고 다카모리가 세

의 張本人이오, 伊藤公 井上 侯는 贊成者가 되야 此 主義에는 薩長派의 區別이 無ᄒ얏도다. 然이ᄂ 大隈伯은 藩閥 以外人으로 政府에 實權을 專占홈에 藩閥派의 嫉妬를 招ᄒ야 政府에셔 驅逐홈을 當홈에, 立憲主義 贊成者 諸氏ᄭ지도 多少間 嫉妬의 感情으로 是를 視而不救ᄒ야 畢竟 伊藤 大隈 兩雄의 對峙를 成立ᄒ얏도다. 大隈伯이 下野ᄒᄂ 同時에 明

이난 전쟁을 일으켰을 때 그는 전쟁 비용을 관리하는 재정 운용 책임자로 일했다. 세이난 전쟁의 실패와 사이고 다카모리의 죽음 이후 사족 반란은 거의 종결되었고, 대신 메이지 정부의 정권 독점에 대립해 국회 개설을 요구하는 자유민권 운동이 벌어졌다. 1881년 오쿠마는 자유민권 운동에 동조하여 영국식 의회 정치를 모델로 한 헌법 제정과 국회 개설안을 제출했다. 이로 인해 프로이센식 군주제를 선호하던 이토 히로부미 및 사쓰마 파벌과 대립하게 되었고, 정부에서 축출되었다. 관직에서 물러난 오쿠마는 국회 개설에 대비해 입헌개진당을 창당하고, 다른 한편으로 도쿄 전문학교 설립을 후원했다. 그는 "일국의 독립은 국민의 독립에 기초하며, 국민의 독립은 정신의 독립에 뿌리를 두고 있다. 국민정신의 독립은 학문의 독립에 의해 달성된다."라고 설립 의도를 밝혔다. 이곳에서는 정치, 경제, 법률, 자연과학, 영어를 가르쳤으며, 1902년에 와세다 대학으로 승격되어 정재계에 수많은 인재를 배출했다. 1888년, 막부 정권 당시 체결된 외국과의 불평등조약을 개정하기 위해 총리대신 이토 히로부미는 그를 외무대신으로 임명했다. 오쿠마는 이토 내각에서 치외법권 폐지, 관세 자주권 확립을 골자로 하는 조약 개정에 나섰다. 그러나 전면적인 협상은 현실적으로 불가능했기에 치외법권의 완전한 폐지는 12년 후로 하고, 일부 자유 관세로 우선 전환한 뒤 12년 후에 완전한 관세 자주권을 갖는다는 내용의 개정안이 최종적으로 결정되었다. 그러나 이 역시 불평등하다는 비난이 빗발쳤다. 1889년 10월 그는 이 개정안에 반대하는 극우단체 현양사(玄洋社) 소속 구루시마 쓰네키가 던진 폭탄에 오른쪽 다리를 잃고 사퇴했다. 결국 조약 개정 작업은 지지부진하게 진행되다 그가 제시한 개정안보다 치외법권 폐지는 5년, 관세 자주권은 10년 더 늦게 달성되는 연장 방안이 통과되었다. 1896년에 오쿠마는 다시 외무대신에 임명되었으나 사쓰마 파벌과 대립 끝에 사임하고, 헌정당을 창당해 1898년 6월 30일 일본 최초의 정당 내각인 오쿠마 내각이 탄생했다. 헌정당은 그해 8월 총선에서 의석의 88퍼센트를 차지했으나, 곧이어 내분이 발생해 4개월 만에 내각이 해체되었다. 그는 한 번도 의정 단상에 오르지 못한 채 자리에서 물러난 총리가 되었다. 이후 정계에서 은퇴한 오쿠마는 전국 각지에서 대중 연설과 강연을 통해 국민 계몽에 앞장섰다. 그는 각 나라의 문화 수준을 균형 있게 하면 국가 간의 세력 균형이 이루어져 분쟁이 해소된다는 사상으로 동서 문명의 조화를 주장하는 문명 운동을 진행해 나갔다. 동서문명론의 요지는 '가족과 조화에 기반한 일본의 민족정신을 기초로 현재의 세계 사조를 조화, 융합하여 사회 개조를 이루고, 이를 바탕으로 전 인류를 인도하여 세계 개조를 이룬다'라는 것이다. 이에 대해서는 제국주의 사상의 변용이라는 비판도 존재한다. 1907년 와세다 대학 총장에 취임한 오쿠마는 1908년에 문명협회를 설립하여 국민 계몽에 더욱 힘을 쏟았다. 미국, 유럽 등지의 명저를 번역, 출판하고, 강연했으며, 정치, 경제, 역사, 교육, 여성 문제, 산업, 국가 등 사회 모든 분야를 다루며 50여 권에 이르는 저술 활동을 해 나갔다. 〈다음백과〉

治 二十二年에 國會 開設혼다는 詔勅이 降호얏슴으로써 國會 開設의
準備로 大隈伯이 改進黨을 組成호고 其前에 板垣伯은 自由黨을 組織호
얏도다. 此 兩黨으로 論호면 其主義의 穩健 與否와 手段의 過激 與否는
相異호느 立憲政治를 實行코져 호는 大理想은 相同혼데 도리혀 서로
敵對호는 態度로써 仇讎갓치 相持호더니, 一時的 政策으로 大隈伯 板垣
伯 兩 領袖가 改進黨과 自由黨을 合同호야 憲政黨이라 稱호고 聯合 內
閣을 組織호얏더니 內部에셔 衝突이 生호야 兩虎가 相鬪에 其勢가 不長
호야 聯合 內閣이 破裂호얏스니, 其實은 兩雄의 嫉妬혼 結果라. 其后에
伊藤 公이 政友會를 組織호야 其 會員으로 內閣을 組織홈에 貴族院이
惡感을 生홀 뿐더러, 閣員이 調和치 못호야 瓦解의 狀態를 免치 못호고
其后에 西園寺候가 政友會의 總裁로써 半政黨內閣을 組織호얏더니 亦
是 好結果를 不得호고 瓦解에 至호얏도다. 要컨딕 日本의 政黨史를 觀
察혼즉 今日신지는 美果를 收치 못혼듯 호도다. 其故何在오. 是는 眞是
大疑問이라 容易히 論斷키 難호느 大蓋 列强의 政黨史를 比較호면 理想
보덤 感情이 發達된 國에셔 政黨의 好結果가 無혼듯 思量호노라. 例言
컨딕 佛伊 兩國의 政黨이 是也ㅣ라. 佛伊 兩國의 政黨은 其 國民의 性格
이 感情이 多혼 故로 政黨間에셔 大問題로 서로 論爭치 아니호고 些少
혼 事件으로 互不相下호야 合而又分호며 分而又合호야 大政黨이 成立
키 難호도다. 是以로 小黨이 割據四方호야 서로 搆陷中傷호기로 爲主호
는 故로 有政黨 以來로 特別혼 成功을 認홀슈 無호니라. 英國은 反是호
야 世界萬國 中 政黨이 第一 發達되야 內閣의 組織도 政黨이 아니면
能히 其 目的을 達키 難혼데 其 發達된 原因은 英國人은 元來 冷靜혼
頭腦를 有혼 理想家라 政黨 間에 비록 主義를 다르케 호느 大政綱에
關혼 事件이 아니면 決코 敵黨을 攻擊치 아니호는 雅量을 有홀뿐 아니
라 또 民間에 輿論이 非常히 發達되야 彼黨此黨의 論爭에 對호야 孰是
孰非를 分別호는 識見이 有혼 故로 政黨 間에셔 此 公平혼 輿論을 尊重
호야 搆陷中傷을 서로 謹愼호야 政黨의 公德心을 涵養혼 結果로 今日에
如許혼 善模範을 世界에 公示홈에 至호얏도다. 然而 日本 政黨史를 見

혼즉 些少혼 事件으로 群雄이 相爭혼 來歷도 有ᄒ고 쏘 內閣의 運命의 四五年에 繼續혼 者 稀少ᄒ니 是ᄂ 日本人의 性格이 感激이 多ᄒ야 互相 排擠홈으로 由홈이 아닌가 疑訝ᄒ노라. 此 感性은 다뭇 政治上 方面으로ᄂ 觀察홀 것이 아니라 社會的으로 硏究ᄒ야도 其 一班을 窺홀 슈 有ᄒ도다. 日本人의 輿論을 聞혼즉 穩健보덤 多少間 敏速에 失ᄒᄂ 傾向이 有혼듯 혼데 第一 日本新聞을 見혼즉 一二模範新聞을 除혼 以外에ᄂ 急進輕快에 流ᄒ야 公平혼 論을 主唱ᄒᄂ 者ㅣ 稀少홈으로 日本人도 是를 自認ᄒ야 米國式 新聞이라 稱ᄒ더라. 쏘 集會 演說을 聞홈에 穩健보덤 慷慨혼 方面이 多ᄒ야 演說者와 傍聽者가 理想의 合致를 求홈에 不勉ᄒ고 感情의 投合홈을 爲主ᄒᄂ 故로 烈火갓흔 輿論이라도 熱血의 冷降홈을 從ᄒ야 長久히 繼續치 못ᄒ고 漸次 消滅홈에 至홈을 吾儕가 時時로 目睹ᄒᄂ 바ㅣ라. 然이ᄂ 日本人은 機敏ᄒ야 一時에 感情의 高潮가 生ᄒ면 突地에 大波瀾을 起ᄒ야 全國이 一致ᄒᄂ 大輿論을 造成홀 쥴을 熟知ᄒ도다. 是ᄂ 感性이 銳敏혼 故로 大事變을 當ᄒ면 不謀而自同으로 自然 意氣가 投合ᄒ도다. 彼 日淸 日露 兩役에 日本人의 輿論이 一致된 것을 見ᄒ면 推此可知니라. 西洋人의 言에 日本人은 平時에 輿論이 無ᄒ고 變時에 有ᄒ다 ᄒ니 是ᄂ 日本人이 突然히예 論을 造成홈을 謂홈이라.

(未完)

▲ 제3호 (臨時 停載)

　　　(＝이하 연재되지 않음)

◎ 政治上으로 關한 黃白人種의 地位,
  韓興敎,〈대한흥학보〉 제1호, 1909.3.

(前 대한학보 제9호 續) (라인 시 氏 略述)

第二. 列國의 東洋經營

案컨티 民族的 帝國主義의 思想은 世人의 心을 刺激하야 이것 싸문에 國際間의 軋轢을 增加하는 傾向이 有하니라. 列國은 英國으로써 世界를 英國化하랴 하는 野心이 有하다 하고 又는 露國으로써 世界統一의 慾望을 抱한 것이라 하니라. 勿論 露國은 元來 東羅馬帝國의 後繼者로써 任하는 故로 스사로 羅馬的 帝國主義를 政略의 標榜으로 삼고 英人 中에셔도 世界로써 英國風의 思想과 英國風의 政治를 採用케 홀 時는 世界의 進步가 一層 著明하겟다고 唱導하는 者 ㅣ 有하니라. 그러면 民族的 帝國主義에 熱中하는티셔는 英露 兩國間에 殆히 大差가 無하다 可謂홀지오. 其他 德, 法과 如한 者도 다 不然흠이 無하고 平和主義의 北米合衆國이라도 近時에 漸漸 그 傳來하던 宗敎的 主義를 脫하고 民族的 國家主義에 傾向이 有한 中이니라.

此 民族的 國家主義는 列國을 驅하야 亞細亞 方面에 그 慾海를 注하는티 至하니라. 如斯히 支那는 國際政略의 中心이 되니 然한즉, 그 爭點되는 利益의 範圍가 頗히 廣大하야 世界文明의 未來에 大變動을 及케 홀 結果는 形勢에 不免홀 것이로다. 勿論 支那는 歐洲 諸國民의 食餌이라 彼等은 任意티로 그 領土를 分割키 得하다 흠은 元來 妄見이로다. 列國이 支那로붓허 得한 讓與는 政治上 原因에 始하얏고 或 政治上 性質을 帶한것 外에 그 範圍에 限定이 有하고 從하야 將來 그 地方에셔 完全한 政治上 權力을 樹立하랴 하는티는 多額의 財貨를 費하고 多量의 血을 流치 아니치 못홀지라 然하야도 如斯히 成功흠과 否흠은 未來의

問題에 屬ᄒᆞ니라.

　彼의 勢力範圍를 定ᄒᆞᆫ 政略은 반다시 門戶開放의 政略에 撞着ᄒᆞᆫ 것이 아니오 歐洲列强의 解釋ᄒᆞᆫ 바를 據ᄒᆞᆫ즉 勢力範圍란 句語ᄂᆞᆫ 그 方面에셔 生命財産의 安固를 保存ᄒᆞ고 政治上 勢力으로써 經濟上 發達을 力助ᄒᆞ랴 ᄒᆞᄂᆞᆫ 意에 不外ᄒᆞ니 萬一, 各國이 勢力範圍 內에셔 商業上 自由競爭을 許ᄒᆞ고 ᄯᅩᄒᆞᆫ 開港場을 不閉ᄒᆞᆯ ᄲᅮᆫ 아니라 益益 其 數를 增加ᄒᆞᆯ 만ᄒᆞᆫ 事實이 잇슬ᄂᆞᆫ지 門戶開放을 곳 實際로 行ᄒᆞᄂᆞᆫ 中이니라. 그러코 萬一 歐洲列强 中 支那의 內部에셔 完全ᄒᆞᆫ 政治上 權力을 布蔓ᄒᆞ랴 ᄒᆞᄂᆞᆫ지, 그 容易ᄒᆞᆫ 業이 아님은 帝國內部의 事情에 徵ᄒᆞ야 明瞭ᄒᆞ다 可謂ᄒᆞᆯ지라. 大蓋, 支那內部의 人民이 歐洲 資本家의 利益 占有事業을 默視ᄒᆞᆷ과 否ᄒᆞᆷ은 未定ᄒᆞᆫ 問題니라 現今 露國과 밋 德國과 如히 鐵道布設에 就ᄒᆞ야 種種ᄒᆞᆫ 障害를 受ᄒᆞᄂᆞᆫ 中이 아닌가.

　文明의 事業이 支那에 盛興ᄒᆞᆯ가 支那內部에셔 實業的 革命은 早晚間에 免치 못ᄒᆞᆯ지라. 是로 由ᄒᆞ야 生ᄒᆞᄂᆞᆫ 바 民間의 苦痛은 반다시 外國干涉의 結果로 認ᄒᆞᆷ에 至ᄒᆞ리로다. 人 或 新事業이 支那에셔 發達될 時ᄂᆞᆫ 多數의 支那人에게 職業을 授與ᄒᆞᆷ이 可ᄒᆞ다 說ᄒᆞᄂᆞᆫ 者ㅣ 有ᄒᆞ나, 그러나 從來의 家業은 此를 爲ᄒᆞ야 不得不 廢頹ᄒᆞᆯ지어다. 鐵道工事와 如히 비록 一時 多數의 人民을 使用ᄒᆞᄂᆞᆫᄃᆡ 差異가 無ᄒᆞ나 一朝에 布設을 終ᄒᆞᆷ에 至ᄒᆞ야ᄂᆞᆫ 此等 工夫는 다, 그 職業을 不可不 失ᄒᆞᆯ ᄲᅮᆫ 아니라 鐵道의 布設 完成을 告ᄒᆞᆯ 曉天에ᄂᆞᆫ 從來 種種의 運搬에 從事ᄒᆞ던 多數 人夫도 ᄯᅩᄒᆞᆫ 此를 爲ᄒᆞ야 그 職業을 失ᄒᆞᆯ 것이오. 又ᄂᆞᆫ 文明의 機械도 繼續 輸入되ᄂᆞᆫ 時ᄂᆞᆫ 從來의 職工이 一時에 其 業을 失ᄒᆞᆯ 것은 形勢에 不免ᄒᆞᆯ 바이라. 그러면 支那에셔 事業을 經營ᄒᆞ랴 ᄒᆞᄂᆞᆫ 者ᄂᆞᆫ 預先, 此等에 就ᄒᆞ야 覺悟ᄒᆞᆯ 바이 有ᄒᆞ리라. 何者오 ᄒᆞ면 如斯ᄒᆞᆫ 事態ᄂᆞᆫ 所謂 洋鬼의 所爲라 ᄒᆞ야 土人의 憎惡ᄒᆞᄂᆞᆫ 바이 될지로다.

要컨딕 各國의 干涉이 萬一 그 方法을 誤홀 時는 支那事件이 愈愈 紛糾의 度를 增滋ᄒ야 맛춤ᄂᆡ 不拯홀 境遇에 至홀줄은 瞭然혼지라 萬一 支那를 發達進步코져 ᄒ자면 深히 支那人民의 感情을 硏究ᄒ야 그 外國人間에 衝突을 不起케 홈이 極히 肝要ᄒ니라. 此와 同時에 確實혼 方法으로써 支那政府를 引導ᄒ야 行政司法의 改革을 不可不爲홀지라. 萬一 現今에 不安固혼 狀況이 永續홀 時는 外國의 資本을 支那開發에 利用홀만혼 方案은 到底히 立키 不能ᄒ리니라. 英國은 從來, 北京政府 가 强大國의 確實혼 援助를 得ᄒ야ᄂᆞᆫ 改革事業에 從事홀만혼 意思잇슴 을 認ᄒ야 中央政府의 權力을 增加ᄒ야 此 事에 當ᄒ기를 努力혼다 ᄒ 나 北京에셔ᄂᆞᆫ 國際間 猜忌가 日노 甚홈으로써 是를 改革ᄒ야 有機的 一大組織을 삼엄은 元來 不世出혼 才能을 不可不須홀지라. 總理衙門은 對外約束을 締結ᄒᄂᆞᆫ딕 躕躇치 아니ᄒ나 그러나 他諸列國의 故障을 不 拘ᄒ고 約束을 實行케 ᄒᄂᆞᆫ 威力이 無홈에ᄂᆞᆫ 毫末도 實效를 生홀 것이 아니라, 다믓 支那에셔ᄂᆞᆫ 地方官吏ᄂᆞᆫ 直接으로 人民에 接觸ᄒ야 法律執 行의 衝突에 當홀지라. 故로 支那의 改革은 此等의 手를 經ᄒ야 不可不 實行되ᄂᆞ니라. 此에 反ᄒ야 中央政府될 것은 單으로 理想的 支那帝國의 一致를 代表ᄒ고, 또혼 主權者의 名義를 維持키 得ᄒ면, 그 目的을 達혼 다 ᄒ니라. 支那의 改革은 或 期望ᄒ나 그러나 武力에 依ᄒ야 支那領地 를 割取ᄒ야 歐洲列强의 所有物을 만달고자 홈은 專히 狂氣의 沙汰니 라. 想컨딕 支那의 秘密結社쑌으로써도, 오히려 能히 歐洲列强의 此 計 劃을 足히 妨遏ᄒ리라. 支那人은 氣力잇ᄂᆞᆫ 人民이라 彼等은 幼時붓허 一日에 十二時 乃至 十四時間의 勞働을 例事로 知ᄒ며 그 過去를 尊重 히 녁이고 祖先을 崇拜ᄒᄂᆞᆫ 習慣이 깁히 社會의 根底에 蟠居홈으로써 萬一 外來人種이 急激혼 改革을 그 社會組織上에 施用ᄒᄂᆞᆫ 者ㅣ 有ᄒ면 彼等은 문득 激烈혼 抵抗을 與홈은 必然혼 理勢라. <u>萬一 四億人民이 그 家族을 防禦ᄒ고, 그 文明을 維持홀 目的을 爲ᄒ야 一朝에 相率ᄒ야 秘 密結社에 入홈과 如혼 事가 잇슬진딕 如何혼 歐洲國民이라도 到底히 此를 征服키 不能ᄒ리라.</u> 그런고로 歐洲人으로써 그 勢力을 支那에 維

持코져 ᄒ자면 支那人의 習慣, 風俗, 感情을 傷홈이 無케 그 行政을 改革홀 方針을 不可不 執홀 것이라. 萬一 歐洲의 軍隊로뻐 法律의 維持, 秩序의 回復及叛逆者의 鎭壓에만 使用홀 者ㅣ 有홀가. 支那人民은 決코 此에는 抵抗치 아니ᄒ리로다. 支那人民의 多數는 平和를 愛ᄒ고 秩序를 重히 넉이는 人民이라. 그러면 歐洲의 國民은 危險을 冒치 아니ᄒ야도 支那貿易의 公道로 掃淸키 得ᄒ리라 然ᄒ고 此 目的을 達ᄒ기 爲ᄒ야 軍隊를 置홀 必要는 元來 自在ᄒ니라. 如何오 ᄒ면 支那에서 勢力을 得ᄒ랴 ᄒ는 時는 그 勢力範圍에 關ᄒ 貿易을 保護치 아니치 못홀지니라.

譯者 曰 吁ᄒ고 쏘 嗟홉다. 我韓 疆土는 亞細亞의 一部分이오 韓民族은 黃人種의 一派어늘 奈何今日에 如許ᄒ 地位를 占ᄒᆫ가. 以上 述ᄒᆫ 바 黃白 兩人種의 競爭은 姑捨ᄒ고 同種 中에셔도 保護란이 壓制란이ᄒ니 常識이 有ᄒ 者야 誰가 憤激치 아니ᄒ리오. 余는 다만 一言으로써 決ᄒ건디 우리 國權을 完全히 回復홀 期限은 盟誓코 우리 同胞의 二千萬 心이 一心이 되고 二千萬 體가 一體가 되는 日이 될줄 預信ᄒ노라.

19.
윤리

순번	연대	학회보명	필자	제목	수록 권호	분야	세분야
1	1906	소년한반도	양재건	論自修/自修論	제1~6호	윤리	
2	1906	소년한반도	서병길	交際上禮敬(1) – 現今文明各國通禮/交際新禮	제1~6호	윤리	
3	1908	대한학회월보	강매	논 서양 윤리학 요의	제8, 9호(2회)	윤리	
4	1908	기호흥학회월보	이해조	윤리학	제5~12호(8회)	윤리	윤리학

◎ 論自修, 양재건

▲ 〈소년한반도〉 제2호, 論自修, 梁在謇, 1906.12.01.

夫 學傳之三章에 釋止於至善ㅎ야 曰호되 詩에 曰 瞻彼淇澳(첨피기오)혼되 菉竹猗猗(녹죽의의)로다. 有斐君子여 如切如磋(여절여차)ㅎ며 如琢如磨ㅣ라. 瑟兮僩兮(슬혜한혜)며 赫兮喧兮(혁혜훤혜)니 有斐君子여 終不可諼(종불가훤)라 ㅎ니 如切如磋者ᄂ 道, 學也오 如琢如磨者ᄂ 自修也오, 瑟兮僩兮ᄂ 恂慄也오 赫兮喧兮者ᄂ 威儀也오 (…中略…)

維此 自修者ᄂ 盖 省察 克治之功이니 顔氏子淵之 克己復禮ㅣ 是已라. 其省察克治也에 毅力이 爲之先이라야 自修之實을 可得而言矣라. 節繹吾宗新民子之論毅力ㅎ야 以勗同志(이욱동지)ㅎ고 爲少年韓半島 向善之指南焉ㅎ노라.

新會 梁啓超ㅣ 論毅力ㅎ야 曰호되 曾子ㅣ 曰 士ㅣ 不可以不弘毅ㅣ니 任重而道遠이라. (…下略…)

▲ 〈소년한반도〉 제2호, 自修論(2), 梁在謇, 1906.12.01.

*경쟁주의: 사회 진화론 차원

'人이 治ᄒᆞᄂᆞᆫ 者ㅣ 常히 天이 行ᄒᆞᆷ으로 더부러 相搏ᄒᆞ야 爲不斷之競爭矣라.' (近代 哲學家의 恒言) 天行之爲物이 往往 與人類所期望으로 相背故로 其反抗力이 至大且劇ᄒᆞ야 人類 向上 進步之美性이 又非可以現在之地位而自安也ㅣ라. (…下略…)

▲ 〈소년한반도〉 제3호, 自修論(3), 梁在謇, 1907.01.01.

*필자가 원하는 자수의 개념: 고상 순결한 애국심, 견인불절의 무의력으로 20세기 소년 한반도를 건축하는 것
*홍범 14조의 내용

少年韓半島兮 少年韓半島兮여. 自修維何오. 我之言自修者ㅣ 一而再ᄒᆞ고 再而三矣로다. 凡厥自修者ᄂᆞᆫ 尊其瞻視ᄒᆞ고 趾高氣揚者之謂乎아. 曰 非也ㅣ라. 月日三班ᄒᆞ고 日夕章句者之謂乎아. 曰非也ㅣ라. 凡我所謂自修者ᄂᆞᆫ 迺高尙純潔之愛國心과 堅靭不折之武毅力으로 磨而不磷(마이불린)ᄒᆞ고 湟而不緇(황이불치)ᄒᆞ야 建築 二十世紀之少年韓半島者ㅣ 是之曰 自修也라.

我奉天承運 大皇帝陛下게옵셔 膺河淸之運ᄒᆞ시고 建獨立之基ᄒᆞ시며 秉六洲平等之權ᄒᆞ야 大戒于有衆하실ᄉᆡ

大朝鮮 開國 五百 三年 十二月 二十日에 以 洪範十四條로 警告于我 (…하략…)

▲ 〈소년한반도〉 제4호 自修論(4), 梁在謇, 1907.02.02.

　　*홍범 14조 이후: 지(志), 재, 운이 믿을 바[恃: 믿을 시]가 못 되나 의력을
　　믿을 수 있다. = 의력 = 자수
　　*자수의 근거: 애국심과 20세기 소년 한반도 건설이 목표임

　人 不可無希望이라. 然希望点이 恒與失望点으로 相倚伏ᄒ야 馴到失
望而心盖死矣ㅣ라. 養其希望ᄒ야 毋使失敗者ᄂ 厥惟毅力이라. 故로 志
不足恃오 才不足恃오 運不足恃오 惟毅力이 爲足恃로다. (…下略…)

▲ 〈소년한반도〉 제5호, 自修論(5), 梁在謇, 1907.03.01.

　　*자수의 사례

　乃若的士藜禮(인명: 의원 선거에 4번 낙선하고 영국의 명 재상이 된
사람)ᄂ 四度 爭議員 選擧 不第而卒爲英名相ᄒ고 加里波的(가리발디:
이탈리아 건국)ᄂ 五度 起革命軍不成而卒建新意太利ᄒ고, 十提反孫(인
명: 행동기 발명)之作行動機也에 十五年 始成ᄒ고 瓦德(와트)之作蒸氣
機器也에 三十年 始成ᄒ고 (…중략…)

▲ 〈소년한반도〉 제6호, 自修論, 梁在謇, 1907.04.01.

　我 少年 韓半島의 自修를 論홈이 三號에 已過ᄒ야 一號와 二號로 二
十 世紀의 韓半島 少年으로 毅力을 培養ᄒ야 臨事不懼ᄒ고 阨窮不憫ᄒ
며 涉難不感홈으로 諄諄勸告ᄒ얏스나 惟此 毅力者ᄂ 吾人의 有生 以前
에 須臾라도 離ᄒ기 不可ᄒ지라. 毅力이 衰退홀 時ᄂ 即 此身이 徂落(조
락)ᄒᄂ 兆朕이라. (…하략…)

◎ 交際新論, 서병길

*이 자료는 소년한반도 제1호~제6호까지 연재되었으며, 주요 내용은 '현금 문명 각국 통례'와 '교제신례'로 구성되었다. 교제신론은 '방문', '담화', '소개'로 구성되었으며, '방문' 예절의 일부는 불완전한 편역으로 보인다. 6호까지 발행되었으므로 '소개'는 일부만 실려 있다.

▲ 〈소년한반도〉 제1호, 交際上禮敬 (1)-現今文明各國通禮, 徐丙吉, 1906.11.1.

夫禮者는 交際上 必須한 節文이라. 親愛와 恭敬과 謙讓하는 誠心으로 發하야써 秩序를 正히 하며 品位를 保하는 者ㅣ니라.

歐米에셔 行하는 幄手의 禮는 室의 內外를 不問하고 行하야 互相 敬愛하는 意를 表흠에 在하니 溫和한 容儀로 右手를 相握호딕 長者의 先許를 得지 아니하고는 敢히 請行치 못하며 放手홀 時도 長者의 先放을 靜待하며 又 緊急 燥暴히 行치 아니홀 거시니 然하나 過度히 輕握하야도 失禮오, 病으로 因하야 右手를 用치 못할 境遇에는 左手를 出흠도 可하니라.

敬禮를 行홀 人과 處所와 時를 因하야 種種의 殊別이 有하나 友人과 相逢홀 時는 幄手하고 寒喧을 相問호딕 交誼가 深厚치 우니한 터에는 幄手를 우니 하고 黙禮로만 行하야도 可하니라.

幄手의 禮를 行홀 時는 交語의 有無를 不關하고 受禮者의 眼을 注視홀 거시오, 掌甲은 脫지 우니하야도 無妨하니라.

室內에 入홀 時는 帽子를 必脫하고 通常 敬禮나 或 幄手의 禮를 行하며 途上에셔는 右手로 脫帽하고 注目하야 禮意를 表호딕 若 幄手의 禮를 行홀 時는 左手로 脫帽하느니라.

年長한 婦人은 椅子에 踞坐하야 來客의 敬禮를 受흠이 有하니 如此한 境遇에는 其 二三步 前에 停位하야 通常 敬禮를 行호딕 婦女의 若

出手ᄒ면 更復 前進ᄒ야 握手의 禮를 行ᄒᄂ니라.

室內에 入홈에 主人 夫妻가 俱在한 時ᄂ 婦를 知ᄒ거든 人事를 必先行한 后 其 夫에게 及ᄒ며 次에 知人에게 人事를 行호ᄃ 外他 不知 男女가 同席에 在ᄒ면 但 各人의 眼을 注視ᄒ야 敬禮를 行ᄒ면 足ᄒ니라.

途上에셔 長者를 逢ᄒ야 談話를 應對홀 時ᄂ 帽子를 必脫호ᄃ 長者ㅣ 若 戴帽子를 勸ᄒ야 再三에 及ᄒ면 暫戴ᄒ고 傍立하얏다가 更復 脫帽가 可ᄒ며 長者와 同行홀 時ᄂ 右方을 讓避ᄒ야 雁行호ᄃ 步調를 長者와 合케 ᄒ며 途中 或 夜會 其他 宴會에서 知友를 出逢홀 時ᄂ 高聲을 發ᄒ야 其名을 勿呼홀지어다. 世上에 或 他의 引目과 知名홈을 不好ᄒᄂ 者ㅣ 有ᄒᄂ니 從容히 近寄ᄒ야 小聲으로 人事홈이 良可ᄒ니라.

遊覽 或 宴集홀 時에 相知人前을 數回 通過홀 境遇에ᄂ 初度만 禮를 行홈이 有ᄒ니라.

何人에게 敬禮를 受ᄒ든지 必答禮홀 거시니 假令 仇視者를 對ᄒ야도 敬禮를 缺如ᄒ면 反ᄒ야 我의 人物 野鄙홈을 自示홈이라.

▲ 〈소년한반도〉 제2호, 交際新禮, 訪問(續), 1906.12.01.

*제4호에 방문 예절이 나타나지 않으므로 '방문' 관련 총론 역술이 모두 이루어진 것인지는 확인할 수 없음.

〈방문예절〉

(一) 人類ᄂ 社交的 動物이라. 訪問의 禮를 須臾라도 不可缺이니 此를 大別ᄒ면 問候, 謝禮, 告別, 報歸, 慶賀, 凶禮, 公用 其他 普通訪問이니라.

(二) 訪問의 禮를 行홀 時ᄂ 名啣을 必出呈호ᄃ 其 名啣紙ᄂ 純白ᄒ 厚紙를 用ᄒ며 字体ᄂ 漢字 楷書, 洋字 草書로 活板 或 石板에 印刷홈이라.
　職務上 訪問에ᄂ 官職 勳品 姓名을 記ᄒ 名啣을 用홈이라.

(三) 主人과 其 婦人 或 家族을 同時에 訪問홀 境遇에는 其 名數에 對ᄒ야 名啣을 各各 一張式 出呈ᄒ며 夫婦의 名으로 招待를 受혼 後 謝禮를 行홀 時는 其 夫婦에게 對ᄒ야 各各 一張式 出呈호ᄃᆡ 如此혼 境遇에난 招待를 被ᄒ얏던 者ㅣ 亦 夫婦 同伴이면 夫는 名啣 二張을 出呈ᄒ고 其婦는 主婦에게만 名啣 一葉을 出呈홈이 例니라.

(四) 皇族을 訪問홀 時는 其 備置혼 簿冊에 自筆 記名ᄒ고 名啣 奉呈홈을 不要홈이라.

(五) 公務 其他 要件이 有혼 訪問 外에는 面會를 求호ᄃᆡ 長時間 閑談을 愼ᄒ고 暫時를 經ᄒ야 辭去홈이 可홈이라. (歐米人은 此時間을 二十分 以內로 心得혼 듯)

(六) 普通 訪問은 時間을 選ᄒ야 行ᄒᄂ니 若 喫食 時間에 人을 訪問ᄒ다가 交際를 不知者라 ᄒ야 謝斥홈을 被홈에 至ᄒᄂ니 歐米人은 迎接時間을 定혼 外에 婦人에게는 上午 十一時 前이오, 男子에게는 午前 午后를 不問ᄒ고 喫食時間만 避ᄒ야 訪問ᄒᄂ니라. (歐米人의 朝食은 午前 八九時間, 午食은 午后 一時 或 一時半, 夕食은 午后 八時 前后가 一般 慣習이니라.)

(七) 出産 結婚 其他 慶賀의 訪問은 每朝間에 行ᄒ고 久坐치 아니홈이 可호ᄃᆡ 但 饗宴 招待를 受혼 時는 此限에 不在홈이라.

(八) 凶禮의 訪問에는 服裝을 質素히 ᄒ고 華美혼 節品은 決斷코 着用치 아니홀 것이며 特別혼 懇愛間(간애간)이 아니면 面會를 不求홈이 可ᄒ고 死亡 弔問에는 悲哀혼 情을 喚起홀 談話와 其他 雜談을 愼홀 것이니라.

(九) 葬祭時는 護喪者가 徒步(사보)ᄒ는 것이 禮로딕 墓地가 遠隔ᄒ 境遇에는 車馬를 乘홈도 可ᄒ나 出棺 着棺할 時는 每必 徒步홈이 可ᄒ니라.

▲ 제3호, 交際新禮(續), 서병길, 1907.1.1.

(十) 人을 訪問ᄒ야 其人이 不在ᄒ거나 或 面會를 不求할 境遇에는 名啣 上端을 表面으로 折付ᄒ야 呈置ᄒ며 吊禮 訪問에는 裡面으로 折付ᄒ야 呈置홈이라.

(十一) 訪問者ᅵ 家僕의 引導로 應接室에 入ᄒ 時는 帽子와 外套 等屬을 左腕에 保持홈이 無妨ᄒᄂ 室外에 掛置홈이 可ᄒ니라.

(十二) 訪問者는 主人의 許可가 無코 椅子에 据ᄒ거나 机床의 煙草를 取홈이 不可ᄒ니라.

(十三) 旅店에 寄寓ᄒ는 人을 尋訪ᄒ야 若 不在이여든 自己의 名啣에 其人의 姓名과 尊稱을 記書ᄒ고 ᄯ 口頭로써 來意를 述置ᄒ야 禮意를 通ᄒ며 誤錯이 無케 홈이라.

(十四) 遠地에 旅行ᄒ 時는 名啣에 告別이라 記ᄒ고 歸着ᄒ 時는 在留日 及 宿所를 幷書ᄒ야 自他의 便利를 圖홈이라.

(十五) 宴會 晩餐會 等을 拜謝ᄒᄂ 訪問은 其 當日노 計筭ᄒ야 一週間 內로 行홈이 此等 訪問은 面會를 不求ᄒ고 名啣만 出呈ᄒ고 歸ᄒᄂ 것이 例니라.

(十六) 紹介狀을 得ᄒ고 人을 訪ᄒ 時는 自己의 名啣과 紹介狀을 出呈호 딕 面會를 不求ᄒ고 歸ᄒᄂ 것이 禮니 訪問을 受ᄒ 者ᅵ 訪問者의 面前

에 紹介狀을 熟讀홈을 不得ᄒ야 其處置 待遇ᄒᄂ 方法에 迷惑홈으로 爲홈이라.

▲ 제4호, 교제신례(속), 서병길, 1907.2.1.

*이 호에서는 갑자기 (三)부터 시작하여 전체 체제가 불완전함을 보임: 내용은 담화의 방법

(三) 人의 訪問을 受하고 無故히 久持하야 接遇를 遲延히 하ᄂ 것이 最失敬하ᄂ 所爲라. 若不得已ᄒ 事情이 有할 時ᄂ 其意를 懇切히 先通홈이 可하니라.

(四) 男子의 訪問을 受하고 一揖(일읍)의 禮를 畢ᄒ 後 主人이 親히 煙草를 供호딕 其客이 自己와 同等 或 長者될 時ᄂ 更히 寸燐에 点火ᄒ야 勸하ᄂ 것이 親愛의 款待니라.

(五) 名啣과 紹介狀을 受ᄒ 者ㅣ 詳看ᄒ 後 곳 招待狀을 送하고 訪問者를 迎하야 適當ᄒ 接遇를 홀지니라.

〈談話〉

(一) 談話ᄂ 交際上 主要되ᄂ 機關이라. 交情을 厚케 하며 薄케 홈이 皆此로 由ᄒ야 交際의 得失이 生ᄒ나니 此ㅣ 不可不 用意홀 것이니라.

(二) 談話ᄂ 心情을 發表하고 事物을 辨濟케 하ᄂ 一種 神妙無窮ᄒ 것이라. 故로 其發出의 如何홈이 人의 品格과 其他 萬事得失에 大關이 有ᄒ지라, 愼除하고 高上 有用ᄒ 言語를 擇發하야 彼此에 情意를 古雅流暢케 홈을 要ᄒᄂ니라.

(三) 人과 談話홀 時는 如何혼 事가 有하야도 決斷코 怒色을 現치 아니홈이 是ㅣ 自己의 自重自若혼 良質을 示홈이라.

(四) 談話하는 法은 人을 先樂케 하며 自己도 和諧혼 快爽을 享有하며 他의 辭를 幇助하야 其意를 敷衍하며 또 人의 談話를 傾聽하야 其席上의 話柄에 注意홈이라.

(五) 人의 談話를 傾聽혼 時는 懇切히 禮를 述陳홀지니라.

(六) 談話홀 時 謾然히 乘興하야 我를 忘却하거느 公會宴集홀 除에 長皇혼 談話를 ᄒ거느 格外의 高聲을 發홈을 自戒自愼홀지니라.

(七) 他人의 言辭를 窮詰ᄒ야 其主義와 事實 或 短處를 指摘ᄒ야 人을 困迫에 陷치 말지니라.

(八) 衆人 集會席에서 付耳語를 ᄒ거나 또 衆人의 解得지 못홀 言語를 用ᄒ야 同席人의 感情을 不快ᄒ게 勿홀지라. 若 外國人이 列席혼 時는 國語를 解치 못하면 可及的으로 其本國語를 用ᄒ야 慰安홀지라.

(九) 人으로 對話홀 時는 其人의 容色을 視하고 發言호ᄃ 傲然히 睥睨혼 態度를 不作하며 容貌 言語를 恭順謙謹히 ᄒ야 自己의 信義를 表彰ᄒ며 容儀를 安舒하야써 禮를 紊亂치 아니홈에 注意홀지라. 如此혼 禮法은 對話홀 時에만 主要홀 ᄲᅮᆫ 아니라 一般 交際上에도 注意홀 事니라.

(十) 集會席에 參列혼 各人의 身上에 就ᄒ야 其槪略을 知홈을 要하ᄂ니 不然ᄒ면 談話홀 時에 偶然히 不敬혼 言語를 吐露홈에 至하ᄂ니라.

　宴會 其他 集會席에셔 人事 談話를 愼避홈이라.

(十一) 凡宴會席에셔 其席에 不具한 食品을 評하거나 其他 宴席의 過去事를 談話치 말지라. 何者오. 此等 言語에 不愼하면 主人으로 하여곰 諷刺의 感이 有케 홈이라.

▲ 교제신례(속), 서병길, 1907.3.1.

(十二) 衆人의 不知한는 事柄을 自己가 獨히 詳知한는 듯이 得意한야 放談치 말지라. 若 自己 外에는 知者가 無홈으로 空想한다가 萬一 其座中에 沈靜篤厚한 大人 長者가 有한면 其不學蒙昧홈을 憫笑(민소)홀지니라.

(十三) 我의 職業한는 事項만 談話치 말지라. 世人이 談話한면 動輒 自己의 職業한는 事項 及 我의 悅好한는 事物에 附會한는 者ㅣ 多한니 此等 行爲는 野鄙 孤陋한야 同席者의 厭倦을 生케 홀 뿐 아니라, 我의 智識 缺乏홈을 露出홈이라.

(十四) 自己가 談話홀 時에 漫然히 放笑한야 或 衆人을 樂케 한는 效用이 有한는 多數는 談話를 混亂케 한야 他의 不快한 感을 反生케 한느니 我의 談話 中에 妄笑홈을 愼홀지니라.

(十五) 自己만 多言을 發한야 衆人의 談柄을 擾滅한거나 他人의 談緖를 妨碍(방애)케 아니홈에 注意홀지어다. 他로 我의 談話를 聽케 한려 홈은 人情의 當然이여날 我의 談話를 獨專한려 한면 他의 不快를 感케 홈에 至한나니라.

(十六) 談話席에셔 歷史 或 一代紀를 冗長(용장)히 勿衍(물연)호딕 必要홀 時를 當한야 引用홈이 有한면 惟其要領을 摘述한고 已往에 陳述한 事項을 後來에 復語치 勿홀지니라.

(十七) 與人 交語에 爭駁(쟁박)홈은 斷然 不可ᄒ니 若 他人의 說述ᄒᄂ 것이 我의 意思에 反ᄒ야도 黙然ᄒ고 同意치 勿ᄒ며 又 抵抗치 勿ᄒ지니라.

(十八) 鄙俚ᄒ 俗諺을 引用치 아니ᄒ야도 學識이 有ᄒ 者ᄂ 充分히 我의 所思를 述得홈이니라.

　如何ᄒ 處所를 不問ᄒ고 猥褻(외포)ᄒ 言語를 愼호딕 婦人이 在席ᄒ 時ᄂ 尤爲注意홈이라.

(十九) 灑落(쇄락) 輕快 滑稽(골계) 等語가 時或 座興을 添助ᄒ니 又 或 他人으로 誤解ᄒ기 易ᄒ야 不愉快홈을 反生ᄒᄂ니 此等 語를 發치 아니홈이 可호딕 但 淡白 高尙ᄒ야 雅味가 有ᄒ 諧謔(해학)은 興味津津이 行ᄒ야도 無妨홈이라.

(二十) 諸種 人物이 相會ᄒ 席에서 我의 親友를 誹毁ᄒᄂ 者ㅣ 有ᄒ야도 當場에 抗辯치 勿호딕 特히 我 一個人에 對ᄒ야 我의 親友를 誹毁ᄒᄂ 者ㅣ 有ᄒ 時ᄂ 辯護 解釋ᄒ야 深切히 回心케 ᄒ고 其 憤怒 激情을 抑制홀지니라.

▲ 교제신례(속), 서병길, 1907.4.1.

(二十一) 衆人의 面前에서 無故히 我身上事를 談話치 아니홀지니라. 此等 語가 他人으로 厭倦心을 起ᄒᄂ니 若好聽ᄒᄂ 者ㅣ 有ᄒ면 是ᄂ 我를 誘ᄒ야 隱秘를 自白케 ᄒ며 中心으로 我의 愚蠢홈을 笑ᄒ며 我를 玩弄物로 認홈이니 深戒홀지니라.

(二十二) 談話ᄂ 紛雜 冗長홈을 避ᄒ고 簡單 明晰홈을 生호딕 其 貴賤尊卑에 對ᄒᄂ 分別이 自在홈에 注意ᄒ야 或 尊長을 朋儕(붕주)로 待ᄒ거

ᄂ 或 後進을 奴隷 兒童으로 視ᄒᄂ 것이 悉皆 非禮니라.

(二十三) 頑傲(완오)ᄒ 風采로 品格을 持保ᄒ려 思惟ᄒ면 是ᄂ 大誤ᄒ
이라. 其 擧止 溫良ᄒ이 天然으로 出ᄒ야 他人을 薰陶ᄒᄂ 것이 是 卽
高尙ᄒ 威儀의 精神이니라.

〈紹介〉

(一) 人을 紹介ᄒᄂ 것이 頗重ᄒ 事柄이니 輕輕히 行ᄒ 바 아니라. 盖
新者 相互間에 交情을 親厚케 ᄒ이 皆 紹介者의 動力에 因ᄒ고 紹介
方法은 言語 或 書狀으로 ᄒᄂ니라.

(二) 如何ᄒ 境遇라도 婦人의 承諾을 失得지 아니ᄒ고 人을 紹介ᄒ지
못ᄒ이라.

(三) 男子와 男子間에 紹介ᄒ 時ᄂ 上位人의 姓名을 先言ᄒ고 紳士와
婦人間에 紹介ᄒ 時ᄂ 婦人의 姓名 先言ᄒᄂ니라.

(四) 被紹者ᅵ 相互히 握手의 禮ᄅ 行ᄒ이 例니 握手ᄒ 時ᄂ 上位人 及
婦人의 出手ᄒ을 延ᄒ야 行儀端를 正히 ᄒ고 應호ᄃ 若 反此ᄒ야 位卑
者ᄂ 又 男子가 先出手ᄒ면 是ᄂ 傲慢無禮ᄒ에 頗涉ᄒ이라.

(五) 友人家에서 邂逅ᄒ야 相當ᄒ 人物로 思考ᄒᄂ 人이 我에게 親近ᄒ
려 ᄒᄂ 意思가 有ᄒ면 紹介禮가 無ᄒ야 交語ᄒ야 不可치 아니ᄒᄂ니
彼가 友人家에 在ᄒ으로 推測ᄒ야도 下賤 人物이 아님을 證據ᄒ이라.

(六) 珈琲茶店(가배차점: 커피점) 或 散步ᄒ 際에 偶然히 逢着ᄒ 人으로
輕輕히 結交치 勿ᄒ지라. 我를 自愛 自重ᄒ면 此等 事가 決無ᄒ 것이며

或 我에게 呢狎(이압)ㅎ는 者 有ㅎ야도 其 品位를 推知홀 쑨이오 親交를 相許치 勿홀지니라. (未完)

◎ 論 西洋 倫理學 要義, 姜邁, 〈대한학회월보〉 제8호, 1908.10.
  (철학, 윤리학)

   *서양 윤리학 소개

▲ 제8호

  緒言

  大抵 吾人이 上而祖國을 離ㅎ며 下而父母를 別ㅎ고 萬里異域에 留連
ㅎ야 客窓寒榻에 夢魂이 頻勞홈은 果然 何를 爲홈이며 果然 何를 求홈
이런가. 嗟呼라 祖國을 暫顧ㅎ견딕 地非不廣이며 人非不衆이며 立國이
非不長久也언마는 但히 我兄弟姊妹의 知識이 固陋ㅎ고 恬嬉成習ㅎ야
世界의 風潮를 不知홈으로 長長歲月를 睡夢 中에 抛擲ㅎ다가 今日과
如혼 悲境에 陷入ㅎ야 鯨呑虎噬에 毛骨이 竦凜ㅎ고 狼顧鷹視에 心膽이
俱裂ㅎ야 於是乎長夢이 初醒혼 則 政治經濟의 學이 無홈이 不可홈을
覺ㅎ며 法律理化의 學이 無홈이 不可홈을 覺ㅎ며 其他商工機器諸學이
無홈이 不可홈을 觸處覺悟ㅎ지라. 是故로 玄海의 風濤는 坦途로 視ㅎ고
異域의 艱難은 茶飯을 作ㅎ야 千慮一得으로 所謂 二十世紀 新學問을
考究홈이 안인가. 嗟呼ㅣ라. 余는 東渡未幾ㅎ고 才又空疎홈으로 尙此何
等見聞의 廣益이 無ㅎ거니와 我內國兄弟姊妹는 必然仰天攢祝曰 在外
國我兄弟여 萬里殊域에 庶幾疾病이 無흔가 我兄弟여 何等學業을 修了
ㅎ얏는가. 我兄弟여 何日에 歸國ㅎ야 所學을 國家에 供獻홀고 ㅎ야 脣
舌이 弊토록 心肝이 焦로록 顒望ㅎ리니 此에 對ㅎ야 我在外者는 何로

써 報答ᄒᆞ고 竊惟컨듸 本報ᄂᆞᆫ 亦是 此를 報答ᄒᆞᄂᆞᆫ 一事라지니 何을 謂 ᄒᆞᆷ인고 本報의 趣旨ᄂᆞᆫ 編輯諸氏가 旣已逐號說盡인바 特히 留學諸兄弟 의 慷慨ᄒᆞᆫ 心志를 寫出ᄒᆞ며 魁偉ᄒᆞᆫ 氣槪를 發揮ᄒᆞ며 或 大呼絶叫ᄒᆞ며 或 血寫淚記ᄒᆞ야 同感을 訴ᄒᆞ며 情을 表ᄒᆞᆷ이 是라. 故로 不佞의 謏劣로 도 敢히 筆을 執ᄒᆞ야 如左學說을 揭載ᄒᆞ거니와, 夫倫理學은 在今形勢의 不必要ᄒᆞᆫ 點이 有ᄒᆞᆯ 듯ᄒᆞᄂᆞ 此ᄂᆞᆫ 決교 不然ᄒᆞ야 上下東西를 無論ᄒᆞ고 各般學理의 元始ᄂᆞᆫ 卽 倫理學에 不外ᄒᆞ다 謂ᄒᆞᆯ지니 東亞上古에 在ᄒᆞ야 此學이 最先發達ᄒᆞᆷ으로 至德의 世라 稱揚ᄒᆞ얏스나 我等의 平日의 所謂 讀書明理云者ᄂᆞᆫ 專혀 此學의 端緖에 不過ᄒᆞ야 蒿目으로 世事를 憂ᄒᆞ야 도 形式에 不過ᄒᆞ고 刳心으로 學術를 求ᄒᆞ야도 妄想에 點染ᄒᆞᆯ ᄲᅮᆫ이러 니 近日에 至ᄒᆞ야 西球의 文明이 反히 此學의 眞理를 發揮ᄒᆞᆷ이 不無ᄒᆞᆫ 즉 吾人은 不可不諸說를 參考ᄒᆞ야 文化發達의 原動力을 推求ᄒᆞᆯ 者라. 由是로 本學說의 精義를 蒐輯ᄒᆞ야 逐號揭載코자 ᄒᆞ노니 願컨듸 在內國 兄弟諸氏ᄂᆞᆫ 修養의 暇에 信手檢閱ᄒᆞ시면 些少의 補가 不無ᄒᆞᆯ 줄노 思惟 ᄒᆞᄂᆞ 비라.

西洋倫理學의 組織은 希臘學者「소-라데스」의 學說노써 嚆矢를 作ᄒᆞᆯ 지라. 然이나「同氏」의 學說出ᄒᆞᆫ 順序卽希臘哲學의 原始을 不知ᄒᆞᆷ이 不 可ᄒᆞ도다. 蓋希獵의 哲學은 其根源을 溯求ᄒᆞᆯ진듸 實로「東洋」으로붓터 浸入ᄒᆞᆫ 者ㅣ니 卽 光明은 自東洋이라ᄂᆞᆫ 語가 是라「西國에 光明自東洋 이라ᄂᆞᆫ 語가 有ᄒᆞᆷ」然이나 此等哲學은 반다시 東洋에 流行ᄒᆞ든 傳說的 思想에 不過ᄒᆞᆷ이니 此로써 純粹無缺ᄒᆞᆫ 哲學이라 謂키 不可ᄒᆞᆷ이라. 然則 所謂純粹ᄒᆞᆫ 哲學이라 云ᄒᆞᆷ은 何를 謂ᄒᆞᆷ인고 卽 何等宗敎的傳說의 附和 ᄒᆞᆷ이 無ᄒᆞ고 純粹考察과 及自由思索으로써 宇宙及人類에 對ᄒᆞᆫ 疑問을 解釋ᄒᆞᆷ에 在ᄒᆞ니 故로 從來 傳說의 點染이ᄒᆞᆷ 無ᄒᆞ고 自家特獨의 思想으 로 眞正ᄒᆞᆫ 意義를 現出ᄒᆞᆷ은 當時 希臘哲學家의 明星을 作ᄒᆞ던「다레- 스」가 其人이라「다레-스」로붓터「소-구라데스」에 至ᄒᆞᄂᆞ 間을 三大 部에 分ᄒᆞ야「소-구라데스」以前哲學이라 云ᄒᆞᆷ.

一 最初自然哲學者

二 紀元前五世紀境哲學者

三 詭辨學者

▲ 제9호

大抵「소-구라테-스」以前에 在ᄒ 希臘哲學者의 特色如何을 見ᄒ건ᄃ 第一「이오-니아」派의 哲學者로써 宗旨을 作ᄒ야 特別히 宇宙構成ᄒ 根本物質의 何如홈을 硏究ᄒ니「다레스」以下「아나기시만쏘로스」及「아나기시메네스」等이 是라. 此等의 學者ᄂ다. 小亞細亞에 在ᄒ 希臘殖民地「이오-니아」에 生活ᄒ고로 此를「이오-니아」派라 云홈이라.

「다레스」의 學說「紀元前六四0年前生」

宇宙의 根本的 物質은 水ㅣ니 무슨 事物이던지다 水의서 生ᄒ고 水에 還元홈이라. 何故로 水로써 宇宙의 根本的物質이라 云ᄒᄂ고 夫水ᄂ 生物의 萠芽를 發生케 ᄒ고 且充分ᄒ 發育을 遂케 홈이며 此ᄲᆫ 不啻라

千變萬化ᄒᄂᄂ 宇宙現象은 流動及變化치아니홈을 不得ᄒᄂᄂ니 然호 故로 水와 如히 變化키 容易홈으로써 根本物質를 作홈이 最宜ᄒ고 또 天地間의 事物은 다 生命이 有호者ㅣ니 水와 如호 根本的 物質은 實로 生命이 有호 者로 認定홈이라.

「아나기시만쪼로스」의 學說 「紀元前五四五年前生」

同씨ᄂᄂ 「이오-니아」派哲學者 中 考察力이 最深호 者ㅣ니 또호 「다레-스」와 如히 自然界의 根本物質의 如何홈을 論述ᄒ얏시나 但水와 如호 一定元素을 取ᄒ야 根本物質리라 云ᄒ지안코 一步을 更進ᄒ야 各般事物의 可能性이 有호 者을 取ᄒ야 根本物質리라 云ᄒ니 卽 不定的 無限的과 永久的과 根元을 作ᄒ야 各般事物의 應接不窮ᄒᄂᄂ 混沌體가 是라. 蓋根本物質은 分量的이던지 又ᄂ 性質的 이던지 此를 一定호 意義를 與ᄒ기 不能호 所以라.

「아나기시며네스」의 學說 「紀元前五二四年前生」

同氏도 또호 「이오-니아」派의 一人이라 其思想은 「다레스」 學說의 稍近ᄒ야 一定의 性質이 有호 者로 元素를 作ᄒ니 卽 空氣로써 根本物質을 作홈이라 蓋空氣ᄂ 或 稀薄ᄒ며 或 濃厚홈에 依ᄒ야 宇宙의 森羅萬象이 生成ᄒ고 又 吾人生類ᄂ 恒常空氣를 吸收ᄒ야 生活홈이라.
以上은다 「이오-니아」派 哲學者의 代表者ㅣ니 其 特色은 第一은 宇宙의 根本物質의 如何홈을 研究홈이오. 第二ᄂ 此根本物質作用에 依ᄒ야 物質的 實在를 考窮홈이라. (未完)

◎ **倫理學**, 李海朝, 〈기호흥학회월보〉 제5호, 1908.12.
　 (윤리학, 철학)

　*이 시기 윤리학 교과서로는 신해영(1908)의 〈윤리학교과서〉(보성관), 안종화
　(1907), 〈초등윤리학교과서〉(광학서포) 등이 있었으며, 수신서로는 안종화
　(1909), 〈초등수신교과서〉(광학서포), 유근(1908), 〈초등소학수신서〉(광학서
　포), 휘문의숙(1907), 〈고등소학수신서〉(휘문관), 노병선(1909), 〈녀자소학
　수신서〉(박문서관), 박정동(1909), 〈초등수신서〉(동문사), 휘문의숙(1910),
　〈보통교과수신서〉(휘문관), 휘문의숙(1906), 〈중등수신교과서〉(휘문관) 등이
　있었다. 이들 저서는 이화여자대학교 한국문화연구원에서 '근대수신교과서'
　시리즈로 번역 출간하였다.
　*윤리학의 개념 / 범위
　*선악의 판단 기준: 동념(動念)의 선악(덕성), 행위 결과의 선악(사회 발달상)
　*윤리학의 특징＝이론의 학이 아니라 실천의 학이다.
　*자기의 구성: 자기 신체, 자기 사상, 자기와 사회의 관계, 자기와 천연(자연)의
　관계로 설명함

▲ 제5호

第一章 緒論(釋義 及 範圍)

　倫理學은 人倫의 眞理를 究ᄒ야 實行의 方法을 求ᄒᄂ 바이라. 物理
學과 倫理學으로 互相 比較ᄒ야 其 差別을 試觀ᄒ면 足히 其 眞理를
知ᄒᆯ지로다. 夫 物理學은 論理와 應用의 兩種을 分혼 者ㅣ니 論理라 ᄒ
면 者ᄂ 應用의 與否를 不求ᄒ고 다만 學理를 硏究ᄒ야 天則을 發明홈
으로 目的을 삼고, 應用이라 ᄒᄂ 者ᄂ 處理를 推ᄒ야 實事에 施ᄒ며
且 此를 因ᄒ야 未知의 法을 發明ᄒ기로 爲主홈이니 倫理學을 論理와
應用 兩科에 可分 與否에 至ᄒ야ᄂ 理論이 雖多나 然이나 論理 倫理學

을 主張ᄒ야 一科로 特分키 不能ᄒ 者ㅣ니 何則고. 倫理學의 性質은 實踐ᄒᆷ을 貴히 ᄒ야 論理ᄒᆯ 時에 間或 鉤深索隱(구심색은)ᄒᆷ이 有ᄒᄂ 然이나 其 目的은 學理 發明을 爲ᄒᆷ이 아니오, 躬行實踐ᄒ야 社會의 發達을 補助ᄒᆷ에 在ᄒ니 是ᄂ 即 **倫理學이 實踐ᄒᄂ 科學이 되야 物理學等으로 相異ᄒ 所以니라.**

其 範圍를 考컨듸 力學, 化學, 生物學 等과 如히 一定ᄒ 範圍를 劃ᄒᆷ이 아니라 實노 人類의 畢生과 밋 百般의 行爲에 關涉이 有ᄒ야 其界限이 甚히 渺漠ᄒᆫ지라. 於是에 一派의 論者가 그 渺漠ᄒᆷ을 睹ᄒ고 界限을 劃코져 ᄒ야 忠孝 信義 慈善 等의 善惡에 直接 關係가 되ᄂ 者를 擧ᄒ야 倫理에 行爲라 名稱ᄒ고, 倫理學의 範圍를 以爲ᄒ야 才智 機能 等의 可히 善ᄒ고 可히 惡ᄒᆯ 者에 至ᄒ야ᄂ 倫理 範圍 以外에 歸ᄒ니 盖吾人의 行爲가 運用器械의 簡單ᄒᆷ과 갓지 아니ᄒ야 心意의 發動을 必由ᄒ 然後에 動念이 始生ᄒ며 此 行爲를 復因ᄒ야 結果가 乃生하ᄂ니, 凡 一切 事業이 二者의 關係에 深明ᄒ 然後에 可히 其善惡을 定ᄒ다 稱ᄒ니, 此 論은 動念[1]으로써 爲主ᄒ고, 一切 行爲가 動念에 直接 關係의 有ᄒ 與 否로 倫理의 範圍를 定ᄒ다 ᄒᆷ이니, 是則 謂ᄒ 바 狹義의 範圍니라.

或者의 論은 動念의 如何를 不問ᄒ고, 行爲의 生ᄒ 바 結果의 善惡으로 倫理上의 善惡을 定ᄒ다 ᄒ니 是ᄂ 倫理의 範圍를 擴ᄒ야 吾人의 行爲로 ᄒ야금 一도 此 範圍에 不入ᄒᆷ이 無케 ᄒᆷ이니 一則 動念의 善惡으로써 爲主ᄒᆷ이오, 一則 結果의 善惡으로써 爲主ᄒᆷ이니라.

兩派의 論을 合ᄒ야 兒童의 發達에 就ᄒ야 論ᄒᆯ진듸 其 行爲의 影響이 外界에 及ᄒ 者ㅣ 少하며 且 心志의 趣向이 稟性을 構造ᄒᄂ 根基가 되야 倫理上에 動念으로 爲主ᄒᆷ이 適當타 謂ᄒᆯ지나, 政治, 商工業 等 社會에 至ᄒ야 其 動機의 善惡을 視ᄒᆯ진듸 外界의 及ᄒ 바 結果의 如何

---

1) 동념(動念): 생각이 일어남. 〈선가귀감〉 등에 '개구즉착 동념즉괴(開口則錯 動念則乖)' 등의 표현이 나타남.

홈을 關ㅎ야 其 行爲를 判斷홈만 不如ㅎ도다. 要以論之컨딕 德性上으로 觀ㅎ면 動念의 如何를 由ㅎ야 其 善惡을 決홈이 可ㅎ고, 社會 發達上으로 觀ㅎ면 行爲의 結果를 由ㅎ야 其 善惡을 決홈이 可ㅎ니 此 兩派 中에 長短이 互有혼 所以니라.

然이나 吾人 人類가 다만 一 社會 中에 集合ㅎ야 生活홈이 아니오, 社會로 더부러 互相 聯絡홈이 必有ㅎ니 是ᄂᆞᆫ 吾人의 思想 行爲가 社會에 關係치 아님이 無ㅎ고, 且 直接 或 間接으로 其 發達을 助ㅎ며 或 妨害홈이 有ㅎ니 何則고. 社會ᄂᆞᆫ 元來 有生機體가 되야 生命과 如홈으로 其中의 生存ㅎᄂᆞᆫ 個人이 決코 獨立ㅎ야 그 生活을 得全혼 者ㅣ 아니라. 是ᄂᆞᆫ 倫理學者가 實노 吾人의 一擧一動과 밋 一切의 事를 包含홈이니 學派 學說의 如何홈을 徒爭홈은 是皆 枝葉의 論이라.

倫理學上으로 自ㅎ야 細分홀진딕 一曰 修身이오, 一曰 處世니 修身 云者ᄂᆞᆫ 其 德性을 涵養ㅎ며 其 品格을 高尙케 ㅎᄂᆞᆫ 바이오, 處世 云者ᄂᆞᆫ 社會 發達의 天則으로 本을 作ㅎ야 吾身으로써 先導홈이ᄂ 然이나 此 目的을 達코져 홀진딕 一主義로 標準을 삼으면 正이 되ᄂᆞ니, 是ᄂᆞᆫ 道德上에 謂ᄒᆞᆫ 바 善이오, 此를 背ㅎ면 邪가 되ᄂᆞ니 是ᄂᆞᆫ 道德上에 謂ᄒᆞᆫ 바 惡이라. 然이나 世人의 善惡을 判別홈이 往往 已往의 經驗을 固執ㅎ야 所謂 格言, 習慣 等 常識으로써 主義를 삼아 社會가 煩雜홈에 日富ㅎ야 進步가 頗速홈을 不知ㅎ고, 往昔의 習見에 徒泥ㅎ니 其 今日에 不適홈은 智者를 不待ㅎ고 甚히 明確ㅎ도다. 故로 各派 倫理의 學說을 比較ㅎ야 其利害를 硏究ㅎ야 今日의 思想으로 더부러 幷立홀 最良主義를 求홈이 第一 要義가 될지니 主義가 旣定ㅎ면 非徒眞理를 發明홈에 足홀 쑨 아니라. 곳 此로 由ㅎ야 吾人의 思想 行爲를 管轄홀지니 然則 倫理學은 論理의 學이 아니오, 乃 實踐의 學이니라. (未完)

第一章 自己의 觀念(一)

天을 仰觀ᄒᆞ미 日月星辰이 如此히 眩亂ᄒᆞ며 地를 俯瞰(부감)ᄒᆞ미 山川草木이 如彼히 繁蹟(번책)ᄒᆞ니 其間에 生ᄒᆞᄂᆞᆫ 者ㅣ 外觀에 徒眩ᄒᆞ야 天然의 現狀만 硏究홈으로 自己의 何物됨을 遂忘ᄒᆞ더니 人智가 漸進ᄒᆞ고 識見이 稍廣홈에 及ᄒᆞ야 비로소 自己가 何物에 屬홈을 究求홀ᄉᆡ 遲之又久ᄒᆞᆫ 後에야 己도 天然 中에 一物됨과 天然의 現狀으로 더부러 吸力과 拒力이 有ᄒᆞ야 須臾도 可離치 못홀 勢를 發明ᄒᆞ얏스며, 且 因果의 理를 從ᄒᆞ야 死生의 法에 被制홈을 知ᄒᆞ얏ᄂᆞ니 夫 智慧가 旣開ᄒᆞ미 抑壓홈이 不可홈과 身이 己의 身됨은 旣知ᄒᆞ얏스나 然이나 吾身의 動作行爲를 指揮之ᄒᆞ며 使令之ᄒᆞᄂᆞᆫ 者ㅣ 必有ᄒᆞ리라 ᄒᆞ야 身中에 心을 復硏究ᄒᆞ얏ᄂᆞ니 心의 現狀을 由ᄒᆞ야 夢境도 되며 忘想도 되야 精神의 運用이 種種으로 思議키 不可ᄒᆞ야 物質界의 能有치 못홀 奇觀을 묻ᄒᆞ니 於是에 悅然히 大悟ᄒᆞ야 吾人의 精神이 實노 物質界 外에 存ᄒᆞ야 一世界를 別開홈을 知ᄒᆞ고, 此 世界를 遂名ᄒᆞ야 靈界라 稱ᄒᆞ니 故로 人者ᄂᆞᆫ 靈魂과 肉體로 相合以成홈으로 他種 物體 及 下等動物로 더부러 其性이 理ᄒᆞᆫ 바ㅣ 此라.

宗敎家 言에 至ᄒᆞ야ᄂᆞᆫ 更進ᄒᆞᆫ 者ㅣ 有ᄒᆞ니 精神이라ᄂᆞᆫ 者ᄂᆞᆫ 物質 外에 在ᄒᆞ야 肉體의 生死ᄂᆞᆫ 靈魂의 存亡에 關係가 無ᄒᆞ고 未生의 前에 靈魂이 先有ᄒᆞ야 肉體가 雖死ᄒᆞᄂᆞ 火盡以薪傳홈과 如ᄒᆞ다 ᄒᆞ니 斯言의 眞否ᄂᆞᆫ 姑措勿論ᄒᆞ고 己의 生키 前에 先祖가 有ᄒᆞ고 己의 死ᄒᆞᆫ 後에 子孫이 有ᄒᆞ며 且 功名勳業이 社會로 더부러 셔로 繼續ᄒᆞᆫ즉 長垂不朽(장수불후)홈은 世人의 共知ᄒᆞᄂᆞᆫ 바이라.

然이나 己가 何物의 範圍됨을 考코져 홀진ᄃᆡ 廣漠홈에 頗涉ᄒᆞ야 一

言으로 可盡키 不能ᄒ니 玆에 大體上의 區別을 將ᄒ야 其 大要를 紀컨 디 一. 自己 身體의 狀態오, 二. 自己 思想의 狀態오, 三. 自己와 社會의 關係오, 四. 自己와 天然의 關係라.

第一 自己 身體의 狀態

吾人의 身體는 禽獸草木과 갓치 生物의 生育法을 必從ᄒ야 生長ᄒ므 로 生存의 天則에 制裁를 必被ᄒᄂ니 故로 一切 生物이 生存에 適ᄒ 者는 善良이 되고 不適ᄒ 者는 是와 反ᄒ은 定理라. 此 標準을 執ᄒ야 身體의 良與不良을 定ᄒᄂ 中 或 天賦가 獨厚ᄒ거나 稍薄ᄒ 是는 吾人 의 運命이 禽獸草木과 갓치 賦形(부형)ᄒ 데 一定ᄒ야 不易ᄒ 者ㅣ니라.

是故로 身體가 强固ᄒ 者는 天然의 幸福을 能히 享ᄒ고 虛弱ᄒ 者는 不幸의 境遇에 易陷ᄒᄂ니 此는 自然의 數ㅣ라. 장차 天을 向ᄒ야 其不 平을 訴코져 ᄒ나 天이 其咎를 任受치 아니ᄒ지라. 惟 吾人은 肉體의 外에 更히 精神이 有ᄒ야 禽獸草木과 異ᄒ으로 能히 天然의 法을 知ᄒ 며 坐 能히 禍害를 避ᄒ고 幸福을 增ᄒ 바를 求ᄒᄂ니 이는 才智의 作用 을 由ᄒ야 天稟의 虛弱을 得補ᄒ지ᄂ 然이나 時로 情慾의 被制ᄒ이 有 ᄒ야 天稟의 美質을 反損ᄒᄂ니 由此觀之컨디 天稟의 幸不幸에는 비록 如何키 不能ᄒ나 吾人은 可히 善良의 精神을 養ᄒ며 身體의 不足을 補 ᄒ 바이 有ᄒ지라. 於是에 己身에 對ᄒ 義務가 亦此로 從ᄒ야 生ᄒ니라.

義務라 云ᄒᄂ 者는 甲이 乙에 對ᄒ 關係로 生ᄒ이니 義務가 旣有ᄒ 면 乙이 甲을 對ᄒ야도 不可不 相當ᄒ 權利가 有ᄒ지니 此는 法律上에 義務를 解釋ᄒ 語어니와 今에 己를 愛ᄒ 義務라 云ᄒ얏스니 是는 己 一身의 中에서 義務와 權利를 區別ᄒ이라. 斯言이 奇誕ᄒ과 雖似ᄒ나 細히 分釋ᄒ면 實노 謬論이 아니로다. 夫 吾人의 身體가 生日이 旣有ᄒ 즉 死期의 必有ᄒ은 可逃치 못ᄒ 數라. 此 時機에 在ᄒ야 年과 月과 日 로써 細히 區別ᄒ야 其 一生涯의 單位를 計ᄒ건디 人의 生涯가 凡 六十

이면 二萬一千九百十五期로 分爲홀지라. 此 一期를 一人으로써 視ᄒ면
如左에 結果과 卽生ᄒᄂ니, 夫 人의 性情은 非獨時의 變遷홀 쑨 不是라.
今日의 利害가 往往히 明日에 利害와 異ᄒ니 一時의 情慾을 縱ᄒ면 곳
後日 生禍의 原因이 될지라. 譬컨디 人生 六十年이 二萬餘로 利害가 各
異ᄒ 人과 恰似ᄒ야 互相 繼續ᄒ야 前과 後에 列居ᄒ얏ᄂ니 萬一 其中
의 一人이 過度히 慾을 縱ᄒ야 身體에 害가 有케 ᄒ면, 其後列에 在ᄒ
者ㅣ 그 縱慾으로 生ᄒ 바 禍를 반다시 身受홀지오, 쏘 一人이 私를 祛
ᄒ고 慾을 遏(알, 막다)ᄒ야 淸明이 躬에 在ᄒ면 其後列에 在ᄒ 者ㅣ
쏘ᄒ 그 遏慾(알욕)으로 生ᄒ 바 幸福을 반다시 身受홀지니 此ᄂ 곳 前
列에 在ᄒ 者ㅣ 後列에 在ᄒ 者를 對ᄒ야 義務를 生ᄒ 바이니라.

　且 人의 快樂 病苦가 其一端에 常居키 不能ᄒ야 其苦其樂이 必互相
往來ᄒᄂ 故로 十種의 娛樂과 十種의 痛苦가 互相 平均ㅁᄒ야 中性을
全得키 難ᄒ니 痛苦의 次에 快樂이 生ᄒ며 快樂의 次에 痛苦가 生ᄒ야
其性質이 絶對的 差異ᄒ니 譬컨디 朝日과 夕日 兩者가 雖皆 光線을 斜
涊(사일)ᄒ나 然이나 昇者ᄂ 益昇ᄒ고 降者ᄂ 益降ᄒ야 其光이 自然 懸
絶홈과 如히 苦로 自ᄒ야 樂에 移홀 時ᄂ 其樂을 益覺홀지며 樂으로
自ᄒ야 苦에 移홀 時ᄂ 其苦를 益覺ᄒ리니, 前에 苦ᄒ고 後에 樂홈은
곳 快樂의 道를 增加홈이오, 前에 樂ᄒ고 後에 苦홈은 智者의 不取홀
바ㅣ라.
　由此言之ᄒ면 吾人의 生涯ᄂ 不可不 前半期의 勞苦를 不惜ᄒ고 精神
을 鍛鍊ᄒ야 後半期의 準備를 以爲홀지며, 且 人의 利害ᄂ 非獨己의 一
身에 及홀 쑨 아니라 上自 先祖로 下至子孫이 其 影響을 不受홈이 無ᄒ
故로 먼져 先祖의게 汚辱이 無홀 바를 求ᄒ며 뒤에 子孫의 榮譽될 者를
復求홈은 人情의 常理라. 人智가 幼稚時代에 尙屬ᄒ야셔도 此種 思想은
最히 發達된 <u>故로 子孫의 繁榮으로써 人類의 最重大ᄒ 幸福을 삼앗ᄂ니
然則 人의 一身이 上으로 先祖를 對ᄒ고, 下으로 子孫을 對ᄒ야 義務가
皆有ᄒ니 其 一人이 孤立키 不能홈</u>은 斯可知矣로다. (未完)

▲ 제7호 자아의 개념, 의미, 학문 방법, 효용

第三章 自己의 觀念(二)

第二는 自己 精神의 狀態니 吾人 人類의 他種 動物과 異혼 바는 精神 發達에 在ᄒ니 夫 精神은 宇宙間에 一種 特別혼 現象이 되야 各種 物質의 現象으로 더브러 密邇(밀이, 밀접)혼 關係가 雖有ᄒ나 然이나 其 運動이 可히 獨立 不羈ᄒ야 物質界에 種種혼 影響을 被ᄒ난 故로 其性質을 論ᄒ면 內部의 運動과 身體의 影響의 兩事로 可分홀지니라

(甲) 精神의 內部 運動은 卽 其 中心에셔 發ᄒ는 知覺, 想像, 判斷과 善惡의 觀察 及 美醜의 感情 等이 是라. 精神의 現象이 物質의 現象과 如히 因果의 大法에 被統治 아니ᄒ고 海中 孤島와 怳如ᄒ야 各自 孤立ᄒ얏느니 비록 孤立ᄒ얏스나 宇宙 中 各種 現象을 知覺홈이 鏡이 萬象의 反射홈과 恰如히 不包혼 바ㅣ 無ᄒ야 別天地가 되느니 此는 先哲이 人心을 小宇宙라 名稱혼 바이니라. 雖然이나 實際에 求하면 吾人의 知識이 萬事를 兼涉키 不能ᄒ야 其間에 限制가 盖有혼 故로 或 實驗을 由ᄒ야 閱歷이 生ᄒ며 或 學問을 由ᄒ야 智識을 廣ᄒ되 其範圍는 或廣或狹ᄒ야 不同홈이 各有ᄒ느니 盖 吾人의 心力은 有限ᄒ되 智識의 分量은 無窮ᄒ며 其生也는 有涯하되 知也는 無涯ᄒ니 此는 學科를 特分ᄒ야 專門을 各究혼 所由니라.

夫 今日은 專門을 研究ᄒ는 時代라. 各各 宇宙의 一部를 執ᄒ야 知識의 範圍를 益擴홈이 事半面功倍어늘 或者는 過慮ᄒ야 一部의 事理만 只通ᄒ면 全部의 知識에 闇昧홀가 虞가 不無ᄒ리라 ᄒ고, 或者는 理論上 知識에 偏跛(편파)ᄒ야 滿足을 自生홈으로 實驗知識이 缺乏홀 慮가 有ᄒ다 謂ᄒ야, 吾人의 知識 擴張ᄒ는 二條目이 有홈을 不知홈이니 其目的의 一은 欲知의 心으로 知識을 擴張ᄒ야 精神의 活動을 增加케 홈

이오, 一은 應用 知識으로써 社會의 事業을 改良ᄒ야 幸福을 增加케 홈이니, 然則 學問의 事가 博洽홈을 徒誇홀 ᄲᆞᆫ 아님을 可知홀지로다.

然이나 人의 人된 바ᄂᆞᆫ 社會의 構造와 團體의 性質로 더부러 關係가 俱有ᄒ니 又 普通 與 專門이 偏跛홈이 不可ᄒ도다. 要以論之컨딕 普通 與 專門이 偏跛홈이 不可ᄒ니, 相補 勉強ᄒ야 精神의 發達홈을 益助홈이 可ᄒ니라. 情思의 現象에 至ᄒ야ᄂᆞᆫ 知識보다 又히 切近ᄒ니 夫 人의 快 與 不快ᄂᆞᆫ 情思의 狀態가 身體의 如何ᄒ 境遇를 雖 因ᄒ야 始生ᄒ나 然이나 身體 境遇에 如何홈을 不問ᄒ고, 妄想을 徒抱ᄒ야 不當憂而憂ᄒ며 不當喜而喜홈이 時有ᄒ 故로 或 焦思勞慮(초사노려)로 心力을 徒耗(도모)ᄒ야 精神의 活潑을 妨碍ᄒ며 或 器小易盈(기소양영, 그릇에 볕이 가득참?)ᄒ야 沾沾自足(첨첨자족)홈으로 勤勞의 志를 惰케 홈에 至ᄒᄂᆞᆫ 故로 敎育의 責이 有ᄒ 者ㅡ 妄想의 無益홈을 發明ᄒ야 精神의 苦樂으로 ᄒ야금 實境과 相應홈이 第一 要義가 될지니, <u>政治家와 理財家ᄂᆞᆫ 外界의 境遇를 改良ᄒ야 人의 幸福을 增進홈을 是務ᄒ며 宗敎家와 敎育家ᄂᆞᆫ 內界의 妄想을 排除ᄒ고, 精神의 發達을 益求ᄒ야 人의 幸福을 增進홈을 是務홀지니</u> 此 兩者가 輔車와 如히 行ᄒ면 庶乎其可也로다.

(乙) 精神이 身體에 及ᄒᄂᆞᆫ 影響은 該童이 初生홈이 氣息이 微弱ᄒ야 數時의 保護를 或 缺ᄒ면 便 卽 夭歾ᄒ다가 逐漸 生長홈에 及홈이 四肢의 運動을 頗能自由ᄒ고 意思의 作用이 因至發達ᄒ며 遲遲 又久에 可히 써 步行ᄒ며 可히 써 握物ᄒ야 마츰닉 精神이 靈現ᄒ야 一切 物體의 運動과 天然力의 使用을 範圍치 아니홀 바ㅣ 無ᄒ니, 만일 天然力을 放任ᄒ면 生命을 保全키 不能홈은 勿論ᄒ고 其死를 幸免홀지라도 不幸ᄒ 境遇에 必陷ᄒ야 滅歾에 終至홀지로다. 然이나 天이 我材를 生홈이 所用이 必有홀지니 是ᄂᆞᆫ 獨히 人力으로써 天才를 能避홈이 貴홀 ᄲᆞᆫ 아니라 <u>能히 天然力을 使用ᄒ여야 人의 幸福을 增進홈을 得홀지니, 此ᄂᆞᆫ 各種 科學의 可寶可貴ᄒ 者</u>이니라.

雖然이나 精神을 頹傷케 ᄒᆞᄂᆞᆫ 事ᄂᆞᆫ 幼稚時에ᄂᆞᆫ 天然의 災害를 被흠이어니와 其 成長에 及ᄒᆞ야ᄂᆞᆫ 情欲과 懶惰 等의 內部에셔 發흠이 天災에 比ᄒᆞ야 尤甚흔 故로 去私存理가 實노 至要가 되ᄂᆞᆫ도다. 彼有爲흔 靑年이 善良의 質은 雖稟ᄒᆞ얏스나 往往 一時의 情欲에 被除ᄒᆞ야 畢生의 大計를 卒誤ᄒᆞᄂᆞᆫ 者를 勝數키 難ᄒᆞ니 반닷이 知識을 擴充ᄒᆞ야 原因 結果의 理를 明瞭케 ᄒᆞ며 其 志氣를 淸明케 ᄒᆞ고, 其嗜好를 高尙케 ᄒᆞ며 或 宗敎의 眞理를 藉ᄒᆞ야 知識의 不足을 補充ᄒᆞ고 或 社會의 制裁를 藉ᄒᆞ야 吾身의 放蕩을 節約ᄒᆞ고, 或 自己의 良知를 致ᄒᆞ야 吾心의 本來를 發見ᄒᆞ야 萬語와 千言이 活潑흔 精神의 不外흠을 務要흘지니 不可不 始에 愼ᄒᆞ야 後悔를 貽(이, 끼침)치 말지니라.

▲ 제8호

第四章 自己의 관념(三)

*자아와 사회의 관계, 불평등 기원(국가 성립론)

(三) 自己와 社會의 關係ᄂᆞᆫ 吾人이 生흠의 반닷이 社會에 生存ᄒᆞᄂᆞ니 是 社會의 境遇가 實노 先天으로 出흠이라. 吾人이 社會에 對흔 義務도 ᄯᅩ한 前定이 되야 關係가 密接ᄒᆞ야 須臾라도 可離치 못흘 勢가 誠有ᄒᆞ도다. 今에 其 關係를 論列ᄒᆞ야 處世에 一助를 以爲코져 ᄒᆞ건ᄃᆡ,

夫 社會ᄂᆞᆫ 一團體가 되야 互相 結合흠으로 以爲 維持ᄒᆞ나 然이나 結合케 흠과 維持케 ᄒᆞᄂᆞᆫ 바 其中에 無物키 不可ᄒᆞ니 假如 人種이 相同ᄒᆞ거나 氣候가 相適흔 等과 又 結合흔 後에 生ᄒᆞᄂᆞᆫ 바 輿論 風俗 習慣 文學 法律 等이 聯結團體케 ᄒᆞᄂᆞᆫ 原料라. 故로 社會 勢力이 各人에 及흠이 恰然히 日光과 空氣가 動植物에 被흠과 如ᄒᆞ니 凡 社會에 生存ᄒᆞᄂᆞᆫ 者ㅣ 其 感化를 不受흠이 無ᄒᆞ야 感化가 善흔 者ᄂᆞᆫ 善이 되고, 惡흔 者

는 惡이 되며, 朱에 近흔 者는 赤흐고, 墨에 近흔 者는 黑흠이 固然흔 理니라.

人은 動物 中에 一種이라. 特別에 發生力이 各有흔 故로 雖 一經過中에 同生흐얏스나 然이나 其 天稟에 如何흠을 因흐야 或 强大흠에 進흐며 或 微弱흔 데 終흐고, 又 感化흐는 境遇에 程度도 或 深흐며 或 淺흐느니 此는 同一흔 社會 中에 各種 人物을 生흠이 此故를 實由흠이니라.

古史를 攷흐건듸 太古 社會의 其 組織이 完備치 못흔 時에는 萬民이 平等흐야 差異가 大無흐고, 僅히 族制가 其間에 存在흘 쑌더러 進步흠에 稍及흐야 所謂 英雄 豪傑者ㅣ 出흐야 或 武力을 假흐며 或 鬼神을 託흐야 人民을 統一흠으로 族制가 遂變흐야, 國家制度가 以爲흐얏도다. 於是에 治人者와 被治者며 貴族과 平民의 階級이 亦起흐얏느니, 其 人民을 統一흐는 手段이 各各 不同흠을 由흐야 思想의 發達이 쏘흔 互異흐얏스며, 及 人智가 日開흠이 비로소 社會 勢力의 轉移치 안이흘 쑌더러 反히 社會의 勢力을 轉移흠이 有흐니 然則 個人의 特性도 偶然에 發生흠이 아니오, 實노 歷史로 더부러 共히 發達흐야 社會 變遷과 遺傳에 結果가 된 者라.

世人이 믹양 個人 人性의 發達이 國家의 統一노 더부러 兩立치 못흘 勢가 有흐다 흐니 是는 一偏의 論이라. 謬誤(유오)흠이 實甚흐도다. 統一이라 흐는 者는 多數 相異의 物노 흐야곰 一 目的에 向흐야 셔로 結合케 흠이니, 其 社會의 性質이 愈殊흘사록 其 統一의 力이 愈强흐니 故로 古代國家는 其 結合이 武力만 只藉흐며 或 神敎를 只賴흔 故로 其 統一이 外觀은 雖美흐나 大勢만 一變흐면 隨 卽 滅亾흐더니, 二十世紀 文明이 大啓흠에 至흐야 政治, 商工業, 宗敎, 敎育 等 社會가 各自 發達흘 쑌 아니라. 各 社會 中에 在흔 個人이라도 其 特質이 亦 各 發達흔 故로 社會의 發達은 愈히 進步흐며 統一의 範圍는 愈히 擴張흐야 國家의 統

一로 由호야 國際上의 勢에 及홈이 有호니 是는 個人의 人性이 國家 統一로 더부러 互相 矛盾치 아니홀 섇 不是라. 兩者가 반닷이 相須相因 혼 者이로다.

蓋 古代의 統一은 甚히 簡單혼 故로 人心을 收拾홈이 또혼 容易호더 니 近世 社會에 至호야는 組織이 複雜홈으로 一二 豪傑이 雖有호나 決 코 獨力으로 威權을 揚逞(양령)키 不能호니 此는 開明의 世에 一人의 專制를 惡호고 衆人의 合意를 用호는 所以니라.

然이나 天下의 事가 一利가 有호면 一害가 必有호느니 社會가 複雜 에 旣進홈이 理賾事煩(이색사번, 사물의 번잡한 이치를 찾음)호야 吾人 이 其 特質을 表見코ㅈ 호면 반닷이 時日을 多費호야 一藝를 精究호더 니 競爭이 旣烈호미 自立키 頗難호야 社會 勢力을 隨호야 漂泊(표박)홀 勢가 有호니 故로 敎育의 責이 有혼 者ㅣ 其 流俗에 不隨호야 自立의 志를 務求케 혼 然後에야 所託을 不負호얏다 可謂홀지니라.

此로 由호야 言호건디 各人의 思想이 當時 社會의 輿論이 됨도 有호 여 互相 矛盾이 됨도 有호느니 假如 政治의 思想과 宗敎의 義理와 倫理 의 主義는 一定혼 法則에 立호야 輿論을 調和키 困難혼 故로, 或 已說을 枉호야 力持호야 頹風을 以矯홈이 可호니, 此는 古來 賢哲이 輿論을 抵 抗호다가 刑戮을 雖被호나 死守不變혼 者ㅣ 此니라. 然이나 輿論으로 더부러 抗敵홈이 可嘉타 홀지나 甚愼히 思想혼 後에 可히 發홀지니 不 然이면 一說을 妄持호고 血氣를 徒任호야 表發호는 思想의 權力을 濫用 홀지니 自誤홀 섇 아니라 其貽害홈이 淺鮮치 아니호리로다. (未完)

第五章 自己의 觀念 (四)

*종교 발생, 종교의 목적, 종교와 현실의 차이(국가에 대한 과보)

自己와 天然의 關係ᄂᆫ 宇宙間의 現象이 雖多ᄒᆞ나 大別ᄒᆞ면 天然과 精神 兩界에 不外ᄒᆞ도다. 古代의 人은 精神으로 天然에 服從ᄒᆞ야 幸福 增加ᄒᆞᆷ을 務ᄒᆞ얏스니 所謂, 天命, 天運, 天道, 祈天, 禱天 等 語ᄂᆫ 皆 其 此事를 吾人 心意로 能히 左右치 못ᄒᆞ고 服從을 必須ᄒᆞ다 ᄒᆞᆷ이니, 是ᄂᆫ 곳 天然을 崇拜ᄒᆞᆫ 起原이로다. 然이나 知識이 漸開ᄒᆞ고 科學이 日盛ᄒᆞ 야 吾人의 天然思想과 關係됨이 크게 變更(변경)ᄒᆞ얏ᄂᆞ니 格治, 物理 等 學者가 天然活動의 法則을 發明ᄒᆞᆷ으로부터 天然이라ᄂᆫ 者ᄂᆫ 臨機 發現ᄒᆞ거나 人의 利害를 因ᄒᆞ야 始然ᄒᆞᆷ이 안이오, 一定ᄒᆞᆫ 規律을 皆由 ᄒᆞ야 活動ᄒᆞᆷ인즉 風雨雷霆(풍우뇌정) 等의 天災와 疾病凶饉(질병흉근) 等의 地妖(지요)를 避ᄒᆞᆯ 道가 皆有ᄒᆞᆫ 것을 知得ᄒᆞ고, 且 其 法則을 因ᄒᆞ 야 利用ᄒᆞᆷ으로 天然으로 ᄒᆞ야곰 吾人 奴隷의 勢가 有케 ᄒᆞ고, 드듸여 天然 中에셔 더욱 吾人의 勢力을 擴張ᄒᆞᆷ은 可히 限量ᄒᆞᆯ 바ㅣ 無ᄒᆞ니라.

人生 壽命이 百年에 不出ᄒᆞ나 然이나 人의 欲望은 비록 一日이라도 其生命을 保全코져 ᄒᆞᆷ은 不易의 定理라. 故로 未開에 其欲望을 滿足ᄒᆞ 기 爲ᄒᆞ야 靈魂과 肉體를 區別ᄒᆞ야 肉體ᄂᆫ 雖死ᄒᆞ나 靈魂은 其生命을 仍保ᄒᆞ다 謂ᄒᆞ니 此ᄂᆫ 古來 宗敎의 通義라. 夫 宗敎의 目的이 有二ᄒᆞ니, 一則 來世의 希望으로써 人의게 與ᄒᆞᆷ이오, 一則 安心ᄒᆞ고 死코자 ᄒᆞᆷ이 며, 善惡 因果의 理를 復明ᄒᆞ야 現世 果報의 不完ᄒᆞᆷ을 以補ᄒᆞ니 敎理의 是否와 現時 智識의 程度ᄂᆫ 證明키 雖難ᄒᆞ나 要之컨듸 吾人이 現世의 人이 되야 希望과 安心을 來世에 求ᄒᆞᆯ 바ㅣ 안이니 外로써 國을 報ᄒᆞ며 內로써 身을 修ᄒᆞᆷ이 卽 安心의 道가 되며, 且 行爲의 結果가 或美或惡ᄒᆞᆷ

으로 卽果報가 되느니 旻히 靈界의 求ᄒᆞ야 將來를 待홀 바ㅣ 안이니라.

又 天然의 氣候 山川 等도 不識不知(불식부지)의 間에 人心을 感化ᄒᆞ
는 勢力이 頗大ᄒᆞ니 氣候 溫和ᄒᆞᆫ 地에는 其性이 溫馴(온순)ᄒᆞ고 山川이
峻峭(준초)ᄒᆞᆫ 區에는 其性이 鄙野(비야)ᄒᆞᄂᆞ니 비록 人人이 皆然키는
안이ᄒᆞ나 然이나 大槪로 數十年 統計를 觀ᄒᆞ면 過히 違反이 無ᄒᆞ니 故
로 感化의 勢力이 如是히 可畏ᄒᆞ야 不得不 敎育으로써 其短ᄒᆞᆫ 바를 補
홀지니 沉潛剛克(침잠강극)과 高明柔克(고명유극)을 審時度勢(심시도
세)ᄒᆞ야 各各 敎를 施ᄒᆞ여야 其偏을 善救홀지니 若 一定의 規則을 執ᄒᆞ
야 全國을 律ᄒᆞ면 其受益의 鮮홈을 可히 豫定홀지로다.

第六章 德性 涵養의 握要

大學에 曰 大學之道는 在明明德ᄒᆞ며 在親民ᄒᆞ며 在止於至善이라 ᄒᆞ
고, 又曰 古之欲明明德於天下者는 先治其國ᄒᆞ고, 欲治其國者는 先齊其
家ᄒᆞ고, 欲齊其家者는 先修其身ᄒᆞ고, 欲修其身者는 先正其心ᄒᆞ고, 欲正
其心者는 先誠其意ᄒᆞ고, 欲誠其意者는 先致其知니 致知는 在格物이라
ᄒᆞ니 是는 大學의 三綱八目이라. 實노 涵養德性의 一義에 不出ᄒᆞ고, 此
外에 皐陶謨2)의 九德을 言홈과 洪範3)의 三德을 言홈과. 論語의 所謂

---

2) 고요모(皐陶謨): 한자음은 '고도모'로 입력하였으나, 〈서경〉 '우서' 제4편의 '고요모'를
의미함. 〈서경〉에서 고요는 덕에 아홉 가지가 있음을 전제하고 이를 구체적으로 설명하
고 있다. 그리고 아홉 가지 덕 가운데서, 세 가지 덕을 갖춘 사람은 집안을 충분히 다스릴
수 있는 인재이며, 여섯 가지 덕을 갖춘 사람은 한 나라를 다스릴 만한 인재라고 하는
것이다. 이와 같은 덕을 갖춘 사람들을 등용해야 천하를 잘 다스릴 수 있다고 하였다.
이절에서는 앞에서 말한 재지인(在知人)이라는 대목에 대하여 고요의 입장에서 보아 어
떠한 사람들이 훌륭한 인재인가를 설명하고 있다. 사람의 아홉 가지 덕을 논하고 있는데,
그 아홉 가지 덕이 한결같이 어느 한쪽으로 치우치지 않는 성품이다. 공자가 말하는 중용
은 간단히 말해서 한쪽으로 치우치지 않으며 영원토록 변하지 않는 올바른 길이라고
하였다. 皐陶曰(고요왈) 都 亦行有九德(도 역행유구덕) 亦言其人有德(역언기인유덕) 乃言
曰 載采采(내언왈 재채채). 禹曰 何(우왈 하). 皐陶曰(고요왈) 寬而栗 柔而立(관이율 유이
립, 관대하면서도 위엄이 있는 것, 부드러우면서도 꿋꿋한 것), 愿而恭 亂而敬(원이공 난

285

溫良恭儉讓이며 所謂 徒義崇德이며 所謂 克己復禮며 所謂 忠信篤敬과
中庸 所謂 好學, 力行, 知恥며 所謂 戒愼恐懼와 孟子 所謂 存心養性이며
所謂 反身强恕(반신강서)가 皆此에 不外ᄒ니 德性을 반다시 涵養홈은
古人이 明히 我를 敎ᄒ얏도다.

然이나 吾人의 德性은 二가 有ᄒ니, 一은 天稟을 由ᄒ고, 一은 學力을
由ᄒ야 各各 其性의 異ᄒ 바를 從홈으로 發達의 方向도 쏘ᄒ 不同ᄒ야
或 溫厚篤實에 趣ᄒ며, 或 卓犖豪邁(탁락호매)에 趣ᄒ니, 盖 種子가 旣
殊홈에 枝葉이 自異홈과 一般이로다. 要言컨딕 德也ᄂ 品格을 高尙케
ᄒᄂ 바이니 人의 可히 缺치 못홀 者이로다.

然이나 天稟의 德이 兩種에 復分ᄒ니 一曰 種子에 善良이오, 一曰 遺
傳의 善良이니 此 固人力으로 能히 左右치 못홀 바 안이어니와 學力을
至ᄒ야ᄂ 敎育을 因ᄒ야 互殊ᄒ니 或 境遇의 感化를 受ᄒ며 或 家庭의
浸淫(침음, 황폐해짐)을 由ᄒ며 或 師友의 切磋를 由ᄒ야 珪를 遇ᄒ즉
方을 成ᄒ고, 璧을 遇ᄒ즉 圓을 成ᄒ나 然이나 有是로 敎育의 力이 天稟
의 性을 可變키도 ᄒᄂ니 오즉 一定ᄒ 範圍 內에 只限ᄒ여야 奏效(주효)
홈을 始得ᄒᄂ 故로 人性을 上中下 三等으로 分ᄒ야 上者ᄂ 尙善ᄒ고,
下者ᄂ 尙惡ᄒ되 維 中者ᄂ 敎를 因ᄒ야 善惡의 移ᄒ다ᄂ 說이 有ᄒ거

이경, 성실하면서도 공손한 것, 바로 잡을 줄 알면서도 공경하는 것), 擾而毅 直而溫(요이
의 직이온, 부드러우면서도 굳센 것, 곧으면서도 온화한 것), 簡而廉 剛而塞(간이렴 강이
색, 대범하면서도 염치가 있는 것, 굳건하면서도 충실한 것), 彊而義 彰厥有常 吉哉(강이
의 창궐유상 길재, 강하면서도 의로운 것). 曰宣三德 夙夜浚明有家(일선삼덕 숙여야준명
유가, 매일 세 가지 은덕을 베풀며, 이른 아침부터 밤까지 깊이 밝힌다면 집안을 다스릴
수 있습니다.) 曰嚴祗敬六德 亮采有邦(일엄지경육덕 양채유방), 翕受敷施 九德咸事(흡수부
시 구덕함사), 俊乂在官 百僚師師(준예재관 백료사사), 百工惟時 撫于五辰 庶績其凝(백공
유시 무우오진 서적기응).

3) 홍범(洪範): 〈서경〉 주서 제6편의 이름. 모범이 되는 큰 규범. 三德은 〈서경〉洪範九疇의
여섯 번째 항목으로서 바르고 곧게 하는 正直과 강건하게 다스려 나가는 剛克, 유화적으
로 다스려 나가는 柔克을 말함.

니와 雖曰 上智와 下愚不移라도 天稟의 善質이 苟有ᄒ고 人事의 敎化를 復加ᄒ면 其發達의 愈甚홈은 可히 無疑ᄒ니라.

蓋涵養 德性의 事ᄂᆫ 尤當 時勢를 隨ᄒ야 變遷ᄒᄂ니 學生時代에 處ᄒ야ᄂᆫ 學生의 德性이 有ᄒ고, 官吏時代에 處ᄒ야ᄂᆫ 官吏의 德性이 有ᄒ며 閉關自守時代와 列國競爭時代에ᄂᆫ 其德性이 亦異ᄒ며 士農工商의 其德性을 涵養ᄒᄂᆫ 바도 標準을 劃一키 不能ᄒ노니 其餘를 例推ᄒ건ᄃᆡ 外로 宇內의 大勢를 參酌ᄒ고, 內로 處所의 境地를 順應ᄒ야 써 一身의 品格을 完全ᄒ며 國家의 强盛을 圖成ᄒ여야 비로소 盡善盡美타 ᄒᄂ니라.

▲ 제10호

(第七章) 家族倫理

家族의 組織

吾人의 家族이라 謂ᄒᄂᆫ 바ᄂᆫ 父子 夫婦 兄弟가 團聚ᄒ야 居홈이 統率과 服從의 關係가 有ᄒ 者라. 是ᄂᆫ 人情의 自然에서 起홈인 故로 東西 各國을 不問ᄒ고 家族의 時代가 必有ᄒ니 此ᄂᆫ 卽 社會 發達의 祖라. 밋 國家의 制度가 組織이 稍完ᄒ고 聖人의 敎化가 感人이 旣深ᄒᄆᆡ 其 國의 知識 如何를 因ᄒ야 變局이 少有키 難免ᄒ니 此ᄂᆫ 東西 各國 族制의 異ᄒ 理由라. 族制가 旣立ᄒᄆᆡ 血統이 必重ᄒ 故로 一則 其 民族의 祖先을 各尊ᄒ야 追慕 崇拜ᄒ며 一則 其 子孫의 蕃榮을 各 求ᄒ야 繼承 勿替코져 ᄒᄂ니 兩者가 곳 族制의 基礎가 되니라.

歐洲 古代의 家族도 初에ᄂᆫ 東洋으로 더브러 頗相 類似ᄒ더니 基督敎 傳播와 政治의 改革홈으로 古代 族制가 漸衰ᄒ야 家族의 觀念이 遂變ᄒ니 基督敎國의 家族은 祖先과 子孫의 關係가 頗 輕ᄒ야 社會上에

男女의 秩序만 整理ᄒ야 一夫一婦의 制를 立ᄒ야 人情을 制裁ᄒᆫ 故로 婚姻 以後에ᄂᆞᆫ 곳 一家를 自成ᄒ야 生子ᄒᆞ며 丁年에 未達ᄒᆫ 時에ᄂᆞᆫ 父母가 養育의 責을 擔任ᄒ얏스나 밋 有室ᄒᆷ에 至ᄒ야ᄂᆞᆫ 亦一家를 別成ᄒ니 是ᄂᆞᆫ 東洋의 族制에ᄂᆞᆫ 婚姻으로써 家族 繼續ᄒᄂᆞᆫ 原을 삼앗거늘 西洋 則 婚姻을 由ᄒ야 家族을 始成ᄒᄂᆞ니 族制의 各異ᄒᆷ은 卽 社會 組織 如何에 由ᄒᆫ 바이니라.

家族의 社會를 對ᄒᆫ 義務ᄂᆞᆫ 枚舉키 難ᄒ나 然이나 其重要의 点을 槩論ᄒ건ᄃᆡ 一家族은 各人 安息의 場이 되얏ᄂᆞ니 夫 人類ᄂᆞᆫ 決코 孑然(혈연)히 獨立키 不能ᄒ야 반닷이 出ᄒ야 生計를 營ᄒ며, 或 公務를 任ᄒ야 紛紜히 角逐ᄒᆷ이 日노 暇給지 못ᄒ야 拂意(불의)ᄒᆫ 事를 時로 心目에 接ᄒᄂᆞ니 만일 其 精神을 慰養ᄒ고 其身體를 休息ᄒᆷ이 無ᄒ야 痛苦만 只有ᄒ고 快樂이 絶無ᄒ면 다만 傷生ᄒᆯ 쑨 아니라 奧히 人道도 아니니 <u>家族者ᄂᆞᆫ 卽 安息의 所이오 快樂의 原이라.</u> 다만 親族의 集合ᄒᆷ을 爲ᄒᆯ 쑨 아닌즉 반닷이 愛情이 纏綿(전면)ᄒ야 春風의 坐ᄒᆫ 듯ᄒ여야 바야흐로 完全ᄒᆫ 家族이라 可謂ᄒᆯ지니라.

一家族은 卽 兒童의 學校가 되얏ᄂᆞ니 家庭의 習慣이 兒童 精神에 對ᄒᆷ이 恰然히 草木에게 地味의 氣候와 如ᄒ니 苟 其感化가 盡善ᄒ면 志氣가 遠大ᄒ고 嗜好가 高尙ᄒ야 長成ᄒ면 尋常에 逈出(형출)ᄒᆯ지오, 否則 惡習의 添染ᄒ야 先人이 爲主ᄒ면 비록 氣質을 變化코져 ᄒ야도 實노 容易치 못ᄒ리니 非獨 家族의 不幸이라. 其禍害가 장차 社會에 進及ᄒᆯ지라. 故로 <u>家族이 兒童에 對ᄒᆷ과 밋 社會에 對ᄒ야 家庭敎育이라 ᄒᄂᆞᆫ 義務를 擔任</u>ᄒ얏ᄂᆞ니 輕忽히 知ᄒᆷ이 決코 不可ᄒ니라.

此로 由ᄒ야 言ᄒ건ᄃᆡ 家族의 關係가 其重大ᄒᆷ이 如此ᄒ니 此後 社會의 發達이 日新月異의 勢가 有ᄒ면 族制의 慣習도 ᄯᅩᄒᆫ 膠守不變(교수불변)ᄒᆷ을 不得ᄒ리니 凡 一家를 立ᄒ고, 一族을 成ᄒᆫ 者ᄂᆞᆫ 家族이

一人의 私物이 아니오 其 影響이 足히 國家 社會에 及흠을 須知ㅎ야 血統 系屬ㅎᄂᆞᆫ 一主義로 家族의 義務를 完全흔 줄노 녁이지 말지어다.

第八章 家族倫理＝親子의 道

親子의 互相愛親흠은 人類만 然홀 샏 不是라. 곳 下等動物이라도 不然흔 者ㅣ 無흔 故로 親이 子에게 慈愛ㅎᄂᆞᆫ 情이 有ㅎ고, 子가 親에게 戀慕ㅎᄂᆞᆫ 念이 有흠은 自然의 感情에셔 發ㅎ야 得已치 못ㅎᄂᆞᆫ 바이라. 然이나 習俗이 澆漓(요리, 물이 스며듦)ㅎ야 往往 一時의 憤怒를 因ㅎ고 一端의 情欲에 感ㅎ야 前後를 不顧ㅎ고 猝然히 悍逆(한역)흠에 至흠이 有ㅎ니 此ᄂᆞᆫ 自然의 放任이 太過흠이니 敎導ㅎᄂᆞᆫ 道의 起ㅎᄂᆞᆫ 바ᄂᆞᆫ 卽 此를 由흠이니라.

詩云 綿蠻黃鳥여, 止于邱隅라 ㅎ야ᄂᆞᆯ 子ㅣ 曰 於詩에 知其所止로소니 可以人以不如鳥乎아 ㅎ시고[4], 詩云 穆穆文王이여 於緝熙敬止라 ㅎ야ᄂᆞᆯ 子ㅣ 曰 爲人子엔 止於孝ㅎ고, 爲人父엔 止於慈라 ㅎ시니[5], 此ᄂᆞᆫ 父로써 兩親을 代表흠이니 其意가 ᄯᅩ흔 親은 子에게 卽 當慈愛홀 것이오, 子ㅣ 親에게 卽當 孝順흠에 不外ㅎ야 親이 子에게 對ㅎ야 一槪로 慈愛흔다 稱ㅎ나 然이나 父와 母ᄂᆞᆫ 其 性質이 自異ㅎ야 父ᄂᆞᆫ 慈愛ㅎᄂᆞᆫ 中에 威嚴을 寓ㅎ고, 母ᄂᆞᆫ 慈愛ㅎᄂᆞᆫ 中에 溫柔를 寓ㅎᄂᆞ니 兩者가 相合ㅎ여야 비로소 親의 道를 得完홀지니라. (未完)

---

4) 면만황조 지우구우: 〈대학장구〉 전3장에서는 〈시경〉 소아(小雅) 면만(綿蠻)에서 "꾀꼴꾀꼴 꾀꼬리가, 높은 언덕에 그쳤다.[綿蠻黃鳥 止于丘隅]" 한 것을 두고, 공자가 이르기를 "그침에 있어 그 그칠 곳을 아나니, 사람으로서 새만도 못해서야 되겠는가[於止 知其所止 可以人而不如鳥乎]"라고 하였다. 곧 사람이 제가 할 도리(道理)에 최선을 다하여 어긋남이 없게 하라는 뜻이다.

5) 목목문왕 어집희경지(穆穆文王 於緝熙敬止): 〈시경〉 '대아장', 〈대학〉 지어지선장. 穆穆然한 文王의 德이 그 敬함을 그치지 않음이 이와 같다.

家族倫理 – 親子의 道

孝의 道를 論홈에 至ᄒ야ᄂ 常變6) 二者로 可分홀지니 平常 事親의 道ᄂ 親心을 得홈으로 爲主ᄒ야 無形에 視ᄒ며 無聲에 聽ᄒᄂ니 此ᄂ 古今 不易의 道어니와 處變(처변)의 道에 至ᄒ야ᄂ 親이 不義에 陷ᄒ야 罪惡을 或 犯홀지라도 子가 親을 爲ᄒ야 隱홈이 是니, 東洋의 倫理ᄂ 忠孝로써 人倫의 要義를 삼ᄂ 故로, 何事를 不問ᄒ고 親의 命을 從ᄒ기로 爲主ᄒ며, 또ᄒ 君父의 讎를 不共戴天이라ᄂ 格言이 有ᄒ 故로 父를 爲ᄒ야 復讐홈은 人子의 可缺치 못홀 義務로 知ᄒ나 雖然이나 社會의 道가 社會 發達을 隨ᄒ야 共히 變遷ᄒ얏ᄂ니 <u>今日 社會ᄂ 道德으로써 重히 넉이며 國法으로써 神聖을 삼으니 事親의 方이 亦不得不 古代보다 稍異</u>ᄒ니라. 夫子가 父惡을 隱ᄒᄂ 義ᄂ 卽 羅馬의 碩學 施賖路7)가 亦 謂ᄒ되 "父가 若 犯罪ᄒ야 他人 訴告(소고)ᄒ ㅣ 되면 子가 맛당이 辯護한다."ᄒ야 東西人의 思想이 若 合符節ᄒ니 誠非偶然ᄒ도다. 盖其時를 較着ᄒ건ᄃᆡ 社會 幸福의 思想이 尙히 發達치 못ᄒ야 或 家族의 團結로써 一社會갓치 視ᄒᄂ 故로 親子의 道가 社會 道德보다 較重ᄒ니 此ᄂ 理勢 固然의 事나 然이나, 今日 文明의 世에ᄂ 公益을 最重히 ᄒ며 國法을 嚴守ᄒ야 不幸히 其親이 罪惡에 陷홀진ᄃᆡ 親의 心意 如何를 比較ᄒ야 或 泣涕力諫ᄒ며 或諫之不聽이면 <u>當然히 國法의 神聖홈을 重히 넉여 大義親滅(대의친멸)을 苟免치 안이ᄒ며</u>, 不然ᄒ면 己의 力을 竭ᄒ야 親을 爲ᄒ야 死所를 弗辭홀지며, 又 復讎者ᄂ 一人의 私義로 案ᄒ면 孝道라 可謂ᄒ겟스나 復讎의 意味를 細繹ᄒ건ᄃᆡ 此를 因ᄒ야 死者의 幸福됨이 안이오, 復讎者의 忿怒를 消홈에 不過ᄒ도다. <u>古代國家制度가 完</u>

---

6) 상변(常變): 변해야 할 것과 변하지 말아야 할 것을 의미함. 동양 예학의 근원으로 봄.

7) 시사로(施賖路): 마르쿠스 툴리우스 키케로(Marcus Tullius Cicero, B.C.106년 1월 3일 B.C.43년 12월 7일)는 로마시대의 정치가, 웅변가, 문학가, 철학자이다. 〈위키백과〉

備치 못ᄒ얏슬 時에ᄂ 其 刑法이 今日과 不如ᄒ야 社會를 制裁ᄒᄂ 效가 有ᄒ 故로, 復讎로써 公理를 삼더니, 今日에 至ᄒ야ᄂ 國法이 森羅ᄒ야 國家에셔 自然 處置ᄒ 바가 有ᄒ니, 法律의 處만 當聽ᄒ 것이오, 私憤을 徒洩ᄒ야 一時의 取快ᄒ을 不容ᄒᄂ니라.

家族倫理-婚姻論

女子가 生ᄒ에 有家ᄒ을 願ᄒ고 男子ㅣ 生ᄒ에 有室ᄒ을 願ᄒ은 此ᄂ 人의 大倫이라. 故로 夫婦ㅣ 結婚ᄒ 而後에 곳 親屬의 關係가 新生ᄒ야 內로 家庭 親族과 外로 國家 社會에 新生ᄒ 義務가 亦有ᄒ니라. 古代 社會에ᄂ 其 結婚의 狀態가 不一ᄒ니, 夫婦 互相의 道와 及 其 社會에 對ᄒᄂ 道도 亦此로 因ᄒ야 有殊ᄒ도다. 夫 男子ᄂ 體魄(체백)이 强壯ᄒ야 孔武有力ᄒ지라. 故로 古代에ᄂ 社會의 運命이 男子의 手에 全係ᄒ야 其 威力을 恃ᄒ고 女子를 抑壓ᄒ야 囚虜(수로)와 如히 待ᄒ며 奴隸와 等히 視ᄒ더니 世가 文明에 進ᄒ에 及ᄒ야 女子의 地位가 漸高ᄒ즉 男女가 其 天性의 所適을 各隨ᄒ야 職分을 定ᄒ니 小則一家의 整理와 大則 國家의 進步에 相助ᄒ야 利益될 勢가 皆有ᄒ니라.

抑 古代의 夫婦ᄂ 一定ᄒ이 初無ᄒ얏스니 男女ㅣ 旣히 無別ᄒ고 所謂 家라ᄂ 者ㅣ 叟無ᄒ다가 稍히 進步ᄒ야ᄂ 家— 아니면 不可ᄒ을 纔知(재지)ᄒ얏스나 然이나 仍히 男女가 雜處ᄒ야 아모 界限이 無ᄒ 故로 或 一妻多夫(일처다부)의 制度도 爲ᄒ얏스며 或 一夫多妻(일부다처)의 制度 爲ᄒ얏스니, 此ᄂ 社會學의 不可不 急히 發達ᄒ 바이라. 社會의 發達이 愈進ᄒ에 及ᄒ야 夫婦의 關係가 愈深ᄒ니 一家의 中에 上으로 祖先의 祭祀가 有ᄒ고, 下으로 子孫의 繼承이 有ᄒ며 밋 財産의 分配가 有ᄒ야 關係 複雜ᄒ으로 習慣을 遂成ᄒ니, 此 數事者가 皆 直接 間接으로 婚姻과 關係가 大有ᄒ니라.

歐美 基督敎의 國에ᄂ 一夫一婦로써 其 風俗을 作ᄒ얏스나 東洋에ᄂ

立妻의 風이 尙有ᄒ니 是誠 野蠻의 習을 未脫ᄒ얏도다. 又 歐美의 婦人
은 夫死ᄒ 後에 可히 公式으로 再婚ᄒ기로 正道를 幾成ᄒ얏스나 東洋
의 俗에ᄂ 貞節을 最貴케 知ᄒ야 苟 其夫가 死ᄒ면 不再婚으로써 婦人
의 節義를 作ᄒ니, 但 此로 論ᄒᆯ진딕 其優劣을 遽定키 未可ᄒ나 家族의
制度와 財産 分配의 法과 血統 繼續의 制를 相合ᄒ야 觀ᄒ여야 能히
定論ᄒᆯ지니, 人情上으로 言ᄒ면 男女 愛情은 本最 親切ᄒ야 二者의 間
에 皆外待가 無코져 ᄒᄂ니, 若 其中의 一人이 其愛情을 他人에게 移ᄒ
면 嫉妒의 心을 必起ᄒ야 不幸ᄒ 事가 或 來ᄒᄂ도다. 故로 其人이 雖死
나 其過去의 愛情을 仍히 不忘ᄒ야 婚嫁를 不再ᄒ면 極히 可稱ᄒᆯ 事이
로딕 苟其愛情이 旣己消失커나 愛情이 初無ᄒ얏건마ᄂ 社會의 制裁를
只恐ᄒ야 抑鬱히 空房을 獨守ᄒ면 決코 人道가 안임으로 再婚의 事ᄂ
須히 本人의 自由에 放任ᄒ여야 情理에 方洽ᄒ며 且 歐西의 俗에 離婚
의 俗이 有ᄒ니 夫婦의 間에 互相 反目홈이 不幸히 有ᄒ면 各相分離ᄒ
기로 一例를 成ᄒ 者라. 要之컨딕 婚姻은 人生의 最大ᄒ 禮儀라. 大不堪
의 事가 아니면 決코 輕離홈은 不可ᄒ니 若細 故로 輕率 離婚ᄒ면 非獨
人情의 反常될 쏜더러 且 社會의 秩序를 紊亂케 홀지로다. 或謂 婚姻者
ᄂ 相約으로 成ᄒ 것이니, 相約으로 散홈이 何가 不可ᄒ리오. ᄒ나 此ᄂ
一家를 成立ᄒ 後에ᄂ 天然의 關係가 旣生ᄒ얏슴을 不知홈이니 何其不
思의 甚홈이뇨.

▲ 제12호=국가와 사회의 개념 / 사회 윤리의 특징

社會倫理

多數ᄒ 人類가 住所를 定ᄒ고 群集生活홈이 自然 統一ᄒ야 團體를
成ᄒ 者ㅣ 有ᄒ니 此가 社會라 謂ᄒᄂ 者라. 夫 國家 與 社會ᄂ 密邇(밀
이)ᄒ 關係가 有ᄒ나 其 相異ᄒ 處를 不可不 知홀 바ㅣ 有ᄒ니, 國家ᄂ
法律과 權力으로 人民의 團體를 統一ᄒ야 人을 治ᄒᄂ 者도 有ᄒ며 人의

治를 被ᄒᆞᄂᆞᆫ 者도 有ᄒᆞ야 各人 互相間에 權理 義務가 皆有ᄒᆞᆫ 것이오, 社會ᄂᆞᆫ 人情 自然으로 本을 作ᄒᆞ야 其 交際가 互相 結合ᄒᆞᄂᆞᆫ 者이나. 然이나 社會의 結果가 비록 人情의 自然 發達로 本을 作ᄒᆞ되, 其 自然에만 放任ᄒᆞᆫ 所致로 結合은 益密ᄒᆞᆯ지언뎡 利害ᄂᆞᆫ 相返ᄒᆞ야 競爭이 是生ᄒᆞᆷ으로 秩序가 或 紊ᄒᆞ며 且 自然의 結合은 大社會를 統轄키 不能ᄒᆞ고 分裂ᄒᆞ야 小團體될 勢가 自有ᄒᆞ니 此ᄂᆞᆫ 國家를 組織ᄒᆞ고, 權利義務의 制限을 立ᄒᆞ야 强力으로써 其統一을 保存ᄒᆞᄂᆞᆫ 바의 始ᄒᆞᆫ 者로다. 或謂 社會와 國家가 判然ᄒᆞᆫ 二物이라 ᄒᆞ야 兩者의 其目的을 達ᄒᆞᄂᆞᆫ 手段은 雖殊ᄒᆞ나 仍히 同一의 目的으로 運動ᄒᆞ며 又 其 兩者間에 脣齒相依ᄒᆞ야 互相 補助ᄒᆞᄂᆞᆫ 性質이 有ᄒᆞᆷ을 不知ᄒᆞ니 是ᄂᆞᆫ 一二의 誤解를 固執ᄒᆞᆫ 證論이니 甚히 不可ᄒᆞ도다.

吾人이 發達이 已久ᄒᆞᆫ 社會에 旣生ᄒᆞ얏스니 吾人의 社會에 對ᄒᆞᆫ 關係를 父子의 關係에 比ᄒᆞ야도 不可ᄒᆞᆷ이 亦無ᄒᆞ다 ᄒᆞ노니, 此ᄂᆞᆫ 吾人이 社會에 對ᄒᆞ야 可盡ᄒᆞᆯ 義務가 有ᄒᆞᆫ 故이라. 其 義務ᄂᆞᆫ 비록 其 種類 境遇를 因ᄒᆞ야 各各 不同ᄒᆞᆷ이 有ᄒᆞ나 進則 公益을 力謀ᄒᆞ고, 退則 他人을 不害ᄒᆞᆷ을 勉求ᄒᆞᆷ에 不外ᄒᆞ며, 且 吾人 處所의 境遇가 비록 千態萬象이나 大別ᄒᆞ면 兩種이 是有ᄒᆞ니 一은 社會上 境遇에 至ᄒᆞᆷ이오, 一은 心의 狀態라. 社會上 境遇로 論ᄒᆞ면 大히 公益을 營謀ᄒᆞ야 社會 進步의 方針을 定ᄒᆞᆷ으로부터 小히 各人의 禮法 慈善 娛樂 等 事를 不可不 各其 時地에 應ᄒᆞ야 作爲ᄒᆞᄂᆞᆫ 바이 有ᄒᆞᆷ에 至ᄒᆞᄂᆞ니 此 卽 境遇와 義務의 互相 聯絡ᄒᆞᆫ 者이오, 心의 狀態에 至ᄒᆞ야ᄂᆞᆫ ᄯᅩᄒᆞᆫ 社會 義務로 더부러 關係가 大有ᄒᆞ니, 凡 一己의 利害를 忘ᄒᆞ고, 人을 爲ᄒᆞ야 謀ᄒᆞᄂᆞᆫ 人은 實로 多得키 難ᄒᆞ고, 或 輿論의 誹謗을 恐ᄒᆞ며, 或 社會의 制裁를 懼ᄒᆞ고, 得己치 못ᄒᆞ고 義務를 盡ᄒᆞᄂᆞᆫ 者가 十에 其九를 居ᄒᆞ얏도다. 雖然이나 迫ᄒᆞᆷ이 有ᄒᆞ야 爲ᄒᆞᆫ 者이라도 良心이 不昧ᄒᆞᆷ은 卽 爲善始라. 故로 其 羞惡의 心만 擴充ᄒᆞ면 義를 可히 勝用치 못ᄒᆞ리라 ᄒᆞ노라.

社會가 비록 個人의 集合이나 其 **集合혼 바는 一은 物質의 境遇를** **由홈이오**, 一은 生理와 精神의 作用을 由ㅎ얏ᄂ니 物質이라는 者는 住居의 相接과 氣候의 相同과 物産의 交換을 指홈이오, **生理와 精神이라 ㅎᄂ는 者는 同一의 血族과 同一의 歷史와 及 其 風俗 言語 思想 宗敎의 同홈을 指홈**이니, 此 事가 비록 皆備치 안이ㅎ얏스나 備혼 者는 其 結合이 益固ㅎᄂ니 支那 國民 中에ᄂ는 血族이 旣異ㅎ고 歷史가 又異ㅎ고 其 言語 風俗 思想이 皆異홈이 有혼 故로 動搖의 憂가 種種 多홈이 其 證明이 될지로다. 雖然이나 東洋과 西洋의 人種 言語 風俗과 及 其 國家의 組織이 絶然히 不同ㅎ나 然ㅎ나 互相間 物産을 交換ㅎ며 思想을 交換ㅎ여 人類 大社會를 以爲홈도 有ㅎ니 是로 由觀홀진디 個人과 社會의 關係를 機械의 比홀 바ㅣ 아니라, 精神 血脉이 互相 聯貫ㅎ야 一個 生機體를 實成ㅎ얏ᄂ니 個人의 榮枯ᄂ는 社會의 盛衰와 其運命이 同一혼 故로 一國家 社會의 上에 生혼 者ᄂ는 當以 自己로 主位를 삼을지니 天下 興亡이 匹夫에게도 責이 有ㅎ도 謂ㅎᄂ는 바ㅣ 卽 此義니라.

*미완. 〈기호흥학회월보〉는 제12호까지 발행되었음

20.
이과

순번	연대	학회보명	필자	제목	수록 권호	분야	세분야
1	1906	태극학보	호연자	이과 강담 (소학교 교원)	제13, 14, 15, 16, 17호(5회)	이과	동물, 식물, 천문학
2	1907	야뢰	이필선	이화학의 주지	제1, 2, 3호(3회)	이과	물리학+ 화학
3	1908	소년	소년이과 교실주인	少年理科敎室: 第一課 人體에 잇난 水量 – 第三課	제1권 2호, 제2권 4호(2회)	이과	이학

◎ 理科 講談(小學校 敎員 參考ᄒ기 爲,ᄒ야), 浩然子 譯, 〈태극학보〉 제13호, 광무11년(1907) 8월 24일; 제13호~제17호 5회 연재

[해설] 소학교 교원 참고용으로 이과 강담을 연재함. 각 동물의 요항과 교수 사항을 설명함. 설명 방식은 '요항', '교수', '주의', '응용'으로 이루어짐.

▲ 제13호

蛙

要項: 蛙는 水陸 兩棲에 適合ᄒ 狀態를 具備ᄒ 事. 蛙의 常習과 變態, 蛙의 種類와 變色, 蛙는 農業에 有益ᄒ. 有脊動物, 無脊動物

敎授: 蛙는 通常 體滑ᄒ 動物이니 이는 皮膚에셔 粘液(곱)이 生ᄒ이요. (…중략…)

注意: 蠑螈(장줌이 類)도 亦是 兩棲類나 그러나 만히 水中에 在ᄒ야 間間 濕地에 出ᄒ며 (…중략…)

應用: 蛙는 無益ᄒ게 殺害치 말나. 但 無害ᄲ 아니라 農業上 無蟲이니라. (…하략…)

▲ 제14호 理科 講談(小學校 敎員 參考), 浩然子 譯, 〈태극학보〉 제14호, 광무 11년(1907) 9월 24일

殖林

要項: 森林의 功用은 極히 廣大ᄒ
森林의 繁殖과 保護의 必要

敎授: 元來 材木을 作成ᄒᄂ 處所ᄂ 森林이라. (…중략…)

▲ 제15호 天文學 講座, 仰天子, 〈태극학보〉 제14호, 광무 11년 (1907) 9월 24일

第一 天文學의 由來

　天文學이라는 語는 希臘 方言으로 星의 規則이라 ㅎ는 意義니 最古 時代브터 開展훈 學問이라. (…중략…)

第二 宇宙의 組立

第三 太陽系統

▲ 제16호 理科 敎授 問答, 浩然子, 〈태극학보〉 제15호, 광무 11년 (1907) 10월 24일

[해설] '이과'의 개념과 교과로서의 기원, 교수법 변천 등을 문답식으로 기술하였음. 교수법 변천은 형식적 도야주의(퍼스터로-티: 페스탈로 치), 실리주의(스펜사: 스펜서), 근세 자연과학적 주의(프리쏘리트히 융 게: ?), 역사적 실제주의(웸헴쌔이아, 헬쌔트), 절충설(자이벨트) 등의 교육 철학과 연관지어 설명함.

問: 理科라는 거슨 무엇이뇨.

答: 理科라는 거슨 自然界 現象의 研究의 對象으로 솝는 自然科學과 全혀 同一훈 範圍를 包含훈 거시니 動物學, 植物學, 鑛物學, 人類學, 物理學, 化學, 星學, 地質學 等이다. (…중략…)

問: 理科로 普通敎科의 材料를 솝은 起原은 엇더ㅎ뇨.

答: 理科를 普通敎育上에 採用된 거슨 近世 自然科學이 發展됨을 좃ㅊ 된 거시니 (…중략…)

問: 理科 敎授主義에 變遷이 有ㅎ뇨.

答: 然ᄒ다. 一般 敎授法上의 主義에 變遷이 有ᄒ 것 ᄀᆺ치 理科 敎授의 主義에도 고메니우쓰 以來로 種種히 變遷ᄒ여스며 더욱 各 時代 自然科學 發達에 影響된 거시 多ᄒ니 左에 類를 一括 陳述ᄒ건디 (…중략…)

▲ 제17호 理科 敎授 講談(小學敎師 參考), 浩然子, 〈태극학보〉 제16호, 광무 11년(1907) 11월 24일

람프(洋燈)

要項: 람프의 構造를 燃燒에 適當케 ᄒ 일
   燈光이 燈笠에 返照ᄒᄂ 功用
   瓦斯(氣)燈, 電氣燈의 要用
敎授: 람프ᄂ 石油의 燃燒를 因ᄒ야 發ᄒᄂ 光을 利用ᄒᄂ 器械니 今日 世界人의 普通 公用ᄒᄂ 燈火니라.
注意: (…중략…)

◎ 理化學의 主旨, 李弼善, 〈야뢰〉 제1권 제1호, 1907.2. (물리학)

*구장률(2012)에서는 제1호부터 제5호 연재된 화학 관련 자료로 보았으나 2, 3, 4호를 확인하지 못한 상황에서 제1호는 물리학과 화학, 제3호의 제목은 물리학으로 나타난다. 제5호에는 게재된 것이 없다.

▲ 제1호 이화학/물체의 변화=물리적 변화, 화학적 변화

大凡 宇宙間에 覆載ᄒ 萬物이 其數를 枚擧키 不遑ᄒ며 又其 森羅萬象

이 다 各各 變遷이 有ᄒᆞ야 或 卽時 枯死ᄒᆞᄂᆞᆫ 者도 有ᄒᆞ며 或 許多ᄒᆞᆫ 變遷을 經ᄒᆞᆫ 後에 凋落ᄒᆞᄂᆞᆫ 者도 有ᄒᆞ며 又 岩石과 如ᄒᆞᆫ 者ᄂᆞᆫ 永久히 變化가 無ᄒᆞᆯ 듯ᄒᆞᄂ 或 風雨에게 磨損되며 或 水勢에게 破裂되여 맛츰ᄂᆡ 塵土가 되나니 萬物의 無窮ᄒᆞᆫ 變遷을 觀察ᄒᆞ고 其 變遷이 生ᄒᆞᄂᆞᆫ 所以를 窮究ᄒᆞ며 또 其變遷ᄒᆞᄂᆞᆫ 法則이 如何ᄒᆞᆷ을 講究ᄒᆞᆷ은 人生의 必要 ᄒᆞᆫ 빅오, 理化學에서 主旨를 삼는 빅라. 廣大ᄒᆞᆫ 宇宙에 許多ᄒᆞᆫ 物體 變 化가 千差萬別ᄒᆞᄂᆞᆫ 此를 二種으로 大別ᄒᆞᆷ을 得ᄒᆞᄂᆞ니, 其一은 物體의 內部 形狀만 變化ᄒᆞᄂᆞᆫ 者이오, 其一은 其物體가 全혀 他物體로 變化되 ᄂᆞᆫ 者ㅣ라. 假令 水가 沸騰ᄒᆞ면 水蒸氣가 될 것이오, 又 嚴冬에ᄂᆞᆫ 水가 堅固ᄒᆞᆫ 氷이 될 것이며 又 琥珀과 蜜花 等類를 腕上에 摩擦ᄒᆞ다가 紙片 에 近케 ᄒᆞ면 其紙片을 牽引ᄒᆞᄂᆞᆫ 性質이 有ᄒᆞᆯ지니 如斯히 其 物體의 性質과 形狀에ᄂᆞᆫ 變遷이 有ᄒᆞ되 其 物體가 全혀 變化치 안ᄂᆞᆫ 者를 物理 學的 變化ㅣ라 稱ᄒᆞ나니라.

次에 磨光이 有ᄒᆞᆫ 鐵片을 長久히 放置ᄒᆞ면 赤褐色 銹(수, 녹슬)가 生 ᄒᆞᆯ 것이오, 柴炭을 燃燒ᄒᆞ면 火光이 發ᄒᆞ고 熱이 生ᄒᆞ다가 맛참ᄂᆡ 爐灰 (신회)만 殘留ᄒᆞᆯ 것이오, 淸酒와 牛乳 等이 有ᄒᆞᆫ 器皿의 蓋를 長久히 除去ᄒᆞ면 맛참ᄂᆡ 酸味를 帶ᄒᆞᆯ지니 如斯히 其 物質이 全혀 變化ᄒᆞ야 性 質이 有異ᄒᆞᆫ 他物體로 變化되ᄂᆞᆫ 者를 化學的 變化ㅣ라 ᄒᆞᄂᆞ니라.

物理的 變化와 化學的 變化ᄂᆞᆫ 其 關係가 密接ᄒᆞᆫ 者ㅣ니 鐵片을 鎚로 亂打ᄒᆞ면 熱이 生ᄒᆞᆯ 것이오, 銅錢을 布類로 摩擦ᄒᆞ야도 熱이 生ᄒᆞᆯ지니 此ᄂᆞᆫ 物理學的 變化ㅣ오 又 火輪車의 機關으로 論ᄒᆞ면 運動은 熱의 原 因이 되ᄂᆞ니 石炭을 燃燒ᄒᆞ야 水를 熱케 ᄒᆞ면 水ᄂᆞᆫ 水蒸氣가 되야 機關 을 運轉ᄒᆞ나니 然則 石炭이 燃燒ᄒᆞᆷ은 化學的 變化ㅣ라. 故로 此例에셔 ᄂᆞᆫ 化學的 變化가 物理學的 變化로 더부러 互相 關係ᄒᆞ나니라.

物理學이라 ᄒᆞᆷ은 物理學的 變化를 講究ᄒᆞᄂᆞᆫ 學問이오, 化學이라 ᄒᆞᆷ은

化學的 變化를 硏究ᄒᄂᆫ 學問이니 其 兩者의 變化가 互相 密接ᄒᆷ으로 物理學과 化學의 關係도 ᄯᅩ한 密接ᄒᆷ으로 疑訝ᄒᆯ 빈 아니로다.

物理學과 化學이 農業 工業 醫術 及---

▲ 제2호 이화학

讀者 諸君의 注意

本編은 全혀 學術上 實地 學問을 硏究하야 器械의 構造를 說明하며 複雜한 理論을 解釋ᄒᄂᆫ 學問인 故로 文法이 淡淡無味하고 理論이 屈曲 深奧하니 血脉이 貫通하야 一見 瞭然한 者와 比之컨듸 不可同日而言也 로되 利用厚生ᄒᄂᆫ 方法과 文明 富國ᄒᄂᆫ 道가 此에 過ᄒᆷ이 無하니 彼 尋章摘句하며 馳憑虛文ᄒᄂᆫ 學問으로 더브러 豈可同時而論也리오. 本 雜紙를 愛讀하시ᄂᆫ 僉君子ᄂᆫ 本論을 熟讀玩味하며 圖畵에 就하야 詳細 理會하면 庶幾有得矣리라.

空氣의 存在

唧通(무자위)

▲ 제3호 물리학

水面

井水

氷 及 水蒸氣

溶解

水準器

소년이과교실 주인	제1권 2호, 제2권 4호(2회)	少年 理科 教室: 第一課 人 體에 잇난 水量－第三課	이과	이학